国民幸福感研究

GUOMIN XINGFUGAN YANJIU

袁正 著

中山大學出版社
SUN YAT-SEN UNIVERSITY PRESS
·广州·

版权所有　翻印必究

图书在版编目（CIP）数据

国民幸福感研究/袁正著．—广州：中山大学出版社，2023.2
ISBN 978-7-306-07725-7

Ⅰ. ①国… Ⅱ. ①袁… Ⅲ. ①国民—幸福—研究—中国 Ⅳ. ①B82

中国国家版本馆CIP数据核字（2023）第024742号

出 版 人：	王天琪
策划编辑：	熊锡源
责任编辑：	熊锡源
封面设计：	曾　斌
责任校对：	邱紫妍
责任技编：	靳晓虹
出版发行：	中山大学出版社
电　　话：	编辑部 020-84110283，84113349，84111997，84110779，84110776
	发行部 020-84111998，84111981，84111160
地　　址：	广州市新港西路135号
邮　　编：	510275　　　传　真：020-84036565
网　　址：	http://www.zsup.com.cn　　E-mail:zdcbs@mail.sysu.edu.cn
印 刷 者：	广州市友盛彩印有限公司
规　　格：	787mm×1092mm　1/16　26.375印张　470千字
版次印次：	2023年2月第1版　2023年2月第1次印刷
定　　价：	90.00元

如发现本书因印装质量影响阅读，请与出版社发行部联系调换

国家社科基金后期资助项目
出版说明

后期资助项目是国家社科基金设立的一类重要项目，旨在鼓励广大社科研究者潜心治学，支持基础研究多出优秀成果。它是经过严格评审，从接近完成的科研成果中遴选立项的。为扩大后期资助项目的影响，更好地推动学术发展，促成成果转化，全国哲学社会科学工作办公室按照"统一设计、统一标识、统一版式、形成系列"的总体要求，组织出版国家社科基金后期资助项目成果。

全国哲学社会科学工作办公室

目 录

导 论 ·· 1

第1章 幸福经济学文献综述 ··· 9
  1.1 幸福感的概念 ··· 9
  1.2 幸福感的理论解释 ·· 14
  1.3 幸福的心理机制 ··· 20
  1.4 经济因素与幸福感 ·· 25
  1.5 人口社会学特征与幸福感 ······································· 42
  1.6 环境、制度因素与幸福感 ······································· 56
  1.7 幸福感的经济效果 ·· 64

第2章 国民幸福感状况 ·· 70
  2.1 幸福感的衡量 ·· 70
  2.2 国民幸福感相关数据 ··· 76
  2.3 中国人的幸福感 ··· 94
  2.4 结论 ·· 97

第3章 宏观经济与幸福感 ··· 99
  3.1 引言 ·· 99
  3.2 文献综述 ··· 99
  3.3 数据分析 ··· 120
  3.4 结论与启示 ·· 123

第4章 收入水平、分配公平与幸福感 ········ 124
4.1 引言 ········ 124
4.2 文献综述 ········ 124
4.3 理论假说与模型设定 ········ 126
4.4 变量与数据 ········ 129
4.5 实证结果 ········ 131
4.6 结论 ········ 137

第5章 住房与幸福感 ········ 139
5.1 引言 ········ 139
5.2 文献综述 ········ 140
5.3 理论模型 ········ 142
5.4 数据描述与变量说明 ········ 143
5.5 计量分析结果 ········ 147
5.6 稳健性检验 ········ 156
5.7 结论 ········ 160

第6章 婚姻与幸福感 ········ 162
6.1 婚姻与幸福感的关系 ········ 162
6.2 婚姻结构与幸福感 ········ 184
6.3 结论 ········ 203

第7章 生育与幸福感 ········ 204
7.1 引言 ········ 204
7.2 文献综述 ········ 204
7.3 数据与变量 ········ 206
7.4 实证分析 ········ 210
7.5 稳健性检验 ········ 214
7.6 结论 ········ 216

第8章 子女数量、孝道与老年人幸福感 ········ 217
8.1 引言 ········ 217
8.2 理论综述 ········ 217
8.3 理论假说与变量 ········ 219
8.4 数据 ········ 222

8.5　回归分析 …………………………………………………… 224
　　8.6　结论 ………………………………………………………… 231

第9章　子女外出务工对留守老人生活满意度的影响 ………… 232
　　9.1　引言 ………………………………………………………… 232
　　9.2　文献综述 …………………………………………………… 233
　　9.3　变量与数据 ………………………………………………… 235
　　9.4　实证分析 …………………………………………………… 238
　　9.5　结论 ………………………………………………………… 244

第10章　医疗保险与城镇老年人幸福感 ……………………… 245
　　10.1　引言 ……………………………………………………… 245
　　10.2　文献综述 ………………………………………………… 246
　　10.3　理论模型 ………………………………………………… 247
　　10.4　实证检验 ………………………………………………… 249
　　10.5　稳健性检验 ……………………………………………… 254
　　10.6　结论 ……………………………………………………… 255

第11章　区位与幸福感 ………………………………………… 256
　　11.1　引言 ……………………………………………………… 256
　　11.2　变量与数据 ……………………………………………… 257
　　11.3　实证分析 ………………………………………………… 265
　　11.4　结论 ……………………………………………………… 272

第12章　城市规模与幸福感 …………………………………… 273
　　12.1　引言 ……………………………………………………… 273
　　12.2　理论与文献 ……………………………………………… 274
　　12.3　变量与数据 ……………………………………………… 276
　　12.4　计量模型与回归结果 …………………………………… 279
　　12.5　结论 ……………………………………………………… 282

第13章　环境与幸福感 ………………………………………… 284
　　13.1　引言 ……………………………………………………… 284
　　13.2　文献综述 ………………………………………………… 285
　　13.3　模型设定 ………………………………………………… 286

13.4　数据 ··· 289
　　13.5　实证结果 ·· 292
　　13.6　结论 ··· 305

第 14 章　制度与幸福感 ·· 307
　　14.1　引言 ··· 307
　　14.2　文献综述 ·· 308
　　14.3　数据 ··· 318
　　14.4　制度对幸福感的影响 ··· 345
　　14.5　结论 ··· 349

第 15 章　信任与幸福感 ·· 351
　　15.1　引言 ··· 351
　　15.2　文献综述 ·· 352
　　15.3　数据描述与变量说明 ··· 353
　　15.4　计量模型与回归结果 ··· 358
　　15.5　稳健性检验 ·· 362
　　15.6　结论 ··· 364

第 16 章　关于主观幸福感的访谈研究 ······································· 366
　　16.1　访谈一 ··· 366
　　16.2　访谈二 ··· 368
　　16.3　访谈三 ··· 370
　　16.4　访谈四 ··· 372
　　16.5　小结 ··· 373

第 17 章　增进居民幸福感的对策 ··· 376
　　17.1　关于政府政策的幸福哲学 ·· 376
　　17.2　提升居民幸福感的政策建议 ······································· 378
　　17.3　对个体提升幸福感的建议 ·· 383

参考文献 ··· 386
后　　记 ··· 412

导　论

人类总是在寻求幸福，每个个体一生都在努力试图使自己过得幸福快乐，一切人类努力的终极目的在于获得幸福。有些人成功地实现了他的幸福，有些人因为种种原因不那么幸福。一个好的政府应该追寻提升人们幸福的政策，幸福应该是发展的终极目标（Abounoori et al., 2013）。

党的十九大指出，中国共产党是为中国人民谋幸福的政党，中国共产党人的初心和使命，就是为中国人民谋幸福，为中华民族谋复兴。在新时代，我国社会主要矛盾已经转化为人民日益增长的美好生活需要和不平衡不充分的发展之间的矛盾。增进民生福祉是发展的根本目的，要使人民获得感、幸福感、安全感更加充实、更有保障、更可持续。

学术界对"幸福感"的研究从 2000 年左右开始热起，不管是幸福（happiness）、生活满意度（life satisfaction）还是主观幸福感（subjective well-being），以这些关键词为主题的研究文献迅猛增加（Stutzer & Frey, 2012），如图 1 所示。

幸福感研究既符合民众的需求，因为我们每个人都想知道，怎么样才能让自己更幸福；也符合政府的需求，政府也想知道，怎么样才能提升民众的幸福感，这样政府才能提升执政的合法性，并赢得进一步执政的机会。幸福感研究起步于哲学、社会学、心理学研究，而且经济学界也在尝试建立幸福经济学的学科方向，兴办了研究人类幸福的学术期刊，即《幸福研究杂志》（*Journal of Happiness Studies*）。

我们有幸在国家社科基金的资助下开展幸福感经济学研究，本研究的研究对象是主观幸福感（subjective well-being），学术界常常把幸福（happiness）、生活满意度（life satisfaction）和主观幸福感（subjective well-being）视为比较接近的概念。幸福经济学主要采用主观幸福感这一概念，《朗文当代高级英语辞典》将 well-being 解释为舒适、健康和幸福。Veenhoven（1984）认为，主观幸福感是我们对自己目前生活的总体质量做积极评价的

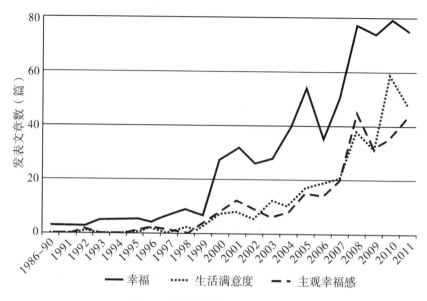

图 1　主观幸福感研究文献数量

资料来源：Stutzer & Frey (2012)。

程度，主要有两个方面：一是情感的（affective），这是对享乐感觉的评价，即幸福快乐的程度（Happiness）；二是认知的（cognitive），即对生活状况同"生活应该是怎样"的认知标准进行比较，是对生活满意度的评价。在众多研究者看来，幸福、生活满意度和主观幸福感是比较同义的概念。Veenhoven（1997）认为这三者几乎可以相互替代使用。可以认为，Happiness（幸福）、Life Satisfaction（生活满意度）和主观幸福感是被包含和包含的关系。Happiness（幸福）是主观幸福感的情感评价部分，Life Satisfaction（生活满意度）是主观幸福感的认知评价部分。本研究使用的数据库主要使用 Happiness（幸福）和 Life Satisfaction（生活满意度）两类问题的调查，都旨在论证主观幸福感这一学科问题。

我们对主观幸福感研究做了一个较为完整的文献综述。第一，我们综述了幸福感的概念。对主观幸福感比较有说服力的定义是，人们对自己目前生活总体质量的主观评价，一方面是情感（affective）评价，包括积极情感和消极情感，另一方面是认知的（cognitive）评价，基于认知水平和认知标准，对生活满足程度的评价。第二，我们综述了已有研究对幸福感给出的理论解释，包括功利主义幸福论、需求满足论、社会比较理论和定点理论。功利主义幸福论认为人们试图以最小的努力满足其最大欲望，以最小的代价获取最大的快乐。需求满足论认为，人们的需求得到满足的程度决定其幸福水平。社会比较理论认为,人们面临着个体之间的比较以及个体和社会规范的比较,比较结果决定其幸福水平。定点理论认为,每个人的幸福水平是先天固定的,决定于遗传基因,外部环境对个体幸福感的影响有限。第三,我们综述了幸福的心理机制,神经生理学对主观幸福感有很多基于实验研究的发现。适应理论和期望理论也能对主观幸福感提出较强的解释力,特别是收入增长对主观幸福感的影响趋于钝化,是因为人们会适应高收入水平,且具有更高的期望,从而使主观幸福感提升有限。第四,我们综述了影响主观幸福感的因素,包括经济因素、个体人口学特征以及制度、环境因素。第五,我们也综述了幸福感的经济效果,幸福程度越高的人,在很多绩效指标上表现更佳。

幸福感的衡量是学术界的难题,主观的幸福感衡量也受到主流经济学的批评。包括盖洛普民意调查在内的诸多调查,都是使用"Cantril Ladder"测度主观幸福感和生活满意度,取值从0到10或者1到4,表示非常不幸福到很幸福,或非常不满意到很满意。主观幸福感作为数据尽管受到广泛批评,但幸福经济学文献证明,主观幸福感数据和客观的福祉表现具有较高的相关性。一些研究表明幸福量表测度的幸福数据的可靠性、有效性、代表性和对比性均是良好的。正是这种良好的数据特征,我们在本研究中也是使用类似的主观幸福感数据。

根据"世界幸福报告 2019"(World Happiness Report 2019),2016—2018 年,中国的幸福感指数是 5.191,排在全球第 93 位。从 2005—2008 年到 2016—2018 年,幸福感指数的提高幅度,中国排在第 39 位。根据世界价值观调查(World Value Survey,WVS)第 6 波调查(2010—2014 年)的结果,中国 16% 的受访者感觉非常幸福,69% 的受访者表示比较幸福,13% 的受访者认为自己不是很幸福,有 1% 的受访者表示自己完全不幸福。生活满意度调查中选择完全满意的受访者占 8%,选择 5 及以上的受访者占 86%,其中,选择 5 的受访者有 12%,选择 6 的受访者有 13%,选择 7 的受访者有 18%,选择 8 的受访者有 25%,选择 9 的受访者有 10%。根据中国综合社会调查(Chinese General Social Survey,CGSS)2015 年的数据,非常不幸福的受访者占 1.29%,比较不幸福的受访者占 6.25%,说不上幸福不幸福的受访者占 14.64%,比较幸福的受访者占 59.89%,非常幸福的受访者占 17.78%。Easterlin et al.(2017)对盖洛普、WVS 和 CGSS 的生活满意度分析,得出 1990—2015 年,中国受访者的生活满意度水平呈先下降后上升的过程。

本研究重点分析影响主观幸福感的因素。我们将影响主观幸福感的因素分成三大类：一是经济因素，二是个体特征因素，三是制度与环境因素。我们微薄的力量难以穷尽所有的研究。经济因素我们分析了宏观经济对主观幸福感的影响，收入水平和分配公平对主观幸福感的影响，以及住房对城市居民主观幸福感的影响。个体特征因素我们着重分析了婚姻和生育对主观幸福感的影响，也探讨了子女数量、孝道对老年人幸福感的影响，子女外出务工对留守老人幸福感的影响，以及医疗保险对城镇老年人幸福感的影响。在制度与环境因素中，我们着重分析了居住区位和城市规模对主观幸福感的影响、环境质量（用空气质量表示）对主观幸福感的影响。制度层面的分析有两个方面：一是正式制度如法治、自由、民主、腐败等因素对幸福感的影响，二是非正式制度对幸福感的影响，分析了信任与幸福感的关系。

本研究研究了宏观经济因素对主观幸福感的影响。我们获得了最新的幸福感指数（2016—2018年）以及人均GDP、失业率、通货膨胀率构成的跨国截面数据，数据分析的结论表明，人均GDP对幸福感指数有显著的正向影响，失业率和通货膨胀率对幸福感有显著的负向影响，失业率的影响比通货膨胀要大，通货膨胀变量的统计显著性较弱，为10%统计显著，这一结论和很多前人的结论一致。对于人均GDP 10000美元的地区来说，失业率增加1个百分点，相当于人均GDP损失619.7美元的幸福感效果；通货膨胀率增加1个百分点，相当于人均GDP损失77.8美元的幸福感效果。1个百分点的失业率相当于7.96个百分点的通货膨胀率的幸福感效果。

本研究分析了收入水平、分配公平对主观幸福感的影响。基于中国家庭收入调查（Chinese Household Income Project Survey，CHIPS）（2002年）的数据，研究我国居民的幸福感与收入水平、收入不公的关系，结果发现，在整体样本上，居民的幸福感与收入水平呈显著正向关系，与收入不公程度呈显著负向关系。通过把整体样本划分为"平均收入之下"的样本组和"平均收入之上"的样本组，我们进行分组回归，结果显示，收入水平对幸福感的影响在两个组均显著为正，但高收入组的这种正向效应比低收入组要小，而且统计显著性降低。收入不公对幸福感的影响在两个组均显著为负，但高收入组的这个负向效应比低收入组要小。我们把最富有的10%和2%的样本分离出来，结果发现收入不公对最富阶层幸福感的影响在统计上不显著，收入水平对他们幸福感的影响或者不显著，或者显著性降低。因此，中国远没达到"伊斯特林悖论（Easterlin Paradox）区"，当前，提高人民群众收入仍然是提高民众幸福感的有效手段。

本研究分析了住房因素对主观幸福感的影响。建立了一个包含住房的消费者效用模型，根据消费者最优化推导出住房产权、房价与消费者效用之间的关系。我们使用中国社会综合调查（2005年）和中国经济数据库CEIC（2005年）的数据进行匹配，计量结果证明，有房产者的居民幸福感高于无房产者的。对于有房产者来说，房产面积对居民幸福感呈正向影响。房产具有财富效应，当居民的房产面积达到一个阈值时，房价上涨会增加居民的幸福感。当居民的房产面积小于某个阈值时，房价上涨会降低居民的幸福感。在稳健性检验中，我们发现无产权房的样本和有限产权的样本，房价上涨的财富效应不存在。

我们研究了婚姻这一重要的个体特征对幸福感的影响。使用世界价值观调查中国部分的数据，包括1990年、1995年、2001年和2007年四个年度，在控制收入和其他人口学特征变量之后，婚姻对幸福感有显著的正向影响，女性的婚姻幸福感要高于男性，孩子会降低婚姻的幸福感，收入对婚姻幸福感的促进作用存在收益递减效应，低收入者相比中等收入者的婚姻幸福感下降，而高收入者与中等收入者的婚姻幸福感无显著差别。婚姻能增进健康对幸福感的促进作用，婚姻也能增进工作的幸福感。初婚年龄、夫妻年龄差异、收入差异、教育差异等婚姻结构特征也对婚姻幸福感存在影响。

本研究分析了生育对主观幸福感的影响。基于WVS1990年到2007年的中国部分的数据，发现孩子数量对幸福感具有显著的负向影响。收入是影响生育幸福感的一个因素，收入对生育幸福感有显著的促进作用，原因是收入可以缓解孩子到来所产生的经济约束。工作对生育幸福感有显著的负向作用，原因是工作恶化了孩子到来所产生的时间或精力约束。用生活满意度作为替代变量，上述结果依然稳健。

本研究分析了子女数量和孝道对老年人主观幸福感的影响。利用中国老年人健康长寿调查（Chinese Longitudinal Healthy Longevity Survey, CLHLS）2005年、2008年和2011年三年的微观数据共35436个样本，回归结果得出，子女数量对老人幸福感的影响是正向的，但没有统计上的显著意义，这说明，子女数量的增加未必显著地改善老人的处境。子女给老人的经济支持、精神慰藉和日常照顾均对老人的幸福感有显著的正向影响。子女给予的经济支持为老人的晚年生活提供物质保障，是家庭养老的重要内容。子女给予老人的精神慰藉和日常照顾也是老人的重要需求，能使老年人产生"老有所依"的情感。因此，孝道似乎比子女数量更为重要。

我们分析了子女外出务工对留守老人主观幸福感的影响。采用中国家庭健康与营养调查数据库（China Health and Nutrition Survey, CHNS）2011

年的截面数据，回归结果表明，农村劳动力流动规模对于留守老人的生活满意度有着显著的负向影响，对老年人的经济供养以及老年人的农业劳动时间有显著的正向影响，说明子女外出务工增加了留守老人的农业劳动负担。

本研究分析了医疗保险对老年人主观幸福感的影响。利用中国老年人健康长寿影响因素调查2005年、2008年两期数据，结论得出，医疗保险对老年人幸福感的影响都显著为正。我国正步入老年化社会，老年人步入年老多病的阶段，老有所医至关重要，要建立和完善医疗保险制度。

本研究探讨了居住区位对居民主观幸福感的影响。利用中国综合社会调查2005年、2010年的数据，在控制了收入、健康、教育等基本的人口学变量之后，生活在农村的居民比生活在城市的居民感觉更幸福，一线城市居民主观幸福感低于二线城市居民，而三线城市居民的主观幸福感不如二线城市。非省会城市居民比省会城市居民更幸福。东部地区居民的主观幸福感最强，其次是中部地区，西部地区的居民主观幸福感最低。

我们研究了城市规模与居民幸福度之间的关系。基于中国家庭收入调查2003年的数据以及《中国城市统计年鉴》2002年的数据，结论显示，城市规模与居民幸福度呈现倒U形关系，随着城市规模的扩大，居民幸福度先增加后降低。存在一个居民最幸福的最优城市规模，经过演算，居民最幸福的城市规模约为287.5万人（非农业人口）。对于规模偏小的城市，城市规模扩大可增加幸福感，而对于规模偏大的城市，城市规模扩大会降低幸福感。

我们分析了环境质量（空气污染）对居民主观幸福感的影响。基于48个地级市2012年的空气质量指数（Air Pollution Index，API），匹配中国社会综合调查2013年微观调查数据，回归结果表明空气污染对居民的主观幸福感造成负向影响。平均意义上，居民愿意支付其年家庭人均收入的2.495%（相当于688.39元）来减少一天轻度污染；城市居民反应更强烈，这一数据分别是3.783%和1344.47元。

本研究分析了制度环境对居民主观幸福感的影响。我们获取了法治指数、民主指数、经济自由度指数、腐败感知指数的数据以及幸福感指数，从相关分析、散点图都可以看出，法治指数、民主指数、经济自由度指数、腐败感知指数这四个制度变量均与幸福感指数呈正相关，相关系数均大于0.5。构成跨国截面数据，控制住人均GDP水平，回归结果表明，法治指数、民主指数、经济自由度指数、腐败感知指数对幸福感有显著的正向影响。上述指数反映的是正式制度对主观幸福感的影响。我们分析了信任作为非正式制度对主观幸福感的影响，基于世界价值观调查中国部分的四次调查数据，结论显示，在我国，信任对幸福感有显著的正向影响，信任他人的人更幸福。

除了上述主要关注问题之外，我们也得出一些其他因素与主观幸福感之间的关系，虽然这些控制变量只是作为控制变量引入的。绝对收入和相对收入都对幸福感有显著的正向影响。年龄与幸福感的关系呈 U 形，随着年龄的增长，幸福感先降低，到达一定年龄之后，幸福感又上升。健康状况越好，个人的幸福感越强。中共党员相比其他人员幸福感更强。女性比男性感觉自己更幸福。受教育程度越高的人幸福感也越强。有宗教信仰的人相比没有宗教信仰的人幸福感较低。户籍对居民幸福感的影响不具有统计显著性。工作对幸福感的影响不显著，这可能符合实际情况，工作可增加收入和成就感，也可带来痛苦，如工作劳累和压力。

我们访谈了四位受访者，访谈内容围绕本研究的内容，从这些访谈者的回答来看，这个受访者个体的主观幸福感或生活满意度基本上符合本研究得出的理论。当然也各有一些有趣的观点。在最后，我们对提升居民主观幸福感提出对策建议，对于个体和政策制定具有一定的借鉴意义。

本研究的创新之处有以下几点：其一，比较系统地梳理了主观幸福感研究的文献，特别是幸福感的理论解释和影响主观幸福感的因素。其二，根据几项比较权威的数据，整理出中国的幸福感水平，既能做出国际横向比较，也能提供纵向的比较。其三，我们着重研究了影响我国居民主观幸福感的因素，分成经济因素、个体特征因素和制度、环境因素，有些问题本研究在国内是率先做探讨的，如宏观经济因素、正式制度、信任等非正式制度、区位和城市规模的幸福感效应，我们也率先探讨了婚姻结构对幸福感的影响以及子女数量、孝道对老年人幸福感的影响。对每一个问题的研究，我们都获得了数据，在数据分析的基础上得出了合理的结论。其四，我们通过访谈研究，验证了一般理论到特殊的适应性，通过对四位受访者的访谈发现，本研究得出的理论结论对访谈的个体也基本适用，当然也有个体表达了比较特殊的有趣观点。

本研究的价值有三：其一，理论价值。本项研究通过文献整理以及问题分析，得到了诸多关于主观幸福感的理论，这些理论具有学术价值，对于个体以及政策制定具有指导意义。其二，现实意义。本研究得出的诸多结论，有助于个体通过合理的决策提高自身或家庭的幸福感，也有利于政府制定合理的政策以提升人民群众的幸福感，幸福感强的人民群众也有助于提升执政稳定和社会和谐。其三，文献学术价值。本研究较为系统地梳理了文献，通过数据分析，验证了一些理论问题，这些数据库资源、文献资源以及本研究得出的具有创新性的理论结论，对于后人研究相关问题是有裨益的。

第1章 幸福经济学文献综述

1.1 幸福感的概念

幸福（happiness）是人们开心、愉悦的精神状态。在这个意义上，幸福的本质是快乐。幸福的要素包括人脑的快乐中枢、认知标准以及外界刺激，正向的外界刺激带给人快乐，负向的刺激带给人痛苦，正向刺激越是超出事先的认知标准，带给人的快乐就越多。

幸福对人类具有特别重要的含义，一些古代、现代的学者如亚里士多德、边沁、黄有光等把幸福视为人类生活的终极目标。人类从来没有停止过对幸福生活的追求①（Ng，1996）。英国哲学家休谟有一句名言："一切人类努力的目标在于获得幸福。"亚里士多德认为，幸福是生命的意义和目的，是人类存在的终极目标。亚里士多德把幸福视为最高的善，边沁把幸福视为首要的道德原则（Kesebir & Diener，2008）。苏格拉底认为幸福是人生的根本目的及意义，是一种不依赖于个人道德行为的、永恒不变的善的追求。托马斯·杰斐逊在美国独立宣言中将追求幸福视为与生命、自由同等重要的水平，"每个人都有追求幸福的权利"，这是不证自明的真理。

什么是幸福？各有各的解释，修昔底德视幸福为自由，阿奎那视幸福为满足，斯宾诺莎视幸福为德性，密尔视幸福为利益。经济学早期主要采用功利主义幸福观，边沁、杰文斯、萨缪尔森把幸福视为快乐，物品能给人们带来快乐或减轻痛苦的性质便是物品的效用，经济学意义的人力图以

---

① 黄有光认为，对于大多数人来说，幸福虽说不是生活的唯一终极目标，但也是主要的生活终极目标（Ng，1996）。

最小的代价获取最大的快乐。新古典经济学用效用这个概念表达消费者的满足感,从而在消费与幸福之间建立起理论关系。每个人都有自己关于物品的需求和偏好,而且,社会也建立起有关消费的社会规范,人们或多或少受到社会规范的约束,个人需求及偏好和社会规范一起,构成人的欲望。萨缪尔森给出幸福的计算公式,即

$$幸福 = 效用/欲望$$

幸福与欲望的满足息息相关。

主流经济学在消费者理论中讨论效用,效用随着消费商品数量的增加而提升。消费者消费食物、衣服、住房、娱乐等商品和服务,效用函数表达了消费商品在何种程度上转化为个人的主观满足感。间接效用函数将个人的主观满足感归结为预算收入和物价水平,因此,收入、GDP 是衡量福祉常用的客观指标。

然而,效用只是消费者消费商品时的主观满足程度,与人的整体幸福感还相距甚远。用收入、GDP 衡量幸福存在局限,人们的幸福感不只是来自消费,食物、衣服、住房、娱乐等消费确实可以使生活质量提高,但这些消费仅仅满足了马斯洛需求层次中的小部分。犯罪率、空气污染、良好法制、人际关系、自由等没法在 GDP 中表现出来,却是满足人们美好生活需要不可缺少的部分。虽然收入水平的提高可以带来更高的消费,但未必带来幸福水平的持续增长。亚当·斯密指出,在某一极限点上,高收入很少或根本不起作用。伴随着经济增长的是污染的加剧,以及收入超过某一门槛后人们形成导致肥胖的饮食习惯等,都降低了生活质量。经济增长有时会同时使人们吞下某些往往会降低幸福的恶果①,如空气污染。Easterlin 提出著名的"伊斯特林悖论"(Easterlin Paradox),即经济增长不一定导致幸福增加,在收入达到某一点之前,快乐随收入增加而增加,但超过该点后,这种关系并不明显。

生活满意度(life satisfaction)是人们对生活质量的满意度评价。每个人都有自己的生活目标,生活状况与自己的生活目标进行比较,就能对生活满意度做出主观评价。人们设定生活目标有两个基本依据,一是个人偏好,每个人都有自己的独特偏好,有些人喜欢房子,有些人喜欢车子,有些人喜欢书,有些人喜欢艺术,不一枚举。二是社会规范。社会存在大部分人都认可的基本生活准则,如结婚生子、买房买车、上大学、穿体面的

---

① 佩德罗·孔塞桑、罗米娜·班德罗、卢艳华:《主观幸福感研究文献综述》,载《国外理论动态》2013 年第 7 期,第 10 - 23 页。

服装、用化妆品、使用电子产品等。个人偏好和社会偏好得到的满足越多，生活满意度就越高。幸福反映的是当前开心愉悦的精神状态，而生活满意度反映的是总体生活质量。

主观幸福感（subjective well-being，SWB）是人们对自己目前生活的总体质量做积极评价的程度。幸福经济学主要采用主观幸福感这一概念。因为是关于幸福的主观体验和评价，很多时候被称为幸福感。幸福感不仅是一种主观上的生活评价，更是一种持久的、全方位的生活好状态，well-being 蕴含高质量地活着之意，即活得满意、快乐、健康。

《现代汉语小词典》这样定义幸福感："使人心情舒畅的境遇和生活，生活、境遇称心如意。"这说明幸福感主要是一种心理感受。Ryff（1995）提出幸福感不仅仅是愉悦的心情，更重要的是寻求真正潜能的实现，当我们的行为与内心的价值观一致的时候，就会体验到幸福。

Veenhoven（1984）对主观幸福感给出经典定义：主观幸福感是我们对自己目前生活的总体质量做积极评价的程度，即有多喜欢自己的生活状况。评价生活时，有两个方面：一是情感的（affective），即评价总体生活有多美好，这是对享乐感觉的评价，情感包括积极情感和消极情感；二是认知的（cognitive），即对生活状况的认知水平同"生活应该是怎样"的认知标准进行比较，是对生活满意度的评价。

经济学诺贝尔奖得主丹尼尔·卡尼曼将主观幸福感定义为人们对幸福状况的主观精神层面的感受，根据记忆，对过去和近期做出主观的判断。主观幸福感的产生比较复杂，主要包含两个方面：一是情感维度，个人正在实时地体验正向情感（如喜悦、得意、满足等）或负向情感（如悲伤、焦虑、沮丧、愤怒等），正向情感是对美好、有利事情的心理反应，负向情感是对不利情景的心理反应。二是认知维度，个人基于过去、现状、目标等对生活状况做出综合判断，整体评价其生活满意度。

Diener（1984，2004）认为，主观幸福感是个体对自己的生活状态是否为自己理想生活状态的整体性评估，体现的是个体需要得到满足或理想得到实现的程度，其动因来自认知、情感、需要（即动机、欲望、兴趣等）等心理因素和外部诱因的交互作用。主观幸福感概念涵盖两个要素，即情感反应和认知判断，情感反应指个体对生活状态的情绪感觉，认知判断指个体对生活状况的总体评价。Diener（1984）综合了所谓的 SWB 三层模型（Busseri & Sadava，2011），这个模型包括三个不同的但是相关联的幸福成分，即频繁的正向情感、不频繁的负向情感以及对生活满意度的认知评估（Tov & Diener，2013）。

幸福感是一种主观满足感。Lu（2001）把幸福定义为与物质丰富、心理健康和免于死亡的焦虑有关的感受。Clark & McGillivray 认为主观幸福感是对生活状况的多维评价，既包括情绪和感情的情感评价，也包括生活满意度的认知评价。Bruni & Porta 认为主观幸福感作为幸福的状态，是情感因素和认知因素相结合的产物。主观幸福感可包括四个组成要素：愉悦情感、不愉悦情感、对生活的整体评价、具体领域（如婚姻、健康、闲暇等）的满意度。[①] 一些学者认为主观幸福感大部分源自人们内心的积极或愉悦情绪（Layard，2005；Myers，2004）。幸福也包括自身潜能的实现，自我实现达到更高层次的生活是一种美好体验（Ryff，1995；Schwarz & Strack，1991）。

Andrewa & Withey（1976）提出主观幸福感包括积极情感、消极情感和生活满意度三个部分，这种区分也遵循了情感和认知两个维度。邢占军（2005）将主观幸福感区分为认知论主观幸福感和情感论主观幸福感。娄伶俐（2010）指出，生活满意度是个体对生存状况的总体认知，是总括性的、长期性的；而情感成分是个体对近期生活事件的情绪体验，是瞬时性、短期性的。Miret et al.（2014）认为，幸福可分成两类，一类是可评估的幸福，另一类是体验的幸福，前者是对生活质量的总体评价，后者是人们体验到的积极或消极情绪。

美国心理学家 Seligman（2002）提出幸福有三种形式：愉快的情绪、全身心投入和使命意义感。由于积极情绪的先天遗传性，幸福具有长久的、持续的、平稳的特性。后来，Seligman（2011）在 *Flourish* 一书中提出 PERMA 理论，在幸福三元论的基础上把幸福细化成五个部分，即积极情绪（P）、投入状态（E）、关系（R）、意义（M）和成就（A）。积极情绪（P）是指积极乐观的情绪，不但开心快乐，还包括满意、自豪、崇敬、理解等情绪，积极情绪往往能产生积极的效果，如健康、延年益寿和良好的社会关系。投入状态（E）是指投入地做某件事，当兴趣吸引我们投入到某件事情当中，进入一种全身心状态时，会有一种强烈的喜悦入迷感，头脑保持高度兴奋和专注，会有废寝忘食的感觉。关系（R）是指人际关系，包括工作关系、家庭关系、亲密关系、精神层面的关系等等。积极的人际关系有助于幸福感的提升。意义（M）指生活的意义和目的，做有价值的事情，实现人生的价值。成就（A）就是取得成功和成绩，追求自我实现。虽然积极情绪与遗传获得的基因有关，但只是主观幸福感的一小部分，人

[①] 佩德罗·孔塞桑、罗米娜·班德罗、卢艳华：《主观幸福感研究文献综述》，载《国外理论动态》2013年第7期，第10–23页。

们可以通过培养心理状态、改善人际关系、找到人生的意义、追求成功来获得更大的幸福。

Ryff et al.（1995）提出心理幸福感的概念，认为幸福是人的自我实现。古典思想家亚里士多德（Aristotle）也提出幸福是自我实现的观点，幸福是人完善自己的活动。Ryff et al.（1995）提出心理幸福感的六个维度，包括自我接受（self-acceptance）、个人成长（personal growth）、生活目标（purpose in life）、良好关系（positive relation with others）、环境控制（environment master）、独立自主（autonomy）。可见，对生活目标的追求、拥有良好的人际关系、对自我的尊重、自我控制感是实现幸福心理的关键。

Diener（1984）指出，主观幸福感是个人心理状态与外界刺激相结合的产物。好的生活事件让人感觉幸福，具有客观性；又涉及个体的幸福感知和认知评价，这是主观的。Diener（2000）提出主观幸福感的三个特征：其一，整体性，幸福感是对个体各个方面的综合评价。其二，主观性，依赖于个体主观认知标准，对生活状况做出主观评价。其三，相对稳定性，个体评价幸福感是对过去长期经历和目前生活状况的总体评价，是相对稳定的评价。个体的主观幸福感不会因为外界的短暂刺激发生持久的大变动。

诺贝尔经济学奖得主迪顿认为，主观幸福感是福利、福祉、效用等概念最好的、可量化的代理变量。主观幸福感概念假设人们可以评估他们自己的生活和经历，这一假设已经被无数研究所确认，自我报告的主观幸福感与很多重要变量相关，例如社会条件、社会关系、健康的行动方式等等（Diener & Seligman，2004；Lyubomirsky et al.，2005；Oishi & Schimmack，2010），而且与非自陈报告形式的主观幸福感相关（Sandvik et al.，1993）。

在众多研究者看来，幸福感、生活满意度和主观幸福感是非常接近的概念。Veenhoven（1997）明确表明这三者几乎可以相互替代使用。主观幸福感（SWB）的一个同义词是 happiness（快乐），Tov & Diener（2013）认为 happiness 是正面的情感，是主观幸福感的重要部分。主观幸福感（SWB）的另一个同义词是生活满意度（life satisfaction）。按照 Diener（1984）的 SWB 三层模型，生活满意度的认知评估是主观幸福感的重要部分（Tov & Diener，2013）。娄伶俐（2010）认为，生活满意度是个体对生存状况的总体评价，是总括性的、长期的；情感评价是个体对正经历的生活事件的情绪体验，是瞬时性、短期性的。

幸福概念在较长的时间里是心理学的主要研究领域，直到 Easterlin

(1974）把幸福感引入经济学研究。主观幸福感的经济学研究主要有四个方面[①]：一是主观幸福感的理论解释，为什么产生幸福或不幸福，理论机制是探究主观幸福的思想前提。二是主观幸福感的决定因素，既包括经济因素、人口社会学特征因素，也包括制度和环境因素等。三是幸福的经济结果，幸福对个人、对社会有何影响？四是幸福感的衡量与调查。如何衡量主观幸福感？如何汇总成社会幸福度指标？很多机构提出或同或异的衡量幸福感的指标体系，并进行国内或国际地区间的幸福感比较，例如 Helliwell, Layard & Sachs（2013）的世界幸福感报告。

1.2 幸福感的理论解释

关于幸福的理论有两种主要路径，一种是自下而上的路径，另一种是自上而下的路径。自下而上的幸福主要取决于外部事件和状况对个人生活的影响，人们的幸福感受到个人的、可观测特征的影响，如年龄、健康等人口统计学变量；受到个人生活的社交和物质状况的影响，如收入、工作、亲密关系等；受到社区状况的影响，如收入差距、宗教、种族差异、社区组织等；受到社会环境的影响，如犯罪率、公平性、民主、自由度等。自上而下的幸福观持相反的观点，认为幸福感是个人内部精神加工的结果，不是外部世界的产物，个人早已预设了内部幸福水平，是个人的基因和经验决定了他的幸福水平的定点。外部环境虽然会导致幸福感波动，但幸福感又会回到定点水平。

自下而上和自上而下的幸福观的政策含义大相径庭。自下而上的幸福观认为外部环境会影响人的幸福，因此需要发展有效的社会政治结构以最大程度地满足人们的需求，从而提升其幸福感；当社会创造出繁荣发展的条件时，人们的生活会变得更美好。自上而下幸福观认为幸福感是个人内部特质决定的定点，不是外部环境能改变的状态变量，因此，提高幸福感的政策含义有限，不管是左翼还是右翼政策，不管是在天堂还是在地狱，人们感受到同等的快乐。

1.2.1 功利主义幸福感

自古以来，人们对幸福的探索从未停止过。边沁（Jeremy Bentham）认

[①] MacKerron（2012）认为幸福经济学可简单概括为幸福测量和幸福分析。

为，公共政策应该最大化人类的快乐，他甚至尝试建立享乐主义计算（hedonic calculus），正确的事情就是使功利最大化，即快乐多于痛苦，幸福多于困难。边沁认为，人类受两种主要力量支配着：快乐和痛苦。我们喜欢快乐，讨厌痛苦，这决定我们应该做什么，将会做什么。功利原则将乐与苦视为善与恶的代名词，给我们带来快乐的就是善，给我们带来痛苦的就是恶。我们要做的事情就是增加人类的快乐总量，减少痛苦总量，这就是功利最大化。不管是个人还是政府的各项措施，应该以最大多数人的最大幸福为目标。边沁认为，人性具有同等的苦乐感受能力，物质或肉体的苦乐是简单层次的苦乐，精神上的苦乐是复杂层次的苦乐，复杂层次的苦乐可以视为简单层次苦乐量的扩大，并无质的区别。所谓更高级的快乐不过是那些更强烈、更持久的快乐。边沁的享乐主义计算就是如何测度快乐和痛苦，七个方面会影响快乐或痛苦的大小，分别是：强度，即快乐或痛苦有多强烈；延续时间，即快乐或痛苦持续的时间；确定性，即快乐或痛苦发生的概率；远近，即当下发生还是遥远的苦乐；繁殖力，即快乐或痛苦多大机会连续发生；纯粹性，即快乐或痛苦不被对立的状况所抵消；广延性，即行为能否给自己带来快乐，也给他人带去快乐。

杰文斯（Stanley Jevons）将经济学视为一门快乐与幸福计算的学问，物品能给人们带来快乐或减轻痛苦的性质便是物品的效用，财富与价值的性质由边际的痛苦或快乐来说明，人们以最小代价满足最大欲望，是经济学的任务。

新古典经济学用效用这个概念表达消费者的满足感。萨缪尔森认为，效用是一个人消费某种物品或服务所得到的主观满足或有用性。直接效用函数将满足与消费联系在一起。间接效用函数将满足和预算收入及价格联系在一起。Ackerman（1997）、Noll & Weick（2015）认为消费和幸福存在直接的正向关系。新古典经济学假设消费者的非饱和性，更多的消费导致更多的满足。在经济学理论中，消费是效用或满足的最直接表达，消费比收入是更好的考察生活水平的指标。然而，幸福经济学更多地讨论的是收入与幸福感之间的关系。萨缪尔森给出计算幸福的公式，即"幸福＝效用/欲望"，幸福受实现的效用所影响，与之成正比。何凌云、秦尊文（2019）将主观幸福感引入效用函数，推导出幸福的希克斯需求曲线，认为主观幸福感不可直接等同于效用。

1.2.2 需求满足论

Veenhoven（1995）提出生存理论，人类的需求得到满足是人们获得幸福的一个很重要的决定性因素。对生活的主观感受取决于客观的生活质量。一个国家的生活条件更好，居民会更快乐，原因是人们的需求被满足。需求的达成或受挫会提供情感信号，这些情绪感觉会积累成为我们对生活的评价，幸福就是我们对生活有多好的一种反映。"我们将幸福感设想为像银行存款余额一样，积极的情感经历存入，消极的情感经历取出。"（雷德克利夫，2018）幸福是对当下、过去的境况的一种情感平衡。由萨缪尔森的幸福公式可知，幸福与消费者的欲望成反比，欲望得以满足，即实现了一定的幸福。在萨缪尔森看来，幸福就是欲望的满足程度，这一理论路径始终认为，幸福取决于人类需求的满足。

人类作为自然的、社会的主体在物质上、心理上和社交上有着普遍的需求。马斯洛需求层次理论认为，人类需求从低到高可分为五种层次，即生理需求、安全需求、社交需求、尊重需求以及自我实现需求。安全需求、社交需求、尊重需求和自我实现需求是心理上的需求，心理需求和生理需求一样重要。生理需求是包括食物、衣服、住所在内的生存需求，安全需求体现为人类需要安全感，如稳定的工作和收入，没有事故或疾病，没有暴力或抢劫，更没有战争危险。社交需求体现人类的社会性，需要参加给人以归属感的社交网络，亲密关系让人摆脱孤独。尊重需求是指人们需求得到他人或自己的尊重和肯定，这是个人自信和价值感的来源。自我实现的需求是指发展个人潜力，实现自己想要的目标。

1.2.3 社会比较理论

Easterlin（1974）认为，幸福感是社会比较的产物，人们将个人自己的生活状况与他人的生活状况进行比较。如果经济状况或消费水平高于平均状况，则产生幸福的感觉，如果低于平均状况，则会有失落的感觉。社会比较理论与杜森贝利（Duesenberry）的相对收入理论非常接近，杜森贝利把效用函数定义为 U（个人消费/社会平均消费，个人收入/社会平均收入），一个人的幸福依赖于他的相对消费水平。一种理论认为，相对消费产生地位效应，也就是说，能够消费的人或消费水平高于同等人群的人有更高的生活满意度，而不能够"跟上琼斯"[①] 的消费者会感觉生活不满意（Macdonald & Douthitt, 1992）。

伊斯特林（Easterlin）认为，主观幸福感随着自身收入水平的提高而正

[①] 美国有句俗语叫"跟上琼斯"，喻指与他人攀比，和邻居琼斯攀比，结果入不敷出，筋疲力尽。

向变化，但随着他人收入水平的提高而反向变化。Frey & Stutzer（2002）主张，在对幸福的影响方面，绝对收入水平并不是最重要的，人在收入上的相对地位才是更重要的。Clark et al.（2008）指出，人们越来越一致地认为，绝对收入对幸福有正向效应，但效应较小，而且相对收入比绝对收入对幸福的影响更大。一些学者发现，相对收入对中国人民幸福感有很强的影响（Appleton & Song，2008；Asadullah et al.，2017；Huang et al.，2016；Knight et al.，2009；Knight & Gunatilaka，2010b；Mishra et al.，2014）。个体不仅受相对收入影响，而且受在收入排位（rank order）的影响，在一个相关人口组中收入排第2位和第22位对他的幸福感的影响是不同的（Brown et al.，2008）。

一个国家一旦达到一定的富裕水准，当经济增长时，社会平均的幸福水平并不会上升，经验研究发现，国家的人均GNP和人均幸福水平之间缺乏明显的关系。在社会比较理论下，虽然中值收入随着经济增长而提高，但并不会提高人均幸福，原因是低于中值收入和高于中值收入的人一样多，社会比较状况没有发生明显变化。

社会比较理论主要基于对财富和消费的比较。人们追求可视商品（visible consumption）的消费，如珠宝、高档汽车、名牌服装、高档化妆品、奢华旅游、昂贵兴趣项目（如高尔夫、奢侈娱乐项目）等，就是为了反映自己的社会地位，炫耀性消费通过增加社会地位而增进幸福（Kaus，2013）。然而，心理学文献也强调消费主义的负面效果。Kasser & Ryan（1996）把人的目标区分为内部目标和外部目标，外部目标受外部影响，例如他人的赞同，内部目标受自己内部的价值偏向所影响。追求外部目标如物质消费和形象会挤占追求内部目标的时间，会降低幸福水平。强烈的物质主义倾向是消费主义的基础，会导致更低水平的幸福和更多的心理问题（Dittmar & Kapur，2011）。Easterlin & Sawangfa（2007）发现，美国人的幸福感平均说来，与社会经济地位正向相关，例如经济能力、家庭生活、工作、健康，它们加起来对幸福感的解释相当好。Prinz & Bunger（2011）提出幸福收入（happy income）的概念，人们应该结合客观的社会环境和个人的收入来评价其社会经济幸福感状况，人们面临着个体和社会环境的比较，只看个人的收入难以准确地衡量其福祉。

人们为了在等级社会中保持或提升自己的地位，不断追求财富的增长，然而，更多财富并未持久地提升幸福感，只会使人变得更加贪得无厌，人们在"享乐跑步机"上耗尽全力。人们在财富比赛中相互追逐，实际上使自己的生活变得糟糕，也给社会造成负的外部性。Runciman（1966）提出相对剥夺（relative deprivation）的概念，如果一个人没有某种他想要的物品或服务，他看到其他人拥有这种物品或服务，他就产生一种相对剥夺的感觉。Bertram-Hummer et al.（2015）发现，他人的可视消费会产生更强的相对剥夺感，吉尔吉斯斯坦的数据表明，他人的可视消费指数增加了相对剥夺感。Layard（2005）指出，对更高收入和更大职业成功的狭隘追求是一种污染，就像工业废料一样影响社会。Layardy 主张，生活的五个核心领域导致幸福的产生：家庭关系、财务状况、工作质量、社区和友谊以及健康。社会政策或社会规范应该减少对收入和经济增长的关注，更多关注使幸福更易产生的价值观念，如安全、健康、稳定、令人满意的人际关系、工作满意度、社会资本等等。人们应该在财富和生活的其他方面保持更好的平衡。社会政策应该鼓励渴望幸福生活的人们减少对财务收入的关注，这样就可从其他领域得到回报，这些领域不像财富那样严重地受到社会比较的影响。

1.2.4 定点理论

定点理论认为，幸福是个体性格特质这一内部起因的产物；一些人天生就比其他人更幸福，这是由个人的遗传基因决定的，定点代表个人正常、长期的幸福均衡水平，外部环境只能略微或暂时影响幸福水平。定点理论认为幸福实际上是个人固有的特征，并不是一种变化的状态。当积极或消极的事情发生时，个人只能被短暂地影响，最终又会恢复到平均水平。Brickman et al.（1976）发现不管是通过彩票赢得财富还是遭受严重事故成为截瘫患者，都不会对幸福感产生持久的影响。心理学的适应理论也支持这一观点，人们通常在诸如离婚或加薪等事件后，短期的幸福波动后最终又回到之前的幸福水平（Diener et al.，1999）。幸福是由遗传密码决定的，最令人信服的证据来自双胞胎，生活在不同环境中的双胞胎拥有非常相似的幸福水平。心理学家发现，心理方面的差异几乎 50% 可以用遗传基因解释。

定点理论的另一种解释是早期经验，人们早期形成的性格特征已经深深植根于内心深处，一些人比其他人有更积极的生活态度，不是因为遗传基因，而是他们身上发生的事决定了他们是怎样的人。这种性格的塑造发生在早期阶段，青春期结束时已基本定形。Lieberman（1970）认为，甚至在 8 岁之前，个体已经形成了一个确定的、稳定的满意度水平，并在一个广泛的环境范围内保持这个水平。

定点理论主要的政策含义是：各类政策（不管是好的还是坏的）对人

们的幸福影响有限,其他理论对幸福影响因素的探讨都是无意义的。另一种观点认为,虽然幸福水平 50%的差异由基因决定,但也有另外 50%是由外部因素决定,仍然需要论证是什么因素决定这另外的 50%,因此幸福经济学和提升幸福水平的政策是有意义的。Graham(2005)认为,幸福水平会因疾病或失业等不幸事件显著下降,即使最终又会回到长期均衡水平,在此期间,阻止或减轻不幸福,也是有意义的。Veenhoven(1994)对定点理论持否定意见,他对生活质量是由内部心理特征而不是外部生活条件决定这个问题做了分析调查,结果发现,幸福在短时间内是稳定的,但长期内不是,幸福不全是事先设定好的,遗传因素只能解释较小的一部分,心理因素也只能解释小部分差异。

Diener et al.(1999)既不否认也不肯定个性特征对幸福感的影响,他认为主观幸福既包含定点理论所说的性格特质,也包含随环境变化而变化的状态特征。只是他认为个性特征更广泛,外向、神经质、乐观、自尊、对生活的控制感等会影响一个人的生活满意度,对未来充满自信的人、自尊的人、能控制自己生活的人、乐观的人能以更积极的心态面对每天所发生的一切,外向的人更享受人际交往过程和社交的快乐,而神经过敏的人总是担忧和焦虑。幸福只是部分受个人特性的影响,部分是受外部环境影响的,虽然有个人性格因素,但也不是完全不可改变的,人们也在环境当中改变自己的性格,可以在一段时间内变得更乐观或更外向。既然性格可以改变,幸福作为天生性状的观点就不是绝对的,应该与外部环境有所呼应,那些提升幸福感的公共政策,可以指导人们培养有助于提升幸福感的个性。Radcliff & Wingenbach(2000)指出,被鼓励或被要求参与集体活动或民众组织的公民,因为参与过程而增强了自尊、自信和办事效率,因此,创造更多民众参与的机会可以培养他们积极的性格特质。幸福心理倾向的可塑性从移民的例子可以看出来,移民到了新的国度,倾向于不断调整他们的主观幸福感,与目前生活社会的一般水平持平,而不是保持其出生国度的幸福水平(Veenhoven,1997a)。Kahneman(2008)认为,虽然幸福确实受到性格的影响,但同样与人们分配时间所进行的活动带来的愉悦感有关。Sen(1992)认为,人的乐观性受到诸如贫穷之类的强大外部条件的影响,可以制定相应的政策改善客观生存条件来改变人格特质,个人的愉悦感会受到个人财富和地位的影响,显然,会受到外部的社会经济环境所影响。可见,幸福部分地取决于性格,但也是由人的客观生活环境所决定的。

自上而下和自下而上的幸福观的争论,至少可以得到调和,对幸福最合理的解释不再是固有的人格特性,而是结合生活环境、经历和特定性格的产物。个体基因或某些不可改变的特性可能起到一定的作用，但个体外部的、个体易于改变的性格因素也起到作用，外部环境对于主观幸福感的影响是存在的，通过外部环境的改变促进某些导致幸福的人类性格特征，对于公共政策来说具有方向性意义。

1.3 幸福的心理机制

1.3.1 神经生理学对主观幸福感的研究

幸福感的学术界定与心理学联系在一起，主观幸福感是一种主观心理态度，包含情感和认知两个层面。神经生理学对主观幸福感产生了不少研究成果，心理学家发现幸福感可以通过观察脑部的快乐中枢成像来识别。Olds & Milner（1954）实验发现，老鼠的下丘脑中存在一个快乐中枢，通过微电极对老鼠的下丘脑附近进行电流刺激，老鼠一旦学会按压横杆可以获得刺激，就会表现出高度热情以获得刺激。他们进一步实验，把微电极插入脑部的边缘系统，也能看到同样的情景。心理学家认为，在下丘脑和边缘系统内存在着快乐中枢，刺激快乐中枢后，可以体验到快乐的情绪。

Sato et al.（2015）使用结构磁共振成像和可以衡量主观幸福的问卷调查研究发现，人脑的右侧楔前叶（precuneus）中的灰物质（gray matter）数量与被试问卷调查的主观幸福得分存在正相关关系。Kurth et al.（2014）的实验发现，一个为期6周的正念干预（mindfulness based intervention）显著增加了楔前叶中的灰物质[1]。

遗传学认为，个体的幸福感受遗传基因影响。基因决定人脑中五羟色胺的水平，这种神经传递素对情绪、睡眠和食欲起着重要作用。大脑中这种物质含量较高的人就比较容易快乐。一种称为Tph2的酶控制着大脑中五羟色胺的多少，这种酶取决于遗传基因。研究发现，人脑中50%的五羟色胺取决于遗传，另外一半受后天影响（傅红春，2008）。Lykken & Tellegen（1996）发现，同一家庭长大的同卵双胞胎的幸福相关系数高达44%，而异卵双胞胎的幸福相关系数却只有8%，可见，个体幸福感有40%～50%是由

---

[1] F. Kurth, E. Luders, B. Wu, et al. "Brain gray matter changes associated with mindfulness meditation in older adults: an exploratory pilot study using voxel-based morphometry," *Neuro: Open Journal*, 2014, 1 (1): 23.

遗传基因先天决定。对同一组双胞胎做跨时间分析，分析他们 5 年、10 年内幸福感的变化，他们跨时间幸福感的相关性有 80% 可由遗传决定。这一理论认为，幸福感具有相当的免疫性，收入对幸福感的影响有限。美国加州大学教授 Lyubomirsky（2001）的研究发现幸福是一种认知技巧，即使 50% 是遗传基因决定的，至少还有 40% 是由自己的主观选择决定的，这就是"幸福解释论"。即使主观幸福感具有某种程序的稳定性，也是可塑的（Diener et al.，2006；Tay & Kuykendall，2013）。

美国心理学家 Seligman（2002）提出幸福有三种形式：愉快的情绪、全身心投入和使命意义感。幸福的产生可以表达为 $H = S + C + V$，H 是总幸福水平，S 是先天的遗传特质，C 是后天的环境，V 是个人能主动控制的心理力量。无论如何，遗传是影响幸福感的重要因素，因为拥有较多积极情绪的人往往是天生的，非天生积极情绪的人很容易适应某种积极情绪，开心的事很快就会被适应，不再让人感到愉悦。

主观幸福感是由人的情感中枢和认知中枢交互作用产生，经历情绪反应、情感体验、认知三个阶段。第一阶段是对外界刺激的情绪反应；第二阶段是情感中枢的加工，形成情感体验；第三阶段经过高级加工，综合社会价值、习俗和个人主观目标形成理性认知。Diener（1984）认为，年轻、适度的欲望、教育程度对主观幸福感来说不是重要因素，他强调性格特征、适应力、人生目标以及应变能力对获得主观幸福感的重要性。

娄伶俐（2010）对主观幸福感的神经心理机制做了较为系统的梳理，人们评价主观幸福感（SWB）时，主要有两个层面的评价，一是情感评价，二是认知评价。情感评价包括积极情感和消极情感。主观幸福感较高的人一般有更多的积极情感和更少的消极情感，其评价的生活满意度也较高。认知评价与情感评价存在一定的相关性，平均的相关性为 0.46。

神经科学对快乐和痛苦有了越来越多的发现，人类和动物一样，有趋乐避苦的倾向。人们总是力图追求积极情感的体验，而避免消极情感的体验。Waston（1999）提出正向激活和负向激活的概念，这和积极情感和消极情感类似，反映人体对外界刺激的反应机制。正向激活主要反映的是大脑左半球前额叶的活动，与大脑多巴胺（dopamine）这种物质的分泌有关，正向激活能促进警惕和推理能力。

外部刺激经情绪反应和认知过程，与个体早期经验相融形成幸福感的主观评价。前额叶皮层是对情绪刺激进行加工的机构，接受来自杏仁核的感觉刺激，形成情绪认知，海马（hippocampus）则是学习与记忆的关键神经功能结构。主观幸福感是我们对自己总体生活状况的主观评价，这一评价是包含快乐、兴奋、痛苦、悲伤等情感体验和对生活进行认知判断的复杂神经生理过程（娄伶俐，2010）。总的说来，杏仁核是人的喜怒哀乐等基本情绪产生的中枢，前额叶是人的高级情绪加工中枢，产生情绪认知，海马是学习记忆的功能组织。从生活事件到主观幸福感评价要经过外界刺激输入、情绪生成、情感高级加工与认知三个阶段。

人体会对外界刺激产生大致相同的低级情绪反射。外界刺激产生的低级情绪信息经过以杏仁核为核心的情绪中枢加工，产生快乐、悲伤、恐惧等基本情绪感受（情感）。重要的情感会在大脑中形成记忆，人的最初经历都会在大脑中留下或深或浅的记忆。自我报告的主观幸福感依赖于对生活经历的情感经验的回忆，能够回忆起来的情感受到个体自我意识、当前关注焦点以及凸显信息的影响。情感回忆与人的个性和生活状态有关，神经质型的人会报告更多的负面情感，而外向型的人会报告更多的正面情感（Barrett，1997）。凸显信息会影响情感回忆从而影响自陈主观幸福感的，例如去医院看到病人和家人的痛苦，可能会报告一个更高的主观幸福感。当前生活状态会影响个体对外部环境刺激的反应，积极情感会对积极信息进行选择性关注（Tamir & Robinson，2004），积极情感状态的人更可能回忆起积极的情感经历，消极情感状态的人更可能回忆起消极事件经历。幸福的人会回忆更多的愉快情感，不幸福的人会回忆更多的消极情感（Diener et al.，1984，1991；Pavot et al.，1991）。在不同时间的 SWB 评价中，人们往往会对相同的情感经历信息重复提取，这些具有个体特性的情感信息与其成长环境和生活经历有关，这部分信息也决定了 SWB 评价具有一定的相对稳定性。

以杏仁核为核心的情绪中枢产生的情绪感受传至前额叶皮层进行情感加工，并与累积在海马中的生活记忆相结合，产生人对外界环境刺激的认知评价。在主观幸福感的情感加工和认知阶段，文化或社会规范对此有重要影响，Oishi（2002）得出，亚裔美国人和欧美人对同样的经历事后评价却不同，欧美人的回答往往更为乐观。人们在评价 SWB 时，往往会受到社会主流价值规范的影响，人们会不自觉地将经历的事件与社会价值规范进行比较，并影响其主观评价。

1.3.2 适应理论

Frey & Stutzer（2002）认为，幸福形成包括四个心理过程：一是适应，人们会适应新的环境，并调整其主观幸福感。适应是一种自动的消极生理反应过程。人们会适应升高的收入水平，因而收入提高对他们主观幸福感的影响在一定时间后会回落到最初的水平，那些中了彩票或财富突然增加的人在适应和调整之后，只比中奖前有稍高的幸福水平。二是期望，人们会根据自己的期望值对所处的生活状况进行评估，如果达到期望值，就会感到满足。期望值一般也会调整，收入提高之后，人们对收入的期望值又会调高，因此，收入提高对幸福感的影响会呈现递减的趋势。三是社会对比，人们往往通过对比来衡量自己的生活，例如收入的对比即相对收入水平会影响幸福感，工作方面的对比让失去工作的人比没有失业的人幸福感要低，如果大量的人失业，失业者的幸福感也许不会太糟糕。四是处理，人们通常有处理和应对不幸事件例如丧亲、残疾等的能力，截瘫患者在刚开始的时候，深受挫折，主观幸福感大幅降低，但是随着时间的推移，许多人会接受和积极地适应其不幸，过了一定时间后，又会回到与不幸发生前差不多的幸福水平。

一些个体或社会的特征在短期内受到我们心理上的欢迎，但长期内，我们会习惯这些特征的存在，即适应，因此，这些特征对主观幸福感的影响可能只是临时的。人的积极本性促使人们去适应新的环境和状况，Brickman & Campbell（1971）提出"享乐水车"（hedonic treadmill）的概念，生活状况改善短期内会促进主观幸福水平，但长期内影响有限，好比水车每次上升都将回到原点。中了彩票的人财富急剧增加，幸福水平短期内有提升，但适应这一财富上升之后，主观幸福感又会回到与中奖前差不多的状态。适应理论符合定点理论的思想，认为一个人长期的主观幸福水平是一定的。

Clark（2016b，2018）也将适应归为一种特定的社会比较理论，即个体的满意度不但受到现在收入的影响，也受到过去收入的影响，即不是和他人比较，而是和自己的过去比较，过去较高的财富会减少当前的主观幸福感。Clark（1999）发现过去的收入确实与当前的工作满意度负相关。Sliwka（2007）、Di Tella et al.（2010）、Vendrik（2013）也得出，过去的收入与当前的主观幸福感存在负向关系。那些过去赚钱更多的个体现在需要更高的收入水平才能被满足。

根据适应理论，收入提高对主观幸福感的促进作用是临时的，这种影响不会持久，主观幸福感又会回到收入提高之前的水平。图 1.1 中实线表示收入在第 2 年实现永久性提高，虚线表示幸福感的变化。

Clark & Georgellis（2013）研究了个体对失业、婚姻、离婚、孩子出生和丧偶的适应情况。失业没有显示出适应性，但婚姻、离婚、孩子出生和丧偶表现出良好的适应特征。从现有的证据来看，适应并非普遍真理，上

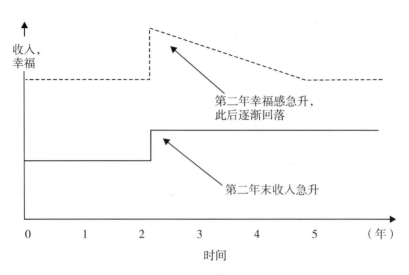

图 1.1 收入与幸福感的变化

资料来源：Clark（2016b）。

面讲到的失业就是个例外。慢性病人或病情恶化病人、失去亲人、婚姻不幸的人表现出适应缓慢或不能完全适应的情形（Frederick & Loewenstein，1999；Easterlin，2003）。Clark（2016b）认为，人们对残疾、毁容和工作不安全只有部分或没有适应性，而对搬家、自我雇佣具有完全适应性。另外，人们也无法适应进入贫穷，甚至不能适应收入上的下降。行为经济学发现人们失去一样东西比获得同样的东西感受更强烈，这是 Kahneman & Tversky（1979）"前景理论"的一个思想：人们对损失的难过程度超过对同等收益的快乐程度，当财富增长时，人们会较快适应，但对失去财富的痛苦会激烈得多，也持久得多，适应缓慢或无法适应。这些心理学的研究得出，意外得到一笔财产、因瘫痪失去行动能力等客观事件对幸福感的影响比我们认为的要小一些，人的适应能力会缓冲这些不利事件的影响。

1.3.3 期望理论

人们遭遇的各种状况以及生活环境会改变他们的期望，由期望和实际所实现的状况两者之间的比较决定人们的主观幸福感。如果生活达到我们的期望，我们就会感受到满足。否则，会觉得沮丧。欲望无止境，有的人当了科长之后，还想当处长，当了处长之后，又想当厅长，等等，官位越高，期望也越高，永远都是在追逐，官大继续累。有的人赚了 100 万，还想赚 1000 万，赚了 1000 万之后，发现期望值更高了，还想赚 1 个亿。主观幸福感取决于期望与实现之间的差异，这就是部分有钱人也过得很累的原因。收入提高之后，人们对收入的期望值又会调高，因此，收入提高对幸福感的影响并非永恒。较高的个人收入引致的偏好变化将抵消收入增加的福祉效益的60%～80%（Van Praag & Van Dersar，1988；Van Praag & Frijters，1999）。

教育对个人主观幸福感的影响，有两个主要的影响机制，一是教育会提高个人在劳动力市场的收入，二是教育会提高个人对生活质量的期望。因此，教育对个人主观幸福感的影响取决于这两者的净效应。

1.4 经济因素与幸福感

主观幸福感的影响因素有很多，Frey & Stutzer（2006）将影响幸福感的因素分成以下几类：其一，人格或心理因素，例如自信、悲观和心理健康状况等；其二，人口学因素，例如年龄、性别、受教育水平、婚姻状况、身体健康状况等；其三，社会经济因素，例如收入水平、就业状况、通货膨胀等；其四，环境因素，例如生活工作环境、生活条件等；其五，制度因素，例如选举权等社会民主程度等。中观层面，Haller & Hadler（2006）认为社会经济结构会影响个人幸福感，例如收入不平等、政治开明、民主、社会关系等。纵观目前国内外学术界对幸福感的研究可以发现，主观幸福感的影响因素主要有经济因素（绝对收入、相对收入与收入不平等、失业、通货膨胀、政府支出）、人口社会学特征（性别、教育、年龄、婚姻、生育、宗教信仰、健康、遗传基因、工作、信任）和制度、环境因素（社会资本、环境、政治制度因素）。本节将讨论收入、失业、通货膨胀、政府支出和产权等五种经济因素与幸福感的关系。

1.4.1 收入与幸福感

经济安全是幸福感的重要影响因素。被广泛接受的一个观点是，在横截面数据中，具有更高收入的个体也报告了更高的主观幸福感水平（Clark，2018）。Kahneman & Deaton（2010）、Luttmer（2005）、Layard et al.（2010）都得到了相似的结论。国家层面，Deaton（2008）使用盖洛普的数据得出，更富有的国家有更高的关于生活评价的坎特里尔阶梯（Cantril ladder）平均得分。这些经验研究也发现，增加1单位收入对主观幸福感的促进效应对低收入样本更大。

国民收入水平可以反映国民福祉，幸福感与 GDP 有显著正向关系，更富有国家的公民相比贫穷国家幸福感更高。Easterlin（1974）发现幸福感与人均收入存在弱的正向关联（国家样本较少），随着样本数据增加，这一结论被强化了。

Frey & Stutzer（2002）研究美国 GSS 的数据，实际收入与幸福感之间存在强烈正向关系，但拟合的曲线斜率递减，不管是 1972—1974 年的数据还是 1994—1996 年的数据，都是如此，如图 1.2 所示。Frey & Stutzer（2002）根据 20 世纪 90 年代的两次世界价值观调查 51 个国家的数据，分析了人均收入与平均生活满意度的关系，自我报告的主观幸福感随收入上升，如图 1.3 所示。但一些文献认为，主观幸福感呈凹形上升，在低发展水平阶段，主观幸福感随收入上升而上升，一旦达到人均收入大约 10000 美元的门槛，人均收入对平均的主观幸福感几乎没有影响。

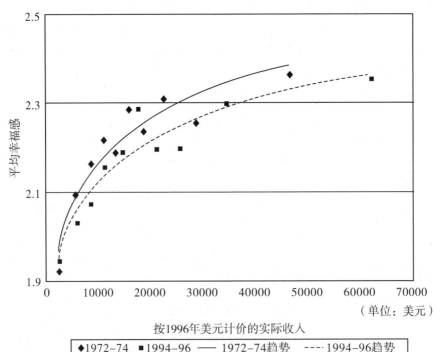

图 1.2　人均收入与幸福感

资料来源：Frey & Stutzer（2002）。

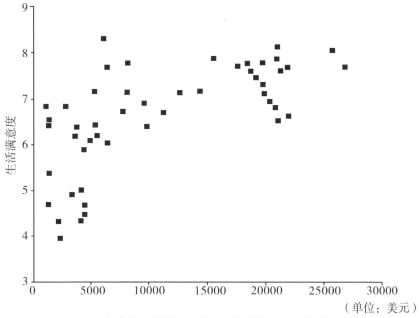

图 1.3 人均收入与生活满意度

资料来源：Frey & Stutzer（2002）。

Layard et al.（2012）认为，人均 GDP 可以解释盖洛普（Gallup World Poll）坎特里尔阶梯数据 65% 的跨国差异。因此，降低贫困毫无疑问与更幸福的人口相关联。Deaton（2008）根据盖洛普调查数据绘制不同国家和地区富裕程度与居民生活满意感的散点图（见图 1.4），居民满意感水平随着国家富裕程度的提高而提升。Inglehart et al.（2008）分析了主观幸福感和购买力平价的人均 GDP 的关系，基于自我报告的生活满意度和幸福状况，取 1995 年到 2007 年可获得的调查数据的均值，居民主观幸福感随着国家富裕程度的提高而提升，但趋势变缓。Inglehart & Klingermann（2000）、Graham & Pettinato（2002）基于 20 世纪 90 年代的跨国（地区）数据，也绘制了类似的图形（见图 1.5、图 1.6）。Sanfey & Teksoz（2007）对转型国家的研究得出，人均收入与生活满意度呈正向关系，虽然边际效应在递减，如图 1.7 所示。

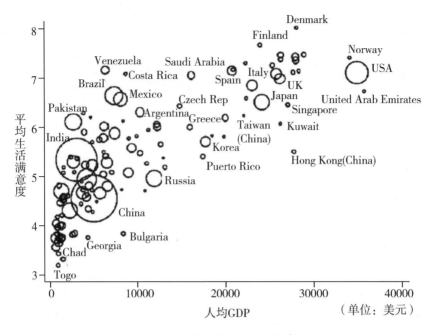

图1.4 人均收入与平均生活满意度

资料来源：Deaton（2008）。

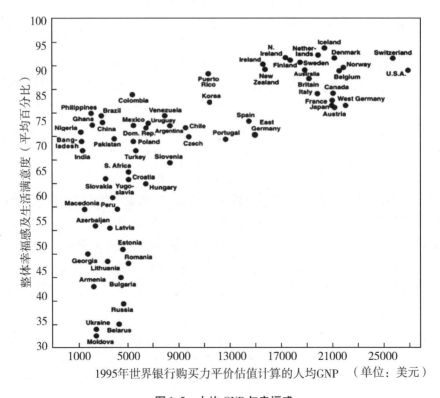

图1.5 人均GNP与幸福感

资料来源：Inglehart & Klingermann（2000）。

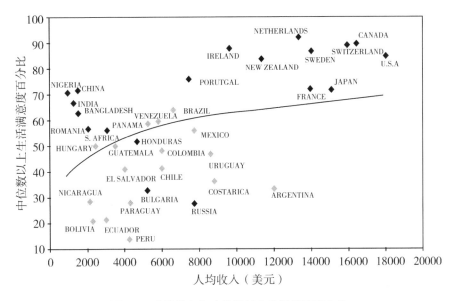

图1.6 人均收入与中位数以上生活满意度占比

资料来源：Graham & Pettinato（2002）。

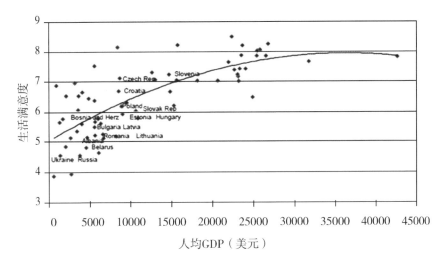

图1.7 人均GDP与生活满意度

资料来源：Peter Sanfey & Utku Teksoz（2007）。

Sharpe et al.（2010）使用世界发展指数和世界价值观调查数据，显示出类似的趋势，如图1.8所示。Brulé & Veenhoven（2014）使用138个国家2005年的实际购买力和世界幸福数据库，生活满意度与经济繁荣呈现出以递减的速度递增的趋势（见图1.9）。Anielski（2007）分析了178个国家的GDP和生活满意度，随着人均GDP的增长，生活满意度呈现递减的回报。

卢森堡、美国、挪威等国家享有最高的人均 GDP，但并没有比哥斯达黎加、不丹等国家有更高的生活满意度水平，如图 1.10 所示。

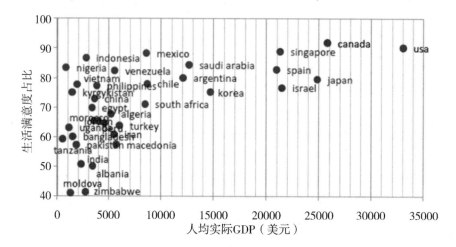

图 1.8　人均实际 GDP 与生活满意度占比

资料来源：Andrew Sharpe, Ali Ghanghro, Erik Johnson & Anam Kidwai（2010）。

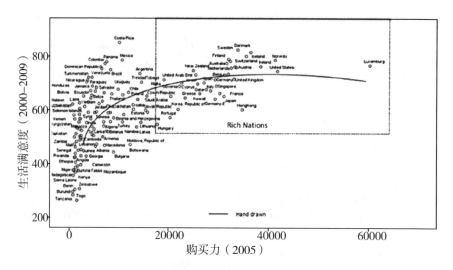

图 1.9　人均收入与生活满意度

资料来源：Gaël Brulé & Ruut Veenhoven（2014）。

Castriota（2006）绘制 WVS 的生活满意度和购买力平价人均 GDP 的散点图（见图 1.11），拟合的是正向线性关系，即人均 GDP 越高，生活满意度越高。Spruk & Keseljevic（2016）对样本国家的人均实际 GDP 和平均幸福水平做线性估计，人均收入每增长一倍，平均幸福感上升 0.75 点，跨国

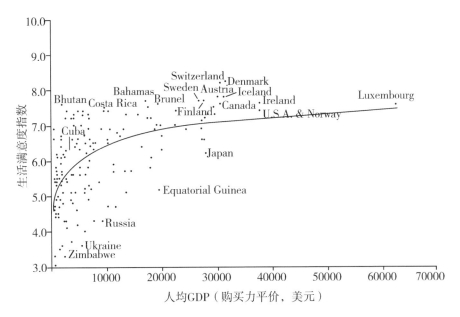

图 1.10　人均收入与生活满意指数

资料来源：Mark Anielski（2007）。

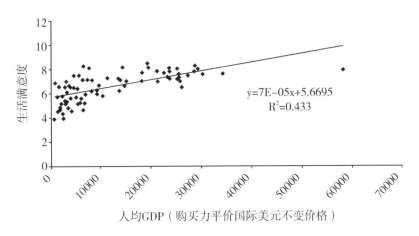

图 1.11　人均 GDP 与生活满意度

资料来源：Stefano Castriota（2006）。

的收入差异可以解释跨国幸福水平差异的 57%，如图 1.12 所示。

　　Oswald（1997）根据 12 个高人类发展指数国家（加拿大、瑞士、日本、瑞典、挪威、法国、澳大利亚、美国、荷兰、英国、德国和奥地利）20 世纪 90 年代早期的数据得出，自杀率与人均 GDP（购买力平价）呈现正向线性关系，这也从一个侧面反映经济发展和收入水平对幸福感的正面影响，如图 1.13 所示。

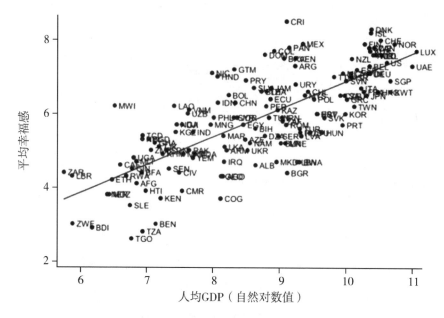

图 1.12 人均 GDP 对数与平均幸福感

资料来源：Rok Spruk & Aleskandar Keseljevic（2016）。

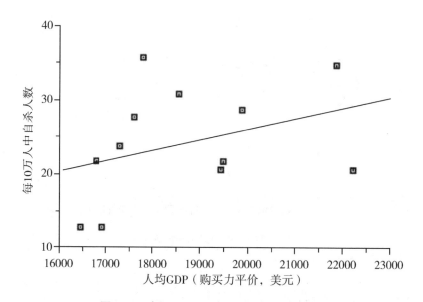

图 1.13 富裕工业国家的人均 GDP 和自杀率

资料来源：Oswald（1997）。

吴菲（2016）基于中国的数据得出，虽然在短时期内，无论是家庭人均收入还是省份的人均生产总值都与幸福感有显著的正相关（见图 1.14），但在经济高速发展的十年内（2003—2013），省份人均生产总值的变化与幸福感的变化之间并没有显著相关性,如图 1.15 所示。

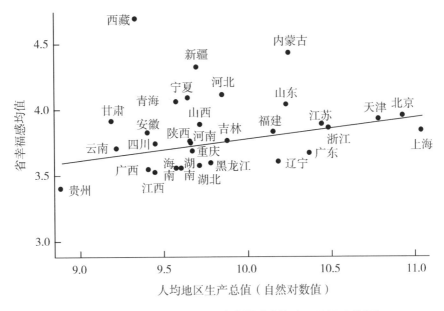

图 1.14　人均地区生产总值与省幸福感均值（CGSS2010 数据）

资料来源：吴菲（2016）。

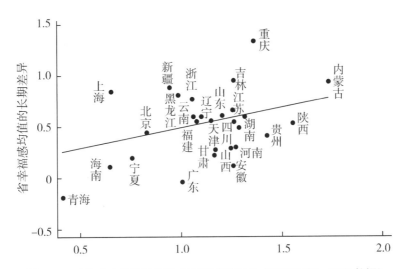

图 1.15　人均生产总值的变化与幸福感的变化（CGSS2003—2013 数据）

资料来源：吴菲（2016）。

Perovic（2008）对 8 个转型国家的研究得出，人均 GDP 和 GDP 增长都对幸福感有正向影响，这意味着国民收入增长对国民幸福不管是短期还是永久都很重要。Guven（2007）分析 DNB（Dutch National Bank）1993—

2006年的家庭数据以及德国1984—2006年的经济社会数据，这些数据显示，德国和荷兰的个体幸福感相当稳定。因为收入是内生变量，存在内生性问题，很多幸福感研究都有着共同的发现，即收入对幸福感的低相关性。在幸福感回归方程中对收入变量引入工具变量，可以提高收入变量的系数（Oswald & Nattavudh，2007）。

Wang et al.（2019）分析了消费对幸福感的影响，消费是收入影响幸福感的一个传导机制。基于中国的数据发现，消费对幸福感存在正向影响，这与信号效应一致，但最高支出者的消费增加，会导致嫉妒效应。炫耀性消费和增加社会联结的消费会增进幸福，有形消费的相对匮乏对幸福感存在强烈的负向效应，消费的相对效应对个体的幸福感有显著影响。

以前经济学家认为幸福感是收入的简单函数，然而，后来的研究发现，一旦收入达到一定水平，收入对幸福感的生成作用大大减弱（Easterlin，2003）。一个存在争论的观点认为，收入与幸福感的正向关系只发生在人均GDP不超过大约15000美元的国家（Frey & Stutzer，2002）。Kahneman & Deaton（2010）发现，收入更高的人通常报告更高的生活满意度，但人们每天情绪上的幸福感只有达到75000美元的年收入门槛时，才会随着收入水平的提高而提高。当受访者被问及他们的生活状况时，有更多钱的人报告的满意度高得多，但被问此刻有多幸福时，有更多钱的人与更少钱的人没什么不同（Dunna et al.，2011）。当然，也有让人幸福的其他因素比金钱更有效。例如，一个短期的心理治疗对增进幸福感的成本效率是仅仅增进收入的32倍。

收入可分为绝对收入和相对收入，前者指收入的多少，后者指收入的地位比较。物质幸福感是大多数人持有的观点，更高的收入可以享受更多的物质财富，从而更为幸福。Easterlin（1995，2001）、Frey & Stutzer（2000）、Blanchflower & Oswald（2004）对发达国家的研究，Graham & Pettinato（2001，2002）以及Lelkes（2006）对发展中国家的研究都发现收入更高会有更高的幸福感。而且，Lelkes（2006）、Clark（2005）等还发现发展中国家或转型国家的收入效应要大于发达国家。Stevenson & Wolfers（2008）认为，农村有很好的证据表明收入提高可以给人们带来更多的幸福感。随着收入水平提高到一定程度以后，每单位收入增加带来的边际幸福感是递减的。收入提高对富国或高收入者幸福水平提高影响甚微，但可以显著提升穷国及低收入者的幸福水平。Ferrer等（2004）、Clark等（2005）发现，随着收入的提高它所带来的边际幸福感不断减少。Easterlin（1995）提出著名的"伊斯特林悖论"（Easterlin Paradox），即经济增长不一定导致幸福增加，在收入达到某一点之前，快乐随收入增加而增加，但超过该点后，这种关系并不明显。Easterlin 认为，当收入增加到一定程度之后，幸福水平与收入增长之间的正向关系将变得不显著。Andrew（1997）基于欧美11 国的调查发现，在发达国家，经济增长仅能带来极小部分的额外幸福。Layard 的研究发现，如果一个国家的人均收入超过 15000 美元，幸福水平似乎不再与收入相关。Veenhoven（1993）、Easterlin（1995）、Blanchflower & Oswald（1995）等对日、英、法等国进行的研究也发现相似的结论。Diener 等人研究也表明，在低生活水平阶段，收入提高将增加幸福感，但这种增加随着收入的持续提高而趋于平稳。Kahneman & Krueger（2006）对美国2004 年度的调查发现，高收入家庭中非常幸福的比例是低收入家庭的 2 倍，而中等收入家庭与高收入家庭的差异并不明显。收入提高虽然可以改善人们的生活条件，但主观幸福感并非同步提高，因为更高的收入使人们对未来收入产生更高的期望，这可能阻碍居民幸福感的持续提高。人们倾向于把自己的收入水平与期望值做比较，一旦达不到期望值，其主观幸福感就会变低（Ackerman & Paolucci，1983）。Alesina et al.（2004）发现，不管是美国还是欧洲，不管是幸福感（happiness）还是生活满意度（life satisfaction），高收入等级受访者报告非常幸福或非常满意的比例都明显高于低收入等级受访者，如表 1.1、表 1.2 所示。

表 1.1 美国 1981—1996 年的生活满意度　　　　（单位:%）

Reported Life Satisfaction	Partisan Support		Income Quartiles			
	Left	Right	1st (Lowest)	2nd	3rd	4th (Highest)
Very Happy	28.53	36.02	22.20	28.73	33.11	40.48
Pretty Happy	58.60	55.69	57.91	59.30	58.74	53.72
Not too Happy	12.87	8.29	19.89	11.97	8.15	5.80

注：以 19895 名观察对象为依据，表中数值为百分比。

资料来源：Alesina, Di Tella, & Macculloch（2004）。

表1.2 欧洲1975—1992年的生活满意度　　　　　　　（单位:%）

Reported Life Satisfaction	Partisan Support		Income Quartiles			
	Left	Right	1st (Lowest)	2nd	3rd	4th (Highest)
Very Satisfied	21.98	34.88	21.90	24.36	26.81	32.58
Fairly Satisfied	54.15	50.97	49.52	54.54	56.71	54.96
Not very / Not at all Satisfied	23.87	14.16	28.58	21.10	16.48	12.47

注：以103773名观察对象为依据，表中数值为百分比。

资料来源：Alesina, Di Tella, & MacCulloch (2004)。

关于绝对收入，充裕稳定的经济条件可以减轻生活压力，更高收入给人们带来更好的生活、教育、医疗、社会服务以及居住环境等等，因此绝对收入与幸福感之间具有正相关性（Campbell, 1976; Diener & Oishi, 2000; Stevenson & Wolfers, 2008）。Helliwell (2003) 认为高收入者幸福感更高，原因是高收入者可获得更好的居住环境、社会保障等。Philip (2007) 认为高收入者可以获得更好的教育、社会保障服务、医疗保障等，从而提高其幸福感。绝对收入提升主观幸福感可能存在中介因素的影响，如果控制住教育、医疗水平、婚姻、社会服务等中介因素，绝对收入对居民幸福感的直接影响可能消失（Fernandez & Kulik, 1981; 谢识予等, 2010）。谢识予等（2010）研究上海市的调查数据，在控制了性别、年龄、教育、婚姻、健康等因素之后，绝对收入与主观幸福感并无显著关系。官皓（2010）根据北京、上海和广州三地的数据也发现绝对收入与主观幸福感不存在显著关系。也有研究得出绝对收入增加使得幸福感下降的结论，因为要获得更高的收入，需要付出更多的工作时间和健康成本。Muller (2011) 也得出收入增加导致幸福感下降的结论，原因是更长的工作时间、更差的工作环境及可能牺牲健康状况，收入增加的同时还可能伴随着更高的住房成本和通勤成本等。Diener (1999) 认为高收入群体一般休闲时间较少、工作繁忙、精神压力大、亚健康、期望更高，这导致绝对收入的增加可能对幸福感产生不利影响。

相对收入对幸福感的影响也受到经济学家的重视。Duesenberry (1948) 把效用函数定义为 U（个人消费/社会平均消费，个人收入/社会平均收入）。Easterlin (1995) 认为，主观幸福感随着自身收入水平的提高而正向变化，但随着他人收入水平的提高而反向变化。Dynan & Ravina (2007) 利用信用卡持有者的数据估计其效用函数，发现自身的消费水平提高，会提高效用水平，而同一城市其他居民的消费水平提高，会降低其效用水平。Luttmer（2004）发现，当邻居收入增加时，人们会觉得不幸福。Layard 指出："人们担心他们的相对收入，而不只是其绝对量，他们想要跟别人比较或超越他们。" Luttmer（2005）、Ferrer et al.（2005）认为，人们之间的攀比会降低其幸福感，即使所有人的收入都同比例上升，他们报告的主观幸福感却变动不大。

个体的主观幸福感既取决于自己的收入，也取决于参照组的收入，即 $W = f(I, I^*)$，自己的收入提高会增进其主观幸福感，但参照组的收入提高会降低其主观幸福感。人们会和参照组的人进行比较，比较的结果会影响其幸福感。同样的收入在高收入国家和低收入国家其带来的幸福感是不一样的，这种比较体现了社会地位、嫉妒等社会现象。炫耀性消费正是体现这种社会比较的行为特征。Clark & Oswald（1996）分析英国家庭调查数据（British Household Panel Survey，BHPS）发现，英国雇员的工作满意度随着自己收入增加而提高，但随同伴组（同样的工作和人口学特征）收入增加而下降。Clark（1996a）比较的是搭档（partner）的收入，Luttmer（2005）用美国的数据，比较的是住在附近的人的收入。Bellet（2017）比较的不是收入，而是代表财富的住房，美国人的住房满意度与自己的房子大小正相关，与平均的房子面积负相关。和参照组收入的比较可以解释伊斯特林悖论（Easterlin，1974）：虽然自己的收入增加，但参照组收入也增加了，两者的效应相互抵消，从而收入上升并不一定提升主观幸福感，人均 GDP 上升，也不一定有更高的幸福水平。

大部分文献结论支持相对收入与主观幸福感的正相关性，且对高收入者，相对收入的增加对其主观幸福感的正向效应远远低于低收入者（Oswald，1996；Ferrer，2005）。Ferrer（2005）发现相对收入与主观幸福感呈正相关关系，但这种关系在不同的收入群体中程度不同。低于参照组的人，相对收入越低其主观幸福感下降得越厉害；高于参照组的人，相对收入提高带来的幸福感增加不多。Knight et al.（2009）运用中国农村居民的数据发现，与他人收入比较和对未来收入的预期对农村居民的主观幸福感有显著影响。Maarten et al.（2007）基于德国 1984—2001 年的收入数据，认为个人收入与社会平均收入的比较会影响个人的主观幸福感。Senik（2004）发现，在俄罗斯转型经济中，较高的相对收入给人们带来积极的未来收入预期，使其幸福感增加。

针对收入不平等与主观幸福感的关系，并没有一致的结论。有的学者认为收入不平等与居民幸福感呈正向关系。Hirschman（1973）提出"隧道效应"解释收入不平等与幸福感的关系：收入不平等扩大给人们带来关于未来收入的积极预期，从而使幸福感增加。Nigel（1986）对加拿大的研究得出收入不平等与主观幸福感呈正相关关系的结论。Haller & Hadler（2006）发现收入差距扩大增加了人们的生活满意度。Clark et al.（2008）用1991—2002年的英国住户调查数据，得出收入不平等增加了全职职员的生活满意度的结论。

收入不平等对主观幸福感起负向作用是最为广泛的观点。Runciman（1966）提出"相对剥夺"理论，用以解释收入不平等与主观幸福感的负向关系。相对剥夺是指当个体与参照组比较时，若发现自己处于劣势地位，内心会产生一种被他人剥夺的感受。收入越不平等，这种相对剥夺感就越强烈，感觉就越不幸福。Michael（2000）基于8国25年的数据，发现收入差距越低的国家平均幸福感越高。Alesina et al.（2004）基于欧盟的数据得出收入不平等与生活满意度呈负相关的结论，这一结果对左翼政治倾向的人和穷人尤为显著。Graham et al.（2006）基于18个拉美国家的调查数据也得出收入不平等与生活满意度显著负相关的结论。Johannes et al.（2007）分析1985—1988年德国的面板数据，发现基尼系数与居民生活满意度呈显著的负相关关系。Smyth（2008）分析中国31个城市2002年的微观调查数据发现，对收入分配评价越不公平的个体，主观幸福感越低。Shigehiro et al.（2011）基于美国1972—2008年的综合社会调查数据，发现收入差距较小的年份比收入差距较大的年份，美国人有更高的幸福感。Takashi et al.（2011）分析日本的数据发现，收入不平等与幸福感呈显著负相关关系。

也有少数研究显示收入不平等与主观幸福感并无显著关系。Helliwell（2003）基于世界价值观调查（WVS）1990年、1995年和2001年的三次调查数据，发现生活满意度与基尼系数没有明显的相关性。Senik（2004）分析俄罗斯的调查数据，收入不平等与主观幸福感并无显著关联。

彭代彦、吴宝新（2008）分析湖南、湖北两省的农户数据，发现村庄内部的农业收入差距对生活满意度呈负向影响，而非农收入差距与生活满意度无显著关系。Jiang et al.（2010）使用 CHIPS（2002）的城镇居民调查数据，发现不同户籍群体间，用基尼系数衡量的收入差距与居民幸福感呈负向关系；而同一户籍群体内，收入差距与居民幸福感呈正向关系。王鹏（2011）分析中国综合社会调查数据（CGSS），加入了收入差距的平方项，发现收入差距与主观幸福感之间呈倒U形关系，随着收入差距增大，居民幸福感先升高，到达最大值后再降低。何立新、潘春阳（2011）指出，机会不平等和收入差距都与幸福感呈负向关系。

1.4.2 失业与幸福感

失业会显著降低居民的主观幸福感,这一观点几乎获得学术界的一致认可。失业会引起居民预期收入水平降低,生活压力增加,尊严和自信心遭受打击。中年人一般都是"上有老,下有小",在社会关系中充满了比较,失业会对中年人的生活幸福感形成巨大打击。国家整体失业率的上升会使得人们对未来产生消极预期,进而影响主观幸福感。国家失业率的上升往往伴随着社会动乱,这意味着犯罪率增加、国民产生恐慌心理、社会安保开支增加等,这些都会显著降低人们的主观幸福水平(Di Tella et al., 2001)。

Clark et al. (1994) 基于1991年的英国家庭面板数据,研究发现失业与主观幸福感呈负相关关系,失业者的幸福感水平要比就业者低很多,并且与离婚或分居相比,失业给个人主观幸福感带来的负效应要大得多。Winkelmann et al. (1998) 基于德国社会经济面板数据(German Socio-Economic Panel)对失业与生活满意度之间的关系进行了考察,结果发现失业会导致生活满意度降低,且这种关系非常显著。究其原因,作者指出了两个方面的因素:第一是心理方面,失业会使得个人感觉沮丧、失去信心、自我否定等,进而使得幸福感降低;第二是社会方面,失业往往会被社会看成是人生中一件不光彩的事,造成社会成本上升,降低幸福感。Frey et al. (1999) 的研究发现,工作有两个方面的体现:一方面,工作会使个体感到辛苦,使其感觉不幸福;另一方面,工作本身又能给个体带来一定的幸福感。因此,如果个体失去工作,可能使工作带来的幸福感丧失,从而降低人们的幸福感。Lelkes (2006) 运用欧洲数据发现失业与幸福感呈负相关关系,失业会降低19%的个人生活满意度和15%的主观幸福感。类似地,Stutzer (2004) 通过研究发现,失业者的主观幸福感要比就业者低5%到15%。Ferrer et al. (2007) 基于面板数据,通过固定效应模型对失业与主观幸福感的关系进行了研究,在控制了人口学变量、健康等后,发现失业对居民幸福感存在显著的负面影响。

Di Tella et al. (2001) 对欧洲12个国家的数据进行研究,发现失业率上升1%,将会导致社会平均生活满意度降低0.028个单位;为了维持人们的幸福感水平,必须每人增加3%的收入或补偿200美元才能弥补1.5%的失业率上升。究其原因,失业率上升会带来两个方面的问题,使得人们的幸福感降低。第一,失业率上升,表明社会经济运行不佳,人们对未来会产生消极预期，担心自己失业及税负压力增加，使得幸福感降低；第二，失业率太高本身会带来一系列问题，比如犯罪率升高、社会不安定因素增加等等，都会影响人们的幸福感。Di Tella et al.（2003）指出失业率导致主观幸福感下降的两条路径，第一条是直接作用，失业率上升意味着有新的失业群体，这部分失业的人幸福感会显著降低；另一条是间接作用，失业率上升会使得人们对未来产生消极预期，认为未来自己失业的可能性变大，从而降低幸福感。高失业率不但影响失业者的幸福感，对就业者的主观幸福感也有负向影响（Helliwell & Huang, 2014）。

人们也会和他人比较失业状况，Clark（2003）使用英国家庭调查数据（BHPS）发现，在失业率较高的地区，失业对个人主观幸福感的影响较小。在研究自杀和准自杀率时，低失业率地区有最高的失业者自杀率，这也说明，当很多人失业时，失业对主观幸福感的影响较小（Platt et al., 1992）。丁述磊（2017）运用 CGSS（2013）的数据发现，非正规就业的居民主观幸福感显著降低。王海成、郭敏（2015）基于 2006 年的 CGSS 数据也得出相同的结论。

1.4.3　通货膨胀与幸福感

通货膨胀率的上升会导致居民实际收入下降，在工资刚性的情况下，意味着居民实际购买力下降。通胀使得不确定性加剧，人们难以形成稳定的预期，这会降低人们对未来的信心。学术界普遍认为通货膨胀与主观幸福感之间呈负相关关系，人们通常不喜欢通胀。人们即便事先预料到通货膨胀，仍然不能消除通胀对主观幸福感的负面影响。Shiller（1997）发现人们不喜欢通货膨胀，因为通胀会使人们对未来产生消极的预期以及不确定性，从而降低其幸福感。Di Tella et al.（2001）基于欧盟 12 个国家 1975 年到 1991 年的数据，发现通货膨胀率与主观幸福感呈负相关关系，当通货膨胀率上升 1% 时，社会平均幸福感下降 0.01 个单位。Graham et al.（2001）研究拉丁美洲的数据发现，发展中国家的居民幸福感与通货膨胀呈负相关关系。Alesina et al.（2004）通过研究美国的数据也发现，通货膨胀率与主观幸福感呈显著负相关关系，这种关系尤其在支持共和党的右翼选民中更为显著。同样地，Sanfey et al.（2007）对欧洲数据的研究也证实了通货膨胀率上升将降低主观幸福感。Clark & Oswald（2001）认为，失业和通货膨胀都会降低人们的幸福感。高的通货膨胀对人们的幸福感不利，尤其是那些具有右翼政治倾向的人。这说明，经济安全对幸福感的影响与个人的信念有关（Dolan et al., 2007）。

1.4.4 政府支出与幸福感

政府在公共服务、基础设施和社会保障等方面的支出会增进社会的便利，降低经济社会生活的成本，增进人们的安全感。政府支出实际上是对社会资源进行重新配置，一定程度上可以减少弱势群体在生活上的恐慌，避免加重社会犯罪和动乱的风险。因此，政府支出增加往往有利于提高居民的主观幸福感（黄有光，2005）。政府支出体现在很多公共领域，如政府保障支出、政府医疗支出、交通安全支出等等，这些领域与居民的日常生活息息相关，从而对人们的生活满意度产生直接影响（Laamanen & Kotakorpi，2007）。目前的研究普遍认为增加政府支出会提高居民的主观幸福感。Ram（2009）基于145个国家的大样本数据，得出政府支出与居民幸福感呈正相关关系。Di Tella（2003）发现政府增加对失业保障方面的支出能显著增加居民的主观幸福感；个体受到非人格市场力量的无情支配，福利国家增进人们的生活质量不仅须满足人类的基本需要，而且要提高人们控制生活的能力。Radcliff（2001）认为，福利国家越慷慨，人们的生活满意度越高。Wassmer（2009）发现，增加政府在公共安全方面的支出能大幅度增加居民的幸福感。Zohal（2010）研究发现，政府增加教育支出也能提高居民的幸福感水平，他发现政府支出与主观幸福感呈倒U形关系。也有学者侧重于政府质量的研究，Jan（2010）发现，国家的民主、法治和腐败等社会因素对政府支出与居民幸福感的关系有决定性的影响，并指出政府质量对幸福感的影响比政府规模更大。然而，Veenhoven认为，社保支出似乎不增加幸福感，这可能因为不是自己赚的收入一般不增进幸福感，幸福感可能是有益行动的心理回报。

1.4.5 产权与幸福感

孟子说，"有恒产者有恒心"，说明财产及产权对老百姓心态的影响。产权保护有利于增进人们的幸福感。如果产权保护不力，社会恐怕陷入"霍布斯丛林"，苦难和低效率将接踵而至，在全球化背景下，一些富人可能选择移民到产权得到安全保护的国家。土地产权的分配是一个重要的经济和政治问题，Landeghem & Swinnen（2013）研究了土地产权分配对家庭幸福感的影响。摩尔多瓦进行的土地改革为该研究提供了一个很好的自然实验。研究表明，家庭拥有土地产权对主观幸福感有明显的正向促进作用，而邻居的土地拥有量对个体的主观幸福感有负面影响。针对住房产权与居民幸福感之间的关系，李涛、史宇鹏、陈斌开等（2011）的研究认为自有住房不动产所有权对居民的幸福感有显著影响，对于已经拥有房产的居民来说，房产所有权的不同会影响住房与居民幸福感之间的关系。具体而言，拥有大产权房对居民幸福感有显著的正向影响，大产权房数量越多，居民的幸福感越高。与此不同的是，是否拥有小产权房以及拥有小产权房的数量与居民幸福感没有显著关系。

1.5 人口社会学特征与幸福感

影响居民主观幸福感的因素还包括个人的人口学特征，如婚姻、孩子、健康、工作、年龄、性别等。人口学统计变量是影响居民主观幸福感的重要因素，在关于幸福感的经济学研究中，一般将人口统计学变量作为控制变量加以考虑。Campbell（1976）指出，人口学统计变量（职业、年龄、性别、婚姻等）能解释15%～20%的主观幸福感差异。Oswald（1997）的研究也探讨了人口学特征变量（如年龄、性别、婚姻、就业及受教育水平等）对幸福感的影响。Wilson（1967）认为，幸福的人应该是年轻、身体健康、受过良好教育、收入较高、性格外向、乐观豁达、无忧无虑、有宗教信仰的已婚者，高度自信，工作热情，拥有适度的欲望，智商较高。

1.5.1 婚姻与幸福感

婚姻家庭生活是人类最基本的社会组织形式，成家立业是个人事业成功的基石和幸福的源泉。关于婚姻与幸福感之间的关系，学术界普遍认为是正相关。Clark（2018）指出，婚姻状态与主观幸福感相关，已婚的人比单身、离婚、分居或丧偶的人报告了更高水平的生活满意度或幸福。即使在某些时候，婚姻也会造成身心烦恼，但婚姻本质上是幸福人生的一个很重要的组成部分（Alan Carr，1998）。这可能是因为婚姻所带来的社会支持对人的身心健康有很大好处。婚姻带来情感上的支持、经济方面的互助使夫妻双方内心产生归属感，夫妻之间对快乐的分享能增进夫妻情感和生活满意度，夫妻间分担痛苦和烦恼，有利于增进"有难同当"的团结感、亲密感和信心。夫妻关系有利于降低个人的孤独、无助等负面情绪。拥有美满婚姻的夫妇比那些保持单身、离婚或者同居的男女享有更多的性生活，更加长寿，更加幸福。结婚的人有更少的可能性患高血压、心脏病或癌症、肺炎、外科手术、痴呆等疾病。有学者通过微观计量学方法量化了婚姻对居民主观幸福感的影响程度，研究结果显示，和睦的婚姻给人们带来的幸福价值大约为10万美元/年,性生活对幸福也有显著的正向影响(Blanchflower & Oswald, 2004)。Glenn(1975)研究发现,从总体上来说,已婚人士的主观幸福感比未婚人士要高。已婚者比未婚者拥有更健康的身体、更长的寿命、更健康的心理和更高的自我报告幸福感水平。在注重集体主义的社会中,社会对婚姻的认同程度更高,而在注重个人主义的社会中,已婚者的幸福感或生活满意度并不一定比未婚同居者高,在个人主义的社会文化环境下,未婚同居和婚姻破裂的现象更为普遍。Helliwell(2003)认为,不论男女,随着其所处的婚姻状况的变化——已婚、未婚同居、离婚或丧偶,幸福感依次降低。

尽管人人向往幸福美满的婚姻,但在现实中,婚姻也有不如意之处,离婚也是普遍现象,如果婚姻带来幸福就不会离婚了。婚姻中存在诸多不利因素,可能降低当事人的生活满意度。邢占军、金瑜(2003)基于中国城市居民的数据研究发现,在中国城市样本中单身未婚群体的主观幸福感显著高于已婚群体。该研究还发现,婚姻对我国城市男性群体的主观幸福感基本上存在负向影响,而对于女性群体来说,婚姻对主观幸福感的影响在总体上看是正向的。再婚家庭如果拥有继子女的,往往会产生代际关系不和谐的情况,这会降低整个家庭的生活满意度。

婚姻与幸福感的关系可能是已婚的人更幸福,也可能是反向关系,即幸福的人更容易结婚。Stutzer & Frey(2006)发现,幸福感的差异的确与婚姻有关,但这更多是因为那些单身时更快乐的人将来更有可能结婚。Hinks & Gruen(2007)发现,婚姻状态对幸福感的影响没有一致的结论。Alesina et al.(2004)发现,不管是美国还是欧洲,不管是幸福感还是生活满意度,已婚者报告非常幸福或非常满意的比例都明显高于离婚者(见表1.3和表1.4)。Graham & Ruiz Pozuelo(2016)基于美国盖洛普的数据指出,已婚人士的生活满意度高于单身人士,如图1.16所示。Frey & Stutzer(2005)基于德国社会经济面板数据(German Socio-Economic Panel, GSOEP)发现生活满意度在结婚前上升,但结婚后趋向下降,如图1.17所示。Diener et al.(1999)给出美国1972—1989年受访者不同婚姻和性别状况的幸福感差异,已婚女性比未婚女性更幸福,已婚男性比未婚男性更幸福,如图1.18所示。

表 1.3　美国 1981—1996 年的幸福感

Reported Happiness	All (%)	Unemployed (%)	Marital Status	
			Married (%)	Divorced (%)
Very Happy	31.29	18.85	39.06	19.39
Pretty Happy	57.36	52.35	53.90	62.84
Not too Happy	11.35	28.80	7.04	17.77

资料来源：Alesina, Di Tella, & Macculloch (2004)。

表 1.4　欧洲 1975—1992 年的生活满意度

Reported Life Satisfaction	All (%)	Unemployed (%)	Marital Status	
			Married (%)	Divorced (%)
Very Satisfied	26.46	15.21	28.79	18.61
Fairly Satisfied	53.96	44.21	54.04	51.00
Not very / Not at all Satisfied	19.59	40.59	17.17	30.39

资料来源：Alesina, Di Tella, & Macculloch (2004)。

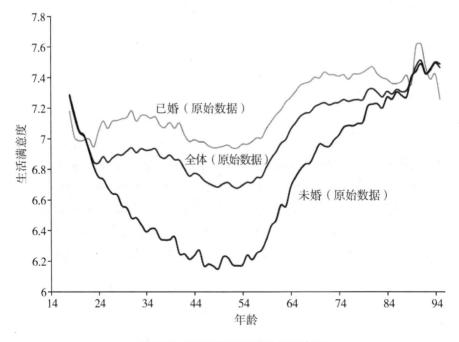

图 1.16　不同婚姻状况的生活满意度

资料来源：Graham & Pozuelo (2017)。

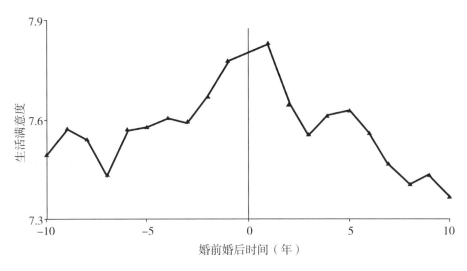

图 1.17 婚姻前后的生活满意度

资料来源：Frey & Stutzer（2005）。

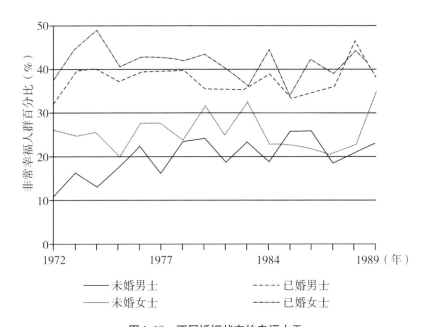

图 1.18 不同婚姻状态的幸福水平

资料来源：Diener, Eunkook, Lucas & Smith（1999）。

1.5.2 生育与幸福感

主观幸福感与孩子的关系较为复杂，没有一致的发现。Cetre et al.（2016）认为这一关系随不同的国家、不同的人群具有显著差异，还依赖于家庭收入水平和年龄，收入更高、年龄更大的成年人，这两者更容易出现正向关系。Stutzer & Frey（2006）发现，较晚做父母的受访者比那些没有孩子的人报告了更高水平的生活满意度。

生儿育女是人类繁殖自身的需要，是人们基本的向往。Becker（1974）认为，对孩子的利他主义或者牺牲精神可以看作是从孩子那里获得的效用。大多数人还是认为孩子具有正面影响（Hoffman & Manis, 1987；Chilman, 1980）。也有观点认为，父母的整体幸福感可能不会随着孩子的出生而降低，因为配偶之间情感的变淡可能被对孩子的情感所替代。Angeles（2010）认为，孩子会改进已婚夫妻的生活满意度，并且孩子越多，他们越幸福。当问及人们生活中最重要的事情是什么时，大部分人把孩子列在最前面。Lelkes（2005）发现，子女数量增多时家庭收入也增加，那么父母的幸福感也会得到提高。Praag et al.（2010）发现，在以色列虔诚的犹太教信徒家庭中，养育子女会使得父母的主观幸福感大幅度增加。

但孩子的出生也可能给家庭带来一些不利的变化，降低人们的幸福感。孩子可能是幸福的源泉，也可能会对夫妻关系产生负面影响。孩子的出现必定会减少夫妻原有的正常沟通时间，他们需要将一些精力和时间花费到孩子身上；孩子的出现也打破了原有的夫妻双方的责任平衡，劳动分工发生变动，他们需要对孩子担负更多的责任；孩子的出现会降低家庭的人均收入水平，降低夫妻的财务满意度。Feldman（1971）发现，拥有孩子的夫妻双方平时交流沟通较少，他们比那些没有孩子的夫妻更为疏远，亲密感降低，也更容易产生矛盾。

越来越多的研究表明，没有孩子的夫妻比有孩子的夫妻拥有更高的幸福感。人们为了实现为人父母的角色，牺牲其幸福感（Glaeser et al., 2016）。孩子对夫妻的婚姻幸福感有负面影响（McLanahan & Adams, 1987）。Glenn & Mclanahan（2006）发现，孩子的降生会对已婚男女的婚姻幸福感有明显的负面影响，不论是黑人还是白人，对不同宗教信仰、教育水平和工作状态的人都是如此。Kohler et al.（2005）发现，家庭的第一个孩子的出生会显著提高母亲的幸福感，之后再出生的孩子会降低母亲的幸福感；而父亲的幸福感与孩子数量无显著关系。Di Tella et al.（2003）分析美国和英国的数据，发现家庭养育子女的数量与主观幸福感呈负相关关系；Hakim（2003）发现从孩子出生到孩子成长到青年阶段，父母的婚姻满足感是逐渐降低的，但是当孩子长大成人之后，父母的婚姻满足感又回归到正常水平。孩子是否带来幸福，可能取决于合适的条件，若人们有做父母的意愿且做好了准备，孩子会带来幸福。Alesina et al.（2004）发现家庭经济较差或贫穷的父母养育子女数量越多，幸福感越低。Nomaguchi & Milkie（2003）认为，为人父母的幸福效应与是否结婚密切相关，对于女性来说尤其如此。Schoon et al.（2005）研究发现，离异母亲养育子女不但没有增加个人的主观幸福感，还会降低其幸福水平。孩子还在影响夫妻离婚决策方面起到作用，由于考虑到孩子的感受，不少婚姻生活并不幸福的人选择了忍受痛苦，为了孩子而不离婚。Glenn & Mclanahan（1982）认为孩子的出生会推迟那些原本不幸福夫妻的离婚计划。

1.5.3 年龄与幸福感

关于年龄与幸福感，一个相当稳定的结论是主观幸福感和年龄呈 U 形关系（Blanchflower & Oswald, 2008；Cheng et al., 2017；Clark, 2018）。大部分的研究表明，年龄与主观幸福感之间不是简单的线性关系，而是存在着 U 形关系，随着年龄的增长，幸福感先降低，到达一定年龄之后，幸福感又上升，上有老下有小的中年人主观幸福感最低，而年少和年老的人幸福感水平相对较高。Easterlin（2006）实证研究表明，处于年轻阶段的人和处于老年阶段的人比中年阶段的人要拥有更高的幸福感。Gerdtham et al.（2001）基于瑞典的 5000 个样本，发现年龄与幸福感之间呈 U 形关系。Oswald（1997）、Blanchflowera et al.（2004）的研究也证实了年龄与主观幸福感之间呈 U 形的关系，可能的原因是老年人对事业、未来收入等方面的期望值较低，对现有的生活比较知足，而年轻人通常可以接受父母各方面的支持，经济负担较低，少年不知愁滋味。如果不使用年龄的二次方考察 U 形关系，那么结论会随样本的变化而变化很大。Argyle（1999）认为，年龄越大的人主观幸福感越高，因为随着年龄的增长，人们的社会阅历增加，对各种社会现象的接受能力较强。Diener et al.（1999）的研究也发现主观幸福感随着年龄增长而增加，至少幸福感不会随着年龄增大而下降。Charles et al.（2001）通过对年轻人、中年人以及老年人三个层次进行研究，证实主观幸福感与生命周期呈正相关关系。Campbel（1981）的结论正好相反，年龄较小的人群才是幸福感较高的人群。Hinks & Gruen（2007）基于南非的数据，没有发现年龄和幸福感之间的 U 形关系。Graham & Pozuelo（2017）基于盖洛普美国调查的数据得出，几乎所有情形下，主观幸福感与年龄呈 U 形关系，如图 1.19 所示。

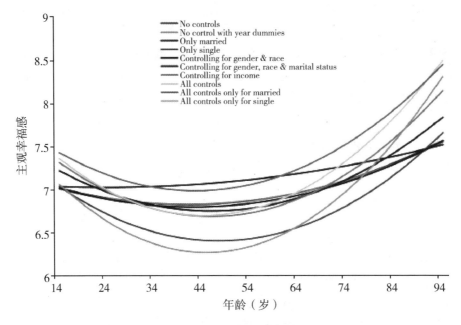

图 1.19　年龄与幸福感

资料来源：Graham & Pozuelo（2017）。

1.5.4　性别与幸福感

关于性别的幸福感差异，不同研究的观点存在分歧。大多数研究者得出女性比男性幸福感更高的结论（Alesina et al., 2004）。Clark（2018）认为主观幸福感有显著的性别差异。Nolen-Hoeksema & Rusting（1999）发现，女性报告了更高的生活认知评价，也报告了更高的压力。Kahneman & Deaton（2010）发现，女性报告了更多的正向情感（positive affect）和 Cantril ladder 量表的更高得分，也报告了更多的负向情感和压力（negative affect），但是，对女性有更高生活满意度的解释存在争议。

这可能是因为女性所承担的社会责任以及经济压力比男性要小。女性比男性更倾向于报告比其承担的社会角色更高的幸福水平。一般来说，女性对未来收入水平的期望值要低于男性，更善于倾诉和排解内心的消极情绪。女性的母性常常会表现出宽容，更为乐观或容纳所遇到的事情。Wood（1989）指出，男女拥有不同的情绪表达方式，女性所从事的工作大多需要更多的情感表达，男性相对来说在工作中的情感表达较少。也有学者并不认同性别会对居民的主观幸福感造成明显的差异，当控制住一些其他因素后，主观幸福感的性别差异并不显著（Louis & Zhao, 2002）。20 世纪 70 年代，女性比男性报告了更高的生活满意度，不过女性幸福感的相对下降使得幸福感的性别差异趋向减小。①

Clark（1997）通过英国家庭调查数据 BHPS 发现女性在劳动力市场有更高的工作满意度，年龄、教育、选择问题（生活满意的女性进入劳动力市场）、不同的工作价值不能充分解释女性的生活满意度优势；他提出一种可能的解释是期望，女性在劳动力市场上一般具有比男性更低的期望。因此，对于任何给定的工作成绩，女性比男性会有更多的正向评价。随着女权主义兴起，女性对自己的期望在提高，Sousa-Poza A. & Sousa-Poza A. A. （2003）注意到 BHPS 数据中工作满意度的性别差异在缩小，Green et al. （2018）发现 BHPS 数据中工作满意度的性别差异完全消失了。Stevenson & Wolfers（2009）通过许多国家的证据发现女性的主观幸福感在下降。

1.5.5 受教育水平与幸福感

教育与主观幸福感的影响没有一致的发现，原因是有两个方向相反的效应：一是在劳动力市场上，受教育水平越高的人有更高的收入，这会增进主观幸福感。二是教育也会提高人的期望，这会降低幸福感，教育的净效果取决于这两个效应谁大谁小。Oreopoulos & Salvanes（2011）发现，较迟离开学校的人有更高的收入和主观幸福感。

大多数研究认为受教育水平对幸福感有正向影响，教育可能影响个体的经济地位高低、工作和获得社会支持的机会。Oreopoulos（2007）认为教育与个人主观幸福感呈正相关关系，这是因为受教育程度会影响一个人在职场上的竞争力，得到更好教育的人更可能获得更好的工作，进而获得更好的经济条件，使得幸福感更高。Gerdtham et al.（2001）基于瑞典的 5000 个成年人样本，发现受教育水平与主观幸福感呈正相关关系。Fahey & Smyth（2004）的研究指出，受教育水平的提高能够促进幸福感的提升，这种相关性在低收入水平国家尤为显著。

也有研究者持相反的观点，认为更高的受教育水平反而导致主观幸福感的降低。这种观点主要是考虑了期望因素，高学历者一般对未来收入水平产生更高的预期，一旦现实条件达不到预期，就会大大降低其幸福感。Stutzer（2004）的研究表明，具有中等教育水平的人有最高的幸福感。Clark & Oswald（1994，1996）的研究发现受教育水平与主观幸福感之间存在着显著的负相关性，他们认为受教育程度越高的人拥有越高的未来预期，

---

① Federal Reserve Bank of San Francisco：The Paradox of Declining Female Happiness，2009.

而主观幸福感是基于现实结果与主观预期之间的差距得出的。Graham & Pettinato（2001）针对17个拉美国家的数据得出结论，在控制财富以及收入水平等变量之前，教育对主观幸福感的影响是正向的，但是一旦控制这些变量之后，教育对主观幸福感的影响非常弱，并且在统计上不具备显著性。Appleton & Song（2008）的研究并没有得出城市居民的受教育水平与幸福感之间存在相关性的结论。Guven（2009）认为，教育与幸福感具有低关联性，教育可能间接地有助于幸福感，因为有助于更好地适应变化的环境。但教育也可能提高个体的期望水平。

1.5.6　健康水平与幸福感

现有研究一致表明幸福感与身体、心理健康两种因素高度相关，这似乎是常识。健康状况越好的人主观幸福感更高。健康会促进居民的主观幸福感（Lueptow et al.，1989）。Pressman et al.（2005）发现健康与主观幸福感呈正相关，并且身体健康和精神健康均对主观幸福感有正向作用。Oswald et al.（2006）的研究指出，与健康者相比，残疾人的幸福感有大幅度的下降，即使在几年后幸福感也仍然无法恢复。Shields et al.（2005）发现中风、心脏病发作等也会使主观幸福感大幅降低。当人们被要求评估他们生活的各个方面的重要性时，好的健康收获最高的排位（Guven，2009）。

心理健康似乎比身体健康对主观幸福感的影响更大。心理不健康的人更倾向于回忆起更多的恶劣健康状况，从而感受到的幸福感较低（Larsen，1992）。神经过敏者更倾向于表达自己更多的不舒服，包括头疼、胃疼等，同时伴随着紧张、焦虑和不安等。健康对主观幸福感的促进作用还可以通过经济收入这一中介变量来体现，当人们的健康水平下降时，获取经济来源的能力会恶化，从而更加降低居民的主观幸福感（Dean，2007）。孙凤（2007）、丌寿伟（2010）的研究均发现社会保障和医疗保险与主观幸福感呈正相关关系，这一结果对城镇居民和农村居民都适用。究其原因，社会保障和医疗保险从身体健康和心理安全方面为人们提供了更好的保障。

考察健康与主观幸福感面临一个难题，一些数据库关于健康和主观幸福感的调查都是自我报告的问卷，两者是同时发生的主观测量，这会产生内生性问题，评估时，两者共同受到某种情绪影响，或受到某个隐藏的因素共同影响，因此，用可客观衡量的健康状况数据可以改善这一问题，如过去一年看医生的数量、是否残疾、过去一年住院的天数等等。

1.5.7 工作与幸福感

工作通常被认为给人们带来负效用，而闲暇为人们提供正效用。但幸福感研究的结论是工作能够增加人们的幸福感。Clark（2018）指出，不管是横截面数据还是面板数据，失业与更低的主观幸福感联系在一起，这一结论具有高度的一致性。

Clark & Oswald（1994）、Winkelmann & Winkelmann（1998）、Di Tella et al.（2001）、Ouweneel（2002）、Grun et al.（2010）、Layard et al.（2012）在他们的研究中均发现有工作的人比无工作的人感到更加幸福。失业给人们的幸福感造成负面影响。工作会带来经济保障，事业成功人士通常对自己更自信、更有成就感，这些都有利于提升居民的主观幸福感（Ouweneel, 2002）。失业者的心理和身体健康程度都不如那些拥有工作的人，在现代社会中，男性因为肩负着养家糊口的重任，工作对其幸福感的影响要强于女性（Aegyle, 1999）。对欧洲和亚洲的研究表明，只有三分之一的失业者对他们生活的整体状况感到满意，即使在控制其他影响因素之后，失去工作仍对主观幸福感产生显著影响。失业是人们不幸福的主要源泉之一（Oswald, 2001）。Gorana et al.（2007）发现非正式雇佣者（无健康和养老保险的工作者）相比其他各类型工作者有更低的幸福感，有正式的工作会增加其主观幸福感。Andersson（2007）基于 1991 年到 2000 年瑞典的生活水平调查数据，发现自我雇佣者相比拿薪水的人有更高的幸福感。Alesina et al.（2004）发现，不管是美国还是欧洲，不管是幸福感（happiness）还是生活满意度（life satisfaction），失业样本报告非常幸福或非常满意的比例都明显低于总样本。

另一方面，工作过于繁忙、休息时间太少可能导致人们睡眠不足、休闲娱乐减少、身体健康变差等，受这些因素的影响，工作也可能降低居民的主观幸福感。Lonnie et al.（2006）考察了额外的工作（如加班）与主观幸福感之间的关系，结果发现，额外增加的工作给个人带来更多的压力、更少的闲暇时间、疲劳以及家庭矛盾等，这会抵消额外工作收入带来的正效应。袁正等（2012）认为，工作变量和居民的幸福感并没有明显的相关性。

就业本身可能并不增进主观幸福感，但是，工作促进了增进幸福感的活动，如获得收入供养家庭，工作成果带来成就感。虽然工作通过提供收入增进主观幸福感，但收入并不像工作的其他好处对幸福感的影响那么大；工作带给人们自主和精通的感觉，从而提高主观幸福感（Hagler et al.,

2016)。但是，当工作小时数和理想的工作量不一致时，主观幸福感会降低（Angrave & Charlwood，2015），多数研究发现工作时间太长不利于获得幸福感（Wooden et al.，2009）。失业对配偶的主观幸福感也有不利影响（Kim & Do，2013），如遇双方都失业，男性的生活满意度下降比女性更厉害（Wunder & Heineck，2013）。

自我雇佣可以增进主观幸福感，那些离开工作走向自我雇佣的人比那些为别人工作或失业后自我雇佣的人报告了更高的生活满意度（Binder et al.，2013）。自我雇佣且雇佣了员工的人比自我雇佣但没有员工的人报告了更高的生活满意度。自我雇佣没有员工的女性比同等情况的男性报告了更高的生活满意度（Seva et al.，2016）。退休对主观幸福感的影响因人而异，因文化而异。自愿退休的人保持稳定的幸福感，非自愿退休的人的幸福感有所降低（Bonsang & Klein，2012）。具有很强工作文化的社会，退休损害了退休者的幸福感，男女都是（Stam et al.，2016）。

心理学家认为，工作是影响满意度的重要因素，其影响也依赖于工作的属性。赚取收入的成本或者说工作的内容是影响幸福感的因素（Hackman et al.，1978；Kaun，2005；Pouwels et al.，2008）。从程序效用的角度来看，工作本身的快乐或享受是一种重要的福祉来源，喜欢工作与不喜欢工作之间的差异很可能比工作收入所带来的满意度之间的差异更重要（Frey & Stutzer，2002）。

1.5.8 遗传基因与幸福感

心理学方面的研究结论表明，遗传基因影响人们的幸福感。根据双胞胎的数据可以估计出基因对主观幸福感的影响。Tellegen et al.（1988）通过对同卵双胞胎和异卵双胞胎的比较研究发现，两个同卵双胞胎分别被两家人养大，两个异卵双胞胎在同一家庭长大，结果发现，前者二人的幸福感相似度大大高于后者二人，这项开创性的研究表明了遗传基因对幸福感的巨大作用。Tellegen et al.（1988）的研究发现，积极情绪变动的44%、消极情绪变动的57%和生活满意度变动的49%可以由基因的差异来解释，而相同的家庭环境只能解释积极情绪变动的22%、消极情绪变动的2%和生活满意度变动的13%。Lykkend & Tellegen（1996）发现不同的社会地位变量对幸福感的变化解释很弱，但是基因的解释较大，不同基因的个人拥有不同的幸福感"临界点"。在他们所研究的双胞胎个体中，社会经济地位、受教育水平、家庭收入、婚姻状况或者宗教信仰仅仅能解释3%的幸福感变动，但基因变量能解释44%～52%的幸福感变动。

或许人天生就有一些决定快乐与不快乐的基因，个人所体验的幸福感因其个人气质的不同而不同。具有良好性格的人倾向于报告更高的主观幸福感，稳定温和的情绪对主观幸福感的提升有着积极影响。积极乐观的人更倾向于相信事物会变得更加美好，对未来的预期相对良好，而消极者更容易出现抑郁、烦躁、不安等心理。因此，前者的幸福感一般要高于后者。性格悲观暴躁的人更容易罹患各种疾病，如果考虑到性格对健康的影响，性格对主观幸福感的影响会更大。

1.5.9 宗教信仰与幸福感

大多数研究表明，宗教信仰有益于幸福感。经常参加宗教活动与主观幸福感呈正相关（Clark & Lelkes，2005）。Mookerjee et al.（2005）使用了60个国家的数据，控制了一系列生活质量变量，结果显示，宗教信仰对主观幸福感有重要的影响，宗教信仰越分散的人主观幸福感越低。Helliwell（2003）发现，一周出席一次或更多次教堂活动能够显著提高人们的生活满意度。Dehejia（2005）的研究表明，宗教活动出席次数的减少降低了收入对幸福感的影响效应。Guiso et al.（2003）认为，宗教通过影响经济收入这一路径来影响人们的幸福感。Lachman et al.（1997）发现，若能对所去教堂进行自主选择，人们会有更高的幸福感。来自跨国数据的分析得出，宗教多元性与幸福感存在负向关系（Adam，2011）。宗教信仰能够提高幸福感可能涉及以下原因：宗教组织是社会支持的重要来源；宗教信仰能使信徒获得安慰和支持，而且有助于降低信徒患抑郁症、焦虑症等的发生率（李维，2005）。宗教能够为人们提供一种对生活的定义，人生的意义更加清晰，目标更加明确，内心安定使得幸福感增加。此外，也有不同的观点，Lewis et al.（2005）基于英国130个成人的调查数据结果，发现宗教与幸福感并没有显著关系。Lelkes（2006）利用匈牙利的调查数据，研究宗教和经济转型对幸福感的影响，发现宗教参与对个人自我报告的幸福感有积极作用，但是随着意识形态越自由，对幸福感的影响也越小。Torshizian et al.（2011）对伊朗的研究发现，宗教变量对幸福感的影响不显著。Abounoori & Asgarizadeh（2013）认为，伊斯兰国家幸福感相对更低。

1.5.10 种族与幸福感

至于种族，比较确定的结论是美国存在白人与黑人的主观幸福感差异，但这个差异随着时间在缩小（Stevenson & Wolfers，2008）。对美国种族的心理学和社会学研究发现，黑人比白人的幸福感要低（Guven，2009）。

Deaton & Stone (2016) 基于 GHWBI (Gallup-Healthways Well-being Index) 数据，也发现这种种族差异，黑人比白人和其他种族报告更低的坎特里尔阶梯量表得分。

1.5.11　外貌与幸福感

Hamermesh & Abrevaya (2013) 研究了个体的外貌对他们生活满意度或幸福感的影响，使用来自美国、加拿大、英国、德国的数据，得出美貌会提升个体的幸福感。一个标准差的美貌增值对男性产生0.1个标准差的幸福感增加，对女性产生0.12个标准差的幸福感增加，美貌对幸福感的作用机制可能在于长相对于经济结果的效应。一些心理学家把主体的幸福感和他们自评的漂亮程度相关联。Mathes & Kahn (1975) 比较大学生的幸福感与他们的相貌。Diener et al. (1995) 根据大学生的相片判断相貌并研究他们的幸福感。Umberson & Hughes (1987) 将受访者的幸福感指标与访问者对受访者的漂亮评分联系起来。Plaut et al. (2009) 将受访者的腰臀比作为漂亮或身材的代理变量，考察受访者的幸福感差异。Deaton & Arora (2009) 分析美国盖洛普数据发现，身高更高的人评价自己的生活更幸福。身高如果从平均水平以下增加到平均水平以上，则相当于增加女性收入的18%，男性则为24%。无论是女性还是男性，平均身高以上的受访者其正面情绪得分要高于平均身高以下的个体，平均身高以上的受访者其负面情绪的得分要低于平均身高以下的受访者。

1.5.12　信任与幸福感

人际关系是影响幸福感的决定因素之一 (Layard, 2007)。幸福感与信任之间有着密切的关系。社会成员间相互信任会减少一些中间环节和一些不必要的开支，这有利于提高人们的主观幸福感 (Putnam, 1993)。对身边的人信任度更高的人通常对生活抱有更加积极乐观的态度，相反，那些对任何事物都保持怀疑态度的人人际关系相对较差，幸福感明显较低。社会信任对主观幸福感有显著的正向促进作用 (Helliwell, 2006)，信任对生活满意度带来的积极影响比货币收入要大得多 (Helliwell, 2010)。Yip et al. (2007) 分析中国农村居民的社会资本和主观幸福感，发现社会信任与情感支持之间有强烈的相关性，情感支持通过促进社会网络支持影响主观幸福感。米健 (2011) 在研究影响中国居民幸福感的因素时发现，不论是从描述性统计结果还是计量回归结果来看，信任度水平对中国民众的主观幸福感和生活满意度都有着非常显著的影响。裴志军 (2010) 的研究发现人际信任、制度信任对农村居民的生活满意度有显著影响。袁正、夏波（2012）的研究发现，在中国，人与人之间的彼此信任对个人幸福感有显著的正向影响，信任别人给自己带来更高的幸福感。

1.5.13 闲暇与幸福感

现有研究证明了闲暇与幸福感的因果关系，包括心理机制及影响幸福感的闲暇类型和特征。闲暇可以激发五个核心心理机制，即下班、闲暇时的自主性、掌握休闲活动、闲暇活动有意义、休闲时的社会联系（Newman et al.，2014）。身体的、关系的、户外的闲暇活动带来更高的对自由时间的满意感（Mingo & Montecolle，2014）。Wang & Wong（2014）对33个国家的跨国研究发现，在闲暇活动中加强社会关系和人际发展让人感觉更幸福。而且，购物、读书、参加文化项目、与亲戚聚会、听音乐、参加运动项目带来更高的幸福感。上网或看电视消遣闲暇时间并不比其他活动带来更高的幸福感。会见朋友、参与运动、假期旅行这样的闲暇活动与生活满意度正向相关（Schmiedeberg et al.，2016）。不同社会对闲暇有不同的偏好，在克罗地亚，家庭有关的闲暇活动可以提高主观幸福感，积极的社交活动和参观文化项目也提高人们的主观幸福感，不管是青少年还是老年人，不管是男性还是女性都是如此（Brajša-Žganec et al.，2011）。

闲暇满意度和主观幸福感之间可能存在双向因果关系，这种双向因果关系对退休的人比工作的人更为显著（Kuykendall et al.，2015）。闲暇活动可区分为积极的和消极的两种，前者包括志愿活动、社交、运动和健身等，后者包括看电视和听广播等。对老年人来说，消极的闲暇活动和个人的闲暇活动（如睡觉、吃饭、洗澡等）比积极的闲暇活动更让他们有更高的主观幸福感和放松的感觉。尽管一些研究证明了积极的闲暇活动可提高主观幸福感，但对老年人并非如此（Heo et al.，2012）。

定期不定期地参与运动闲暇活动可以提高主观幸福感，若系统地参与某种闲暇活动，如跆拳道，则关系到个人成长和幸福（Kim et al.，2015）。更多不定期的运动活动，如滑雪，也与更高的主观满意度有关，原因可能是参与到这项活动热潮当中有助于快乐（Lee et al.，2014）。

1.6 环境、制度因素与幸福感

1.6.1 环境与幸福感

当下社会人们对环境的关注越来越高，事实上，环境也会影响主观幸福感，已有研究考察了气候、绿地空间和污染等环境因素。污染降低人们的生活满意度，例如，Van Praag & Barsma（2005）证实了航空噪声、Luechinger（2009）证实了空气污染对生活满意度的负向作用。绿地空间和便利设施会增进那些可获得的人的主观幸福感（Ferreira & Moro, 2010; Ferrer-i-Carbonell & Gowdy, 2007; Lora, 2008; Krekel et al., 2016）。Rehdanz & Maddison（2005）证实了气候变化特别是气温和降水可以影响主观幸福感。

随着气候变化和城市污染加剧，环境污染（包括空气污染、水污染、噪声污染、核污染等等）对人们主观幸福感的影响开始吸引学术界越来越多的关注。环境污染妨碍居民幸福感是研究者们的一致结论（Gowdyb, 2007）。Welsch（2002）发现，空气污染与个人主观幸福感呈负相关关系。Rehdanz et al.（2005）指出，正常的气候不会对居民的主观幸福感产生影响，但是极端气候会严重影响人们的幸福感，比如高温与严寒会使得人们的幸福感降低。Rehdanz & Maddison（2005）基于 67 个国家的截面数据，解释主观幸福感和天气的关系，控制大量的其他因素，气候变量对主观幸福感有强有力的影响。Van Praag & Ferrer-i-Carbonell（2004），Van Praag & Frijters（1998）分析了气候对幸福感的影响，他们发现气候变量如下雨、阳光小时数、平均温度、风等，对家庭成本、财务满意度、总的生活满意度有显著影响。Becchetti et al.（2007）研究个体从一个城市迁移到另一个城市时，气候变化对其幸福感的影响。他们使用 WVS 的幸福感数据，匹配了受访者所在城市的气候条件，发现气候要素如雨、雾、温度和风与幸福感存在显著的关联性。Guven（2007）认为，地区阳光的差异是幸福感的外生决定因素，不管是长期的还是短暂的阳光增加，都会增进幸福感，据此，他将地区阳光作为个人幸福感的工具变量。Petridou et al.（2002）发现自杀的季节性波动与总的阳光有正向相关性，Van Houwelingen & Beersma（2001）发现，白天的长度和总日照小时数对自杀率有影响。Van Praag & Baarsma（2005）发现噪声对生活满意度存在显著负向影响。

Zidansek（2007）的研究发现，环境可持续指标与主观幸福感呈正相关关系。Arik（2012）研究了空气污染对不同教育程度的人的幸福感的影响，发现受教育程度更高的人更注重空气质量，他们更有积极性支付更多的金钱来改善空气质量。环境污染对居民主观幸福感的降低作用存在直接影响和间接影响两个途径：一方面，恶劣的空气质量、水污染、脏乱差、噪声和生物多样性消失等会直接降低幸福感；另一方面，空气污染、水质变差等环境问题对居民的身体健康造成伤害，进而降低居民的主观幸福感。

Glaeser et al.（2016）研究美国大都市地区居民自我报告的主观幸福感，发现生活在大都市区的人有更低的幸福水平，尽管有更高的平均工资。这意味着，人们可能愿意牺牲自己的幸福感或生活满意度以换取其他收益。

黄永明、何凌云（2013）利用中国综合社会调查数据得出，空气污染会显著降低居民的主观幸福感，居住在二氧化硫排放量、烟尘排放量以及建筑和拆迁扬尘产生量较高地区的居民更加不幸福（见图1.20）。在工作中不得不把自己弄很脏的居民感到不太幸福，居住在工矿区、老城区等社区的居民感觉不太幸福。马晓君、王常欣、张紫嫣（2019）基于中国综合社会调查数据得出，无论是环境污染对居民幸福感，还是居民幸福感对居民环境行为，都存在显著影响。

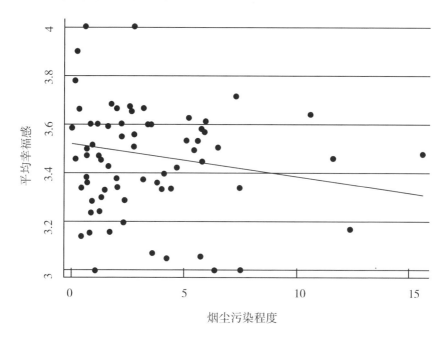

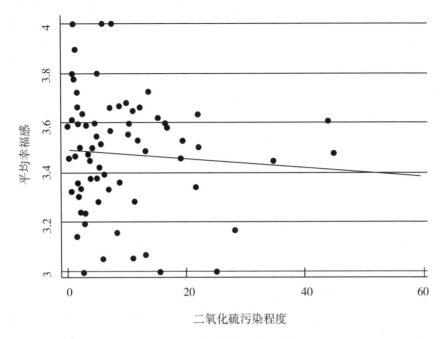

图 1.20　污染与平均幸福感

资料来源：黄永明、何凌云（2013）。

1.6.2　制度因素与幸福感

制度因素特别是政府的相关制度与主观幸福感息息相关。已有研究关注政府的规模（Bjørnskov et al.，2007；Flavin et al.，2014）、政府治理质量（Helliwell & Huang，2008）、直接民主（Frey & Stutzer，2000；Fleche，2015）、是否是福利国家立场（Pacek & Radcliff，2008）、对累进税的立场（Oishi et al.，2014）等对主观幸福感的影响。对工会的研究也揭示出其与主观幸福感的关联性（Flavin et al.，2010），微观层面，个体是工会成员也能增进其幸福感（Bryson et al.，2004）。

学术界主要从民主、自由、法治等方面来研究政治制度因素对主观幸福感的影响。一个自己控制其生活的人会更幸福，家长主义的制度可能减少幸福。个人主义社会的幸福感更高（Seligman et al.，2000），经济自由的制度会增加财富不均，但不必然降低总的幸福感（Bennett et al.，2016）。Schwartz（2004）在《选择的悖论》一书中提出，太多的消费品和生活方式选择可能产生焦虑和不幸福，因为可能引发分析瘫痪症，且提高了生活满意度的预期。Veenhoven（2000）通过比较分析 46 个国家的数据，发现经济自由与主观幸福感显著正相关，政治自由和个人自由与幸福感的关系并不显著，但是在教育程度高的富裕国家，政治自由与主观幸福感呈正相关关系，并且比个人自由对幸福感的影响程度更大。Hayo（2007）基于东欧国家的数据，发现政治自由与东欧国家人们的主观幸福感呈正相关关系。民主和联邦制可以增进个人的幸福感。公民可获得更多直接参与政治的可能性提高了他们的幸福感，这有两个方面的原因：一是公民的积极政治参与可以更好地监督职业政客，这会促使其对政府产生更高的满意度；二是公民能够参与控制政治过程也会提高其幸福感（Frey & Stutzer，1999）。另一个潜在的机制是程序公平和社会流动性（Bennett et al.，2016）。Frey et al.（2000）基于瑞士的数据研究发现，直接民主参与率和地方自治程度与居民幸福感呈正相关关系。Paul et al.（2008）指出，在宪政民主制度下生活的民众比在不民主制度下生活的民众有更高的幸福感，他们认为民主制度下的政治家更有积极性为人们的利益着想。在民主法治更为完善的国家和地区，居民往往拥有更多的政治权利、更高的言论自由等，这些权利可以使居民更有能力争取自己的合理权益。政治家考虑到民主选举的因素，在做出各种政策决定之前，会充分考虑到民众的切身利益。也有学者认为，民主与幸福感之间的相关性不能笼统判断。有研究表明，民主对居民主观幸福感产生正向作用仅仅适用于那些欧美发达国家和地区（Veenhoven，2000）。Bjornskov et al.（2008）基于世界价值观调查（WVS）中66个国家的数据，发现财政支出或收入的分权与居民主观幸福感呈正相关关系。Bjornskov et al.（2010）考察正规制度与国民幸福感之间的关系，他们利用主成分分析法将8种衡量制度的指标归纳为经济制度因素和政治制度因素，发现二者与国民的平均幸福感呈正相关关系。Spruk et al.（2016）认为在控制其他因素后，拥有更好的经济制度和更高层次的经济自由的国家，很大可能有更高的主观幸福感。Bjørnskov，Dreher & Fischer（2010）发现正式制度与主观幸福感之间的联系在穷国和富国之间存在差异。在低收入国家，经济司法制度对幸福感的影响主导着政治制度对幸福感的影响，而中、高收入国家中，政治制度具有额外的有益影响。Nikolova（2016）具体考察了后社会主义国家与发达国家之间的生活满意度差距，认为宏观经济因素和法治都可以解释发达社会和转型社会的总体生活满意度差异。其中，法治在20世纪90年代在缩小幸福感差距方面发挥了重要作用，甚至可能在危机后的年代逆转了这一趋势。随着制度和宏观经济条件的不断改善，后社会主义国家有可能完成转型进程，达到与西方相当的生活质量水平。Frey & Stutzer（2002）在跨区域计量经济分析中发现，以直接民主（通过倡议和公民投票）和联邦结构（地方自治）形式出现的制度因素，系统地和大规模地提高了自我报告的个人幸福感。

Dustmann & Fasani（2016）使用英国家庭面板数据（British Household Panel Study，BHPS）得出，犯罪率影响个人的心理健康，犯罪对幸福感的影响并不在于人们因成为罪行的受害人而失去幸福感，而是因为害怕未来成为犯罪的受害者而降低了幸福感（Moore & Shepherd，2007）。

1.6.3 社会资本与幸福感

人们对生活的评价还取决于其他人的行为，社会环境如犯罪、信任、腐败和利他主义会影响主观幸福感。世界价值观调查（World Values Survey）提供了信任、利他主义、社会支持等调查数据，Helliwell et al.（2018）、袁正等（2012）发现主观幸福感与信任的强烈关联。慷慨（用慈善捐赠表示）也与主观幸福感相关联（Helliwell et al.，2018）。利他主义提升了利他奉献者的主观幸福感（Aknin et al.，2013；Dunn et al.，2008），社会支持也有助于幸福感提升，有人依赖有助于提高生活满意度（Clark，2018）。

社会资本对个人主观幸福感有显著的影响，社会资本主要包括社会关系、社会网络、社会支持、互惠性规范以及信任等。Argyle et al.（1990）、Riggio et al.（1993）、Bustra et al.（1994）、Keyes et al.（1995）、Singer et al.（2000）研究均发现，良好的社交意味着与他人的积极关系，会带来更高的幸福感水平。Bjornskov（2003）基于跨国的证据发现社会资本与生活满意度呈正相关。Gundelach et al.（2004）对欧洲国家的数据研究发现社会资本与社会层面和个人层面的主观幸福感都有较高的相关性。Gilbert et al.（2004）通过比较参加假日活动者和不参加假日活动者的主观幸福感发现，参加假日活动的个体具有更高的幸福感，因为参加假日活动带来更多的社会交往行为。Nattavudh（2007）基于英国的家庭调查数据发现，社会参与度越高的人的主观幸福感也越高。Tokuda et al.（2010）基于29个亚洲国家的横截面调查数据，发现社会信任程度与个人主观幸福感呈正相关关系，即生活在越高信任度的社会，人们感到越幸福。Kuroki（2011）基于日本的数据，实证检验了社会信任与个人主观幸福感之间的关系，结果表明二者呈显著的正相关关系。是否拥有社区归属感与主观幸福感的高低密切相关（Helliwell & Putnam，2004）。加入一个宗教或者社会团体也会提高主观幸福感（Blanchflower & Oswald，2004；Helliwell，2003）。人们跟周边人的比较效应会影响到幸福感。关于和穷人做邻居是否让人更幸福的问题，结果有争议。住在富人社区可能减少来自财富的幸福感。但证据总的倾向是支持住在穷人邻居的周围有更少的幸福感,而住在富人邻居的周围实际上让人更幸福。在美国,尽管社会地位很重要,但设施、社区安全、良好维护的住房条件等支撑更富邻居带来更多幸福感的观点(Firebaugh et al.,2009)。郑宏志等(2005)基于中国城市居民数据,对老年人的主观幸福感与社会支持的关系进行研究,结果发现,当个人具有较高的社会支持时,其主观幸福感也较高。邢占军、张羽(2007)基于5个省会城市的抽样数据,发现社会支持与主观幸福感呈正相关关系。邢占军、张干群(2019)使用中国综合社会调查数据(CGSS2012),从社会信任、社会资本、社会参与、社会归属和社会公平5个维度考察了社会凝聚对我国居民幸福感的影响,认为社会凝聚的5个维度对居民幸福感均有正向影响。

Helliwell et al.(2019)基于盖洛普数据(Gallup World Poll)分析了国家层面的生活满意度与社会支持、自由、腐败、健康期望寿命、教育、收入、婚姻状况(都是国际总体指标)的关系,主观幸福感用 Cantril ladder 量表指标来表示,结论显示,主观幸福感(Cantril ladder)与收入、健康和社会支持显著相关,与自由、腐败有较小但显著的关系,婚姻状况和教育的影响不显著,见表1.5。

表1.5 平均幸福感跨国数据回归

自变量	因变量			
	Cantril Ladder (0−10)	Positive Affect (0−1)	Negative Affect (0−1)	Cantril Ladder 0−10
log *GDP per capita*	0.318	−0.011	0.008	0.338
	(0.066)***	(0.01)	(0.008)	(0.065)***
Social support	2.422	0.253	−0.313	1.977
	(0.381)***	(0.05)***	(0.051)***	(0.397)***
Healthy life expectancy at birth	0.033	0.001	0.002	0.03
	(0.01)***	(0.001)	(0.001)	(0.01)***
Freedom to make life choices	1.164	0.352	−0.072	0.461
	(0.3)***	(0.04)***	(0.041)*	(0.287)
Generosity	0.635	0.137	0.008	0.351
	(0.277)***	(0.03)***	(0.028)	(0.279)

(续上表)

自变量	因变量			
	Cantril Ladder (0–10)	Positive Affect (0–1)	Negative Affect (0–1)	Cantril Ladder 0–10
Perceptions of corruption	−0.540	0.025	0.094	−0.612
	(0.294)*	(0.027)	(0.024)***	(0.287)
Positive affect				2.063
				(0.384)***
Negative affect				0.242
				(0.429)***
Number of countries	157	157	157	157
Number of obs.	1516	1513	1515	1512
Adjusted R^2	0.74	0.476	0.27	0.76

资料来源：Helliwell，Layard & Sachs（2019）。

Inglehart & Klingemann（2000）、Inglehart et al.（2008）分析了历史文化差异对主观幸福感或生活满意度的影响。例如，后社会主义的转型社会生活满意度较低，如摩尔多瓦、白俄罗斯、乌克兰、俄罗斯。几乎所有的新教社会有相对高的主观幸福感水平，如图1.21、图1.22所示。

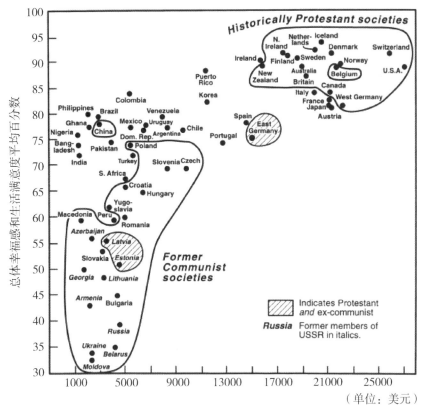

图 1.21　历史文化与主观幸福感

资料来源：Inglehart & Klingemann（2000）。

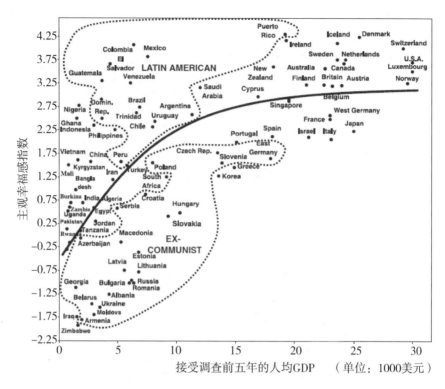

图1.22　历史文化与主观幸福感

资料来源：Inglehart, Foa, Peterson & Welzel (2008)。

1.7　幸福感的经济效果

幸福经济学主要研究幸福感的决定因素，这一方向具有很强的政策含义。政府管理者为了体现自己的执政能力并获得继续执政的支持，把提高公民的幸福感作为施政目标。直到今天，经济学家主要讨论宏观经济变量和个体特征对主观幸福感的影响，被讨论的问题包括失业、通货膨胀、收入、婚姻状态、健康状态、性格等是否影响幸福感。逆向的问题仍然很少被关注（Kahneman & Krueger, 2006; Lyubomirsky et al., 2005）。心理实验发现，更幸福的人与欠幸福的人相比有着不同的行为方式，但因果的方向往往不清楚（Guven, 2009）。

部分研究将幸福作为解释变量，研究幸福感如何影响生产效率等其他经济变量。幸福的人可以增进生产率（Oswald et al., 2015），可以预测未来的收入（De Neve et al., 2013）。Fleche（2017）发现，教师的满意度可以预测学生的成绩。更高满意度的工人离职的可能性更小（Freeman，1978），退休的可能性更小（Clark et al., 2015c）。更幸福的人有更好的健康结果，有一项著名的研究叫"修女研究"（Nun Study），在少年晚期或20多岁早期用更多正面短语描述她们生活的修女，在60年后更可能仍旧活着，结论显著（Danner et al., 2001）。Banks et al.（2012）研究英国老年人调查数据也有相似的发现，他们探讨的是幸福对6年后幸存可能性的影响。Diener & Chan（2011）发现，更幸福的人有更强的免疫系统，经历更少的炎症和心血管疾病，更少的感染。主观幸福感得分可以预测未来的婚姻状况，更低的生活满意度预示未来可能离婚或分居（Clark et al., 2008b），并能预示未来的生育状况（Cetre et al., 2016）。幸福不仅有利于自己，还有利于周边的人，主观幸福感可以预测做出他人喜欢的亲社会行为，更高幸福感的人后来更为慷慨。Thoits & Hewitt（2001）发现，更幸福的人有更多的志愿者行为。Flavin & Keane（2012）强调，主观幸福感与政治参与有关系。Liberini et al.（2017）基于英国家庭调查数据（BHPS）发现，生活满意度可以预测对执政政府的支持，Ward（2017）使用15个欧洲国家40年的欧洲晴雨表数据，发现生活满意度是比经济增长、失业率和通胀更强的预测执政政府得票率的指标，如图1.23所示。

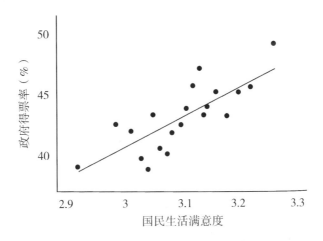

图1.23 生活满意度与政府得票率

资料来源：Helliwell, Layard & Sachs（2019）。

De Neve et al.（2013）指出，更幸福的人通常有更高的合作性和社交性（sociable）。相反，低满意度的人更可能做出伤害他人的行为。Layard et al.（2014）基于英国的群组研究（British Cohort Study）发现，5～16岁的孩童时代的情感健康问题可以预测16～34岁的成人犯罪。Helliwell et al.

(2019)表明,更幸福的人更可能参与政治,图 1.24 所示。

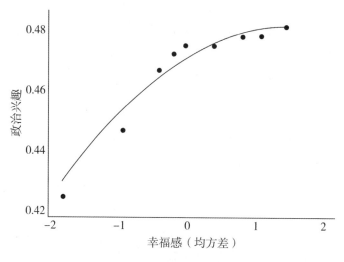

图 1.24　幸福与政治兴趣

资料来源:Helliwell, Layard & Sachs (2019)

幸福的人工作更投入(Diener et al.,2002),拥有更健康的身体(Danner et al.,2001),更容易结婚(Harker & Keltner,2001)。美国加州大学教授 Lyubomirksy(2001)发现幸福的人在各方面都表现更好,幸福的人事业更成功、婚姻关系更加亲密持久、更富有创造力、更乐于助人,而且身体也更加健康。幸福感高的人往往侧重事物积极的一面,在面对惨痛经历时态度也更为积极,以更适应的方式去理解所发生的事情,宁可用幽默的态度调侃其惨痛的经历,从逆境中看到可以学习的东西,将注意力放在事后取得进步。幸福感高的人往往对新认识的朋友评价更高,持更为赞许的态度,甚至对影视片中的角色的评价也比低幸福度的人更为积极友好。幸福的人在感知、评价和思考人和事上都更为积极,长此以往更是加强了自身的幸福感。Mastekaasa(1992)、Frey & Stutzer(2006)证实,某一时间点的幸福与后来结婚的可能性正向相关。幸福的人更加表现出环境道德(Frank,1999)。井婷等(2011)对 360 名大学生志愿者的幸福感与利他行为之间的关系进行分析,发现大学生志愿者的幸福感状况影响其利他行为,这种影响以信仰作为其调节变量,在信仰因素的影响下,个体越是体会到幸福,越倾向于表现出利他行为。

Guven(2009)使用荷兰 DNB 家庭调查和德国社会经济面板数据,以地区的阳光作为个人幸福的工具变量,结论发现,更幸福的人储蓄更多,花费更少,更低可能陷入债务,有更低的边际消费倾向。更幸福的人花费更多的时间做决定,对支出有更多的控制,他们期望长寿,更关注未来,期望未来有更小的通货膨胀。幸福的人在金融决策中更加厌恶风险,选择更安全的投资品。幸福的人更可能拥有人寿保险、储蓄账户和经营性资产,更少可能性投资股票和债券,更少可能性使用网络银行和电话银行服务。另外,幸福的人有更低的可能性吸烟,更少的迁移欲望(Guven,2007)。Frey & Stutzer(2002)发现,与不那么幸福的人相比,幸福的人更可能储蓄,花费收入的不同比例,获得特定商品和服务的组合也不同。使用11个中欧、东欧国家的数据,Ferrer-i-Carbonell & Gërxhani(2016)发现,逃税与个体的生活满意度负相关。

Graham et al.(2004)使用俄罗斯的数据发现,幸福影响收入和健康。在1995年有更高幸福水平的人在5年后赚了更多的钱,拥有更好的健康。幸福感可以增进生产率,影响劳动市场的表现(Piekałkiewicz,2017),即"幸福-高效工人"理论:人们越幸福,就表现出越高的生产率(Zelenski et al.,2008)。幸福对生产率的正向因果关系在实验研究中也得到验证(Oswald et al.,2015)。Oswald et al.(2009)的实验研究把被试分成三组:第一组观看喜剧短片,第二组不看电影,第三组观看既不是喜剧也不是悲剧的中性影片。实验结果表明,观看喜剧短片的一组被试生产效率最高,快乐成为生产效率提高的一个外部诱因。幸福使受试者的生产率提高了12%。现实生活中的重大冲击如丧亲或家庭成员的疾病往往会对生产效率产生负面影响。Wesarat et al.(2014)认为,能够在工作场所保持幸福感的组织,可能会提高生产效率。对欧洲20世纪70年代的选举研究发现,人们的生活满意度是现任政府是否再当选的最好的预测指标,其次是经济增长,经济增长的解释力6倍于就业指标,2倍于通货膨胀指标(Andrew Clark et al.,2016)。Freeman(1978)发现,工作满意度是劳动力市场流动性的主要决定因素,因为它反映了工作场所的一些没有被标准目标函数体现的东西。

幸福的情感和认知层面会系统地影响人们的动机和目标,进而影响人们的行为。Frey & Stutzer(2002)总结了人们是否幸福对他们行为的影响,幸福的人在劳动市场上更成功,他们比不幸福的人更容易找到工作,在事业上进步更快。幸福的人更容易找到伙伴,更不容易受孤独的困扰。幸福的人更具有合作精神,他们更容易主动帮助别人,更愿意冒风险主动伸出援助之手。心理学家发现了幸福的人的行为的影响,例如幸福的人在社会交往中笑得更频繁,更乐意与朋友们展开社交活动,更乐意回应别人所提出的帮助请求，旷工更少，卷入工作争议的情况更少（Frank，1999；Frey & Stutzer，2002）。

幸福感的经济效果与情绪在决策中的作用有关。Ketelaar & Todd（2000）指出，特定的情绪可能充当指引，在特定环境下选择考虑所需的信息。个体的感觉会影响其学习过程，使其关注与其情绪一致的环境方面。处在负向情感状态的主体获取更为负面的信息，而不是同时出现的正面信息（Bower & Cohen，1982；Blaney，1986）。另外，感觉影响个体从记忆中检索到什么信息，处在好（坏）的情绪可以有助于从记忆中回忆起正面（负面）的信息。处于正向情感状态的人在决策时更可能表现为乐观或积极的概率（Isen & Shalker，1982）。Wright & Bower（1992）发现，幸福的人是乐观的，他们对正面事件报告更高的概率，对负面事件报告更低的概率，负向情感状态的人则相反。一些研究（Johnson & Tversky，1983；Wright & Bower，1992）发现，情感状态影响主观概率评估，幸福感不同的人对风险有不同的态度，可能选择不同类型的市场和金融投资（Kleindorfer et al.，1993）。Moore & Chater（2003）在实验中发现情感和风险行为有显著正向关系，Wright & Bower（1992）对此提供解释说，人们在评估主观概率时，更易检索回与情绪一致的记忆，更为关注与情绪一致的信息。Arkes et al.（1988）发现，处于积极情感状态的主体乐意花费更多钱购买彩票。然而，Valois et al.（2001）以及 Valois et al.（2002）发现，学生的风险行为与他们的低水平的生活满意度有关。可见，关于积极情感状态与风险行为的关系，学术界远未达成一致。

幸福的人更容易成功，这是因为正向情绪有益于目标的实现。Lyubomirsky et al.（2005）指出，许多研究显示幸福的个体在很多生活领域更为成功，包括婚姻、友谊、收入、工作绩效和健康。幸福—成功的正向关联不仅是因为幸福使人们成功，而且是因为正向情感产生成功。正面的情绪导致人们思考、行动的方式有益于促进资源建设和参与接近目标。一个具有正面情绪的人可以理解为正经历如愿的环境，生活过得正好，其目标正在被满足，其资源是比较充足的（Cantor et al.，1991；Carver & Scheier，1998；Clore et al.，2001），因为一切都进展顺利，个体可以扩张其资源和人际关系，可以利用机会建立其技能以应对未来，或者可以休息好，在做出努力之后重建其能量。Fredrickson（2001）指出，正面情绪的关键目标是帮助有机体准备将来的挑战。经历正面情绪的人可以利用这种美好的状态，免于直接的损害，不受近期损失的困扰，寻求还没有实现的新的目标（Carver，2003）。与正面情绪有关的特征包括自信、乐观、可爱、善于社交、活跃、充满精力、亲社会行为、免疫力、身体健康,它们可以有效地应付挑战和压力,更具创新性和灵活性,从而有利于积极参与目标追求和应对外部环境。Lyubomirsky et al.(2005)认为,正面情绪倾向于接近目标的方法,而不是回避之,使个人寻求新的目标。因此,幸福的人更易于成功有两个方面的原因:一是因为幸福的人频繁经历正面情绪,有更大的可能性为实现新的目标而积极工作;二是因为幸福的人在以前的经历和愉悦情绪中拥有了一些技艺和资源。从这个意义上说,Albert Schweitzer(1952年诺贝尔和平奖获得者)的名言是有道理的:"成功不是幸福的关键,幸福是成功的关键,如果你热爱所做的事情,你就会取得成功。"

第2章 国民幸福感状况

2.1 幸福感的衡量

2.1.1 衡量难题

幸福感的衡量或测度是幸福经济学的重要内容。个人、社会和政府都想知道国民的幸福状况以及决定幸福感的因素，以便制定政策来提升幸福感。幸福感的衡量是学术界的一个难题。幸福感、福祉或生活满意度在古典和新古典经济学里被视为是无法衡量的。幸福感测量不是件容易的事，还没有形成权威统一的方法。学术界寻找各种方法来测量主观幸福感，有些研究测度的是生活满意度，二者基本上表达相同的意思。

Ott（2010）认为，政府及其顾问一般使用三种方法获得公民幸福有关的信息。一是分析公民的行为决策，利用显示偏好理论以便发现公民幸福的相关信息；二是分析选民投票或选举时的陈述性偏好（Stated Preference, SP）；三是通过测量、加总和比较个体的幸福状况，并分析使人们幸福的条件。

对主观幸福感的实验心理学研究发现，幸福感的构成可以随时被可靠地衡量（Lyubomirsky & Lepper，1999）。幸福感有两类代表性的衡量方法：一是主观的衡量，通常采取在调查中自我报告幸福状况；二是客观的衡量，如 GDP、预期寿命、收入等。客观衡量的幸福感常用生活质量（quality of life）来表述。

幸福感的客观衡量指标包括预期寿命、收入和教育等。这些指标虽然产生幸福感，但不代表幸福感的全部。生活质量或福祉（well-being）常被用来包括但不限于这些客观的衡量。心理科学家通过观察脑部的快乐中枢成像来识别幸福感,不管这种幸福感是来自主观的还是客观的因素(Foroohar,2007)。

幸福感最为典型的衡量方式是使用主观的衡量,即自我报告的幸福感调查。对这种主观调查,人们怀疑其准确性和可靠性(Foroohar,2007),因为自我报告的幸福感是主观的,难以在个体之间比较,也不能做跨国比较。经济学家往往对自我报告的幸福感的真实性和复杂性表示担忧。

诺贝尔奖得主迪顿(Deaton)认为,主观幸福感(subjective well-being)或者生活满意度(life satisfaction)常常与快乐(happiness)混为一谈。调查中常常发现,不快乐的人却过着很好的生活,而快乐的人却过着艰辛的生活。因此,幸福感的测度应该将主观幸福感或生活满意度和快乐区分开来,前者是对生活各方面综合考虑之后做出的总体评价,而快乐是一种具有波动性的情绪或感受。生活满意度反映生活质量,包括物质、文化、地位、健康等生活水平,较少受适应性的影响。在适应性的影响下,生活质量较低的人也可能表现出快乐的情绪。快乐作为情感测度,在适应性作用下,与生活质量并无显著的相关性。

迪顿(Deaton)认为,至少可从三个方面衡量幸福:一是生活质量评价(life evaluation),人们对自己生活质量的认同程度或对生活的总体满意度。这类评价常用坎特里尔阶梯量表,最好的生活质量赋值为10,最差的生活质量赋值为0,依次变化。二是快乐意义的幸福(hedonic wellbeing),即人们短时间感受到快乐情绪,高兴、伤心、生气、压力等,可称之为情感福祉。在调查中,受访者被要求回忆之前一整天经历的情绪和感受,如担忧、紧张、悲伤、抑郁、痛苦、愤怒等,Gallup调查就是使用这种方法。三是幸福学意义上的福祉,评估一个人的生活目标和意义以及实现目标的程度,这个维度依赖于目标是什么,因为不同的目标,可能实现的程度不同。想用一种单一的方法对幸福感进行测量,理想很丰满,但是不切实际,不是考察幸福的正确方法。人的幸福有多个维度,这些维度彼此关联,但又有区别,主观幸福感的测度方法对于实证研究的结果差异影响巨大。Deaton(2013b)指出,在对幸福感进行测度时,必须认识到这一点,并利用好这一点。Deaton(2013a)认为,快乐意义的幸福(hedonic wellbeing)不能作为人类福祉的综合测量标准,世界上很多的地方,即使人们处于贫困或健康不佳,也可能心情愉悦,对人类福祉的综合测定来说,生活质量总体评价是更可取的方法。

2.1.2 衡量方法

现在，测量主观幸福感最常用的方法是自我报告量表法，通过不同的形式直接询问受访者的幸福水平。以结构化问卷调查为主，加上其他评估调查技术为辅助（Diener，2000）。总体而言，目前对幸福感的测量主要有三类：第一种方法是使用单个问题的 3 分类、4 分类或 5 分类的李克特量表，例如，世界价值观调查将幸福感分为非常幸福、比较幸福、较不幸福和很不幸福四类。第二种方法采用 7 或 11 分类的李克特量表。第三种方法采用更为复杂的量表来测量幸福感。可以针对多个问题采用李克特量表进行测量，最后汇总多个问题的得分来得到幸福感的评分。常用生活满意度（life satisfaction）衡量自我报告的幸福感，这是近年一种直接衡量幸福感的趋势，White（2006）发布了生活满意度指数的国际排行。下面是一些世界范围内比较有影响力的幸福感测量例子。

（1）盖洛普世界民意调查

坎特里尔阶梯量表（Cantril Ladder），用以测量生活满意度："请想象一个阶梯从底部 0 到顶部 10，假设梯子的顶部代表最好的生活，底部代表最差的生活，目前，您感觉您的生活处在梯子的哪一级？"

（2）世界价值观调查（World Value Survey）

"所有事情考虑一起，最近您对您的生活总体上有多满意呢？使用这张卡，1 表示完全不满意，10 表示完全满意，你认为你的生活满意度在哪？"受访者在从 1～10 的分值表中选择自己的满意度。

"将所有的情况都考虑进来，目前您生活得幸福吗？"要求受访者从数字 1 到 4 进行选择，1 表示"非常幸福"，2 表示"相当幸福"，3 表示"不是很幸福"，4 表示"一点也不幸福"。

（3）欧洲晴雨表调查（Euro-Barometer Survey Series）

"把所有的事情都考虑进来，你会怎样评价这些天？你会说你是非常幸福（very happy）、相当幸福（fairly happy），还是不是很幸福（not too happy）？"

"总的说来，你对自己过的生活是非常满意（very satisfied）、相当满意（fairly satisfied）、不是很满意（not very satisfied），还是完全不满意（not at all satisfied）？"

（4）美国综合社会调查（United States General Social Survey）

"把所有的事情都考虑进来，你会怎样评价这些天？你会说你是非常幸福（very happy）、相当幸福（fairly happy），还是不是很幸福（not too happy)?"

（5）英国国民统计局，年度人口普查（Annual Population Survey）

"总体而言，你现在的生活满意度如何？请回答从 0～10 的代码，0 表示'完全不满意'，10 表示'完全满意'。"

（6）中国综合社会调查（CGSS）

该项调查由中国人民大学社会学系和香港科技大学社会科学部共同实施，对幸福感的调查问题是：

"总体而言，您对自己所过的生活的感觉是怎么样的呢？您感觉您的生活是：（单选）1 表示'非常不幸福'、2 表示'不幸福'、3 表示'一般'、4 表示'幸福'、5 表示'非常幸福'。"

（7）Andrews & Withey（1976），快乐—糟糕量表（Delighted-Terrible）

"总体上，你觉得你的生活怎么样？请在七个选项中选择，分别代表从快乐到糟糕。"

国际上比较有代表性的涉及幸福感的调查主要有美国综合社会调查（General Social Survey）、世界价值观调查（World Value Survey）、英国住户追踪调查（British Household Panel Survey）、跨国社会调查（International Social Survey Program）、世界大都市幸福感和竞争力调查（Assessing Happiness & Competitiveness of World Major Metropolises）、亚洲调查（Asia Barometer）、生活质量调查（Quality of Life Survey）等。国内针对主观幸福感的调查主要有国家统计局所进行的中国家庭收入调查（Chinese Household Income Project）、中国人民大学和香港中文大学联合进行的中国综合社会调查（Chinese General Social Survey）以及复旦大学"和谐社区与社会资本"调查（2006—2007 年）等。

这种调查多采取李克特量表，该量表由一组陈述组成，每一陈述有"非常同意""同意""不一定""不同意""非常不同意"五种回答，分别赋值为 5、4、3、2、1，每个被调查者的态度总分就是他对各道题的回答所得分数的加总，这一总分可说明他对这一问题的评价。Lim（2008）根据现有的研究文献，比较了用不同分位李克特量表在主观幸福感评价方面的差异，发现用 11 分位李克特量表测量幸福感评分较为恰当。人们逐渐发现单题量表的种种局限性，因而出现了各种多题量表。通过多题量表加总得出总的评价，正是李克特量表的特点。Dupuy（1970）编制了整体幸福感量表，包括 33 个题目，用总分评价幸福状况。邢占军（2005）编制了由 54 个题项组成的"中国城市居民主观幸福感"量表，整个量表由 10 个分量表组成，分别是知足充裕体验、心理健康体验、成长发展体验、社会信心体验、目标价值体验、自我接受体验、人际适应体验、身体健康体验、心态平衡体验、家庭氛围体验。陈惠雄等（2005，2006）认为快乐是可以测量的，他们归纳出影响快乐水平的六大因素，设计了具有中国特色的快乐指数调查量表，并首先在浙江省做了居民调查。

Gurin et al.（1960）设计的问题是："考虑所有的事情，你觉得这些天非常幸福，比较幸福，还是不幸福呢？"Lyubomirsky & Lepper（1999）采用不同数值来代表不同的幸福感水平，被调查者选择代表自己幸福程度的数值，数值1到7分别代表从非常不幸福到非常幸福。在典型的问题中，"把所有事情都考虑，你有多幸福？"，让被试进行10分等级评价，其中，1表示非常不幸福，10表示非常幸福。关于数值量表，具有更多选择，并且奇数的量表更好（Diener et al.，2009）。Diener et al.（2009）针对图形、问题（"是否"回答）和数值三种测量形式的横向比较，认为数值形式的量表所表现出来的各项性能要更好一些。

2.1.3 主观幸福感衡量的问题

虽然自陈报告的幸福指数使用越来越普遍。经济学界对主观幸福感这样的数据做正式分析持怀疑态度。Bond et al.（2014）对自陈报告测量法在跨群体比较中的有效性提出批评。由于个人幸福水平的单调变换可以改变国家或地区之间的平均幸福感排名，如果没有对幸福感分布进行假设，就无法进行有意义的比较。例如，在一些社会调查中，要求受访者用三点量表评价他们的幸福感。常见的问题是："把一切都综合起来，您怎么评价这些天的状况？"选项包括"非常快乐""很快乐""不太快乐"。通常把"非常快乐"记为2，"很快乐"记为1，"不太快乐"记为0。然而，并不是每个报告"非常快乐"的人都同样快乐，有些是真的"非常快乐"，而有些只是比"很快乐"高出一点点。因此，基于加总的国家或地区的幸福水平是不准确的。若没有关于幸福水平潜在分布的强假设，加总幸福指数不能对两组人的幸福状况进行比较。Bond et al.（2014）对57个国家的收入—幸福感研究显示，如果幸福感是正态分布的，墨西哥、特立尼达和多巴哥、英国、加纳及哥伦比亚是最幸福的国家。若幸福是左偏的，最幸福的五个国家则是新西兰、瑞典、加拿大、挪威和英国。当然，若将三点量表改为五点量表甚至十点量表，可以改进这一评价方法的有效性。

主观幸福感测量的结果取决于回答者所处的环境以及问题的措辞（Deaton & Stone，2013）。这种坎特里尔阶梯量表在测量时属于自我报告，受访者可能撒谎，或者没有评价真实情况。他们或者是因为尴尬，或者是理解和满足研究者想要的结果。

虽然很多学者对主观幸福感衡量的可靠性提出怀疑，但一些相关研究可以从不同的角度验证这些测量方法的可靠性。一些研究表明这些幸福量表的可靠性、有效性、代表性和对比性均是良好的（Veenhoven，1985，1995；Fordyce，1984；Diener，1985）。数值形式的主观幸福感测量方法被广泛应用于跨国的幸福感调查研究，如"世界价值观调查"（World Value Survey，WVS）等。盖洛普世界民意调查（Gallup World Poll）采取坎特里尔阶梯量表测量生活满意度。主观幸福感衡量与可观察的客观现象具有相关性，例如，自我报告具有高幸福感的人倾向于更多地笑或微笑，别人也认为他是个更幸福的人（Pavot et al.，1991；Diener，1984；Watson & Clark，1991）。Konow & Earley（1999）从神经生理学角度论证主观幸福感数据的有效性，自我报告的主观幸福感与其生理反应和脑部的电信号（electrical readings）相关。用跨国的自杀率和自我报告的幸福感水平做回归，得出更高水平的主观幸福感与更低水平的自杀率相关联（Di Tella et al.，2001）。近来的证据表明，生活满意度能够被衡量，且具有相当的可靠性，能够适用于跨时期或跨地域比较，特别是存在大样本时（Krueger & Schkade，2007）。自陈报告的主观幸福感或生活满意度受到批评的一个理由是受访者评价时受到当时情绪的影响，Eid & Diener（2004）估计了情绪效应，认为情绪效应只能解释受访者生活满意度变化的1.7%。单个个体的主观幸福感衡量可能是不稳定的，但是对于大样本数据库，衡量误差对于因变量的影响将大大减小，基于大样本平均意义上的主观幸福感衡量，其稳定性比单个个体要强得多。

2.1.4 主观幸福感衡量方法的改进

幸福的主观测量可以捕捉人们的感受或真实体验，通过有序的测量来评估幸福（McGillivray & Clarke，2006）。Cantril（1965）采用不同的图形（如高山、梯子、河流）来表示幸福感程度的高低，图形越高则代表被调查者拥有越高的幸福感水平。Andrews & Withey（1976）则采用代表由非常愉快到非常沮丧的不同面部表情来表示不同的幸福感水平。一般可通过个人访谈、电话、或借助电脑来让被试做出反应，从而计算出个人和社会幸福的数值（Angner，2010）。

快乐意义的幸福（hedonic wellbeing）实际上是人们短时间感受到的快乐情绪，既然是短期情绪，在衡量时不适合采取让被调查者回想上周或上个月的状况的方法，对时间较为久远的状况回忆，往往是生活评价性的。

Steptoe et al. (2015) 认为，生态瞬时评估法（ecological momentary assessment）可以较好地解决快乐幸福的衡量问题，这种方法随时抽取个体进行情感汇报，而且取几个瞬时衡量的平均值。这与昨日重现法较为类似，昨日重现法要求受访者回想前一天发生的事情，并回忆当时的情感，盖洛普调查（Gallup）就采取了这种方法。

改善主观幸福感衡量的一种方法是所谓的旁人报告（informant reports），通过亲近的朋友和家庭成员调查当事人的情绪、情感或整的生活状况。经常出现这样的状况，参与人自我报告其非常快乐，然而，旁人报告称这些参与人总是很沮丧。另外一种改进叫作 ESM（experience sampling method），在这种调查中，受访者佩戴一个寻呼机，在一天中会随机响起，当寻呼机响的时候，受访者将停下手中的工作，汇报正在做的事情以及当前的情绪和感觉。通过追踪一段时间如一周或一月，研究者可以更好地理解受访者的情绪、情感或感受。还有一种改进方法叫作"重建日方法（day reconstruction method）"，参与人被要求填出前几天的日志，并描述每个行动及他们的感受和经历的情绪。

对主观幸福感进行测量，除了自陈报告量表之外，生物电磁测量（PET）等非自陈测量手段也被发展起来。人在进行某种情感体验时，参与该心理活动的脑神经区域的细胞活动就会增强，相应部位的能量消耗会增加，葡萄糖代谢率将发生变化。PET 正是根据脑能量代谢的特点观察大脑不同断层放射性物质的积聚情况，来测度脑部位的能量代谢情况（娄伶俐，2010）。

Benjamin et al.（2014a）主张使用陈述性偏好（stated preference，SP）来衡量幸福，该方法借鉴边际效用理论，估计各种情形的边际效用，通过询问调查对象，测度在每一场景中受访者对两种选项的偏好，从而估计受访者关于家庭、健康、安全、自由、价值观等的相对边际效用。Benjamin et al.（2014a）旨在结合 SWB 调查和 SP 调查构建幸福指数。

2.2 国民幸福感相关数据

幸福水平的国家排名是一个十分受人关注的主题，不管是学术界还是媒体界，都对此十分感兴趣（Clark，2018）。幸福测量是一个跨越多个领域的指标体系而不是单一的度量。构建一个完善的幸福指数实属不易。

1972 年，不丹的国王 Jigme Singye Wangchuck 接受英国记者采访时首次提出国民幸福总值（Gross National Happiness，GNH）的概念，他说 GNH 比 GDP 更为重要。2008 年，不丹的宪法将 GNH 确立为不丹政府追求的目标。GNH 通过强调与自然和传统价值的和谐与 GDP 区分开来，包括 4 个支柱和 9 个领域。GNH 的 4 个支柱包括可持续和公平的经济社会发展、环境保护、文化的保护和提升、好的治理。9 个领域包括心理的福祉、健康、时间使用、教育、文化多元性和适应性、良好治理、社区活力、生态多元性和适应性、生活标准，每个领域由主观的调查得分和客观指标加总得到。

Jones（2005）引入 GNH 指数和全球 GNH 指数调查，GNH 指数相当于总国民福利（Gross National Well-being，GNW），指数集成了客观的指标（经济）和主观的指标（幸福感）作为经济社会发展框架。

泰国政府想要让泰国人民更富有也更幸福，自 2007 年开始，泰国每月发布国民幸福指数数据，指数从 1～10，10 表示最幸福，指数使用民意调查数据，涵盖多种生活满意指标，如安全、公共设施、好的治理、贸易、社会公正、资源配置、教育和社区问题。

一些国际组织或国家也以类似的形式构建幸福指数，2009 年，盖洛普（Gallup）民意调查系统以 2005 年的 GNH 指数框架为基础，建立了幸福指数（Well-Being Index），包括 6 个子指数，分别是生活评估、情感健康、工作环境、身体健康、健康行为、基本必需品的可获得性。与此类似，2011 年，经济合作与发展组织（OECD）发布更好生活指数（Better Life Index），联合国也于 2011 年发布世界幸福报告（World Happiness Report）。

英国、澳大利亚、加拿大、韩国等国家也纷纷建立幸福感指数或主观幸福感指数。加拿大的主观幸福感指数（Canadian Index of Wellbeing，CIW）衡量最高可能的生活质量，全面地表达了以下指标：好的生活标准、强健的健康、可持续环境、有活力的社区、高教育水平的人口、平衡的时间使用、高水平的民主参与、参与闲暇和文化的机会。

Helliwell & Wang（2012）分析了盖洛普（Gallup World Poll）的数据，并生成了一个国家排名，OECD 成员国家特别是斯堪的纳维亚国家不管在 Cantril Ladder 还是生活满意度都排位靠前，比较贫穷的非洲国家排位靠后。英国剑桥大学的 Huppert & So（2011）对 23 个欧洲国家的 4.3 万名受访者做了幸福感调查，发现幸福人口比例最高的是丹麦（40.6%），最低的是葡萄牙（9.3%），同是欧洲人，感到幸福的人的比例差异很大。

2019 年，Helliwell，Layard & Sachs 发布了最新的"世界幸福报告 2019"（World Happiness Report 2019）。该报告的时间跨度为 2016—2018 年，采用的是坎特里尔阶梯量表，受访者在当天评估其生活满意度，取值

0~10，最差为0，最好为10。2016—2018年的世界幸福指数排位如表2.1所示，共156个国家和地区参加排位，芬兰、丹麦、挪威、冰岛、荷兰、瑞士、瑞典、新西兰、加拿大、奥地利排前十位，中国排在第93位。幸福感指数的提高幅度中国排在第39位，参见表2.2。

表2.1 幸福感指数国际排名（2016—2018年）

排名	国家或地区	幸福感指数	排名	国家或地区	幸福感指数
1	芬兰	7.769	25	中国台湾	6.446
2	丹麦	7.600	26	智利	6.444
3	挪威	7.554	27	危地马拉	6.436
4	冰岛	7.494	28	沙特阿拉伯	6.375
5	荷兰	7.488	29	卡塔尔	6.374
6	瑞士	7.480	30	西班牙	6.354
7	瑞典	7.343	31	巴拿马	6.321
8	新西兰	7.307	32	巴西	6.300
9	加拿大	7.278	33	乌拉圭	6.293
10	奥地利	7.246	34	新加坡	6.262
11	澳大利亚	7.228	35	萨尔瓦多	6.253
12	哥斯达黎加	7.167	36	意大利	6.223
13	以色列	7.139	37	巴林	6.199
14	卢森堡	7.090	38	斯洛伐克	6.198
15	英国	7.054	39	特立尼达和多巴哥	6.192
16	爱尔兰	7.021	40	波兰	6.182
17	德国	6.985	41	乌兹别克斯坦	6.174
18	比利时	6.923	42	立陶宛	6.149
19	美国	6.892	43	哥伦比亚	6.125
20	捷克共和国	6.852	44	斯洛文尼亚	6.118
21	阿拉伯联合酋长国	6.825	45	尼加拉瓜	6.105
22	马耳他	6.726	46	科索沃	6.100
23	墨西哥	6.595	47	阿根廷	6.086
24	法国	6.592	48	罗马尼亚	6.070

（续上表）

排名	国家或地区	幸福感指数	排名	国家或地区	幸福感指数
49	塞浦路斯	6.046	78	波斯尼亚和黑塞哥维那	5.386
50	厄瓜多尔	6.028			
51	科威特	6.021	79	土耳其	5.373
52	泰国	6.008	80	马来西亚	5.339
53	拉脱维亚	5.940	81	白俄罗斯	5.323
54	韩国	5.895	82	希腊	5.287
55	爱沙尼亚	5.893	83	蒙古	5.285
56	牙买加	5.890	84	马其顿	5.274
57	毛里求斯	5.888	85	尼日利亚	5.265
58	日本	5.886	86	吉尔吉斯斯坦	5.261
59	洪都拉斯	5.860	87	土库曼斯坦	5.247
60	哈萨克斯坦	5.809	88	阿尔及利亚	5.211
61	玻利维亚	5.779	89	摩洛哥	5.208
62	匈牙利	5.758	90	阿塞拜疆	5.208
63	巴拉圭	5.743	91	黎巴嫩	5.197
64	北塞浦路斯	5.718	92	印度尼西亚	5.192
65	秘鲁	5.697	93	中国	5.191
66	葡萄牙	5.693	94	越南	5.175
67	巴基斯坦	5.653	95	不丹	5.082
68	俄罗斯	5.648	96	喀麦隆	5.044
69	菲律宾	5.631	97	保加利亚	5.011
70	塞尔维亚	5.603	98	加纳	4.996
71	摩尔多瓦	5.529	99	科特迪瓦	4.944
72	利比亚	5.525	100	尼泊尔	4.913
73	黑山共和国	5.523	101	约旦	4.906
74	塔吉克斯坦	5.467	102	贝宁	4.883
75	克罗地亚	5.432	103	刚果共和国	4.812
76	中国香港	5.430	104	加蓬	4.799
77	多米尼加共和国	5.425	105	老挝	4.796

（续上表）

排名	国家或地区	幸福感指数	排名	国家或地区	幸福感指数
106	南非	4.722	132	乍得	4.350
107	阿尔巴尼亚	4.719	133	乌克兰	4.332
108	委内瑞拉	4.707	134	埃塞俄比亚	4.286
109	柬埔寨	4.700	135	斯威士兰	4.212
110	巴勒斯坦	4.696	136	乌干达	4.189
111	塞内加尔	4.681	137	埃及	4.166
112	索马里	4.668	138	赞比亚	4.107
113	纳米比亚	4.639	139	多哥	4.085
114	尼日尔	4.628	140	印度	4.015
115	布基纳法索	4.587	141	利比里亚	3.975
116	亚美尼亚	4.559	142	科摩罗	3.973
117	伊朗	4.548	143	马达加斯加岛	3.933
118	几内亚	4.534	144	莱索托	3.802
119	格鲁吉亚	4.519	145	布隆迪	3.775
120	冈比亚	4.516	146	津巴布韦	3.663
121	肯尼亚	4.509	147	海地	3.597
122	毛里塔尼亚	4.490	148	博茨瓦纳	3.488
123	莫桑比克	4.466	149	叙利亚	3.462
124	突尼斯	4.461	150	马拉维	3.410
125	孟加拉国	4.456	151	也门	3.380
126	伊拉克	4.437	152	卢旺达	3.334
127	刚果民主共和国	4.418	153	坦桑尼亚	3.231
128	马里	4.390	154	阿富汗	3.203
129	塞拉利昂	4.374	155	中非共和国	3.083
130	斯里兰卡	4.366	156	南苏丹	2.853
131	缅甸	4.360			

表 2.2 幸福感指数的提高幅度（2005—2008 年到 2016—2018 年）

排名	国家或地区	幸福感指数提高幅度	排名	国家或地区	幸福感指数提高幅度
1	贝宁	1.390	29	中国台湾	0.578
2	尼加拉瓜	1.264	30	吉尔吉斯斯坦	0.569
3	保加利亚	1.167	31	洪都拉斯	0.556
4	拉脱维亚	1.159	32	巴拉圭	0.551
5	多哥	1.077	33	尼日尔	0.548
6	刚果共和国	0.992	34	爱沙尼亚	0.519
7	塞拉利昂	0.971	35	阿塞拜疆	0.502
8	斯洛伐克	0.933	36	波斯尼亚和黑塞哥维那	0.487
9	厄瓜多尔	0.926			
10	乌兹别克斯坦	0.903	37	德国	0.469
11	喀麦隆	0.880	38	波兰	0.445
12	菲律宾	0.860	39	中国	0.426
13	萨尔瓦多	0.859	40	多米尼加共和国	0.422
14	塞尔维亚	0.853	41	尼日利亚	0.418
15	罗马尼亚	0.851	42	韩国	0.404
16	科索沃	0.785	43	摩尔多瓦	0.401
17	马其顿	0.780	44	俄罗斯	0.385
18	塔吉克斯坦	0.764	45	捷克共和国	0.381
19	蒙古	0.735	46	玻利维亚	0.346
20	巴基斯坦	0.703	47	立陶宛	0.333
21	布基纳法索	0.698	48	尼泊尔	0.328
22	匈牙利	0.683	49	黑山共和国	0.327
23	格鲁吉亚	0.665	50	马里	0.326
24	秘鲁	0.645	51	肯尼亚	0.310
25	柬埔寨	0.636	52	斯洛文尼亚	0.306
26	冰岛	0.605	53	毛里塔尼亚	0.292
27	智利	0.597	54	黎巴嫩	0.285
28	乌拉圭	0.579	55	巴勒斯坦	0.279

(续上表)

排名	国家或地区	幸福感指数提高幅度	排名	国家或地区	幸福感指数提高幅度
56	乍得	0.275	84	墨西哥	-0.051
57	印度尼西亚	0.240	85	科威特	-0.055
58	津巴布韦	0.236	86	乌干达	-0.064
59	泰国	0.227	87	澳大利亚	-0.065
60	危地马拉	0.223	88	特立尼达和多巴哥	-0.071
61	土耳其	0.218	89	新西兰	-0.109
62	布隆迪	0.212	90	伊拉克	-0.153
63	英国	0.137	91	加拿大	-0.179
64	葡萄牙	0.129	92	塞浦路斯	-0.192
65	哈萨克斯坦	0.118	93	孟加拉国	-0.195
66	中国香港	0.100	94	海地	-0.203
67	芬兰	0.097	95	日本	-0.215
68	奥地利	0.094	96	越南	-0.225
69	加纳	0.090	97	莫桑比克	-0.227
70	阿拉伯联合酋长国	0.090	98	纳米比亚	-0.246
71	塞内加尔	0.088	99	巴西	-0.250
72	阿尔巴尼亚	0.084	100	白俄罗斯	-0.257
73	哥斯达黎加	0.046	101	比利时	-0.276
74	以色列	0.045	102	法国	-0.282
75	挪威	0.030	103	牙买加	-0.318
76	哥伦比亚	0.014	104	巴拿马	-0.329
77	利比里亚	0.014	105	爱尔兰	-0.337
78	瑞士	0.007	106	丹麦	-0.341
79	荷兰	-0.028	107	老挝	-0.365
80	阿根廷	-0.029	108	马达加斯加岛	-0.377
81	斯里兰卡	-0.030	109	新加坡	-0.379
82	瑞典	-0.035	110	克罗地亚	-0.389
83	亚美尼亚	-0.048	111	赞比亚	-0.413

（续上表）

排名	国家或地区	幸福感指数提高幅度	排名	国家或地区	幸福感指数提高幅度
112	美国	-0.446	123	卢旺达	-0.940
113	南非	-0.490	124	马拉维	-0.951
114	意大利	-0.512	125	坦桑尼亚	-0.982
115	阿富汗	-0.520	126	希腊	-1.040
116	沙特阿拉伯	-0.666	127	中非共和国	-1.077
117	马来西亚	-0.697	128	也门	-1.097
118	约旦	-0.697	129	印度	-1.137
119	伊朗	-0.713	130	博茨瓦纳	-1.606
120	乌克兰	-0.741	131	叙利亚	-1.861
121	西班牙	-0.793	132	委内瑞拉	-1.944
122	埃及	-0.936			

世界价值观调查（World Value Survey）有两个问题涉及幸福感，第一个问题是："把所有事情算在一起，你会说你是____。"[①] 有四个选项，分别是：① Very happy（非常幸福）；② Rather happy（比较幸福）；③ Not very happy（不是很幸福）；④ Not at all happy（完全不幸福）。

根据世界价值观调查第 6 波调查（2010—2014 年）的结果，在中国，16% 的受访者感觉非常幸福，69% 的受访者表示相当幸福，13% 的受访者认为自己不是很幸福，有 1% 的受访者表示自己完全不幸福。WVS 历次调查的中国受访者幸福感结果如表 2.3 所示，有一个总的趋势是非常幸福的受访者比例略有下降，比较幸福的受访者比例有较大上升，不是很幸福和完全不幸福的受访者比例均有下降。

---

① "Taking all things together, would you say you are ____."

表 2.3　WVS 历次调查的中国幸福感状况

	总数(%)	1989—1993年(%)	1994—1998年(%)	1999—2004年(%)	2005—2009年(%)	2010—2014年(%)
非常幸福	19	28	23	12	19	16
相当幸福	60	39	61	66	58	69
不是很幸福	18	29	14	19	19	13
完全不幸福	2	2	2	3	4	1
没有回答	0	1	0	0	0	0
不知道	1	2	1	0	1	1

表 2.4 提供了第 6 波 WVS 调查幸福感的国际比较，我们将非常幸福与比较幸福相加，均视为幸福的受访者。结果显示，中国在 60 个受调查国家和地区中，排在第 35 位。

表 2.4　WVS 第 6 波调查（2010—2014 年）幸福感国际比较　（单位:%）

国家或地区	非常幸福	比较幸福	幸福	不是很幸福	完全不幸福
卡塔尔	56.4	41.6	98	1.7	0.3
马来西亚	56.5	39.5	96	3.9	0
乌兹别克斯坦	64.5	31.5	96	3.3	0.2
吉尔吉斯斯坦	36.2	59.7	95.9	3.7	0.3
瑞典	40.5	54.1	94.6	4.9	0.4
墨西哥	67.5	26.8	94.3	5.3	0.4
厄瓜多尔	57.7	35.3	93	6.2	0.7
新加坡	39.1	53.9	93	6.5	0.5
泰国	39.7	53.3	93	5.3	1.6
波兰	22.2	70.4	92.6	5.3	0.5
澳大利亚	34.9	57.7	92.6	6.2	0.5
荷兰	31.9	60.5	92.4	6	0.6
新西兰	33.7	58.7	92.4	4.3	0.7
巴西	35.2	56.8	92	7.2	0.8
科威特	41.3	50.3	91.6	6.4	0.9

（续上表）

国家或地区	非常幸福	比较幸福	幸福	不是很幸福	完全不幸福
哥伦比亚	56.5	35	91.5	7.9	0.5
卢旺达	40.6	49.8	90.4	8.5	1
韩国	15.2	74.8	90	9.2	0.7
中国台湾	26	63.9	89.9	7.8	1.3
美国	36.1	53.5	89.6	8.8	1.2
菲律宾	49.6	39.8	89.4	9.6	1.1
中国香港	23.4	65.7	89.1	9.3	1.4
哈萨克斯坦	31.2	57.3	88.5	11.1	0.4
特立尼达和多巴哥	54.2	33.8	88	11.1	0.9
利比亚	38.5	49	87.5	8.7	2.9
日本	32.3	54.2	86.5	9.4	1
阿根廷	33.3	53.1	86.4	11.6	1
西班牙	15.5	70.9	86.4	12.2	1.1
乌拉圭	34.2	51.8	86	11.4	2.1
约旦	20.8	65	85.8	9.8	4.5
印度	37.6	48	85.6	11.8	2.3
尼日利亚	55.6	29.1	84.7	11.6	3.7
巴基斯坦	45.6	39.1	84.7	10.9	4.2
智利	24.4	60.1	84.5	14.4	0.8
中国	15.7	68.8	84.5	13.3	1.1
德国	23.1	60.9	84	13.4	1.5
土耳其	37.5	46.3	83.8	11.9	3.8
斯洛文尼亚	19.5	63.8	83.3	14.2	1.8
亚美尼亚	31.2	50.8	82	12	5.1
塞浦路斯	25.9	55.8	81.7	14.4	3.5
加纳	51	29.8	80.8	15.9	3.3
阿塞拜疆	27.2	53.4	80.6	16.8	2.6
突尼斯	16.7	62.6	79.3	15.8	4.7
津巴布韦	39.4	39.5	78.9	18.7	2.5

(续上表)

国家或地区	非常幸福	比较幸福	幸福	不是很幸福	完全不幸福
黎巴嫩	17.9	60.4	78.3	19	2.2
摩洛哥	21	57.3	78.3	15.8	5.6
爱沙尼亚	12.7	64	76.7	19.9	1.9
南非	39.3	37.1	76.4	17.7	5.6
秘鲁	35.1	40.9	76	22.4	0.9
阿尔及利亚	17.6	57.9	75.5	15.2	3.8
巴勒斯坦	10.3	64.1	74.4	19.7	5.5
俄罗斯	14.8	58.5	73.3	20.7	1.8
巴林	21.8	50.8	72.6	20.4	6.6
也门	17.9	54.2	72.1	24.4	3.5
格鲁吉亚	21.5	48.1	69.6	25.3	5.1
罗马尼亚	13.6	55.4	69	26.4	4
乌克兰	16.1	52	68.1	22.6	4.2
伊拉克	10.5	57.5	68	26.3	4.8
白俄罗斯	10.6	53.1	63.7	27.3	3.5
埃及	5.3	20.7	26	30.1	44

世界价值观调查有另一个问题调查生活满意度："考虑所有的事情，您对您的生活总的感觉有多满意？1 表示完全不满意，10 表示完全满意，请根据您的生活满意度选择一个代码。"①

根据世界价值观调查 WVS 第 6 波调查（2010—2014 年）的结果，见表 2.5，在中国，选择完全满意的受访者占 8%，选择 5 及以上的受访者占 86%，其中，选择 5 的受访者有 12%，选择 6 的受访者有 13%，选择 7 的受访者有 18%，选择 8 的受访者有 25%，选择 9 的受访者有 10%，选择 10 的受访者有 8 名。WVS 历次调查的中国受访者生活满意度存在一个特征，如果将回答 5 及以上的受访者均视为生活满意，那么从 1989—1993 年到 2010—2014 年，回答生活满意的受访者比例先下降后上升。

---

① "All things considered, how satisfied are you with your life as a whole these days? Using this card on which 1 means you are 'completely dissatisfied' and 10 means you are 'completely satisfied' where would you put your satisfaction with your life as a whole?" (Code one number)

表 2.5 WVS 历次调查的中国生活满意度 （单位:%）

生活满意度	总体占比	1989—1993 年	1994—1998 年	1999—2004 年	2005—2009 年	2010—2014 年
1	3	2	3	3	5	1
2	3	1	3	5	3	2
3	4	2	4	6	4	3
4	5	4	5	4	4	6
5	11	9	12	13	10	12
6	14	14	13	14	15	13
7	15	14	14	13	12	18
8	21	24	17	17	22	25
9	10	13	11	8	9	10
10	13	16	16	14	14	8

表 2.6 提供了第 6 波 WVS 调查生活满意度的国际比较，我们将回答 5 及以上的受访者比例相加，均视为生活满意的受访者。在 60 个受调查国家和地区中，中国排在第 39 位。

表 2.6 生活满意度的国际比较 （单位:%）

国家或地区	生活满意度										总满意率
	1	2	3	4	5	6	7	8	9	10	
卡塔尔	1.1	0.4	1	1	8.6	9.1	12.6	20.9	14.9	30.4	96.5
哥伦比亚	0.5	0.4	1.1	1.7	5.2	4.4	10.3	22.7	16.3	37.5	96.4
厄瓜多尔	0.8	0.2	1.1	1.5	6.6	7.7	14.7	26.3	21.9	19.2	96.4
墨西哥	1.4	1.2	0.6	1.4	4.1	3.4	7	21	16.4	43.5	95.4
荷兰	0.2	0.3	1.4	1.8	3.3	9.3	26	38.5	14.6	3.6	95.3
泰国	0.6	0.3	1.2	2.3	12.6	13	15.3	18.7	12.7	22.6	94.9
乌兹别克斯坦	0.7	0.3	1	2.4	6.1	11	16.3	20.6	14.1	26.7	94.8
瑞典	0.4	0.3	2.2	2.9	7.5	6.7	21.6	30.4	16.2	11.7	94.1
阿根廷	0.4	0.4	1.1	3	6	11	22.4	30.2	13.9	10.5	94
马来西亚	0.7	0.6	2	2.8	11.6	16	23.2	22.8	7.8	12.6	94

（续上表）

国家或地区	生活满意度										总满意率
	1	2	3	4	5	6	7	8	9	10	
巴西	1.8	1.4	1.5	2.2	10.5	6.9	11.5	19.2	11.3	33.4	92.8
新加坡	0.3	1.3	1.9	4	9	16	28.5	26.1	7.8	5.3	92.7
乌拉圭	2.2	1.7	1.1	1.4	6.7	8.5	17.9	26.1	14.9	18.6	92.7
斯洛文尼亚	0.7	0.7	3	2.7	11.8	11	14.1	26.3	15.2	13.7	92.1
特立尼达和多巴哥	1.5	1.4	1.5	3.3	12	8.2	16.9	22	10.4	22.6	92.1
波兰	2.2	0.7	1.5	3.7	14.3	10	18.1	27.4	11.7	10.2	91.7
智利	0.6	0.9	2.1	4.1	8	13	21	26.1	12.3	11.1	91.5
新西兰	1.1	1	2.4	2.9	5.9	8.6	15	27.8	16.2	17.8	91.3
中国香港	1.5	1	1.9	4.2	14.3	14	23.8	23.7	8.2	7.2	91.3
哈萨克斯坦	1.6	1.6	1.9	4	10.4	14	19	19.7	8.9	19.2	91.2
塞浦路斯	1.8	1.1	2.5	3.6	11.4	12	18	22.4	13.9	12.8	90.5
德国	0.9	1.8	3	3.6	8	6.9	18	30.2	15.3	11.9	90.3
巴基斯坦	1.9	0.6	2.4	4.7	5.4	12	15.5	19.8	17.3	20.3	90.3
秘鲁	1.7	1.7	2.1	4	14.6	13	17.7	15.8	8.3	20.8	90.2
卢旺达	0.6	1.2	2.2	6.2	13.4	28	22.1	18.3	5.8	2.6	90.2
土耳其	2.2	1.7	2.6	3.6	8.2	11	19.4	22.7	14.8	14	90.1
美国	1.2	1.3	2.5	4.5	7.2	7.2	17.1	30.1	18.9	9.3	89.8
西班牙	0.9	0.9	2.3	4.6	13.6	15	25.2	22.8	7.3	5.8	89.7
中国台湾	2.5	1.1	3.4	2.2	14.1	15	17.6	23.8	7.9	11.2	89.6
巴林	0.7	0.9	1.8	6.9	8.2	16	31.3	22.3	8.9	2.7	89.4
科威特	2.8	0.9	1.8	2.7	16	12	15.3	13.7	9.2	22.9	89.1
利比亚	4.5	1.3	2.7	3.3	15.5	8.5	12.7	12.9	8.6	29.4	87.6
韩国	1.1	0.3	4.4	5.5	19.6	15	21.8	19	7.8	4.3	87.5
吉尔吉斯斯坦	1.9	1	2.8	6	14.3	14	16.4	17.3	8.9	16.6	87.5
澳大利亚	1	2.3	3.8	4.8	8.4	7.2	16.6	29.2	16	10	87.4
约旦	3.9	2.7	3.7	3.4	15.1	13	22	18.6	7	11	86.7

（续上表）

国家或地区	生活满意度										总满意率
	1	2	3	4	5	6	7	8	9	10	
菲律宾	8.1	1.1	2.8	2	13.7	6.9	8	13.7	6.7	37.1	86.1
日本	1.3	1.1	3.5	5.8	12.1	11	18.4	25.4	11.1	7.9	85.9
中国	1.1	1.8	3.3	5.9	11.8	13	18.3	24.7	10.3	7.8	85.9
阿塞拜疆	4.3	2.4	2.6	4.8	13.8	12	19.3	19.5	12.4	8.4	85.4
罗马尼亚	5.3	2.3	3.5	4.4	12.7	11	18.5	20.1	8.1	13.2	83.6
黎巴嫩	2.1	1.8	4.8	7.5	15.2	15	18.9	16.1	9.2	8.4	82.8
南非	4.1	2.5	4.3	6.2	11.7	12	18	20.2	10	10.4	82.3
爱沙尼亚	1.8	3	6.5	8.2	15.8	15	18.4	19.3	8.2	4	80.7
俄罗斯	3.1	3.2	5.3	7.6	18.7	15	16.4	16.6	6.4	6.6	79.7
阿尔及利亚	5.7	0.8	4.8	7.7	19.6	12	14.6	12.6	7.4	12	78.2
印度	5.5	6.4	4.4	8	13.1	15	15.9	14.7	7.2	9.9	75.8
摩洛哥	4.2	3	7.1	7.7	31.6	9.7	8.1	7.7	2.4	16.3	75.8
津巴布韦	4.9	3.4	6.7	9.3	23.4	15	14.6	9.5	4.4	8.5	75.4
加纳	4	4.9	7.6	9.2	12.2	12	16.7	17.3	8.2	7.8	74.2
尼日利亚	3.4	4.7	6.9	10.4	10.2	11	18	18.1	9.1	7.8	74.2
突尼斯	11.2	4.4	5.5	4.8	23.2	15	14.7	6.7	2.9	11.1	73.6
白俄罗斯	2.6	4	9.9	9.6	19.9	14	16.8	14.1	5	3.8	73.6
乌克兰	6.9	4	8.4	6.8	16.3	12	14.6	17	6.8	6.8	73.5
伊拉克	1.9	4.8	9.8	10.7	12.2	16	20.5	11.8	7.5	4.2	72.2
巴勒斯坦	9.3	5.5	5.7	6.8	18	16	14.5	11.8	4.3	7.1	71.8
也门	7.5	5.2	8.9	5.8	19.1	8.4	12	12.3	9.2	10.1	71.1
格鲁吉亚	7.1	5.1	10.1	9.7	25	8	13.3	10.4	3.5	7.7	67.9
亚美尼亚	10.7	7.1	8.4	6.4	26.5	9.4	9.6	11.3	3.7	6.8	67.3
埃及	19.6	6.6	13.9	6.2	9.8	7.9	12.5	14.6	4.1	4.9	53.8

中国综合社会调查（CGSS）是由中国人民大学社会学系和香港科技大学社会科学部共同实施的调查，该社会调查也有幸福感方面的调查数据。例如，CGSS 对幸福感的调查问题是：

总体而言,您对自己所过的生活的感觉是怎么样的呢?您感觉您的生活是:(单选)

非常不幸福……………………………………………… 1
不幸福…………………………………………………… 2
一般……………………………………………………… 3
幸福……………………………………………………… 4
非常幸福………………………………………………… 5

可以看出,CGSS 对幸福感的调查,用的也是 5 级李克特量表,只是调查问题的措辞在不断完善。到 2012 年、2013 年的调查,问题的变量代码固定下来了,选项的措辞也固定下来了。2015 年的数据,非常不幸福的受访者占 1.29%,比较不幸福的受访者占 6.25%,说不上幸福不幸福的受访者占 14.64%,比较幸福的受访者占 59.89%,非常幸福的受访者占 17.78%。表 2.7 至表 2.13 分别是 CGSS 2005—2017 年其中 7 年的有关幸福感的调查结果。

表 2.7 CGSS(2005 年)关于幸福感的调查结果

总体而言,您对自己所过的生活的感觉是怎么样的呢?您感觉您的生活是?			
	频数	频率	累积
非常不幸福	145	1.400	1.400
不幸福	802	7.730	9.130
一般	4674	45.06	54.19
幸福	4162	40.13	94.32
非常幸福	589	5.680	100
总数	10372	100	

表 2.8 CGSS（2006 年）关于幸福感的调查结果

总体而言，您对目前的生活状况是否满意？			
	频数	频率	累积
非常满意	468	4.610	4.610
比较满意	6365	62.70	67.31
不太满意	2935	28.91	96.23
非常不满意	334	3.290	99.52
不适合	49	0.480	100
总数	10151	100	

表 2.9 CGSS（2010 年）关于幸福感的调查结果

总的来说，您觉得您的生活是否幸福？			
	频数	频率	累积
拒绝回答缺失值	15	0.130	0.130
不知道缺失值	1	0.0100	0.140
很不幸福	248	2.100	2.240
比较不幸福	905	7.680	9.920
居于幸福与不幸福之间	2081	17.66	27.58
比较幸福	6652	56.45	84.04
完全幸福	1881	15.96	100
总数	11783	100	

表 2.10 CGSS（2012 年）关于幸福感的调查结果

总的来说，您觉得您的生活是否幸福？			
	频数	频率	累积
拒绝回答	39	0.330	0.330
不知道	2	0.0200	0.350
非常不幸福	177	1.500	1.850
比较不幸福	866	7.360	9.210
说不上幸福不幸福	1864	15.84	25.06
比较幸福	6938	58.97	84.03
非常幸福	1879	15.97	100
总数	11765	100	

表2.11 CGSS（2013年）关于幸福感的调查结果

总的来说，您觉得您的生活是否幸福？			
	频数	频率	累积
拒绝回答	57	0.500	0.500
不知道	1	0.0100	0.510
非常不幸福	178	1.560	2.060
比较不幸福	847	7.410	9.470
说不上幸福不幸福	2130	18.62	28.09
比较幸福	6653	58.17	86.26
非常幸福	1572	13.74	100
总数	11438	100	

表2.12 CGSS（2015年）关于幸福感的调查结果

总的来说，您觉得您的生活是否幸福？			
	频数	频率	累计
无法回答	15	0.14	0.14
非常不幸福	142	1.29	1.43
比较不幸福	686	6.25	7.69
说不上幸福不幸福	1606	14.64	22.33
比较幸福	6569	59.89	82.22
非常幸福	1950	17.78	100
总计	10968	100	

表2.13 CGSS（2017年）关于幸福感的调查结果

总的来说，您觉得您的生活是否幸福？			
	频数	频率	累计
非常不幸福	216	1.72	1.72
比较不幸福	858	6.82	8.54
说不上幸福不幸福	1719	13.66	22.20
比较幸福	7502	59.62	81.82
非常幸福	2266	18.01	99.83
不知道	14	0.11	99.94

(续上表)

总的来说，您觉得您的生活是否幸福？			
	频数	频率	累计
拒绝回答	7	0.06	100.00
总计	12582	100	

Easterlin et al.（2012，2017）基于几种主要的调查数据（包括盖洛普、WVS、CGSS、Horizon 等）探讨中国居民主观幸福感的变化。从 1990 年到 2015 年，不管是生活满意度均值还是主观幸福感均值，中国总体呈先降低、后增加的趋势，如图 2.1、图 2.2 所示。马志远、刘珊珊（2019）基于国际、国内公认的六大权威数据库指出，近十年内中国的国民幸福感处于上升通道，年度间虽有波动，但总体趋势是上升的。中国国民幸福感改善空间在发展中国家中表现突出，在转型经济体中名列前茅，2003—2015 年中国农村居民幸福感略低于城市居民，但期间农村居民幸福感的增幅要大于城市居民。

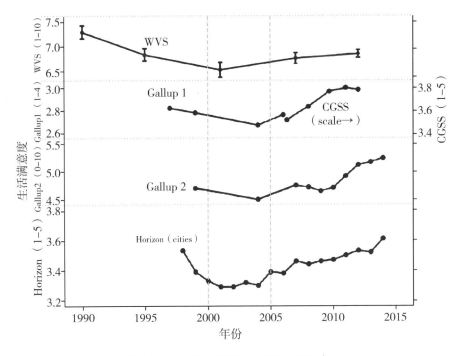

图 2.1　平均主观幸福感（1990—2015 年）

资料来源：Easterlin，Wang & Wang（2017）。

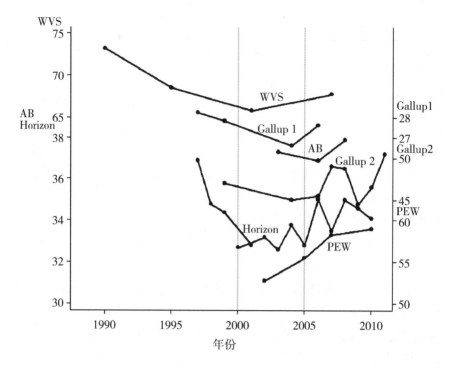

图 2.2 中国的平均生活满意度

资料来源：Easterlin, Morgan, Switek, & Wang (2012)。

2.3 中国人的幸福感

《小康》杂志社自 2011 年开始发布中国幸福小康指数，对"中国幸福小康"水平进行测评，连续发布了 10 年。"中国幸福小康指数"测评涉及身心状况满意度、家庭生活满意度、社会关系满意度、生活质量满意度、社会环境满意度五方面。"中国幸福小康指数"一直在不断提高，2011 年首次测评结果为 79.9 分，2020 年达到 97.9 分。其中，生活质量满意度得分最高，为 99.3 分；家庭生活满意度次之，得分为 98.8 分；社会关系满意度和身心状况满意度分别为 98.1 分和 96.9 分；社会环境满意度为 96.2 分。详见表 2.14。

表 2.14 中国幸福小康指数

年份	2011	2012	2013	2014	2015	2016	2017	2018	2019	2020
身心状况满意度	75.6	75.7	75.9	77.0	77.4	78.2	80.7	86.4	91.3	96.9
家庭生活满意度	85.3	85.5	85.8	86.7	87.0	87.8	89.9	92.5	94.9	98.8
社会关系满意度	82.2	82.3	82.5	82.9	83.1	83.8	86.7	89.9	93.2	98.1
生活质量满意度	83.5	84.0	84.4	84.5	84.8	85.9	89.2	92.0	94.8	99.3
社会环境满意度	72.7	72.8	72.9	72.6	72.7	73.6	76.9	83.2	89.1	96.2
幸福小康指数	79.9	80.1	80.3	80.7	81.0	81.9	84.7	88.8	92.7	97.9

2021年，《小康》杂志社对"中国幸福小康指数"进行更新完善，推出了"中国现代幸福发展指数"。"中国现代幸福发展指数"主要从身心状况满意度、家庭生活满意度、社会关系满意度、生活质量满意度、社会环境满意度五个方面进行评价。2021中国现代幸福发展指数为71.2分，身心状况满意度、家庭生活满意度、社会关系满意度、生活质量满意度、社会环境满意度五个细分指标得分分别为70.6分、72.7分、70.2分、72.5分和69.8分。

项目询问了"您觉得今年比去年更幸福吗?"，在"比去年幸福""没有变化""不如去年幸福"这三个选项中，56.3%的受访者选择"比去年幸福"，感觉"不如去年幸福"的受访者占20.1%；认为"没有变化"的受访者占23.6%。

2012年，《小康》杂志通过调查总结了国人十大幸福标准：身心健康、收入满意、和家人在一起、得到爱、有一套属于自己的住房、自身价值和能力得到体现、吃到安全健康的食品、在优良的自然环境中生活、社会安全、有值得信赖的朋友。"2021中国现代幸福发展指数"调查结果显示，位居"影响国人幸福感的十大因素"排行榜首位的是健康，其次是职业，再次是婚姻，收入和家庭关系位列第四和第五位，接下来依次是社交、个人能力、住房、社会保障、交通，如图2.3所示。

"2021中国现代幸福发展指数"调查显示，"身体不好""钱不够花""睡眠不好""孩子不听话""家庭不和睦""成为剩女或剩男""失恋""婚姻不幸福""孩子不在身边""干不喜欢的工作"是扼杀国人幸福的"十大杀手"。

中国人的幸福观并非一成不变，有一个历史演变过程。《尚书·洪范》称："五福：一曰寿，二曰富，三曰康宁，四曰攸好德，五曰考终命。"长

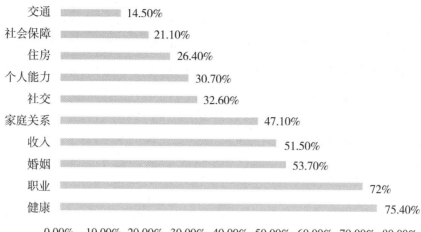

图 2.3 影响国人幸福感的十大因素

寿、富足、健康平安、爱好美德、寿终正寝构成幸福的要件。儒家幸福观主张德福一致,强调美德对于幸福的重要性,认为一个人如果没有美德,就不可能获得幸福。儒家幸福观也主张仁爱幸福。美德要求人们不能只注重个人的幸福,应当将个人的幸福融于社会的整体利益之中。仁爱幸福体现在"自我独乐不如与民同乐",推己及人,将心比心,"老吾老以及人之老,幼吾幼以及人之幼",追求共同幸福。

中国古代民间的幸福观总体上与儒家幸福观接近,"福、禄、寿、喜、财"在中国古代被视为人生幸福的五大要素,且"寿"居于更重要的地位,有"五福之中寿为先""五福捧寿"等说法。长寿是中国人最为关心的主题,人生幸福必须建立在生命基础之上,没有了生命,幸福便无从谈起。中国传统将个人幸福与家族发达联系在一起,多子多福、人丁兴旺、光宗耀祖是个人幸福的重要体现。个体的生命总是有限的,家族的延续对实现自己未竟的幸福理想至关重要,"不孝有三,无后为大"对国人影响深远。

在"政治挂帅"的思想形态下,个人服从组织,个体服从集体,政治上进步比如入党、受到党组织表彰等就是最大的幸福。"越穷越革命,越穷越光荣。"改革开放以后,中国人的幸福观发生了重要变化,一是注重物质生活的幸福,二是注重个人感受的幸福。幸福的个体性很强,有人追求物质生活改善带来的幸福,有人追求精神境界提升带来的幸福,有人享受家庭团聚带来的天伦之乐。现今,国人幸福观越来越受到物质享受的影响,不过,儒家"德福一致"的思想仍然具有当代价值,一些人为了追求自己的个人幸福，忽视甚至侵害他人和社会的利益，但建立在不道德基础上的幸福并不是真正的幸福。可见，虽然国人的幸福观日益走向现代，但传统幸福观仍有合理内核，需要予以重视和传承。

改革开放后，我国经济虽然取得了长足的发展，但幸福指数似乎并未与经济发展同步。社会保障体系不健全、贫富分化、社会转型压力可能是主要原因。人们担心医疗、教育、住房等得不到满足，担心失业，担心老无所养。一些人、一些地区先富起来，贫富差距在拉大，人们相互攀比物质财富，欲壑难填。在经济转型社会，高房价、高医疗费、高学费和激烈的竞争使人们压力过大，难言幸福。

2.4 结论

主观幸福感的测度是学术界的难题。但不同机构根据不同指标测度了不同国家和地区的幸福感。按照哥伦比亚大学地球研究所与联合国可持续发展解决方案网络（Sustainable Development Solutions Network，SDSN）发布的《全球幸福指数报告2016》，中国排在第83位，中国幸福指数的进步在所有国家和地区中排在第19位，这说明，我国的国民幸福指数进步显著。这得益于近年的经济发展，人们的收入水平提高，以及政府采取越来越多的惠民生的政策，如取消农业税、建立社会保障体系等。

根据世界价值观调查的数据，将非常幸福与比较幸福均视为幸福的受访者，两者相加，结果表明在60个调查国家中，中国排在第35位。根据中国综合社会调查（CGSS）2013年的数据，比较幸福和非常幸福的受访者占到72%。这说明我国国民整体比较幸福，但仍然有较大的进步空间。

Inglehart通过对62个国家的数据分析，发现一国的民主程度越高，其国民幸福感越强，正相关系数高达0.78。然而，中国的情况却比较特殊，它在民主评价中得分不高，但是国民幸福感却达到了与法国、西班牙、日本等发达国家相近的水平（Inglehart & Klingemann，2000；Inglehart & Ponarlin，2013）。Inglehart等认为，中国较高的国民幸福感源于经济因素对民主因素的补偿性作用。中国自1978年以来高速的经济增长极大地提升了人们的生活水平，从而显著地提升了国民幸福感（Inglehart & Klingemann，2000）。然而，反对观点认为，国家层面的经济增长并不能显著地提升居民的主观幸福感（Easterlin，1974）。伊斯特林发现，在中国过去的20年，平均国民主观幸福感并没有随着经济的高速发展而增强，而是呈现出相对停滞的状态（Easterlin，2012；李路路、石磊，2017）。Howell（2006）认为，中国的改革开放使程序民主得到了较大的发展。一是出现了程序民主实践，农村的村委会与城市的居委会均由居民直接选举产生。二是大量非政府组织兴起，分担了部分原属于政府的职能（如社会福利），从而提升了公民对政府行为的影响力。中国实施的市场经济体制改革，也使程序民主发挥作用。只有在市场经济条件下，程序民主才能确立并发挥作用（达尔，1999；波恩赫兹，2000；李普塞特，1997）。Friedman（1964）认为，在市场经济体制下，个人可以选择非政府的雇主，从而减少对政府的依赖。个体有更大的自由与能力去反对政府的某些政策。石磊（2018）发现，受传统政治文化的影响，我国民众对民主内涵的理解偏向于符合民本思想的实质民主，而非西方主流的程序民主，实质民主极大地提高了我国居民的民主满意度，从而促进了主观幸福感的提高。市场经济转型在经济社会建设方面的成就强化了实质民主对居民主观幸福感的正效应。从这一角度来看，中国的情形符合民主程度越高则国民主观幸福感越高的观点。

第 3 章 宏观经济与幸福感

3.1 引言

个体的主观幸福感不仅取决于个体特征,也受到宏观环境的影响。本章试图探索宏观经济变量对主观幸福感的影响。在前人文献的基础上,我们着重分析了收入、失业和通货膨胀对幸福感的影响。我们获得了《世界幸福报告2019》提供的各国幸福感指数(2016—2018年),从世界银行数据库获得了失业率、通货膨胀率数据,取2016年到2018年的平均值。我们得到了与前人文献相同的结论,即人均GDP对幸福感指数有显著的正向影响,失业率和通货膨胀率对幸福感有显著的负向影响,且失业率的影响比通货膨胀要大。

3.2 文献综述

3.2.1 收入与主观幸福感

更高的人均GDP会对一个国家或地区产生永久的幸福感效应吗?标准的经济理论认为是,但是Easterlin(1974,1995)等人认为不一定。Easterlin指出,在一个国家内部,在某一给定的时间,收入与主观幸福感正向关联,但若这个国家所有人的收入都增加,并不增加所有人的幸福感。跨国间也是如此,穷国家和富国家的个体幸福感水平相当,一个国家收入上升,并不一定带来更高的国民幸福水平,称为伊斯特林悖论。Oswald(1997)

发现富有国家有高自杀率，且工作满意度没有增加，在过去的四分之一世纪里，美国和英国均是如此。

Frey & Stutzer（2002）分析日本 1958—1991 年的人均收入和生活满意度，其间日本的人均收入增长了 6 倍，收入的增长反映在物质生活上的进步，如几乎所有的家庭都拥有室内马桶、洗衣机、电话、彩色电视和汽车，但是，这种增长的趋势并没有伴随着生活满意度的提升。1958 年，日本的平均生活满意度是 2.7，到了 1991 年，还是 2.7，人均收入和生活满意度呈现一种剪刀状图形，如图 3.1 所示。Di Tella & MacCulloch（2006）分析了 1975—1997 年美国人平均幸福感和人均实际 GDP，以及 1985—2000 年居住在西德的个人的年人均收入与平均幸福感，也是同样的剪刀形状，如图 3.2、图 3.3 所示。

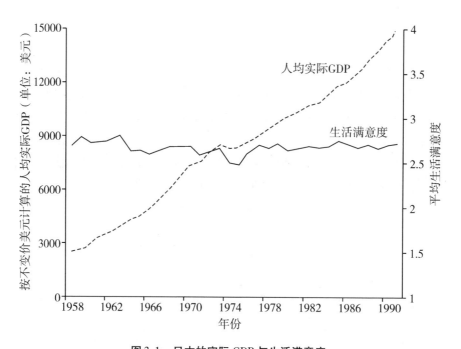

图 3.1　日本的实际 GDP 与生活满意度

资料来源：Frey & Stutzer（2002）。

Bjornskov, Dreher & Fischer（2007）研究了 74 个主要发达国家的数据，国民收入水平对生活满意度的影响不显著。Easterlin & Angelescu（2009）发现幸福水平的增长和长期人均 GDP 增长率没有显著关联，不管是三组不同的国家（17 个发达国家、9 个发展中国家、11 个转型国家），还是 37 个国家一起，都是同样的结论。Easterlin（1974）发现幸福水平并不

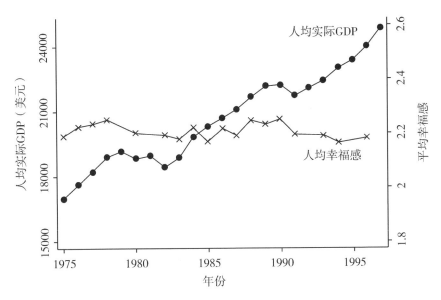

图 3.2　美国人均幸福感和人均实际 GDP（1975—1997 年）

资料来源：Di Tella & MacCulloch（2006）。

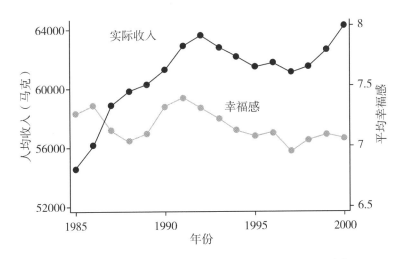

图 3.3　西德①年人均收入与平均幸福感（1985—2000 年）

资料来源：Di Tella & MacCulloch（2006）。

显示出时间趋势，即使国家变得更为富有，人均收入趋向增加，幸福水平却保持不变。Thomas（2014）给出 1958—1991 年日本的人均收入与生活满意度的图形趋势（图 3.4），虽然人均 GDP 保持持续增长，但生活满意度呈

---

① 指 1990 年德国统一前的西德地区。全书后文称"西德"，含义与此相同。

水平态势。①

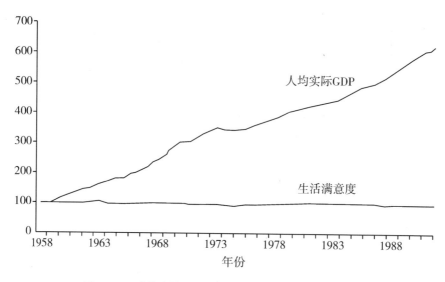

图 3.4　日本的人均收入与生活满意度（1958—1991 年）
资料来源：Wiese Thomas（2014）。

Clark，Fleche & Senik（2012）发现，1970—2010 年经历了持续收入增长的国家，其幸福水平随时间变化呈扁平形状，他们发现人均 GDP 与国民幸福不均呈反向关系。世界价值观调查 WVS 数据也显示，更高的人均收入与更小的幸福感标准差相联系。Di Tella et al.（2003）在拟合欧洲国家的幸福感回归时，年份虚拟变量的系数显著，说明欧洲国家幸福感在下降。Helliwell et al.（2018）认为,美国的鲜明事实正是伊斯特林悖论。自从 1972 年以来，人均收入不止翻倍，但幸福水平仍然保持不变或甚至下降，如图 3.5 所示。Anielski（2007）结合 51 个真实进步指数（Genuine Progress Indicators）构建加拿大阿尔伯塔省（Alberta）GPI 福祉指数（GPI Well-being），并和 GDP 的时间序列做比较。从 1961 年到 1999 年，阿尔伯塔省的 GDP 增长了超过 400%，年均增长 4.4%，但阿尔伯塔省的 GPI 福祉指数却年均下降 0.5%，如图 3.6 所示。经济增长过程中，自杀率也保持同样的趋势，如图 3.7 所示。虽然经济发展了，但人们到底生活变好了没？David Myers 指出，美国公民认为自己生活非常幸福（very happy）的比例从 1957 年的

---

① Wiese Thomas, "A literature review of Happiness & Economics & guide to needed research," 2014, https：//www. researchgate. net/publication/307780283_ A_ literature_ review_ of_ Happiness_ and_ Economics_ and_ guide_ to_ needed_ research.

35%下降到2002年的30%,即使人均收入不止翻倍,从1957年的8700美元上升到2002年的20000美元。Anielski(2007)使用美国GSS 1972至2005年的调查数据,发现相同的趋势,即收入的增长并没有转化为更多非常幸福的公民,如图3.8所示。

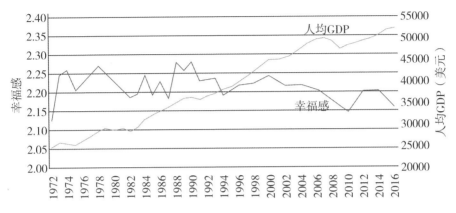

图3.5 美国1972年以来人均收入和主观幸福水平

资料来源:Helliwell,Layard & Sachs,World Happiness Report(2018)。

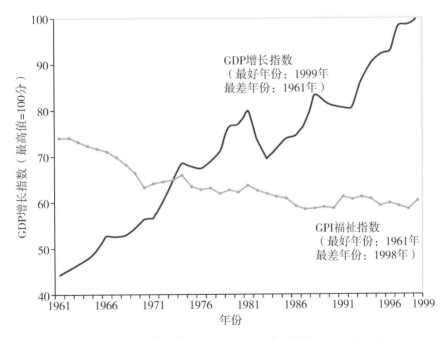

图3.6 加拿大阿尔伯塔省(Alberta)1961年到1999年GPI福祉指数和GDP增长指数

资料来源:Anielski(2007)。

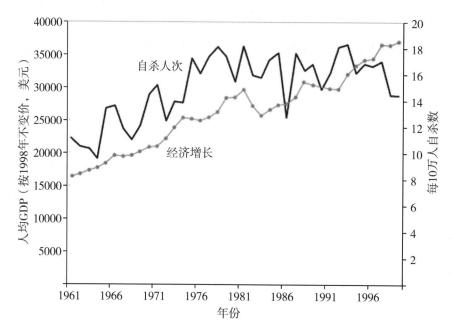

图 3.7　经济增长与自杀率

资料来源：Anielski（2007）。

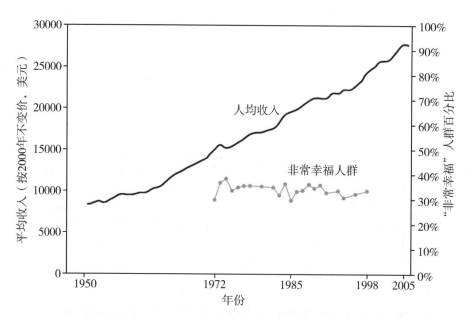

图 3.8　平均收入与非常幸福的受访者比例

资料来源：Anielski（2007）。

Diener et al. (1999) 分析了 1946 年到 1989 年美国的收入和主观幸福感,尽管收入增长迅速,但主观幸福感保持稳定,如图 3.9 所示。Diener & Seligman (2004) 分析 1940 年到 2000 年美国的收入水平和生活满意度,尽管收入水平取得显著增长,但生活满意度几乎保持不变,如图 3.10 所示。Clark et al. (2006) 揭示了美国 1973 年到 2004 年的伊斯特林悖论图,尽管人均实际收入几乎翻倍,但幸福水平没有显示出趋势,如图 3.11 所示。

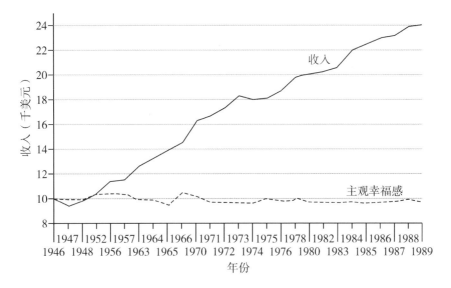

图 3.9 美国的收入和主观幸福感(1946—1989 年)

资料来源:Diener, Eunkook, Richard & Heidi (1999)。

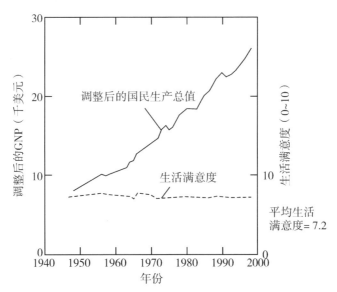

图 3.10 1940—2000 年美国的收入水平和生活满意度

资料来源:Diener & Seligman (2004)。

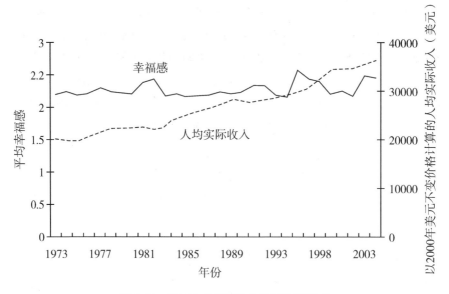

图3.11 美国人均实际收入与平均幸福感

资料来源：Clark, Frijters & Shields（2006）。

Diener et al.（1985）分析美国同一地区最富有的100人和最贫穷的100人，发现富有的人也有不幸福的，富有的人的幸福水平只比贫穷的人略高，富有的人强调自尊和自我实现，较少强调生理和安全需要。Binswanger（2006）认为，发达国家的人们实际上并没有实现幸福最大化，许多人如果少些收入多些自由时间，会变得更幸福。

另一种观点认为，收入和幸福感正相关，不存在收入饱和的情况。Veenhoven（1991）证明，收入和主观幸福感的相关系数是0.51（样本为14个国家）和0.59（样本为9个国家），当国家样本更多时，相关系数达到0.84，因此，国民幸福水平与国民收入高度相关。其他学者也发现国家间收入和幸福水平的相关性超过0.8（Deaton，2008；Sacks et al.，2012），没有证据表明收入有饱和的情形（Stevenson & Wolfers，2013）。Diener et al.（1993）得出，美国家庭的年收入和主观幸福感或生活满意度之间存在正向关系。如图3.12、图3.13所示。Stevenson & Wolfers（2008）分析了大量的富裕国家数十年的数据，他们得出国家间GDP与主观幸福感存在正向关系，不存在收入饱和的现象，而且，国内随着时间变化时，经济增长与上升的幸福感相关联。Di Tella & MacCulloch（2008）对12个经合组织（OECD）国家的研究表明，幸福感与收入水平有正向关系。Blanchflower et al.（1993）基于美国的数据也发现随着经济增长率增加，幸福感也轻微增加。

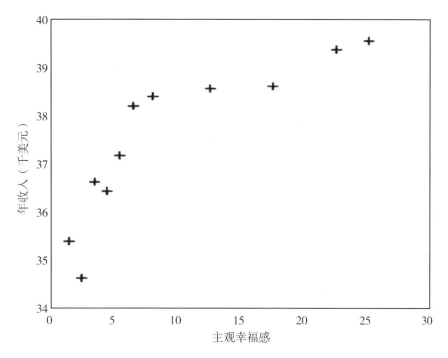

图 3.12　美国年收入（千美元）与主观幸福感的关系（1971—1975 年）

资料来源：Diener et al.（1993）。

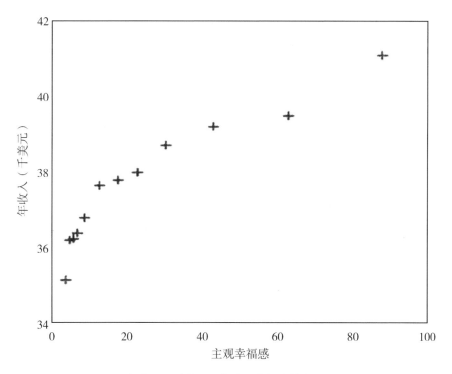

图 3.13　美国年收入（千美元）与主观幸福感的关系（1981—1984 年）

资料来源：Diener et al.（1993）。

Torshizian et al.（2011）对伊朗的研究没有发现存在伊斯特林悖论。Scitovsky（1992）、Ram（2009）得出国民收入与幸福水平之间存在正的相关性；Frey & Stutzer（2000）对瑞士的样本数据分析发现，更高的收入水平提升幸福感，只是程度较小。Selezneva（2010）也得到幸福感和收入的正向关系，不管是截面数据还是时间序列数据，都是如此。Diener et al.（1993）对39个国家的跨国截面数据分析得出人均GNP与生活满意度呈正向关系，如图3.14所示。也有时间序列和面板分析得出收入和幸福感之间随着时间呈现正向关系的（Diener et al., 2013；Sacks et al., 2012；Veenhoven & Vergunst, 2014）。Argyle（2001）得出经济增长与幸福感的正向关系，只是在贫穷的国家更加显著。很多跨国截面数据表明，平均主观幸福感和国民收入之间存在正向关系，在更低收入的国家尤其如此（Di Tella, MacCulloch, & Oswald, 2003；Fahey & Smyth, 2004；Helliwell, 2003；Rehdanz & Maddison, 2005）。Veenhoven & Hugerty（2003）得出，幸福水平在富裕国家略有增加，而在贫困国家增加显著；因为寿命增加，幸福生活的年数自从20世纪50年代以来获得前所未有的增加。Delhey & Kroll（2012）基于34个OECD社会的幸福经济学研究发现，GDP很少出错，对于大多数

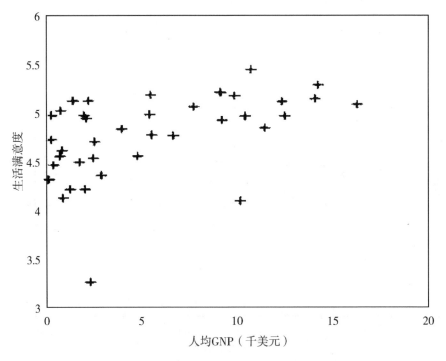

图3.14　39个国家人均GNP与生活满意度的关系

资料来源：Diener et al.（1993）。

生活质量变量来说，都不比 GDP 表现更好。Di Tella et al.（2003）表明，人均 GDP 对个体的主观幸福感有显著的正向影响：人均 GDP 增加 1000 美元，可以使"非常满意"的受访者增加 3.6%，从 27.3% 增加到 30.9%；可以使"完全不满意"的受访者降低 0.7%，即从 4.8% 降到 4.1%；滞后一年的人均 GDP 的系数轻微减少，滞后两年的人均 GDP 的系数仍然为正，人均 GDP 的变化对主观幸福感也有短期的正向影响。因此，与标准的经济理论一致，主观幸福感与人均 GDP 有关，也与 GDP 的增长有关。

Di Tella et al.（2003）基于欧洲晴雨表（1975—1992 年）和美国综合社会调查（1972—1994 年）的微观数据得出，收入在四分位中的等级越高，受访者报告满意生活的可能性越大，结论呈现出单调性，这与标准经济学的效用函数一致。Gardner & Oswald（2007）则得出，两年后，中彩票的人比没有中彩票的人有更高的主观幸福感。Brickman et al.（1978）对小样本彩票获得者的分析得出，中彩票的人幸福感并没有长期增加。

比较一致的观点是收入与幸福感正相关，但收入对幸福感的促进效应不断减小。绝对收入理论认为，收入可能满足了基本的和心理的需要，这是一种绝对标准。Tay et al.（2017）认为收入对主观幸福感的影响有三种机制，即地位、资源和满足需要。相对收入假说可以解释收入与幸福感的关系，人们跟所处社会的其他人比较，其效用与自己的收入成正比，与他人的收入成反比；经济增长不但提高了自己的收入，也提高了他人的收入，因而不一定使个体的幸福感提高。个体幸福感受到相对组收入的强烈影响（Dorn，Fischer，Kirchgassner & Sousa-Poza，2007；Ferrer-i-Carbonell，2005；Luttmer，2005；Weinzierl，2005）。Di Tella et al.（2003）也研究了宏观经济变量人均 GDP 对个人主观幸福感的影响，引入人均 GDP 这个宏观变量，是基于相对收入假说，个体的主观幸福感不但受本人绝对收入的影响，还受到参考组收入的影响（Easterlin，1974；Diener，1984；Frank，1985；Fox & Khaneman，1992）。Easterlin（1995）认为，如果相对收入效应比绝对收入效应更大，这就可以解释在一个社会内部，更富有的人更幸福。但当所有成员变得更富有时，平均的主观幸福感仍然保持恒定。

Easterlin（1995）提出物质标准（material norms）理论，当人们收入都增加之后，社会的物质标准也提升了，在个人收入和物质标准的比较之下，人们的幸福感并不随收入的普遍增加而上升。与此类似，Easterlin（2001）提出了物质愿望（material aspirations）的概念，在生命周期中，随着收入增加，物质愿望也会抬高，效用函数会发生变化，这也可以解释伊斯特林悖论。在给定的收入水平，愿望和期望（aspirations & expectations）对幸感有负向影响（Macdonald & Douthitt, 1992; Stutzer, 2004）。愿望本身受到过去的收入影响，意味着人们会适应越来越高的收入，且提升他们的期望（Stutzer, 2004; Di Tella, Haisken-De New, & MacCulloch, 2005）。

Easterlin et al. (2010) 对34个国家的分析认为，收入对幸福感的正向影响短期内成立，但长期并不成立。适应效应在起作用，当收入提高之后，人们适应收入增加后的状况，会产生更高的期望和新的比较，因而不会对幸福感提升有大的效果。人们会适应国民收入的增长，GDP的变化短期内更有效，但GDP效应长期内并不会消失殆尽（Di Tella et al., 2003）。

收入和幸福感的正向关系也可能是由于逆向因果，Kenny（1999）提出，经济增长和幸福感具有双向因果效应。更高的主观幸福感会导致更高的未来收入（Diener, Lucas, Oishi, & Suh, 2002; Graham, Eggers, & Sukhtankar, 2004; Marks & Flemming, 1999; Schyns, 2001），也可能是遗漏了不可观测的个体特征变量，在控制一些个体特征变量之后，收入的效应减小（Ferrer-i-Carbonell & Frijters, 2004; Luttmer, 2005）。

3.2.2　失业与主观幸福感

多数研究表明，失业会导致居民主观幸福感显著下降，如 Murphy & Athanasou（1999）、Korpi（1997）；即使控制失业所导致的收入损失，失业对主观幸福感仍具有非常强烈的负向效应。Winkelmann & Winkelmann（1998）的研究表明，失业的非货币性损失要远远高于其货币成本。失业对个体主观幸福感的影响甚大，失业者的生活满意度比就业者低约5%～15%（Di Tella et al., 2003; Frey & Stutzer, 2000, 2002; Helliwell, 2003; Stutzer, 2004）。控制了早期心理压抑（Korpi, 1997）、用固定效应模型控制个体异质性，失业对幸福感有强烈的、稳健的负作用（Ferrer-i-Carbonell & Gowdy, 2007; Weinzierl, 2005; Winkelmann, 2004; Meier & Stutzer, 2006）。

基于欧洲晴雨表（1975—1992年）和美国综合社会调查（1972—1994年）的数据，Di Tella et al. (2003) 发现，失业对主观幸福感的影响相当于收入从四分位的前四分之一下降到后四分之一；总的失业率降低了平均的生活满意度，这和 Clark & Oswald（1994）的思想一致，失业是人们不幸的主要经济原因。Lelkes（2006）使用欧洲数据，发现失业使高生活满意度的概率下降19%，使非常幸福的概率下降15%。Clark & Oswald（1994）以英国数据检验失业与幸福感的关系，发现失业对幸福感有负向影响。

Clark（2006）使用三个大规模欧洲面板数据得出，失业与个体的主观幸福感显著下降有关。Frey & Stutzer（2000）对瑞士的样本数据分析发现，失业对幸福感有长期的抑制作用。Di Tella et al.（2003）表明，一个商业周期失业率上升1.5个百分点相当于200美元人均GDP对幸福感的影响，若加上微观个体失业变量的系数，总的损失相当于人均260美元。对于真正丢掉工作的个体，失业率上升1.5个百分点相当于大约是3800美元的幸福感效果。在一个商业周期中增加1.5个百分点的失业率，若保持幸福感不变，要求GDP增加大约3%。

Di Tella et al.（2003）表明，欧洲失业者和就业者的生活满意度存在明显的差别，且两者生活满意度的差异略有扩大，如图3.15和图3.16所示。两者的差异在德国也很明显，如图3.17所示（Winkelmann，2014）。Oswald（1997）给出类似的结论，认为欧洲失业者的生活满意度更低（图3.18）。1975—1992年，欧洲失业者样本和全样本生活满意度的分布呈现出明显的差异，非常满意的比例明显减小，完全不满意的比例明显增加（表3.1所示）。美国1972—1994年的幸福感分布也是如此（表3.2）。Clark & Oswald（1994）发现，随着地区失业率增加，就业者与失业者GHQ指数（General Health Questionnaire）差异越来越大，GHQ主要衡量受访者的心理健康、反映压力和抑郁等状况，如图3.19所示。Ohtake（2012）比较了不同失业情形个体的幸福状况（图3.20）。如表3.3至表3.5所示，对家人失业有担心者回答不幸福的比例是15.92%，回答幸福的比例是42.25%，没有这种担心的人回答不幸福的比例是4.93%，回答幸福的比例是60.85%。有失业经历的受访者回答不幸福的比例是22.57%，回答幸福的比例是37.17%，而没有失业经历的受访者回答不幸福的比例是6.18%，回答幸福的比例是57.28%。失业者回答不幸福的比例（43.33%）远大于其他非失业者（8.43%），而回答幸福的比例（26.67%）远小于其他非失业者（54.13%），受访者幸福感水平与失业率和害怕失业率呈反方向变化。[①]

[①] Fumio Ohtake,"Unemployment & Happiness," *Japan Labor Review*, 2012（2）: 59–74.

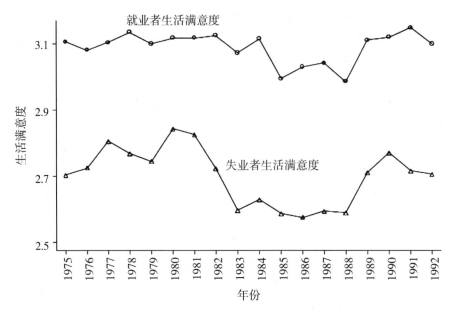

图 3.15 欧洲失业者与就业者生活满意度

资料来源：Di Tella et al. (2003)。

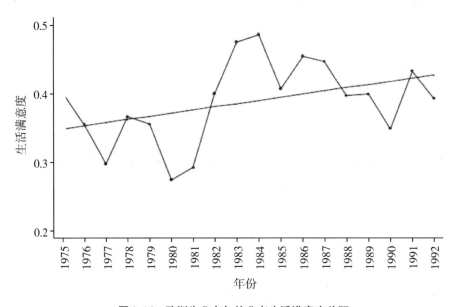

图 3.16 欧洲失业者与就业者生活满意度差距

资料来源：Di Tella et al. (2003)。

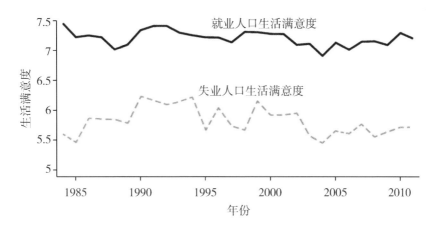

图 3.17 西德 1984—2011 年失业者与就业者生活满意度差异

资料来源：Winkelmann（2014）。

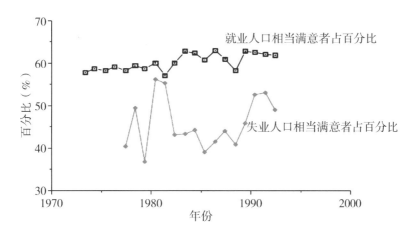

图 3.18 欧洲国家 20 世纪 70—90 年代失业者与就业者生活满意度差异

资料来源：Oswald（1997）。

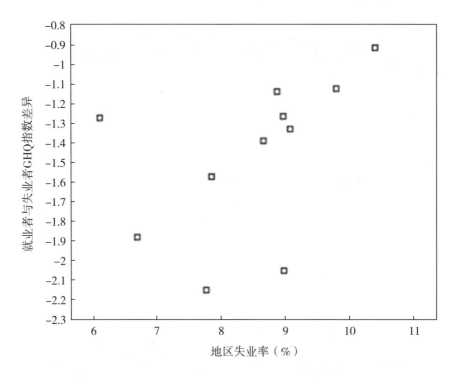

图 3.19　就业者与失业者 GHQ 指数的差异和地区失业率

资料来源：Clark & Oswald（1994）。

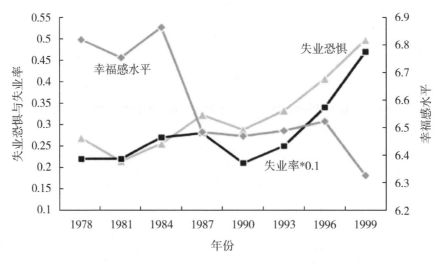

图 3.20　日本受访者失业率、害怕失业与幸福水平

资料来源：Ohtake（2012）。

表 3.1 欧洲国家 1975—1992 年失业状况与生活满意度　　（单位:%）

Reported Life Satisfaction	All	Unemployed
Very satisfied	27.29	16.19
Fairly satisfied	53.72	44.70
Not very satisfied	14.19	25.52
Not at all satisfied	4.80	13.59

资料来源:Di Tella et al. (2001)。

表 3.2 美国 1972—1994 年失业状况与主观幸福感　　（单位:%）

Reported Life Satisfaction	All	Unemployed
Very happy	32.66	17.75
Pretty happy	55.79	52.66
Not too happy	11.55	29.59

资料来源:Di Tella et al. (2001)。

表 3.3 日本受访者失业状况与幸福感　　（单位:%）

State of Employment	Level of happiness			Total
	Unhappy	Neither happy nor unhappy	Happy	
Other than the unemployed	8.43	37.45	54.13	100
The unemployed	43.33	30	26.67	100
Total	9.31	37.26	53.43	100

资料来源:Ohtake (2012)。

表 3.4 日本受访者过去五年失业经历与幸福感　　（单位:%）

Experience of unemployment over the past five years	Level of happiness			Total
	Unhappy	Neither happy nor unhappy	Happy	
No unemployment experience	6.18	36.54	57.28	100
Have unemployment experience	22.57	40.27	37.17	100
Total	9.31	37.26	53.43	100

资料来源:Ohtake (2012)。

表3.5 日本受访者害怕家人失业与幸福感 （单位:%）

Possibility that someone in your family become unemployed in the next two years	Level of Happiness			Total
	Unhappy	Neither happy nor unhappy	Happy	
No	4.93	34.23	60.85	100
Yes	15.92	41.83	42.25	100
Total	9.31	37.26	53.43	100

资料来源：Ohtake（2012）。

Blanchflower（2007）基于25个经合组织（OECD）成员的分析得出，失业率增加1个百分点使幸福感下降超过1.62%。Winkelmann & Winkelmann（1998）基于德国微观面板数据，得出个人失业对生活满意度存在负向影响，失业对生活满意度的损失需要7倍收入的增加才能补偿。Selezneva（2010）得到失业与幸福感负相关，自我雇佣的人他们的雇员更幸福。Hinks & Gruen（2007）使用南非的数据，发现发展中国家和发达国家有着相似的幸福影响结构，失业率、绝对家庭收入、相对家庭收入水平、种族族群、一定程度的教育都影响幸福度。

失业对幸福感的影响存在异质性，男性受失业的影响比女性大（Clark，2003a，2003b；Dockery，2003；Gerlach & Stephan，1996；Lucas et al.，2004；Theodossiou，1998；Paul & Moser，2009），中年人比年轻人和年老人受失业的影响更大，年轻人受失业的影响比年纪大的人小（Clark & Oswald，1994；Pichler，2006；Winkelmann & Winkelmann，1998）。Lelkes（2009）基于欧洲社会调查2002—2003年的数据认为，失业是影响40～49岁中年人的关键因素。Ohtake（2012）发现，日本40岁左右的中年失业者幸福感最低。大部分研究认为，教育程度越低，失业的影响越大（Mandal et al.，2011；Mandemakers & Moden，2013）。在英国，受教育程度高的人受失业的影响更大（Clark & Oswald，1994）。在美国，右翼思想的人受失业影响更大（Alesina et al.，2004）。高收入国家受失业的影响更大（Fahey & Smyth，2004）。Shields & Price（2005）、Clark（2003a）通过分析英国的数据发现，失业对幸福感的影响与地区就业难度有关，失业的负效应会被就业匮乏所中和。工作的人的幸福感会受到失业伙伴的负向影响，但失业者的幸福感损失会被失业伙伴所中和。Clark & Oswald（1994）认为，在低失业率地区，失业对个体幸福感的影响更大，长期失业的人相比新失业的人受失业的影响更小，失业对亲身经历的人影响甚大，超过其他任何负面事件的影响，如离婚等。

失业对幸福感的影响有两种效应：一种是直接效应，丢掉工作的人变得不幸福；另一种是间接效应，高失业率对未被失业困扰的人也有不可忽略的影响。失业率上升，工作的人也因为害怕失业而减少主观幸福感，失业仅仅比收入下降更糟糕。潜在的理由包括失业增加犯罪和公共财政风险，也影响工作方面的改变如工作时间和薪水（Di Tella et al., 2003）。

政府提供的福利如失业保险与个体的主观幸福感呈显著的正相关。生活在爱尔兰的个体愿意支付 214 美元去生活在法国这样的福利慷慨的国家，他们甚至愿意放弃 2.5% 的增长率去使爱尔兰获得与法国同等的失业福利系统的改善。失业福利制度对失业者和就业者的主观幸福感均存在正向影响，而且系数差异不大。失业福利制度对于失业者与就业者的幸福感鸿沟没有显著作用。因此，批评欧洲福利国家的人认为失业福利制度使失业者的生活过于安逸，会有损劳动市场的绩效，但幸福感分析的结论否定了这一点。甚至于即使有失业福利制度，欧洲国家失业者与就业者的幸福感差距也有增加的趋势（Di Tella et al., 2003）。

Dolan et al. （2008）认为，失业与幸福感也存在因果关系方向的问题，不幸福的人失业的可能性提高，因为生产率更低、更差的健康或者更有可能选择失业。Lucas, Clark, Georgellis & Diener （2004）发现，后来失业的人不是一开始就具有低生活满意度，但在失业前一年，生活满意度下降超过 0.5（0—10 量表）。

对失业的适应效应有不同的结论，Clark & Oswald （1994）研究英国的数据，发现失业的负向效应随着失业时间的延长而减小。但是 Winkelmann & Winkelmann （1998）没有得出这一结论。Lucas et al. （2004）发现失业超过一年的人遭受的负效应更大，以前的失业不会降低当前失业的负向效应，即使失业结束了，个体也回不到失业之前的生活满意度。Louis & Zhao （2002）发现，过去 10 年里任何长度的失业对主观幸福感都存在负向影响。Winkelmann （2014）给出德国数据失业前后生活满意度的变化（见图 3.21），失业让生活满意度显著下降，但随着失业的时间加长，生活满意度有所恢复，但仍然低于失业前的水平。Wildman & Jones （2002）发现，如果控制了金融满意度和未来金融状况的期望，失业对男性的负向效应下降。王海成（2013）综述了失业与主观幸福感的相关研究。

罗楚亮（2006）得出，失业状态差异造成的主观幸福感差距主要来自收入效应，绝对收入效应与相对收入效应对这一差异都具有非常强的解释作用。

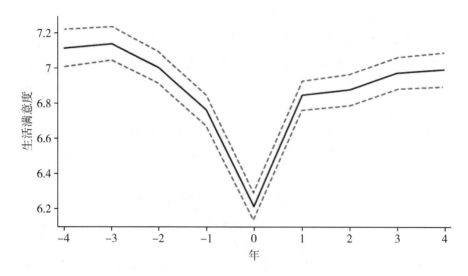

图 3.21 失业前后的生活满意度

资料来源：Winkelmann（2014）。

3.2.3 通货膨胀与主观幸福感

通货膨胀对主观幸福感的影响有比较一致的结论，即通货膨胀会降低人们的主观幸福感。在控制了个体特征、国家和年度固定效应后，通货膨胀对生活满意度有一致的负向影响，不论是在欧洲（Alesina et al.，2004；Di Tella et al.，2001，2003；Wolfers，2003）、拉美（Graham & Pettinato，2001），还是美国（Alesina et al.，2004；Di Tella et al.，2003）。

Di Tella et al.（2001）发表在 *American Economic Review* 的论文分析了 12 个欧洲国家和美国的数据，当通货膨胀和失业率低的时候，人们更为幸福。通货膨胀每上升 1 个百分点，居民幸福感就下降 0.012 个单位，即下降 0.33%。失业对幸福感的影响甚于通货膨胀，失业率 1 个百分点的增加相当于通货膨胀 1.7 个百分点的增加。Di Tella et al.（2003）基于生活满意度回归分析认为，保持生活满意度不变，通货膨胀每增加 1 个百分点，相当于不得不放弃大约 70 美元。Di Tella & MacCulloch（2005）评估了失业和通货膨胀对社会幸福的影响，个体报告高幸福水平的概率与失业和通货膨胀负相关，失业和通货膨胀的系数显著为负，分别是在 5% 和 1% 的水平上显著。

Blanchflower（2007）分析了 25 个经合组织（OECD）成员影响幸福感的微观和宏观变量，宏观变量包括失业、通货膨胀、人均 GDP 和利率，他发现通货膨胀、失业和利率对幸福感有显著的负向影响，人均 GDP 只在更贫穷国家有显著影响。Blanchflower et al.（2014）使用欧洲 1975—2013 年的数据得出，更高的失业率和通货膨胀会降低人们的生活满意度，失业率比通货膨胀对幸福感的影响更大；保持幸福感不变，可以计算失业率和通货膨胀的比率，即两者的权衡选择，失业率每增加 1 个百分点对幸福感的影响相当于通货膨胀增加 1 个百分点的影响的 5.6 倍。Perovic（2008）分析 8 个转型国家 1991—1998 年的数据得出，通货膨胀、失业和 GDP 增长对主观幸福感的影响显著，且失业比通货膨胀影响更大。Abounoori & Asgarizadeh（2013）发现，通货膨胀和失业对幸福感有显著的负向影响，人均 GDP 的增长和政府支出对幸福感有显著正向影响。Sanfey & Teksoz（2005）使用的宏观变量包括人均 GDP、失业、通货膨胀以及基尼系数，在 1999—2002 年的转型国家，通货膨胀、人均 GDP 和基尼系数对生活满意度有显著影响。令人意外的是，他们发现了通货膨胀对幸福感的显著的正向效应，人均 GDP 有正向影响，基尼系数有负向影响，失业有负向影响。

周雅玲、肖忠意、于文超（2017）利用 2010 年中国社会综合调查微观数据发现，通货膨胀能够显著降低城镇居民的主观幸福感，对"无房"城镇居民主观幸福感造成的负面影响尤为强烈。对其机制的进一步研究还发现，在通货膨胀的冲击下，社会保障预期、投资保值增值预期、住房保值增值预期等三个因素能够对冲通货膨胀对城镇居民主观幸福感造成的负面影响。陈刚（2013）利用 CGSS（2006）的数据，发现中国的通货膨胀显著降低了居民幸福感，其福利成本远远高于欧美国家。通货膨胀率上升 1 个百分点，将会使国民幸福感降低 1.13% 左右，这需要 GDP 增长率上升 2 个百分点才能弥补。不管是预期型通货膨胀还是非预期型通货膨胀，都显著降低了中国居民幸福感。

失业对幸福感的负向影响比通货膨胀更大，通货膨胀和失业的相对危害性也被估计出来，从 1.7∶1（Di Tella et al., 2001）、2.9∶1（Di Tella et al., 2003）到 5∶1（Wolfers, 2003）甚至 5.6∶1（Blanchflower et al., 2014）。

通货膨胀对具有右翼政治观点的人影响最糟糕（Alesina et al., 2004），Di Tella & MacCulloch（2005）得出左翼更关注失业，而右翼更担心通胀。不稳定的通货膨胀也减小生活满意度（Wolfers, 2003）。Bjørnskov（2003）没有发现通货膨胀对生活满意度有显著作用。Gandelman & Hernández-Murillo（2013）使用盖洛普数据，得出通货膨胀和失业都对个体的主观幸福感以及国家的主观幸福感有负向影响，只是他们没有发现失业和通货膨胀对幸福感的影响有显著差异。

3.3 数据分析

为了验证宏观经济变量与幸福感的关系，我们获得了人均 GDP、通货膨胀和失业率的数据。幸福指数来自 Helliwell，Layard 和 Sachs 发布的最新的"世界幸福报告 2019"（World Happiness Report 2019）。这次幸福感指数衡量的是 2016—2018 年的各国幸福感情况，共 154 个观测值。从世界银行数据库获得 2016 年的人均 GDP（现价美元）、通货膨胀和失业率数据，我们取 2016、2017、2018 年的平均值，若某个国家只有两年数据，则取这两年数据的平均值，若只有一年数据，则取这一个数据。若这个国家 2016、2017、2018 年的数据都缺失，则取最近一年的数据，若 2010 年以后都没有数据，则该数据做缺失处理。我们构建了一个跨国截面数据，数据的描述性统计如表 3.6 所示。

表 3.6　描述性统计

变量	观测数	均值	标准差	最小值	最大值
幸福感指数	154	5.41	1.12	2.85	7.77
人均 GDP（美元）	151	13726.08	18842.63	282.15	101305.5
失业率（%）	138	7.72	5.78	0.15	27.47
通货膨胀率（%）	139	7.66	32.11	-0.33	283.85

我们制作了幸福感指数和宏观经济变量的散点图（图 3.22、图 3.23 和图 3.24），可以看出，幸福感指数与人均 GDP（取对数）正相关，相关系数为 0.82；幸福感指数与失业率负相关，相关系数为 -0.26；幸福感指数与通货膨胀负相关，相关系数为 -0.12，参见表 3.7。

表 3.7　各因素与幸福感的相关关系

变量	与幸福感的相关系数
人均 GDP 自然对数	0.818
失业率（%）	-0.268
通货膨胀（%）	-0.118

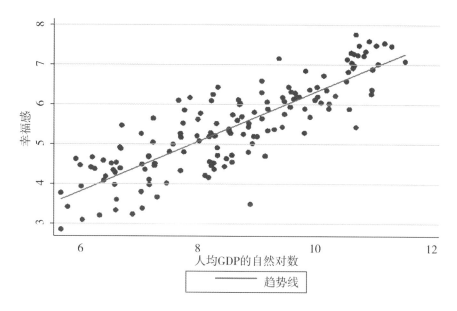

图 3.22　人均 GDP 与幸福水平

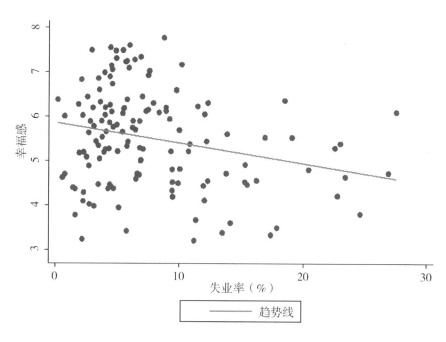

图 3.23　失业率与幸福水平

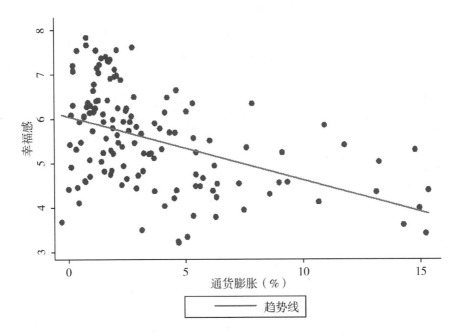

图3.24 通货膨胀与幸福水平

以幸福感指数为因变量，人均GDP（取自然对数）、通货膨胀率、失业率为自变量，做多元回归，回归结果如表3.8所示。

表3.8 回归结果

	(1) OLS	(2) OLS	(3) OLS	(4) OLS
ln 人均GDP 自然对数	0.624*** (12.81)	0.619*** (19.29)	0.591*** (15.62)	0.618*** (19.40)
失业率	—	-0.039*** (-4.73)	—	-0.038*** (-4.66)
通货膨胀率	—	—	-0.021 (-1.29)	-0.005* (-2.26)
_cons	0.024 (0.05)	0.428 (1.46)	0.465 (1.28)	0.452 (1.55)
N	107	138	136	131

回归结果显示，人均GDP对幸福感指数有显著的正向影响，在1%显

著性水平上显著。人均 GDP 每增长 1%,幸福感指数可增加 0.618,幸福感指数的均值是 5.41,这是一个不小的增幅。失业率对幸福感指数有显著的负向影响,在 1% 显著性水平上显著,失业率每增加一个百分点,幸福感指数下降 0.0383。通货膨胀率对幸福感指数有显著的负向影响,在 10% 显著性水平上显著,通货膨胀率每增加 1 个百分点,幸福感指数减小 0.00481,失业率对幸福感的影响比通货膨胀要大。

可以计算失业率和人均 GDP 的边际替代率。对于人均 GDP 10000 美元的地区来说,失业率增加 1 个百分点,相当于人均 GDP 损失 619.7 美元的幸福感效果;通货膨胀率增加 1 个百分点,相当于人均 GDP 损失 77.8 美元的幸福感效果。换言之,1 个百分点的失业率相当于 7.96 个百分点的通货膨胀率的幸福感效果。

3.4 结论与启示

已有很多文献研究了宏观经济对幸福感的影响,本章对这一主题做了比较详细的文献综述,我们获得了最新的幸福感指数(2016—2018 年)以及人均 GDP、失业率、通货膨胀率构成跨国截面数据。数据分析的结论表明,人均 GDP 对幸福感指数有显著的正向影响,失业率和通货膨胀率对幸福感有显著的负向影响,失业率的影响比通货膨胀要大,通货膨胀变量的统计显著性较弱,为 10% 水平上统计显著,这一结论和很多前人的结论一致。本章的启示自然是:在世界范围内,经济发展是促进人们幸福的非常重要的因素,而失业和通货膨胀会阻碍人们获得更高水平的幸福。政府的政策主张应该是促进经济既快又好发展,也要控制失业和通货膨胀水平。

第4章 收入水平、分配公平与幸福感

4.1 引言

孔子云："不患寡而患不均。"人天生对公平有着执着的追求，弗兰克（Frank）曾做过这样的实验：头两天早晨，给每个小孩都倒上满杯橘汁；第三天早晨用同样大小的杯子每人只倒半杯，小孩都没有抱怨；第四天早晨给其中的一个倒满杯，给另一个只倒 3/4 杯，结果后者开始抱怨。这个故事告诉我们不患寡而患不均的道理。

收入与幸福感的关系，是幸福感研究的重要主题。因为收入带来财富，财富带来人们更高的消费能力。消费者行为理论认为，收入水平越高，预算空间越高，人们消费的消费品更多，满足的效用水平更高。但是，上面的故事也说明，即使收入多些了，但若出现了不公平，人们也会变得愤怒，可见，收入公平也是决定人们是否幸福的一个方面。

中国从计划经济走向市场经济，从平均分配走向收入差距越来越大的按劳分配、按绩效分配。一方面，市场经济搞活了经济，人们的收入水平不断提高了，另一方面，收入差距也在不断加大，人们总体的幸福感有何变化呢？收入水平和收入差距对人们的幸福感分别有什么影响呢？这是本部分要解决的问题。

4.2 文献综述

市场经济的核心是价格机制和市场竞争，市场竞争伴随着优胜劣汰，虽然提高了我国居民的收入水平，但收入不平等也在演化。中国的基尼系数从1978年的0.2上升到1994年的0.433（He，1997），有人认为官方的基尼系数因为富人隐瞒收入而被低估，非官方估计的基尼系数，1995年为0.59。新华社世界问题研究中心研究员丛亚平、李长久（2010）指出，我国2007年的基尼系数为0.48。另外，我国城乡收入差距从改革开放初期的1.8:1扩大到2007年的3.33:1，他们引用世界银行的报告，美国是5%的人口掌握了60%的财富，而中国则是1%的家庭掌握了全国41.4%的财富，中国的财富集中度甚至远远超过美国。据李实、罗楚亮（2011）的研究，高收入人群样本的偏差导致城镇内部收入差距的严重低估，也导致了城乡收入差距和全国收入差距较大程度的低估。收入差距扩大会导致很多问题，如降低社会消费倾向，引起消费需求不足，导致经济增长回落；影响低收入者的人力资本积累；引发社会矛盾，威胁政治稳定。

物质幸福感是大多数人持有的观点，更高的收入可以令人享受更多的物质财富，从而更为幸福。Easterlin（1995，2001）、Frey & Stutzer（2000）、Blanchflower & Oswald（2004）对发达国家的研究，Graham & Pettinato（2001，2002）、Lelkes（2006）对发展中国家的研究都发现收入更高会有更高的幸福感。而且，Lelkes（2006）、Clark et al.（2005）还发现发展中国家或转型国家的收入效应要大于发达国家。Stevenson & Wolfers（2008）认为，农村有很好的证据表明收入提高可以给人们带来更多的幸福感。但是，Ferrer et al.（2004）、Clark et al.（2005）等发现，随着收入的提高，它所带来的边际幸福感不断减少。

相对收入对幸福感的影响也受到经济学家的重视。Duesenberry（1948）把效用函数定义为U（个人消费/社会平均消费，个人收入/社会平均收入）。Easterlin（1995）认为，主观幸福感随着自身收入水平的提高而正向变化，但随着他人收入水平的提高而反向变化。Dynan & Ravina（2007）利用信用卡持有者的数据估计其效用函数，发现自身的消费水平提高，会提高效用水平，而同一城市其他居民的消费水平提高，会降低其效用水平。McBride（1998）、Luttmer（2004）发现，当邻居收入增加时，人们会觉得不幸福。Layard（2005a）指出："人们担心他们的相对收入，而不只是其绝对量，他们想要比得上别人或者比别人更多。"Luttmer（2004）、Weinzierl（2005）、Ferrer et al.（2005）等认为，人们之间的攀比会降低其幸福感，即使所有人的收入都同比例上升，他们报告的主观幸福感却变动不大。

既然相对收入影响人的效用或幸福感，那么收入差距就会影响人的幸福。Fahey & Smyth（2004）、Graham & Felton（2006）、Alesina et al.

(2004)认为收入不平等显著地减少了生活满意度。Hagerty(2000)、Luttmer(2004)、陆铭等发现,收入不平等与主观幸福感负相关。鲁元平、王韬(2011)利用世界价值观调查数据发现,中国的收入不平等对居民的主观幸福感存在显著的负向影响,且对农村居民和低收入者的负向影响要显著大于城市居民和高收入者。收入不平等还通过社会犯罪间接地对居民的幸福感产生负向影响。Brockmann et al.(2008)发现在1990—2000年间,伴随收入不均拉大,中国所有收入阶层的生活满意感都下降了。Oishi et al.(2011)等用1972—2008年的GSS数据,也发现收入不均与幸福感之间存在负向关系,见图4.1。

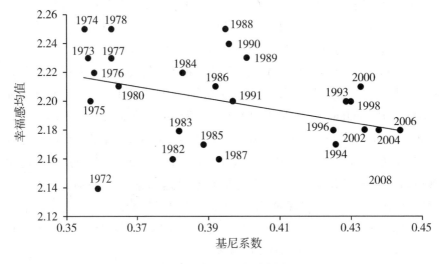

图4.1 收入不均与幸福感

资料来源:Oishi(2011)。

4.3 理论假说与模型设定

基于前人的研究,我们拟用中国的数据检验我国居民的幸福感与收入水平、收入不公的关系,并根据收入水平把样本划分为不同的收入阶层,检验幸福感的收入效应和公平效应在不同收入阶层是否具有差异。根据对中国当前社会的观察,我们提出以下几个理论假说及相关理论背景。

假说一:当前,控制其他因素后,收入水平增加,会提高我国居民的幸福感。

大多数人认为更高的收入可以使人享受更多的物质财富，从而更为幸福。但是，Easterlin（1995）提出著名的"伊斯特林悖论"（Easterlin Paradox），即经济增长不一定导致幸福增加，在收入达到某一点之前，快乐随收入增加而增加，但超过该点后，这种关系并不明显。此后，Veenhoven（1993）、Easterlin（1995）、Blanchflower & Oswald et al.（1995）对日、英、法等国进行的研究也发现相似的结论。Diener 研究也表明，在低生活水平阶段，收入提高将增加幸福，但这种增加随着收入的持续提高而趋于平稳。Kahneman & Krueger（2006）对美国 2004 年的调查发现，高收入家庭中非常幸福的比例是低收入家庭的 2 倍，而中等收入家庭与高收入家庭的差异并不明显。我们想知道，中国是否已经进入"伊斯特林悖论区"？

假说二：当前，控制其他因素后，收入分配越不公平，我国居民的幸福感越低。

主流观点认为收入不平等会降低幸福感，但 Connell（2004）、Haller & Hadler（2006）等学者则发现收入不平等有利于主观幸福感的增加。Clark（2003）的跨国比较研究发现收入不均的幸福效应存在国家差异，有些国家对收入不均显得包容，认为这是市场竞争的结果，社会保持收入的流动性，即使处在收入不均的低端，这些人对未来也充满信心。有些国家对收入公平看得很重，收入不平等扩大对主观幸福感会产生不利影响。Alesina et al.（2004）基于调查发现，在欧洲，收入不均与幸福感存在显著的负向关系，而美国没有这种关系。他们将原因归结为两点：其一，欧洲社会更崇尚平等；其二，美国的社会流动性更高，今天贫穷不意味着将来贫穷。Knight et al.（2009）发现，中国农村居民的幸福感同基尼系数正向运动，他们解释为隧道效应，当你被堵在隧道时，如果发现前面的车动了，你会觉得幸福，言外之意，随着中国经济的高速增长，现在收入差距扩大让人们对未来的收入有更高的预期，从而感觉更幸福。这如同先富后富的道理。我们想知道，中国是否具有"隧道效应"？

假说三：收入水平、分配公平对当前我国居民幸福感的影响在不同收入阶层具有差异。

这里存在一种理论可能性，即不同收入阶层对收入差距的感觉是不一样的。Alesina et al.（2004）发现，由收入不均产生的不幸福在美国只发生在富有的左派，在欧洲，收入不均让穷人和左派都不幸福，而欧洲的富人和右派并不觉得收入分配不均与幸福指数呈现负相关。Oishi 发现，低收入应答者认为收入不均与幸福感之间存在负向关系，而高收入应答者没有这种感觉。Ferrer（2005）等认为相对收入越高，主观幸福感越强，但这种效应在不同收入组中是不一样的。Dynan & Ravina（2001）的研究发现，在控制自身的收入水平之后，人们的幸福感正向依赖于他们的收入与所居住地区平均收入的比较，处于平均收入以上的人，上述正向效应要比平均收入以下的人强烈得多。在控制了收入水平之后，低收入阶层对收入不均的感受有两种可能。McBride（1998）、Luttmer（2004）、Dynan & Ravina（2007）基于相对收入理论认为，相对收入越低，他觉得越不幸福，这是主流的观点。Knight 等（2009）提出了不同的看法，他们认为，在经济发展过程中，低收入阶层的幸福感与收入不均正向运动，即低收入阶层对收入不均表示理解和认同，同时对未来充满期待，他们解释为隧道效应。在控制了收入水平之后，高收入阶层对收入不均的感受也有两种可能。相对收入理论认为，收入差距越大，高收入阶层越是觉得幸福。Alesina et al.（2004）认为，高收入阶层中有批左派，他们视收入公平为一种信仰，收入差距扩大，会降低他们的幸福感。另外，收入差距扩大可能引发社会问题，如犯罪率上升、经济衰退或政治动荡，这也会引发高收入阶层的担忧。我们想知道，在中国，收入效应和公平效应在不同收入阶层是否具有差异？

为检验上述理论假说，我们采用的计量模型是：

$$Happiness_i = \beta_0 + \gamma Unfair_i + \alpha \ln income_i + \sum_1^k \lambda_k X_{ki} + \varepsilon_i \quad (4.1)$$

其中，$Happiness$ 是幸福指数，即被调查者自己汇报的幸福感；$Unfair$ 代表分配公平程度，是被调查者对分配公平程度的评价；$\ln income$ 是个人收入的对数值。涉及的控制变量包括性别、是否中共党员、户口、年龄、年龄平方、受教育程度、健康状况、婚姻状况。

关于估计方法，由于主观幸福感是离散变量，不满足传统的线性模型假设，利用非线性模型进行估计更加合适。主观幸福感各个选项之间存在严格的序数关系，适合使用有序离散因变量概率模型（ordered logit 或 ordered probit）进行回归分析，其中，ordered logit 假设随机变量服从逻辑概率分布，而 ordered probit 假设随机变量服从正态分布。在本研究中，我们同时采用 OLS，ordered logit 和 ordered probit 模型对参数进行估计，这样做的好处是，既能获得计量结果，也能比较结果的稳健性。

4.4　变量与数据

本章采用中国家庭收入调查（CHIPS）数据，它来源于中国社会科学院经济研究所与国家统计局于 2003 年 2 月进行的调查，该调查主要收集 2002 年度的经济数据。2002 年数据公开后可在网址 http://www.icpsr.umich.edu 公开获得。该数据库有城镇居民的详细信息，其中包括标准的性别、户籍、是否党员、年龄、教育程度、健康状况、婚姻状况等人口统计变量以及医疗保险和支出、社会关系、职业、行业、收入、工作时间、工作条件、工作历史及培训等经济变量。它采取了两阶段分层随机抽样方法，先抽样城市县镇，再在其中抽样家庭，共获得 6835 个城镇家庭样本以及 20632 个个人样本，涵盖了 12 个省份（北京、山西、辽宁、江苏、安徽、河南、湖北、广东、重庆、四川、云南和甘肃）和 70 个城市。

CHIPS 主要调查居民收入，也包含了本章要研究的幸福度调查数据和影响幸福度的相关变量。在 CHIPS 的调查问卷中，有一个问题是"总的来说，您现在幸福吗？"有"非常幸福""比较幸福""不好也不坏""不太幸福""很不幸福"和"不知道"6 个选项。每一个选项赋予不同的数值，代表被调查者的主观幸福感，"非常幸福"赋值为 5，"很不幸福"赋值为 1，其他选项依次赋值为 4、3、2，"不知道"赋值为 0。在处理数据时，我们去掉了选择"不知道"的个体样本。关于收入水平，CHIPS 数据库有这项数据。至于收入不均程度，CHIPS 可提供一个替代变量，在调查问卷中，有一个问题是"您认为当前全国的收入分配状况是公平的吗？"有"很公平""比较公平""不太公平"和"很不公平"4 个选项，对这些选项分别赋值 1、2、3、4。至于收入阶层，Luttmer、Dynan & Ravina 以平均收入为参照点进行阶层划分。在 CHIPS 中，有一项个人收入阶层调查，问题是："您认为，您家的生活水平在本市属于哪一类？"选项依次有："下等""中等偏下""中等偏上"和"上等"，分别代表个人收入在总体收入分布四分位中的位置。我们参照 Luttmer、Dynan & Ravina 等人的做法，将"下等""中等偏下"的样本合并为"平均收入之下"的样本组，将"中等偏上""上等"合并为"平均收入之上"的样本组。我们设定一个哑变量 Above，当个人收入处于平均收入之上时，Above 取值为 1；当个人收入处于平均收入之下时，Above 取值为 0。变量的定义与说明见表 4.1。

表 4.1 变量说明

变量	变量定义
Happiness	=1，很不幸福；=2，不太幸福；=3，不好也不坏；=4，比较幸福；=5，非常幸福
Unfair	=1，很公平；=2，比较公平；=3，不太公平；=4，很不公平
ln income	全年收入的自然对数
Above	=1，个人收入处于平均收入之上；=0，个人收入处于平均收入之下
Gender	=1，男；=0，女
Hukou	=1，非农业户口；=0，农业户口
Party	=1，中共党员；=0，非中共党员
Age	年龄
Age^2	年龄二次方
Edu	受教育年限
Health	=1，很好；=2，较好；=3，一般；=4，较差；=5，很差
Married	=1，已婚；=0，其他
Divorced	=1，离异；=0，其他
Widowed	=1，丧偶；=0，其他

研究样本年龄在 20 岁到 65 岁之间，共获得 4455 个有效样本。主观幸福感 Happiness 的平均值为 3.49，处于"不好也不坏"和"比较幸福"之间，说明我国城镇居民的平均幸福感并不很高。样本平均收入水平为每年 12532 元，其中，最低为 600 元，最高则达到了 160000 元，方差为 8951，离散程度较大，这说明我国城镇居民的收入差距较大。Unfair（分配公平）的均值约为 2.34，处于"不太公平"和"比较公平"之间。Above 为 1 的样本量为 1514 个，"平均收入之上"的人约占 33.9%。其他变量的描述性统计见表 4.2。

表 4.2 描述统计

变量	样本数	平均值	标准差	最小值	最大值
Happiness	4455	3.492	0.839	1	5
Unfair	4455	2.340	0.757	1	4

(续上表)

变量	样本数	平均值	标准差	最小值	最大值
Income	4455	12532.350	8951.016	600	160000
Gender	4455	0.473	0.499	0	1
Hukou	4455	0.985	0.123	0	1
Party	4455	0.336	0.472	0	1
Age	4455	42.270	7.987	20	65
Age^2	4455	1850.576	681.556	400	4225
Edu	4455	11.420	2.918	0	23
Health	4455	3.847	0.823	1	5
Married	4455	0.945	0.228	0	1
Divorced	4455	0.019	0.135	0	1
Widowed	4455	0.011	0.104	0	1
Above	4455	0.340	0.474	0	1

4.5 实证结果

4.5.1 全样本回归结果

我们分别采取 OLS、ordered logit 和 ordered probit 三种估计方法对式 (4.1) 所示计量模型进行估计。回归结果见表 4.3。结果显示，三种回归方法得到的系数符号是一致的，收入变量和公平变量都在 1% 的显著性水平上显著，这说明该结果较为稳健。根据全体观测样本，我们得到以下定性结论：收入变量系数为正，说明个人的收入水平越高，其幸福感越高。公平变量系数为负，说明个人评价的收入分配越不公平，其幸福感越低。

表4.3 基本回归

变量	(1) OLS	(2) OLS	(3) OLogit	(4) Oprobit
$Unfair$	-0.192***	-0.168***	-0.432***	-0.231***
	(0.016)	(0.016)	(0.040)	(0.023)
$\ln income$	0.221***	0.160***	0.354***	0.210***
	(0.022)	(0.022)	(0.054)	(0.030)
$Above$		0.367***	0.947***	0.538***
		(0.024)	(0.066)	(0.037)
$Gender$	-0.146***	-0.116***	-0.298***	-0.163***
	(0.025)	(0.025)	(0.062)	(0.035)
$Hukou$	0.063	0.036	0.139	0.069
	(0.095)	(0.092)	(0.203)	(0.123)
$Party$	0.073***	0.063**	0.147**	0.089**
	(0.027)	(0.026)	(0.066)	(0.037)
Age	-0.048***	-0.037***	-0.095***	-0.053***
	(0.014)	(0.014)	(0.034)	(0.020)
Age^2	0.001***	0.000***	0.001***	0.001***
	(0.000)	(0.000)	(0.000)	(0.000)
Edu	0.008*	0.005	0.016	0.006
	(0.004)	(0.004)	(0.010)	(0.006)
$Health$	0.139***	0.122***	0.322***	0.177***
	(0.016)	(0.015)	(0.038)	(0.022)
$Married$	0.126	0.106	0.296	0.155
	(0.080)	(0.079)	(0.204)	(0.112)
$Divorced$	-0.326**	-0.302**	-0.653**	-0.369**
	(0.136)	(0.134)	(0.321)	(0.179)
$Widowed$	-0.317*	-0.319*	-0.603	-0.399*
	(0.162)	(0.164)	(0.392)	(0.215)
$\_cons$	2.158***	2.448***		
	(0.331)	(0.327)		
Observations	4455	4455	4455	4455
R^2	0.106	0.145		

注:*** $p<0.01$,** $p<0.05$,* $p<0.1$。

表 4.3 中回归（1）与回归（2）的区别在于后者加入了收入阶层的控制变量 Above。第（2）列中，在控制了其他因素的情况下，哑变量 Above 的系数为 0.367，且在 1% 显著性水平上显著。这说明，高收入阶层的幸福感要比低收入阶层大。收入阶层哑变量的加入使回归的拟合优度提高。而且，第（2）列中，在控制了收入阶层后，收入变量的系数从 0.221 下降到 0.160，分配公平变量的系数从 -0.192 变为 -0.168，说明在控制了收入阶层后，收入变化对幸福感的正效应下降了，分配公平变量对幸福感的负效应也下降了。这一系数变化提示我们，按照不同收入阶层进行分组研究或许会有新的发现。

表 4.3 也展示了各控制变量的系数及其统计显著性。回归结果表明，随着年龄的增长，幸福度先降低，到达一定年龄之后，幸福度又上升。这说明中年人幸福度较低，而年轻人和老年人幸福度较高。另外，健康状况越好，个人的幸福感越强。中共党员相比其他人员幸福感更强。女性比男性感觉自己更幸福。受教育程度越高的人幸福感也越强。在婚姻问题上，结婚对幸福度的影响并不显著。但结婚之后离异或丧偶会显著降低一个人的幸福度。户口对居民幸福感的影响不具有统计显著性，这可能与农村户口的样本太少有关。

4.5.2 区分收入阶层的分组回归结果

为了检验收入水平和分配公平对不同收入阶层幸福感的影响，我们把全部观测样本划分为平均收入之上的样本组和平均收入之下的样本组，前者包含 1514 个观测对象，后者包含 2941 个观测对象。然后，对每个样本组按本章的计量模型做回归，估计方法同样包括 OLS，Ordered logit 和 Ordered probit，估计结果我们展示在表 4.4 中。（1）～（3）是"平均收入之下"样本组的回归结果，（4）～（6）是"平均收入之上"样本组的回归结果。

表 4.4 分组回归

变量	低于平均收入			高于平均收入		
	（1）OLS	（2）Ologit	（3）Oprobit	（4）OLS	（5）Ologit	（6）Oprobit
Unfair	-0.208*** (0.020)	-0.500*** (0.047)	-0.271*** (0.028)	-0.100*** (0.025)	-0.298*** (0.076)	-0.160*** (0.042)

（续上表）

变量	低于平均收入			高于平均收入		
	(1) OLS	(2) Ologit	(3) Oprobit	(4) OLS	(5) Ologit	(6) Oprobit
ln income	0.205*** (0.028)	0.424*** (0.064)	0.259*** (0.036)	0.070** (0.033)	0.202** (0.102)	0.108* (0.056)
Gender	-0.120*** (0.032)	-0.286*** (0.074)	-0.159*** (0.042)	-0.102*** (0.038)	-0.321*** (0.112)	-0.168*** (0.063)
Hukou	0.057 (0.110)	0.185 (0.234)	0.087 (0.142)	-0.035 (0.131)	-0.012 (0.397)	0.005 (0.217)
Party	0.082** (0.035)	0.171** (0.081)	0.109** (0.046)	0.035 (0.039)	0.108 (0.117)	0.053 (0.065)
Age	-0.052*** (0.018)	-0.108** (0.043)	-0.068*** (0.024)	-0.011 (0.021)	-0.068 (0.060)	-0.025 (0.034)
Age^2	0.001*** (0.000)	0.001** (0.000)	0.001*** (0.000)	0.000 (0.000)	0.001 (0.000)	0.000 (0.000)
Edu	0.002 (0.006)	0.009 (0.013)	0.001 (0.007)	0.010 (0.006)	0.029* (0.018)	0.016 (0.010)
Health	0.120*** (0.020)	0.293*** (0.045)	0.160*** (0.026)	0.128*** (0.025)	0.396*** (0.074)	0.219*** (0.040)
Married	0.102 (0.104)	0.268 (0.247)	0.141 (0.137)	0.097 (0.117)	0.326 (0.365)	0.162 (0.195)
Divorced	-0.255 (0.166)	-0.494 (0.373)	-0.292 (0.211)	-0.458** (0.224)	-1.266** (0.619)	-0.678** (0.332)
Widowed	-0.202 (0.190)	-0.356 (0.426)	-0.233 (0.238)	-0.598* (0.314)	-1.406 (0.922)	-0.849* (0.433)
_cons	2.490*** (0.418)			2.928*** (0.509)		
Observations	2941	2941	2941	1514	1514	1514
R^2	0.085			0.063		

注：*** $p<0.01$，** $p<0.05$，* $p<0.1$。

第（1）列中，收入不公对"平均收入之下"群体的影响系数为-0.208，且在1%的显著性水平上显著。这表明，收入不均没有提高低收入群体的幸福感，不存在所谓的"隧道效应"。中国改革开放后的高速发展似乎没能带来同步的普遍富裕，过去很长一段时间内，收入差距在持续地扩大，贫富差距已成为民众不满的社会问题。第（4）列中，收入不公对"平均收入之上"群体的影响系数为-0.1，且在1%的显著性水平上显著，这个负向效应相对于"平均收入之下"群体要小，这一结果有两个层面的含义：其一，收入不公对"平均收入之上"的群体也有负向影响，这可能与中国极高的财富集中度有关，"平均收入之上"群体也不满于收入不均。这一结果提示我们，有必要把极高收入阶层从"平均收入之上"群体中分离出来。其二，"平均收入之上"群体对收入不公不像"平均收入之下"群体那么在意，这与他们的收入水平对生存压力具有相对较高的承受能力有关。

至于收入水平的幸福效应，不管是"平均收入之上"的群体还是"平均收入之下"的群体，收入变量的系数均为正，而且统计显著，这说明，收入增加使这两个阶层的幸福感都增加。这一结果说明中国还没有达到"伊斯特林悖论区"。Easterlin认为，当收入增加到一定程度之后，幸福水平与收入增长之间的正向关系将变得不显著。Andrew基于欧美11国的调查发现，在发达国家，经济增长仅能带来极小部分的额外幸福。Layard的研究发现，如果一个国家的人均收入超过15000美元，幸福水平似乎不再与收入相关。显然，我国城市居民的收入距Layard核算的这个阈值点还很遥远。

经济学基本原理告诉我们，收入越高，其边际效用递减，这可以从两个收入群体的分组回归得到验证。"平均收入之下"群体的OLS系数为0.205，也就是说，收入提高10%，幸福指数提高0.0205，而"平均收入之上"群体的OLS系数为0.07，收入提高10%，他们的幸福指数仅提高0.007。可以看出，幸福感随收入增加而增加，但这种增加的趋势是递减的；收入较低时，收入提高较大地提高人们的幸福感，而收入较高时，收入增加较小地提高人们的幸福感。从表4.4也可以看出，收入对"平均收入之上"群体幸福感的影响的统计显著性降低了，这也说明收入提高对较高收入群体幸福感的影响力下降。

一些控制变量的系数在分组回归中也表现出差异，年龄对"平均收入之上"群体幸福感的影响不再具有统计显著性，这可能与中国的富二代现象或啃老族现象有关。是不是中共党员对"平均收入之上"群体幸福感的影响也不显著，政治身份对于有钱人来说可能意义不明显。另外，离婚对"平均收入之上"群体幸福感的影响显著，但对"平均收入之下"群体幸福感的影响不显著。穷人为生计愁，忙于生存压力，离婚带来的苦恼也许就不那么明显了。对富人来说，离婚可能意味着人财两空，名誉受损，富人结婚更为谨慎，就可看出他们怕离婚。

4.5.3　极高收入阶层回归结果

中国财富集中度很高，中产阶级多沦为"房奴"，中产家庭很多实际上是负资产甚至是新的贫困户，因此，有必要把极高收入阶层从"平均收入之上"群体中分离出来。我们分离出收入最高的 10% 样本，表 4.5 中 (1)～(3) 列回归结果显示，收入变量的系数为正，但显著性水平降低 (为 10%)，公平变量对幸福感的影响统计不显著。我们本想得到收入最高的 1% 的样本，因为世行报告称中国是 1% 的家庭掌握了全国 41.4% 的财富；但由于 1% 的家庭仅包括 44 个样本，样本数太少，于是我们分离出收入最高的 2% 的样本进行回归。表 4.5 中 (4)～(6) 列结果表明，收入变量和公平变量的系数都不再显著。这说明，对最富有的 2% 的人来说，收入水平提高对提高他们的幸福感不再显著。这表明，中国的极高收入阶层符合"伊斯特林悖论"。收入分配不公对极高收入阶层幸福感的影响在数值上为负，但统计上不显著。中国收入差距持续扩大，可能引发极高收入阶层的担忧，担心犯罪率上升、政治动荡、改革深化损害既得利益等等，从富人热衷于海外移民可体会到这一点。

表 4.5　极高收入阶层的回归分析

变量	收入最高 10% 人群			收入最高 2% 人群		
	(1) OLS	(2) Ologit	(3) Oprobit	(4) OLS	(5) Ologit	(6) Oprobit
Unfair	-0.057 (0.044)	-0.214 (0.140)	-0.094 (0.078)	-0.094 (0.091)	-0.500 (0.363)	-0.194 (0.190)
ln income	0.180* (0.094)	0.515* (0.300)	0.299* (0.166)	0.274 (0.208)	1.016 (0.802)	0.616 (0.426)
Gender	-0.075 (0.069)	-0.318 (0.217)	-0.130 (0.122)	0.033 (0.133)	0.043 (0.534)	0.079 (0.271)

（续上表）

变量	收入最高10%人群			收入最高2%人群		
	（1）OLS	（2）Ologit	（3）Oprobit	（4）OLS	（5）Ologit	（6）Oprobit
Hukou	0.053 (0.326)	0.249 (1.033)	0.141 (0.537)			
Party	0.164** (0.070)	0.504** (0.218)	0.286** (0.121)	0.114 (0.144)	0.420 (0.579)	0.227 (0.291)
Age	-0.056 (0.042)	-0.191 (0.141)	-0.109 (0.076)	-0.048 (0.077)	-0.191 (0.315)	-0.107 (0.165)
Age^2	0.001 (0.000)	0.002 (0.002)	0.001 (0.001)	0.000 (0.001)	0.002 (0.003)	0.001 (0.002)
Edu	0.007 (0.012)	0.028 (0.036)	0.013 (0.020)	-0.010 (0.022)	-0.024 (0.094)	-0.021 (0.047)
Health	0.135*** (0.046)	0.412*** (0.132)	0.240*** (0.076)	0.125 (0.103)	0.569 (0.424)	0.280 (0.211)
Married	0.307 (0.230)	0.954 (0.769)	0.560 (0.388)	0.863*** (0.324)	3.521*** (1.319)	1.892*** (0.671)
Divorced	-0.462 (0.338)	-1.296 (1.049)	-0.647 (0.514)	-0.071 (0.366)	-0.194 (1.428)	0.067 (0.755)
Widowed	-0.102 (0.319)	-0.347 (0.987)	-0.135 (0.518)	1.204*** (0.360)	4.820*** (1.431)	2.642*** (0.747)
_cons	2.138 (1.387)			1.090 (3.471)		
Observations	444	444	444	89	89	89
R^2	0.097			0.122		

注：***p<0.01，**p<0.05，*p<0.1。

4.6 结论

基于CHIPS（2002年）的数据，本章检验了中国居民的幸福感与收入水平、收入不公的关系。结果发现，在整体样本上，居民的幸福感与收入水平呈显著正向关系，与收入不公程度呈显著负向关系。通过把整体样本划分为"平均收入之下"的样本组和"平均收入之上"的样本组，我们进行分组回归，结果显示，收入水平对幸福感的影响在两个组均显著为正，但高收入组的这种正向效应比低收入组要小，而且统计显著性降低。收入不公对幸福感的影响在两个组均显著为负，但高收入组的这个负向效应比低收入组要小。我们把最富有的10%和2%的样本分离出来，结果发现收入不公对最富阶层幸福感的影响在统计上不显著，收入水平对他们幸福感的影响或者不显著，或者显著性降低。

基于计量分析得出的结论，我们可以得到一些启示。中国远没达到"伊斯特林悖论区"，当前，发展仍是硬道理，千方百计提高人民群众收入是提高民众幸福感的有效手段。提高收入对低收入阶层幸福感的影响更大，政策层面要做好对低收入阶层的转移支付，建立、完善低收入阶层的社会保障体系，有利于提高低收入阶层的幸福感，维护社会的和谐与稳定。

分配不公是当前中国普遍受关注的社会问题，无论是对低收入群体还是高收入群体，收入不均都导致幸福感降低。长期以来我国收入差距一直在扩大，低收入阶层没有感觉到所谓的"隧道效应"，户籍歧视、机会不平等、行业垄断、特权阶层等非市场因素使得收入不均无法通过市场自发调节而得到遏制，这些非市场因素使我国的收入流动性降低，甚至固化。政府一方面要通过改革使民众机会公平，另一方面要通过再分配手段提高低收入群体的收入水平。

收入不公使高收入群体（平均收入之上）的幸福感也降低，这与极高的财富集中度有关，绝大部分人对极少数人的超高财富不满。有意思的是，收入不均没有为最富阶层带来幸福感的显著提高。一般会认为，如果蛋糕固定，分配多的最富裕阶层理应更为幸福，但本章的结论显示并非如此。这可能有两个方面的原因：其一，我国的高收入阶层达到"伊斯特林悖论区"，收入增加对提高其幸福感有限；其二，高收入阶层对我国的产权保护、社会问题聚集、改革深化触及既得利益充满担心，从富人阶层或权贵子弟热衷于海外移民就可以看出这一点。

如何提高我国富人阶层的幸福感？这确实是一个有趣的主题。既然收入增加难以提高富人的幸福感，那么降低富人的财富，也许正是提高其幸福感的途径。"股神"巴菲特建议奥巴马政府征收"富人税"，比尔·盖茨曾经是世界首富，他明确表示，要将所有的财富（超过450亿美元）交给慈善事业，这也许是富人追求幸福感的最高境界。

第 5 章 住房与幸福感

5.1 引言

随着我国经济的高速发展，人们在分享不断增进的物质利益时，也越来越关注自身的幸福感。2011 年，幸福感成为"两会"的热词，各级地方政府的两会报告和"十二五"规划，很多把"提升居民幸福指数"放到重要位置。2012 年 10 月，中央电视台推出了《走基层百姓心声》特别调查节目《幸福是什么？》。"你幸福吗？"这个简单的问句蕴含着人们对于幸福的关注和向往。幸福感这一主题在媒体和舆论的热度，也引发学术界的研究和关注。

住房、房价问题一直是社会关注的焦点，关系到经济健康发展和民生问题。中国人有住房情节，"安居乐业"的传统深入人心，拥有自己的住房才觉得有幸福感和归属感。2012 年中国家庭幸福感热点问题调查（见图 5.1）显示，住房是幸福感的主因之一，52.56% 的受访者认为"有自己的住房"是幸福感的主因。腾讯开展的网络调查发现大部分人认为幸福和房子有关。

本章将探讨住房、房价与城镇居民幸福感的关系，我们引入一个包含住房的消费者效用模型，得到住房、房价与消费者效用的定性结论，然后，从 CGSS（2005）和 CEIC（2005）两个数据库获得住房、房价以及幸福感的数据，并进行匹配，通过计量分析对住房、房价与城镇居民幸福感的关系进行实证检验。接下来第二部分是文献综述，第三部分是理论模型，第四部分是数据描述和变量说明，第五部分是计量分析结果，第六部分是稳健性检验，第七部分是结论。

图 5.1　2012 年中国家庭幸福感热点问题调查

5.2　文献综述

幸福感研究大多从人口学特征、经济因素（收入、收入不均、失业、通胀）和政治因素（民主、投票参与等）展开，从住房角度研究幸福感的文献总体不多。

Hu（2013）检验了中国城市居民拥有住房和主观幸福感的关系，拥有住房的状态与住房满意度和总体幸福感显著正相关。Diaz-Serrano（2009）的研究发现租房者变为住房拥有者后其住房满意度显著增加，个人主观幸福感增加。Van Praa et al.（2003）发现，住房满意度对主观幸福感呈现出积极效应，这一效应比工作满意度和经济满意度都要高。Rohe & Stegman（1994）发现，相对于控制组，拥有住房的人生活满意度显著提高。Buc-chianeri（2009）利用美国的数据发现，拥有住房者并不比租房者更幸福。Rossi & Weber（1996）在控制了人口学和社会经济变量后，发现拥有住房对生活满意度和幸福感影响不显著。Cheng et al.（2016）发现，房屋产权对主观幸福感至关重要；基于中国的数据发现，拥有房屋产权与生活满意度正相关，而且，全产权的房屋所有者比那些小产权房屋拥有者有更高的幸福感。

国内方面，林江、周少君、魏万青（2012）研究发现城市房价上涨对居民幸福感具有显著的负面影响，房价上涨越快，居民的主观幸福感越低。住房产权状况和幸福感显著相关，有房者幸福感显著高于租房者，多房者幸福感显著高于仅有一套房产者，房价上涨对租房者幸福感具有显著负效应，对有房者的幸福感带来显著正向效应。毛小平、罗建文（2012）也发现，不管是城市还是农村，有住房产权的居民比没有住房产权的居民幸福感更高；邢占军、刘相（2008）的研究指出，住房产权对幸福感的影响在农村居民中并不突出。李涛、史宇鹏、陈斌开（2011）发表在《经济研究》的论文研究家庭自有住房状况对居民幸福感的影响，不同产权类型的自有住房对居民幸福感的影响存在显著差异，拥有大产权住房显著提高居民幸福感，但拥有小产权住房对幸福感没有显著影响；大产权住房给首次置业和二（或多）次置业的居民带来的幸福感提升幅度并没有显著差异。谭琨、谢舜龙（2012）研究发现，家庭住房面积对居民主观幸福感存在显著正向影响。欧阳一漪、张骥（2018）利用CGSS2015和2015年全国房价数据，研究发现高房价对居民的主观幸福感存在显著的负向影响；住房面积与居民的主观幸福感呈显著正相关；住房产权与居民主观幸福感显著相关，拥有房产越多，其幸福感越高；房价上涨对有房产的居民来说，增加了资产价值，故具有财富效应，但对于房价上涨预期强烈、住房改善性需求大、所在地区房价上涨过快的居民来说，仍然会降低其主观幸福感。牛楠（2012）研究发现住房满意度和政府满意度显著影响幸福感。唐东波等（2008）认为住房满足度是影响幸福指数的重要因素。

以上文献的视角大多是住房产权、住房数量、住房满意度对居民幸福感的影响。林江等（2012）研究了住房价格对幸福感的影响。住房产权和住房数量影响住房满意度，再影响居民幸福感，这一逻辑是显然的。更值得研究的一个问题是房产的财富效应，有房的人希望房价上涨，因为住房价格上涨带来财富效应。但是笼统地区分有产权房和无产权房，也不精确，有些产权房面积小，房子旧，有改善性购房需求，对这部分人来说，房价上涨，可能损害其幸福感。林江等（2012）笼统地得出房价上涨对居民幸福感具有负面影响，对有房者的幸福感带来正向效应是不科学的。对于有改善性购房需求的有房者来说，房价上涨可能损害其幸福感，对于房产面积足够大的居民，房价上涨，房产会带来财富效应，使居民的幸福感提高。因此，有必要探讨一个房产面积的阈值，在阈值之前，幸福感随房价上涨而下降,在阈值之后,幸福感随房价上涨而增加,这就是本章要分析的问题。

5.3 理论模型

理论界对主观幸福感的衡量没有统一的认识,Frey & Stutzer(2002)将经济学的效用概念与幸福感联系在一起,工作、消费、家庭与友谊、休闲、健康等个人范畴主要影响个人的主观福祉。我们建立一个柯布－道格拉斯消费者效用函数,通过效用水平来衡量个人的幸福感,根据国内居民的普遍经验,消费和住房是影响效用的最为重要的因素。

$$\max u(c,h) = c^a h^{1-a} \tag{5.1}$$

其中 h 为自住房屋面积,c 表示消费。

预算约束为:

$$pc + wh = p\bar{c} + wH + \delta wH \tag{5.2}$$

其中 p 为消费的价格,H 是居民拥有的房产面积,$\bar{c}$ 是居民拥有的初始财富,折算为消费量,w 为房屋出租价格,假设房价是房租的 δ 倍,房产的价值会随价格上涨而上涨,而且可获得租赁收入。

求解消费者最优化得:

$$c^* = \frac{\alpha}{p}(p\bar{c} + wH + \delta wH), h^* = \frac{1-\alpha}{w}(p\bar{c} + wH + \delta wH)$$

$$u^* = \left(\frac{\alpha}{p}\right)^\alpha \left(\frac{1-\alpha}{w}\right)^{1-\alpha}(p\bar{c} + wH + \delta wH)$$

$$\frac{\partial u^*}{\partial H} = \left(\frac{\alpha}{p}\right)^\alpha \left(\frac{1-\alpha}{w}\right)^{1-\alpha}(w + \delta w) > 0,$$ 表明拥有的房产面积越大,个人效用越高。

显然,有房产者的效用水平 u^* 大于无房产者的效用水平 $\left(\frac{\alpha}{p}\right)^\alpha \left(\frac{1-\alpha}{w}\right)^{1-\alpha} \times p\bar{c}$

$$\frac{\partial u^*}{\partial w} = \left(\frac{\alpha}{p}\right)^\alpha \left(\frac{1-\alpha}{w}\right)^{1-\alpha} \left[H + \delta H - \frac{1-\alpha}{w}(p\bar{c} + wH + \delta wH)\right]$$

当 $H > \frac{(1-\alpha)p\bar{c}}{\alpha(1+\delta)w}$ 时，有 $\frac{\partial u^*}{\partial w} > 0$，表明当居民拥有的房产达到一定面积时，房价越高，效用越大。

当 $H < \frac{(1-\alpha)p\bar{c}}{\alpha(1+\delta)w}$ 时，有 $\frac{\partial u^*}{\partial w} < 0$，表明当居民拥有的房产小于一定面积时，房价越高，效用越小。

当 $H = 0$ 时，$\frac{\partial u^*}{\partial w} < 0$，表明个人无房产时，房价越高，效用越小。

根据上述理论分析，本章提出以下理论假说。

理论假说1：有房产者的居民幸福感高于无房产者的。

理论假说2：对于有房产者来说，房产面积对居民幸福感呈正向影响。

理论假说3：房产具有财富效应，当居民的房产面积达到一个阈值时，房价上涨会增加居民的幸福感。

理论假说4：当居民的房产面积小于某个阈值时，房价上涨会降低居民的幸福感。

5.4 数据描述与变量说明

5.4.1 数据

本章用到的数据主要来自CGSS（2005），即2005年的中国社会综合调查数据，该数据库由中国人民大学社会学系和香港科技大学社会科学部共同完成调查和发布。CGSS（2005）一共有10372个样本，其中城市样本6098，农村样本4274，本章只选取城市样本。

CGSS中没有关于城市房价的调查数据，我们找到CEIC（2005），即中国经济数据库2005年的数据，该数据库的区域数据部分包含了城市数据库，里面有286个地级市的房地产市场数据。

我们对CGSS（2005）中的个人样本与CEIC（2005）的城市房价进行匹配，CGSS（2005）的城市样本共涉及83个地级市和4个直辖市，我们从CEIC（2005）中获取这87个城市的房价数据，将其与CGSS（2005）的个人样本进行匹配，最终形成我们所需的数据。

5.4.2 变量

幸福感是本研究的因变量，它是一种主观的感觉，难以衡量。在 CGSS 通过设计这样一个问题来衡量个人的幸福感："总体而言，您对自己所过的生活的感觉是怎么样的呢？您感觉您的生活是？"有"非常不幸福""不幸福""一般""幸福""非常幸福"5 个选项，每个选项被赋予不同的数值，"非常不幸福"赋值为 1，"不幸福"赋值为 2，"一般"赋值为 3，"幸福"赋值为 4，"非常幸福"赋值为 5。

住房产权和住房面积是本章的核心自变量。在 CGSS（2005）中关于住房产权的问题有两个，一个是："您现在住房的产权和租赁情况属于？"有以下几个选项：①租住单位房；②租住公房；③租住私房；④自有私房（继承与自建）；⑤已购房（部分/有限/居住产权）；⑥已购房（全部产权）；⑦住亲友房，无须租金；⑧住公房，无须租金；⑨其他。在处理数据时，我们将④⑤⑥赋值为 1，表示拥有房产；其余的赋值为 0，表示无房产。另一个问题是："您家在别处共拥有多少处具有部分或全部产权的住房？"没有别处产权房的不需回答，有的才回答具体的数值。我们将这两个问题汇总，将没有房产的样本设置为基准组，赋值为 0；拥有 1 处及以上房产的样本设置为对照组，赋值为 1。

CGSS（2005）中关于住房面积的问题也有两个，其一是要求填写现住房的建筑面积和使用面积，本章取二者中面积较大的那个作为现住面积；另一个问题是："（如果别处还有住房）请问其他各处住房的建筑面积共有多少平方米呢？"我们将现住面积和其他各处住房面积相加生成"总面积"，由于总面积中，可能是自己拥有的产权房面积，也可能包含租房的面积，所以我们生成一个"租房面积"变量，当回答"现在住房的产权和租赁情况"属于租房时，租房面积与现住面积的值相同。然后，将"总面积"减去"租房面积"得到"产权房面积"。

房价也是本章的核心自变量，通过 CEIC（2005）中的地级市房价数据与 CGSS（2005）的样本所在的城市相匹配得到每个样本所在城市的房价。由于 CEIC（2005）中未包含"海南省东方市"的房价，我们用 CEIC 中海南省 2005 年的房地产均价代替。

为了考察住房、房价对幸福感的影响，要尽量控制住其他因素。本章认同学术界众多研究的观点，认为绝对收入和相对收入对居民幸福感有重要的影响。绝对收入本章采用 2004 年全年个人各种收入总和，相对收入我们采用个人的社会经济地位来衡量，在 CGSS（2005）中有这样一个问题：

"与同龄人相比,您认为您本人的社会经济地位是?"有"较高""差不多""较低""不好说"4个选项,"较高"赋值为1,"差不多"赋值为2,"较低"赋值为3,"不好说"赋值为4。在处理数据时,为了让数值随着经济地位提高而增大,本章重新赋值,"较高"赋值为3,"差不多"赋值为2,"较低"赋值为1,回答"不好说"的样本不考虑。

除了控制收入因素外,还需控制住一些人口学特征变量,如年龄、性别、婚姻、家庭人口数、教育、政治面貌、健康、就业类型等。关于年龄,CGSS(2005)中只有受访者的出生年份,通过计算我们可以得到2005年受访者的年龄。已有研究发现,年龄与幸福感具有U型关系(袁正、夏波,2012),我们生成年龄的二次方变量。对于性别,本章设立虚拟变量,男性为基准组,赋值为0;女性为对照组,赋值为1。关于家庭人口数,CGSS(2005)设计的问题是:"请您告诉我您家共有几口人?"

关于婚姻,CGSS(2005)对婚姻的调查有"未婚""已婚""离婚未再婚""离婚后再婚""丧偶未再婚""丧偶后再婚""拒答"7种选项,数据处理时,本章将"未婚""离婚未再婚""丧偶未再婚""拒答"4种类型归类为"其他",赋值为0,以其为基准组;将"已婚""离婚后再婚""丧偶后再婚"3种类型归类为"有配偶",赋值为1,为对照组。

关于教育,CGSS(2005)的问题设计为:"您最终完成的最高的教育程度是?"选项包括"没有受过正式教育""自修""小学(各年级)""初中(各年级)""高中(各年级)"一直到"研究生及以上"的不同等级,数据处理时,我们计算每位受访者的受教育年限。对于政治面貌,本章采用虚拟变量,非共产党员为基准组,赋值为0;共产党员为对照组,赋值为1。

对于身体健康,CGSS(2005)对回答"非常好"的样本健康赋值为1,回答"很好"的赋值为2,回答"好"的赋值为3,回答"一般"的赋值为4,回答"不好"的赋值为5,回答"非常不好"的赋值为6;在处理数据时,希望越健康,赋值越大,因此我们重新赋值,将"非常好"的赋值为6,"很好"的赋值为5,"好"的赋值为4,"一般"的赋值为3,"不好"的赋值为2,"非常不好"的赋值为1。

关于就业特征,CGSS(2005)中有"全职就业""半职就业""临时性就业(无合同、非稳定的工作)""离退休""无业(失业/下岗)""兼业务农""全职务农""从未工作过/在学且没有工作"8种类型。数据处理时,我们将就业特征分成3个组,"无业(失业/下岗)"为基准组,视为无业;"全职就业""半职就业""临时性就业(无合同、非稳定的工作)"

"兼业务农""全职务农""从未工作过/在学且没有工作"归类为"有事业",为对照组一;"离退休"为对照组二。

变量的定义和说明,如表5.1所示。

表5.1 变量说明

变量名称	变量定义
Happiness	=1,非常不幸福;=2,不幸福;=3,一般;=4,幸福;=5,非常幸福
Property room	=1,有产权房;=0,无产权房
Self_live area	受访者的现住房面积
Property room area	受访者实际拥有产权房的面积
Renting area	受访者目前所住房屋为租房的面积
ln price	房价取对数
ln income	个人年绝对收入取对数
Relative income	个人社会经济地位,赋值从1到3,用于衡量相对收入
Age	年龄
Age^2	年龄平方
Population of family	家庭人口数
Female	=1,女;=0,男
Married	=1,有配偶;=0,其他
Education	受教育年限
Party	=1,共产党员;=0,非共产党员
Health	=1,非常不好;=2,不好;=3,一般;=4,好;=5,很好;=6,非常好
Work	表示有事业,无业为基准组
Retired	表示离退休,无业为基准组

各变量的描述性统计见表5.2。样本年龄在18岁到94岁之间,幸福感的平均值为3.44,处于"一般"和"幸福"之间。产权房虚拟变量的平均值为0.813,说明样本中有房产者所占的比例为0.813,有房产者的平均房产面积为73.70平方米。

表 5.2 描述性统计

变量	样本数	平均值	标准差	最小值	最大值
Happiness	6098	3.445	0.771	1	5
Property room	6098	0.813	0.390	0	1
Self_ live area	5903	73.754	46.254	6	500
Property room area	5903	73.703	68.766	0	800
Renting area	5999	12.242	27.532	0	500
ln price	6098	7.710	0.660	6.466	8.853
ln income	5532	9.058	0.911	4.605	12.899
Relative income	5930	1.660	0.574	1	3
Age	6098	44.680	15.449	18	94
Age^2	6098	2234.924	1484.654	324	8836
Female	6098	0.535	0.499	0	1
Married	6098	0.805	0.396	0	1
Education	6098	10.001	4.370	0	19
Population of family	6098	3.466	1.649	1	30
Party	6098	0.136	0.343	0	1
Health	6098	4.108	1.371	1	6
Work	6098	0.617	0.486	0	1
Retired	6098	0.247	0.431	0	1

5.5 计量分析结果

为了验证理论假说 1 "有房产者的居民幸福感高于无房产者",本章建立如下计量模型:

$$Happiness_i = \alpha + \eta Propertyroom_i + \beta Self\_live\ area_i + \theta \ln price_i + \sum_{j=1}^{n} \gamma_j X_{ij} + \varepsilon_i \quad (5.3)$$

因变量是幸福感,自变量包括产权房虚拟变量、现住房面积和房价,控制变量包括绝对收入、相对收入、收入合理性、年龄、性别、婚姻、教育、政治面貌、健康、就业类型等。

关于估计方法，由于幸福感是有序离散变量，适合使用有序离散因变量概率模型（Ordered logit 或 Ordered probit）进行回归估计，其中，Ordered logit 假设随机变量服从逻辑概率分布，而 Ordered probit 假设随机变量服从正态分布。我们同时采用 OLS，Ordered logit 和 Ordered probit 模型对参数进行估计，这样做的好处是，既能获得计量结果，也能比较结果的稳健性。本章使用的是横截面数据，因此在估计的时候采用异方差稳健标准误，对可能存在的异方差进行处理。

为检验假说1，我们运用全样本进行回归，回归结果如表5.3所示：

表5.3 产权房与幸福感

变量	因变量：幸福感		
	OLS	Oprobit	Ologit
ln price	0.004	0.005	0.005
	(0.016)	(0.026)	(0.046)
Self_ live area	0.001***	0.001***	0.002***
	(0.000)	(0.000)	(0.001)
Property room	0.151***	0.244***	0.441***
	(0.026)	(0.042)	(0.075)
ln income	0.049***	0.079***	0.138***
	(0.014)	(0.023)	(0.040)
Relative income	0.348***	0.576***	1.066***
	(0.018)	(0.032)	(0.055)
Female	0.063***	0.106***	0.189***
	(0.020)	(0.032)	(0.057)
Age	-0.037***	-0.060***	-0.109***
	(0.004)	(0.007)	(0.013)
Age^2	0.000***	0.001***	0.001***
	0.000	0.000	(0.000)
Population of family	0.002	0.002	-0.002
	(0.006)	(0.010)	(0.018)

（续上表）

因变量：幸福感			
Work	0.106*** (0.034)	0.168*** (0.055)	0.322*** (0.097)
Retired	0.147*** (0.040)	0.229*** (0.065)	0.454*** (0.115)
Married	0.292*** (0.030)	0.469*** (0.049)	0.885*** (0.089)
Education	0.008*** (0.003)	0.013*** (0.005)	0.024*** (0.008)
Party	0.101*** (0.028)	0.168*** (0.045)	0.290*** (0.079)
Health	0.111*** (0.008)	0.183*** (0.014)	0.343*** (0.025)
Constant	2.115*** (0.171)		
Observations	5262	5262	5262
R^2	0.219		

注：括号中为稳健标准差，***$p<0.01$，**$p<0.05$，*$p<0.1$。

从回归结果可以看出，产权房虚拟变量的系数为正，而且在1%的显著性水平上显著，说明有产权房的人比无产权房的人更加幸福，理论假说1得到验证。现住房面积的系数为正，也在1%的显著性水平上显著，说明居住面积显著影响居民幸福感，无论现住房是租的还是自己有产权的，自住房屋面积越大，就越幸福。

值得注意的是，房价对数的系数不具有统计显著性，这不同于林江等（2012）的研究结论，他们认为房价上涨会降低民众的幸福感。我们认为对于全样本，房价上涨对幸福感的影响不具有统计显著性。对于有房产的人，房价上涨可能产生财富效应，使幸福感增加；对于没房产的人来说，房价上涨会降低他们的幸福感。

表5.3也展示了各控制变量的系数及其统计显著性。绝对收入水平和相对收入水平均对居民幸福感有显著的正向影响。收入合理程度的系数为

正,且在1%的显著性水平上显著,说明收入分配越合理,居民幸福感越高。性别虚拟变量系数为正,且在1%的显著性水平上显著,表明女性比男性更加幸福,这可能是由于男性比女性面对更多的工作生活压力和社会责任。年龄和年龄二次方均在1%的显著性水平上显著,年龄二次方的系数为正,表明年龄与幸福感呈U型关系,随着年龄的增长,幸福感先降低,后上升,这说明上有老下有小的中年人幸福感较低,年少和年老的人幸福感较高。"有事业"和"离退休"两个虚拟变量的系数均为正,均在1%的显著性水平上显著,这表明"有事业"和"离退休"的人要比无业的人更加幸福;"离退休"这一虚拟变量的系数绝对值大于"有事业"的系数绝对值,说明离退休的人比有事业的人更加幸福。婚姻状况虚拟变量的系数为正,且在1%的显著性水平上显著,表明有配偶的人比没配偶的人更加幸福。受教育年限的增加有利于提高幸福感,这可能是因为更高的学历往往意味着更高的收入、更多的机遇与更好的社会地位。政治面貌的系数为正,且在1%的显著性水平上显著,说明共产党员比非共产党员更为幸福,这可能是因为党员的政治身份能够为其带来更多的政治资本和社会资本,这个结论与Jiang et al.(2010)的研究相同。健康会促进幸福感,越健康,越幸福。

为了验证理论假说2:对于有房产者来说,房产面积对居民幸福感呈正向影响,我们把总样本分为有产权房和无产权房两个组,针对有产权房的样本进行计量回归,计量模型设计如下:

$$Happiness_i = \alpha + \beta Propertyroomarea_i + \theta \ln price_i + \sum_{j=1}^{n} \gamma_j X_{ij} + \varepsilon_i \quad (5.4)$$

因变量为幸福感,自变量为房产面积和房价对数。使用OLS、Ordered logit和Ordered probit三种估计方法进行估计,同样采用异方差稳健标准误,对可能存在的异方差进行处理。回归结果如下表5.4所示。

表 5.4 产权房面积与幸福感

变量	因变量：幸福感		
	OLS	Oprobit	Ologit
ln price	-0.005	-0.009	-0.012
	(0.017)	(0.028)	(0.050)
Property room area	0.001**	0.001***	0.002***
	(0.000)	(0.000)	(0.001)
ln income	0.054***	0.088***	0.158***
	(0.015)	(0.025)	(0.044)
Relative income	0.347***	0.578***	1.063***
	(0.020)	(0.036)	(0.060)
Female	0.067***	0.113***	0.200***
	(0.022)	(0.036)	(0.064)
Age	-0.033***	-0.054***	-0.099***
	(0.005)	(0.008)	(0.015)
Age^2	0.000***	0.001***	0.001***
	(5.00e-05)	(8.33e-05)	(0.000)
Population of family	-0.003	-0.007	-0.019
	(0.006)	(0.011)	(0.019)
Work	0.092**	0.142**	0.273**
	(0.038)	(0.062)	(0.112)
Retired	0.120***	0.183**	0.377***
	(0.045)	(0.073)	(0.130)
Married	0.269***	0.435***	0.817***
	(0.035)	(0.057)	(0.102)
Education	0.010***	0.016***	0.029***
	(0.003)	(0.005)	(0.009)
Party	0.079***	0.133***	0.232***
	(0.030)	(0.050)	(0.086)
Health	0.107***	0.177***	0.333***
	(0.009)	(0.016)	(0.028)

（续上表）

变量	因变量：幸福感		
	OLS	Oprobit	Ologit
Constant	2.220*** (0.187)		
Observations	4312	4312	4312
R^2	0.205		

注：括号中为稳健标准差，***$p<0.01$，**$p<0.05$，*$p<0.1$。

从表5.4的回归结果可以看出，产权房面积这一变量的系数为正，而且统计显著，这表明居民拥有产权房的面积越大，幸福感越高，理论假说2得到验证。我们也发现，房价这一变量不具有统计显著性，这说明即使是有产权房的人，房价上涨也未必提高其幸福感，原因可能有以下几个方面：其一，有些人的房产是部分产权或有限产权，如合买房、小产权房等；其二，有些人的房产面积小，有购买更大面积房子的需求；其三，有些人的房子太旧，有改善性住房需求。这几类具有一个共同特征，都对住房有购买需求，当房价上涨的时候，有可能降低其幸福感。当然，拥有房产面积大、新房、大产权房的人，房价上涨可能因为财富效应而增加幸福感。另外，其余控制变量的系数符号和显著性与总样本回归时一致，结果较为稳健。

我们设想，存在一个房产面积的阈值，对于房产面积大于阈值的居民，房价上涨会带来财富效应，会增进他们的幸福感。房产面积小于阈值的居民，房价上涨会降低他们的幸福感，这就是我们提出的理论假说3和理论假说4。

为了检验理论假说3和理论假说4，需要一个房产面积的阈值，但是这个阈值难以获得，我们采用分位数来近似表示。本章选定3/10分位和7/10分位，将样本分成三个组，3/10分位到7/10分位的区间为参照组；小于3/10分位的区间为面积小的对照组，用 $Small\_size$ 表示这一虚拟变量；大于7/10分位的区间表示房产面积大的对照组，用 $Large\_size$ 表示这一虚拟变量。根据这两个虚拟变量，我们生成两个交叉项：价格对数与小面积虚拟变量的交叉（$lnprice * Small\_size$）和价格对数与大面积虚拟变量的交叉（$lnprice * Large\_size$）。

$$\text{分位数分组}\begin{cases}\text{基准组} & [3/10\text{ 分位}, 7/10\text{ 分位}]\\ \text{小面积对照组 } Small\_size & [0, 3/10\text{ 分位}]\\ \text{大面积对照组 } Large\_size & [7/10\text{ 分位}, 1]\end{cases}$$

针对有产权房的样本进行回归，计量模型设计如下：

$$Happiness_i = \alpha + \beta Propertyroomarea_i + \theta \ln price_i + \varphi \ln price_i * Small\_size_i$$
$$+ \lambda \text{Ln } price_i * Large\_size_i + \sum_{j=1}^{n}\gamma_j X_{ij} + \varepsilon_i \tag{5.5}$$

交叉项的系数成为我们重点考察的对象，对于基准组，$Small\_size = 0$，$Large\_size = 0$，回归式与前面的（5.4）式相同。

对于小面积对照组，$Small\_size = 1$，$Large\_size = 0$，回归式为：

$$Happiness_i = \alpha + \beta Propertyroom\ area_i + (\theta + \varphi)\ln price_i + \sum_{j=1}^{n}\gamma_j X_{ij} + \varepsilon_i$$

我们预期交叉项（$\ln price * Small\_size$）的系数 φ 为负。

对于大面积的对照组，$Small\_size = 0$，$Large\_size = 1$，回归式为：

$$Happiness_i = \alpha + \beta Propertyroom\ area_i + (\theta + \lambda)\ln price_i + \sum_{j=1}^{n}\gamma_j X_{ij} + \varepsilon_i$$

我们预期交叉项（$\ln price * Large\_size$）的系数 λ 为负。

针对有产权房的样本，使用 OLS、Ordered logit 和 Ordered probit 三种估计方法进行估计，同样采用异方差稳健标准误，对可能存在的异方差进行处理。回归结果如表 5.5 所示。

表 5.5 分位数回归结果

因变量：幸福感			
变量	OLS	Oprobit	Ologit
lnprice	-0.008	-0.015	-0.020
	(0.017)	(0.029)	(0.050)
Property room area	0.000	0.000	0.001
	(0.000)	(0.000)	(0.001)

（续上表）

	因变量：幸福感		
变量	OLS	Oprobit	Ologit
lnprice * Small_size	-0.009***	-0.016***	-0.028***
	(0.003)	(0.005)	(0.010)
ln price * Large_size	0.009**	0.015**	0.023**
	(0.004)	(0.006)	(0.011)
lnincome	0.053***	0.087***	0.155***
	(0.015)	(0.025)	(0.044)
Relative income	0.341***	0.571***	1.053***
	(0.020)	(0.036)	(0.061)
Female	0.067***	0.114***	0.201***
	(0.022)	(0.036)	(0.064)
Age	-0.033***	-0.054***	-0.099***
	(0.005)	(0.008)	(0.015)
Age^2	0.000***	0.001***	0.001***
	(5.00e-05)	(8.34e-05)	(0.000)
Population of family	-0.005	-0.009	-0.023
	(0.006)	(0.011)	(0.019)
Work	0.088**	0.136**	0.263**
	(0.038)	(0.062)	(0.112)
Retired	0.116***	0.176**	0.364***
	(0.045)	(0.073)	(0.130)
Married	0.270***	0.438***	0.820***
	(0.035)	(0.057)	(0.102)
Education	0.009***	0.015***	0.027***
	(0.003)	(0.005)	(0.009)
Party	0.078***	0.131***	0.230***
	(0.030)	(0.050)	(0.087)
Health	0.108***	0.179***	0.336***
	(0.009)	(0.016)	(0.028)

(续上表)

因变量：幸福感			
变量	OLS	Oprobit	Ologit
Constant	2.319 *** (0.188)		
Observations	4312	4312	4312
R^2	0.210		

注：括号中为稳健标准差，***p < 0.01，**p < 0.05，* p < 0.1。

从表5.5的回归结果可以看出，价格对数与小面积虚拟变量交叉项的系数为负，而且在1%的显著性水平上统计显著，结果符合预期。表明在任何给定的房价上，小面积产权房的拥有者，相比房产面积区间处于3/10分位到7/10分位的中等面积房产者幸福感要低。房价上升时，小面积产权房的拥有者幸福感的增量要小于处于3/10分位到7/10分位的中等面积房产者。房价上升时，小面积产权房拥有者的幸福感如何变化，取决于$\theta+\varphi$的值，见表5.6。

表5.6 $\theta+\varphi$的值

ln*price* 的系数 θ	-0.008	-0.015	-0.020
ln*price* * *Small_size* 的系数 φ	0.009	0.015	0.023
θ + φ	-0.017	-0.030	-0.048

$\theta+\varphi$为负，意味着，对于小面积产权房的拥有者来说，房价上升，幸福感会降低。这个结果验证了理论假说4。

从表5.5的回归结果也可以看出，价格对数与大面积虚拟变量交叉项的系数为正，而且在5%的显著性水平上统计显著，结果符合预期。这表明在任何给定的房价上，大面积产权房的拥有者，相比房产面积区间处于3/10分位到7/10分位的中等面积房产者幸福感要高。房价上升时，大面积产权房的拥有者幸福感的增量要大于处于3/10分位到7/10分位的中等面积房产者。房价上升时，大面积产权房拥有者的幸福感如何变化，取决于$\theta+\lambda$的值，见表5.7。

表 5.7　$\theta+\lambda$ 的值

lnprice 的系数 θ	-0.008	-0.015	-0.020
lnprice * Large_size 的系数 λ	-0.009	-0.016	-0.028
$\theta+\lambda$	0.001	0.000	0.004

$\theta+\lambda$ 的值为正，这意味着，对于大面积产权房的拥有者来说，房价上升，幸福感会增加，这个结果验证了理论假说3。

在表5.7中，房价对数的系数不显著，这表明对于处于3/10分位到7/10分位区间的基准组来说，房价上涨对他们幸福感的影响不显著。其余控制变量的符号和显著性基本一致，说明结果稳健。

5.6　稳健性检验

房价上涨，可能具有财富效应，使大面积的房产拥有者幸福感上升。对于小面积的房产拥有者来说，他们可能是改善性住房的需求者，房价上涨时，他们的幸福感可能下降。为了检验这一结论的稳健性，我们针对无产权房的样本进行回归，可以预期，对于这部分样本，房价上涨时，不存在财富效应。

分位数按照租住面积（Renting area）设定，仍然选定3/10分位和7/10分位作为分组标准，3/10分位到7/10分位的区间为参照组；小于3/10分位的区间为租住面积小的对照组，用 Small_size * 表示这一虚拟变量；大于7/10分位的区间表示租住面积大的对照组，用 Large_size * 表示这一虚拟变量。根据这两个虚拟变量，我们再生成两个交叉项：价格对数与租住小面积虚拟变量的交叉（lnprice * Small_size *）和价格对数与租住大面积虚拟变量的交叉（lnprice * Large_size *）。

计量模型与回归方程（5.5）式的思路相同：

$$Happiness_i = \alpha + \beta Rentingarea_i + \theta \ln price_i + \varphi \ln price_i * Small\_size_i$$
$$+ \lambda \ln price_i * Large\_size_i + \sum_{j=1}^{n} \gamma_j X_{ij} + \varepsilon_i \qquad (5.6)$$

我们预期，针对无产权房的样本进行回归时，交叉项的系数 φ 和 λ 不显著。

针对无产权房的样本，使用 OLS、Ordered logit 和 Ordered probit 三种估计方法进行估计，同样采用异方差稳健标准误，回归结果如表 5.8 所示。

从表 5.8 的回归结果可以看到，两个交叉项的系数均不显著，这表明租住房屋不可能具有财富效应。

表 5.8 稳健性检验：无产权房的样本

变量	OLS	Oprobit	Ologit
因变量：幸福感			
ln$price$	0.044 (0.043)	0.068 (0.067)	0.069 (0.117)
$Renting\ area$	0.000 (0.001)	0.001 (0.002)	-0.000 (0.003)
ln$price * Small\_size *$	0.002 (0.007)	0.004 (0.011)	0.010 (0.020)
ln$price * Large\_size *$	0.001 (0.008)	0.001 (0.012)	0.011 (0.022)
ln $income$	0.020 (0.034)	0.030 (0.054)	0.038 (0.099)
$Relative\ income$	0.332*** (0.043)	0.540*** (0.073)	1.017*** (0.129)
$Female$	0.042 (0.048)	0.071 (0.076)	0.130 (0.134)
Age	-0.052*** (0.010)	-0.083*** (0.015)	-0.143*** (0.028)
Age^2	0.000*** 0.000	0.001*** (0.000)	0.001*** (0.000)
$Population\ of\ family$	0.026* (0.015)	0.042* (0.024)	0.071* (0.043)
$Work$	0.166** (0.072)	0.275** (0.113)	0.533*** (0.200)

(续上表)

变量	因变量：幸福感		
	OLS	Oprobit	Ologit
Retired	0.283***	0.459***	0.856***
	(0.093)	(0.146)	(0.265)
Married	0.359***	0.572***	1.078***
	(0.062)	(0.099)	(0.180)
Education	−0.001	−0.000	0.003
	(0.007)	(0.011)	(0.019)
Party	0.231***	0.372***	0.608***
	(0.071)	(0.115)	(0.209)
Health	0.128***	0.210***	0.380***
	(0.020)	(0.032)	(0.057)
Constant	2.310***		
	(0.425)		
Observations	949	949	949
R^2	0.237		

注：括号中为稳健标准差，***$p<0.01$，**$p<0.05$，*$p<0.1$。

我们也可以有限产权的房产拥有者为样本进行稳健性检验，有限产权样本要满足：在回答现在住房的产权和租赁情况时，选择已购房（部分/有限/居住产权），且在回答"您家在别处共拥有多少处具有部分或全部产权的住房？"时，选择没有别处产权房的样本，分位数按照有限产权的面积设定，分位数设定方式、计量模型设定与估计方法均与前面针对无产权房样本的稳健性检验相同。

回归结果如表5.9所示，两个交叉项的系数均不显著，这表明有限产权的住房也不具有财富效应。

表5.9 稳健性检验：有限产权样本

变量	OLS	Oprobit	Ologit
ln*price*	-0.057 (0.046)	-0.105 (0.083)	-0.163 (0.148)
Property room area（*limited*）	0.000 (0.001)	0.000 (0.002)	0.000 (0.003)
ln*price* ∗ *Small_size*	-0.007 (0.009)	-0.015 (0.015)	-0.030 (0.027)
ln*price* ∗ *Large_size*	0.004 (0.008)	0.006 (0.015)	0.009 (0.027)
ln *income*	0.094* (0.049)	0.170** (0.086)	0.253* (0.152)
Relative income	0.295*** (0.048)	0.539*** (0.091)	0.983*** (0.155)
Female	0.085 (0.056)	0.153 (0.101)	0.275 (0.183)
Age	-0.038*** (0.013)	-0.067*** (0.024)	-0.136*** (0.045)
Age^2	0.000*** (0.000)	0.001*** (0.000)	0.001*** (0.000)
Population of family	-0.028 (0.023)	-0.053 (0.041)	-0.098 (0.077)
Work	0.006 (0.107)	0.018 (0.192)	0.031 (0.333)
Retired	0.069 (0.109)	0.127 (0.195)	0.182 (0.350)
Married	0.362*** (0.095)	0.637*** (0.172)	1.254*** (0.312)
Education	0.017* (0.009)	0.030* (0.016)	0.057** (0.028)

（续上表）

变量	因变量：幸福感		
	OLS	Oprobit	Ologit
Party	0.033	0.062	0.140
	(0.066)	(0.119)	(0.213)
Health	0.089***	0.156***	0.303***
	(0.022)	(0.041)	(0.074)
Constant	2.631***		
	(0.564)		
Observations	633	633	633
R^2	0.234		

注：括号中为稳健标准差，***p<0.01，**p<0.05，*p<0.1。

5.7 结论

本章建立一个包含住房的消费者效用模型，根据消费者最优化推导出住房产权、房价与消费者效用之间的关系，并据此提出住房产权、房价与居民幸福感的理论假说。我们使用中国社会综合调查 CGSS（2005）和中国经济数据库 CEIC（2005）的数据进行匹配，实证检验了住房产权属性、产权房面积、房价与居民幸福感之间的关系。计量结果证明，有房产者的居民幸福感高于无房产者的。对于有房产者来说，房产面积对居民幸福感呈正向影响。房产具有财富效应，当居民的房产面积达到一个阈值时，房价上涨会增加居民的幸福感。当居民的房产面积小于某个阈值时，房价上涨会降低居民的幸福感。在稳健性检验中，我们发现无产权房的样本和有限产权的样本，房价上涨的财富效应不存在。

本章在前人研究的基础上，有了一点点改进，也存在一些不足。我们不认同"房价上涨对居民幸福感具有显著的负面影响"这样的观点，而应该注意到，拥有房产较多的居民，房价上涨可能具有财富效应，使他们的幸福感增加。我们也不认同"房价上涨对有房者的幸福感带来显著的正向效应"这样的观点，因为有房者可能是有限产权，也可能是小面积房产，他们具有改善性住房需求，房价上涨，可能降低他们的幸福感。本章的不足有三点：其一，只用了2005年一年的数据，要说明的是，选2005年的数据不是选择性的，是因为CGSS（2006）的数据只有现住房面积，没有提供其他拥有的房产面积，CGSS（2008）甚至没有提供其他拥有的房产信息。但不可否认，用2005年一年的数据得出的结论，其科学性不足。其二，我们没有得到房产财富效应的房产面积阈值，而是用分位数回归近似处理。其三，我们使用3/10分位和7/10分位对样本进行分组，这个分法的科学性没有得到证明。其四，在各个分位数回归中，我们发现产权房面积、租住面积、有限产权面积的系数都变得不显著。

第6章 婚姻与幸福感

6.1 婚姻与幸福感的关系

6.1.1 引言

中国传统文化讲究"男大当婚,女大当嫁";也有人把婚姻比作围城,城外的人想进来,城里的人想出去。中国的离婚率已连续7年递增,目前,北京、上海的离婚率已超过1/3。[①] 人们带着"幸福美满、白头偕老"的憧憬步入婚姻,但婚后又面临油盐柴米、生儿育女等种种压力,与爱情的浪漫相距甚远。婚姻到底是幸福的来源还是幸福的坟墓?这是本章关注的问题。

幸福感研究大多从人口学特征、经济因素(收入、收入不均、失业、通胀)和政治因素(民主、投票参与等)展开(Frey & Stutzer,2002)。从婚姻角度研究幸福感的国外文献很多,但国内文献很少,国内一些研究幸福感的文献把婚姻作为控制变量引入,而不是专门研究婚姻与幸福感的关系。

本章试图探索解决的问题有三个层面:其一,婚姻状况与幸福感有什么关系?其二,哪些因素会影响婚姻的幸福感?其三,探讨婚姻促进幸福感的机制。接下来第二部分是文献综述,第三部分是数据和变量描述,第四部分对婚姻状况与幸福感的关系进行实证检验,第五部分检验影响婚姻幸福感的几个因素,第六部分探讨婚姻促进幸福感的机制,第七部分是稳

[①] 李晓宏:《中国离婚率已连续7年递增》,载《人民日报》2011年6月2日。

健性检验，第八部分是结论。

6.1.2 文献综述

学术界关于婚姻与幸福感的关系大体有以下两种观点：第一种观点比较普遍，认为婚姻对幸福感有促进作用；第二种观点是，部分学者认为，主观幸福感与婚姻之间的相关度不大，婚姻甚至还有可能降低当事人的幸福感。

婚姻往往被人们视为幸福人生的一个重要组成部分。Carr（1998）视友谊、血缘关系、人际关系和婚姻为幸福的重要来源，虽然在一些时期，婚姻也带来痛苦，但就它的本质而言，婚姻给人类带来幸福。Campbel et al.（1976）将婚姻和家庭视为预测总体幸福感的15个因素中最主要的两个因素。Blanchflower & Oswald（2004）用微观计量学方法计算出和睦的婚姻给人们带来的幸福价值大约为10万美元/年[①]；Myers et al.（1996）的研究结果证实，已婚的人比离异、未婚的人更幸福。Mastekaasa（1995）将已婚者和未婚者之间幸福感的差异叫作"幸福鸿沟"。Myers et al.（1996）对婚姻与幸福感之间的正向关系有两方面的解释：一是幸福的人比不幸福的人更容易结婚；二是婚姻为人们提供的种种好处让人更幸福。潘谷颖、潘乃林（2012）对在职的已婚护士与配偶进行问卷调查，设计了总体幸福感量表和婚姻质量量表，结论表明，护士及其配偶的主观幸福感评分和婚姻质量评分之间呈高度正相关。[②]

婚姻带来的社会支持有利于身心健康，可提高主观幸福感。婚姻对人们有很多潜在的好处，例如孩子、稳定的性生活、家庭和经济支持、年老时的伴侣等（Rook，1984）；Brown（1986）等人强调配偶所提供的社会支持。Argyle（1999）认为，婚姻为个体提供自尊，婚姻是一个人缓解生活压力的港湾。诺丁汉大学斯蒂芬·约瑟夫教授认为，婚姻是两个人社会价值观、社会需求和生理需求的高度结合，夫妻分享快乐、分担痛苦，这使人们内心有了归属感，有了归属感很容易产生幸福感。Stutzer & Frey（2006）认为，夫妻间共同活动的愉快、没有孤独感、促进自尊和情感支持都是促进幸福感的重要方面。哈佛大学的丹尼尔·吉尔伯特教授研究发现，已婚夫妇比那些单身、离婚或者同居的男女更幸福、长寿，人均收入更多，享

[①] 这是与单身者（包括鳏夫、寡妇）相比较的结果。

[②] 潘谷颖、潘乃林：《护士主观幸福感和婚姻质量的相关性研究》，载《上海护理》2012年第1期，第27-30页。

有更多的性生活。另外，结婚的人有更少的可能性患高血压、心脏病或癌症、肺炎、外科手术、痴呆等疾病，遭遇交通事故甚至被谋杀的可能性也较低些（Lyubomirsky，2012）。①

Becker（2003）指出，婚姻不是通往幸福的关键。结婚的人并不必然比他们单身时更幸福，幸福来自幸福的人本身，而不是结婚，婚姻并不是幸福的基本来源，因此，不要依赖婚姻来给你带来幸福（Sheri & Stritof，2012）。② 在美国，主观幸福感与婚姻状况之间的平均相关系数仅为0.14，婚姻状况对主观幸福感变异的解释仅为2%左右（Stock，1983；Hidore，1985）。William等人认为主观幸福感与婚姻状况之间存在正相关，但这种相关性比预想的要微弱得多（Harding-Hidore et al.，1985）。Kurdek（1999）认为，离婚率的上升和未婚同居现象的增多，使已婚者与未婚者之间的"幸福鸿沟"得以缩小。在现实中，婚姻可能给当事人带来诸多烦恼，婚姻中存在许多不利因素，容易造成当事人的生活满意度和幸福感降低。当婚姻实在无法忍受的时候，人们会通过离婚来减轻婚姻带来的痛苦（Russell，1988）。

关于影响婚姻幸福感的因素，Glenn & Weaver（1978）、Lewis & Spanier（1979）认为当事人的社会及个人资源、对生活方式的满意度以及来自夫妻互动中的收获这三种因素会促进婚姻幸福感。邢占军、金瑜（2003）的研究发现，性别是影响城市居民婚姻状况与主观幸福感关系的重要因素，有婚姻生活的女性比没有婚姻生活的女性幸福感更高，而男性则恰恰相反。然而，Dineertal（1989）认为，相比女性，男性能从婚姻生活中得到更多好处。也有学者认为性别对婚姻幸福感没有影响（Louis & Zhao，2002）。

一些研究指出婚姻幸福感与孩子有关。Feldman（1971）指出，有孩子的夫妻明显减少口头交流，夫妻互动也减少，有限的交流也是关于孩子。生小孩会妨碍婚姻生活，瓦解夫妻关系，孩子的出生使夫妻关系趋于紧张（Doss，Rhoades & Markman，2009）；孩子使家庭经济负担加重（Lino，2008）。胡颖君（2010）认为，很多夫妻受到传统婚姻观念的影响，在婚姻出现问题以后，可能因为子女或者整个家庭的利益权衡而选择忍耐，将就凑合过日子，这样的婚姻生活只会给双方带来无尽的痛苦，夫妻之间很难

---

① http://www.psychologytoday.com/blog/how-happiness/201202/does-marriage-make-us-happy-should-it.

② http://marriage.about.com/od/tips/qt/happymarriages.htm.

有幸福可言。① 最近的一份研究认为，孩子会改进已婚夫妻的生活满意度，并且，孩子越多，夫妻越幸福（Angeles，2010），当被问及什么是生活中最重要的事情时，大部分人把孩子列在首要位置。

普遍认为年龄与婚姻幸福感的关系是一条U形曲线，中年人的婚姻幸福感最低（Lowenthal & Chiraboga，1972）。中年人通常上有老下有小，又面临家庭和工作压力，形成个人生命周期中最大的角色约束，从而降低婚姻幸福感。到了老年期，角色约束降低，有助于提高夫妻双方的婚姻满意度（Rollins & Cannon，1974）。也有研究表明，不论是夫妻的绝对年龄还是相对年龄（年龄差距）都不会对婚姻幸福感产生显著影响（Patrick，1997；Cotton，2002）。

收入会影响婚姻幸福感，稳定的经济条件给婚姻中的夫妻双方提供了一个很好的物质基础，而家庭经济拮据会给当事人带来较大生活压力和烦恼，产生婚姻危机（Di Tella et al.，2001；Frey & Stutzer，2005）。另外，收入与婚姻幸福感之间呈正向相关但收益递减的关系，收入在一定范围内增加人们的婚姻幸福感，但高收入所带来的欲望和期望将会对婚姻幸福感产生负面的影响（Haring，1984；Hayo & Seifert，2003）。周沫（2008）认为，经济因素是婚姻幸福的基础，人格因素和个人素质是实现高质量婚姻的重要条件②。失业者的婚姻幸福水平显著低于在职者，说明失业与婚姻幸福感负相关（Di Tella et al.，2001；Helliwell & Huang，2010）。Lelkes（2006）的计量结果表明失业会使婚姻幸福感降低15%，不幸的是，由于较低的生产效率以及较差的精神状态，婚姻幸福感较低的人反过来也更容易失业（Lueas et al.，2005）。

有研究发现，教育水平越高，婚姻越幸福（Blanchflower & Oswald，2004）；也有学者认为中等教育水平与最高的婚姻幸福感相关联（Stutzer，2004）。教育水平对婚姻幸福感的影响在不同国家存在差异，相比高收入水平国家，较高的教育程度对低收入水平国家的婚姻幸福感有更大的正向影响（Fahey & Smyth，2004；Carbonell，2005）。

工作和家庭之间的冲突会显著降低人们的工作满意度以及生活质量，如果这种冲突长期得不到缓解，压力得不到释放，还会造成人们心情抑郁、健康状况变差、办事效率降低等，这些都会对婚姻幸福感产生负面影响

---

① 胡颖君：《基于伦理学的幸福婚姻研究》，载《经济研究导刊》2010年第11期，第233－234页。
② 周沫：《论主观幸福感对婚姻质量的影响》，河北大学硕士学位论文，2008年。

(Frone & Russell, 2005)。Aselson (2003) 指出，家庭主妇的婚姻幸福感高于处于就业状态的妻子；兼职工作的妻子婚姻幸福感高于全职工作的妻子；妻子在家料理家事的丈夫的婚姻幸福感高于妻子在外工作的丈夫。

众多的研究表明，健康与婚姻幸福感相互促进，身体和心理更健康的人通常婚姻更幸福，而幸福的婚姻反过来也会对健康产生保护性效应 (Cannon, 1974; Waring & Holden, 1998; Lueptow et al., 1989)。也有学者认为，健康水平下降对婚姻幸福感的负面影响与收入水平下降有关，当健康状况变差时若不显著影响当事人的经济收入，婚姻幸福感受到的影响不大 (Dean, 2007)。

时间也可能是婚姻幸福感的一个影响因素，Diener 认为人们对婚姻这样的喜事有强烈反应，但经过一段时间（大约是两年），人们会回归到他正常的幸福水平，这个幸福水平不是由婚姻决定，而是由他们自身决定的。还有一个统计技术上的问题，人们多认为是婚姻导致幸福，可能忽视了幸福的人更易于结婚，且保持持久、满意的婚姻 (Lyubomirsky, 2012)。

国内对婚姻幸福感尚没有专门的研究，国外的研究没有针对中国的数据，因此，用中国的微观数据，检验中国人的婚姻对幸福感的影响，是本章试图解决的问题。我们不仅要检验婚姻对幸福感是否有显著影响，还要检验影响婚姻幸福感的几项主要因素，最后要解决婚姻为什么能促进幸福感的问题。

6.1.3 变量和数据

(1) 变量

幸福感是本章的因变量。幸福是一种主观感觉，难以衡量。世界价值观调查 (World Value Survey, WVS) 通过设计这样一个问题来衡量幸福感："总的来说，您觉得幸福吗？"有"非常幸福""幸福""不是很幸福""一点也不幸福"四个选项；每个选项赋予不同的数值，"非常幸福"赋值为1，"幸福"赋值为2，"不是很幸福"赋值为3，"一点也不幸福"赋值为4。在处理数据时，为了让数值随着幸福感增加而增大，我们重新赋值，"非常幸福"赋值为4，"幸福"赋值为3，"不是很幸福"赋值为2，"一点也不幸福"赋值为1。

Inglehart (2008) 将生活满意度也看作衡量幸福感的一个指标，本章将生活满意度作为对幸福感进行稳健性检验时的因变量。WVS 调查生活满意度的问题是："总的来说，您对目前的生活满意度如何？"答案从 1 到 10，表示由不满意到满意的不同程度。

本章的核心自变量是婚姻，WVS 对婚姻状况的调查有已婚、同居、离婚、分居、寡居、单身、分居但维持稳定的关系等八种选项，我们将除了已婚以外的其他情况统一归类为"其他"，并以其为基准组，赋值为 0，已婚为对照组，赋值为 1。

为了考察婚姻对幸福感的影响，必须控制住其他因素。绝对收入（Easterlin，1995；Frey & Stutzer，2002；Blanchflower & Oswald，2004）和相对收入（Dynan & Ravina，2007；Luttmer，2004；Layard，2005）是影响居民幸福感的十分重要的因素。WVS 没有绝对收入水平的数据，只调查了受访者的收入等级，选项 1～10 表示收入等级从低到高。由于经济满意度是与他人收入经过比较后对自己收入情况的评估，相对收入可采用家庭经济满意度来衡量，选项从 1 到 10 表示从不满意到满意的不同程度。WVS 还有关于收入分配公平性的调查，赋值从 1 到 10，表示收入分配从不平等到很平等。

除了关于收入的控制变量外，还需控制住一些人口学特征变量，如信任、年龄、性别、孩子、健康、就业、自由等，这些因素都可能影响居民幸福感。在 WVS 中，调查信任的问题是："总的来说，您认为大多数人是可信的还是相处时要非常小心？"回答有两个选项，即"大多数人是可信的"和"不可信，需要小心"，在处理数据时，我们将回答"不可信，需要小心"的样本设为基准组，赋值为 0，将回答"大多数人是可信的"的样本设为对照组，赋值为 1。年龄采用真实年龄数据，为了探讨年龄与幸福感之间是否存在非线性关系，我们引进年龄的二次方。性别采用虚拟变量，男性为基准组，赋值为 0，女性为对照组，赋值为 1。WVS 调查了生育孩子的情况，选项从"0"到"8"，表示生育孩子的数量，其中"8"代表 8 个或 8 个以上的孩子，"0"代表没有孩子。WVS 提供了身体健康调查，并将回答"非常好"的样本健康赋值为 1，回答"好"的样本赋值为 2，回答"一般"的样本赋值为 3，回答"不好"的样本赋值为 4，回答"非常不好"的样本赋值为 5。处理数据时，我们希望越健康，赋值越大，因此重新赋值，将"非常好"赋值为 5，"好"赋值为 4，"一般"赋值为 3，"不好"赋值为 2，"非常不好"赋值为 1。关于就业特征调查，选项有"全职""兼职""个体经营""退休""家庭主妇""学生""失业"和"其他"这八种状况，处理时将前三种统一为"有工作并有货币收入"，将其他几种统一为"其他"，并以"其他"为基准组，赋值为 0，"有工作并有货币收入"为比较组，赋值为 1。对于自由，WVS 的定义是生活选择和控制的自由程度，选项从 1 到 10，表示从一点也不自由到非常自由的不同程度。

变量名称及定义如表 6.1 所示。

表 6.1 变量定义

变量名称	变量定义
Happiness	=1，一点也不幸福；=2，不是很幸福；=3，幸福；=4，非常幸福
Satisfaction of life	生活满意度
Married	=1，已婚；=0，其他
Trust	=0，需要小心；=1，大多数人是可信的
Financial satisfaction	经济满意度，用于衡量相对收入水平
Scale of incomes	收入等级，用于衡量绝对收入水平
Age	年龄
Age^2	年龄二次方
Female	=1，女；=0，男
Children	小孩的数量
Health	=1，非常差；=2，差；=3，一般；=4，好；=5，非常好
Work	=1，有工作和货币收入；=0，其他
Freedom	生活的自由度
Income equality	分配公平

（2）数据

本章采用的数据来自 WVS（世界价值观调查）的中国部分。世界价值观调查是美国学者 Ronald Inglehart 主持的一项跨国调查，可反映各个国家价值观的差异。WVS 对中国做了四次抽样入户调查，具体年份为 1990 年、1995 年、2001 年、2007 年，1990 年的样本为 1000 个，1995 年的样本为 1500 个，2001 年的样本为 1000 个，2007 年的样本为 2015 个，四年的总样本为 5515 个，构成本章的混合截面数据[①]。

各变量的描述性统计见表 6.2。样本的年龄在 18 岁到 87 岁之间，幸福感的平均值为 2.96，处于"不是很幸福"和"幸福"之间，接近于幸福。婚姻的平均值为 0.825，说明已婚者占比为 0.825。

---

① 数次调查不是针对相同的人，因此，不能使用面板数据。

表 6.2 描述性统计

变量	样本数	平均值	标准差	最小值	最大值
Happiness	5461	2.958	0.721	1	4
Satisfaction of life	5441	6.837	2.378	1	10
Married	5495	0.825	0.380	0	1
Trust	5266	0.542	0.498	0	1
Financial satisfaction	5440	5.966	2.554	1	10
Scale of incomes	5034	4.438	2.077	1	10
Age	5515	41.312	13.556	18	87
Age^2	5515	1890.445	1188.031	324	7569
Female	5513	0.489	0.500	0	1
Children	5239	1.899	1.367	0	8
Health	5506	3.839	0.997	1	5
Work	5422	0.795	0.403	0	1
Freedom	5228	7.064	2.425	1	10
Income equality	5050	6.062	3.140	1	10

婚姻与幸福感的分布状况如表 6.3 所示。为统计出已婚者或其他人回答幸福的比重，本章将选项"幸福"与"非常幸福"统一视为幸福，而将"不是很幸福"与"一点也不幸福"统一视为不幸福。已婚者认为幸福的比重为 77.81%，而其他人认为幸福的比重为 76.06%。

表 6.3 幸福感与婚姻分布情况

幸福感	已婚	其他
一点也不幸福	123	30
不是很幸福	874	197
幸福	2536	530
非常幸福	960	191
幸福所占比重	77.81%	76.06%

6.1.4 婚姻与幸福感的关系

为了检验婚姻与幸福感的关系，我们建立如下计量模型：

$$Happiness_i = \alpha + \beta Married_i + \sum_{j=1}^{n} \gamma_j X_{ij} + \varepsilon_i \tag{6.1}$$

其中 $Happiness_i$ 为居民 i 的幸福感，$Married_i$ 为居民 i 的婚姻虚拟变量。X_{ij} 为控制变量，包括经济满意度、收入等级、年龄、年龄的平方、性别、婚姻、小孩数量、宗教信仰、健康水平、工作、生活自由度、收入平等性，ε_i 是随机扰动项。

关于估计方法，由于幸福感是有序离散变量，适合使用有序离散因变量概率模型（Ordered logit 或 Ordered probit）进行回归估计，其中，Ordered logit 假设随机变量服从逻辑概率分布，而 Ordered probit 假设随机变量服从正态分布。我们同时采用 OLS，Ordered logit 和 Ordered probit 三种方法对参数进行估计，这样做的好处是有利于比较结果的稳健性。本章使用的是横截面数据，因此在估计时采用异方差稳健标准误，对可能存在的异方差进行处理。回归结果如表 6.4 所示。

表 6.4 婚姻与幸福感

因变量：幸福感			
变量	OLS	Ologit	Oprobit
Married	0.130***	0.380***	0.222***
	(0.034)	(0.104)	(0.060)
Trust	0.049**	0.144**	0.084**
	(0.020)	(0.063)	(0.036)
Financial satisfaction	0.066***	0.210***	0.115***
	(0.005)	(0.016)	(0.009)
Scale of incomes	0.019***	0.053***	0.031***
	(0.005)	(0.016)	(0.00902)
Age	-0.011**	-0.034**	-0.019**
	(0.005)	(0.016)	(0.009)

(续上表)

变量	因变量：幸福感		
	OLS	Ologit	Oprobit
Age^2	0.000***	0.001***	0.000***
	(5.81e−05)	(0.000)	(0.000)
$Female$	0.049**	0.174***	0.091**
	(0.021)	(0.064)	(0.036)
$Children$	−0.031***	−0.096***	−0.054***
	(0.011)	(0.034)	(0.019)
$Health$	0.177***	0.561***	0.308***
	(0.012)	(0.039)	(0.021)
$Work$	0.030	0.106	0.057
	(0.028)	(0.085)	(0.048)
$Freedom$	0.022***	0.068***	0.037***
	(0.005)	(0.015)	(0.008)
$Income\ equality$	0.003	0.009	0.005
	(0.003)	(0.010)	(0.006)
$Constant$	1.652***		
	(0.116)		
$Observations$	4109	4109	4109
R^2	0.192		

注：括号中为稳健标准差，***p<0.01，**p<0.05，*p<0.1。

从回归结果可以看出，婚姻虚拟变量的系数为正，并且在1%的显著性水平上显著，这表明整体来说，已婚者比其他婚姻状态的人更幸福，这与许多西方研究者的研究结果一致（Glenn，1978；Mastekaasa，1995；Argyle，1999；Lyubomirsky，2012）。

表6.4也展示了各控制变量的系数及其统计显著性。衡量绝对收入的家庭收入等级对幸福感有显著的正向影响，衡量相对收入的家庭经济满意度对幸福感也有显著的正向影响，这与Easterlin（1995）、Blanchflower & Oswald（2004）、Luttmer（2004）、Layard（2005）等人的研究结论一致。年龄变量统计显著，年龄二次方的系数为正，说明年龄与幸福感呈U形关

系，随着年龄的增长，幸福感先降低，到达一定年龄之后，幸福感又上升，说明上有老下有小的中年人幸福感较低，年少和年老的人幸福感较高，这与 Lowenthal & Chiraboga（1972）的结论一致。女性比男性更为幸福，这可能是因为女性所承担的社会责任以及经济压力相比男性较小。孩子这个变量的系数为负，而且在1%显著性水平上显著，这说明家庭小孩越多，感觉越不幸福，这可能是因为小孩导致婚姻结构发生变化，如夫妻间更少互动、财务紧张，并且小孩减少了不幸福夫妻离婚的可能性，这使得有小孩的夫妻中，不幸福的比例增加（White et al.，1986）。健康会促进幸福，无疑，健康状况更好的人通常幸福感更高（Lueptow et al.，1989）。自由对幸福有正向影响，这很容易理解。信任虚拟变量的系数为正，而且在5%显著性水平上统计显著，说明信任他人的个体比不信任他人的个体更加幸福，与袁正、夏波（2012）的研究结果一致。社会信任被视为社会资本的代理变量，而社会资本被认为与主观幸福感有很强的相关性（Helliwell，2006；Bruni et al，2008）。

回归显示，work（是否有工作并有货币收入）这个变量统计不显著，这可能符合实际情况，工作可增加收入和成就感，也可带来痛苦，如工作劳累和压力等，长期的工作、家庭冲突预示着抑郁、更差的身体健康状况以及压力增加等（Frone et al.，2005）。分配平等性对幸福感的影响也不显著，这也可能符合实际情况，由于收入高的人对分配不平等可能持积极态度，而收入低的人对分配不平等可能持消极态度，对全样本来说，影响不显著。

6.1.5 影响婚姻幸福感的因素

婚姻对幸福感有正向影响，然而，目前社会上离婚现象越来越普遍。既然婚姻可以增进幸福感，人们为什么还要选择离婚？我们认为，存在影响婚姻幸福感的一些因素，幸福的人大多相同，不幸福的人各有其不幸，如出轨、家庭经济压力大、子女问题等。

为了检验性别对婚姻幸福感的影响，我们设计计量模型如下：

$$Happiness_i = \alpha + \beta Married_i + \theta Female_i * Married_i + \sum_{j=1}^{n} \gamma_j X_{ij} + \varepsilon_i$$

(6.2)

我们在模型（6.1）的基础上加入性别和婚姻的交叉项，并在控制变量中去掉性别，交叉项的系数是我们重点考察的对象，预期交叉项系数 θ 为正，估计方法与模型（6.1）相同，回归结果如表6.5所示。

表6.5 性别对婚姻幸福感的影响

变量	因变量：幸福感		
	OLS	Ologit	Oprobit
Trust	0.049** (0.020)	0.143**	0.084** (0.036)
Financial satisfaction	0.066*** (0.005)	0.211*** (0.016)	0.115*** (0.009)
Scale of incomes	0.019*** (0.005)	0.053*** (0.016)	0.031*** (0.009)
Age	-0.011** (0.005)	-0.035** (0.016)	-0.020** (0.009)
Age²	0.000*** 0.000	0.001*** (0.000)	0.000*** (0.000)
Children	-0.031*** (0.011)	-0.095*** (0.034)	-0.053*** (0.019)
Health	0.177*** (0.012)	0.561*** (0.039)	0.308*** (0.021)
Work	0.029 (0.028)	0.104 (0.085)	0.055 (0.048)
Freedom	0.022*** (0.005)	0.068*** (0.015)	0.037*** (0.008)
Income equality	0.003 (0.003)	0.009 (0.010)	0.005 (0.006)
Married	0.106*** (0.036)	0.296*** (0.109)	0.178*** (0.062)
Female * Married	0.055** (0.022)	0.195*** (0.069)	0.099** (0.039)

(续上表)

变量	因变量：幸福感		
	OLS	Ologit	Oprobit
Constant	1.679***		
	(0.115)		
Observations	4109	4109	4109
R^2	0.193		

注：括号中为稳健标准差，***$p<0.01$，**$p<0.05$，*$p<0.1$。

回归结果显示，性别与婚姻的交叉项系数显著为正，这说明女性的婚姻幸福感要高于男性，女性可能更容易从婚姻生活中得到稳定、安全和满足感，而承担的家庭经济压力也比男性要小，因此，女性比男性更能享受到婚姻的幸福。对于男性，其所处的家庭和社会角色使他们可能肩负着更多经济事业压力。一事无成固然痛苦，即便男人的社会地位达到一定高度，工作压力、频繁被动应酬甚至是婚姻危机都会降低其幸福感。这与邢占军、金瑜（2003）的结论类似，有婚姻生活的女性比没有婚姻生活的女性体验到更多的幸福感，而男性则恰恰相反。另外，其他控制变量的系数符号及其显著性与回归（6.1）基本一致，结果稳健，不再赘述。

孩子可能是夫妻爱情的结晶、感情的升华，但孩子也可能是夫妻矛盾的一个来源，甚至带来婚姻危机。为了检验孩子对婚姻幸福感的影响，我们设计计量模型如下：

$$Happiness_i = \alpha + \beta Married_i + \omega Children_i * Married_i + \sum_{j=1}^{n} \gamma_j X_{ij} + \varepsilon_i \quad (6.3)$$

我们在模型（6.1）的基础上加入孩子和婚姻的交叉项，并在控制变量中去掉小孩数量，交叉项的系数是我们重点考察的对象，我们预期交叉项系数 ω 为负，估计方法与模型（6.1）相同，回归结果如表6.6所示。

表 6.6 孩子对婚姻幸福感的影响

变量	因变量: 幸福感		
	OLS	Ologit	Oprobit
Trust	0.048**	0.141**	0.083**
	(0.020)	(0.063)	(0.036)
Financial satisfaction	0.066***	0.211***	0.115***
	(0.005)	(0.016)	(0.009)
Scale of incomes	0.019***	0.053***	0.031***
	(0.005)	(0.016)	(0.009)
Age	−0.012**	−0.038**	−0.022**
	(0.005)	(0.016)	(0.009)
Age^2	0.000***	0.001***	0.000***
	0.000	(0.000)	(0.000)
Female	0.047**	0.167***	0.087**
	(0.021)	(0.064)	(0.036)
Health	0.177***	0.561***	0.308***
	(0.012)	(0.039)	(0.021)
Work	0.030	0.104	0.056
	(0.028)	(0.085)	(0.048)
Freedom	0.022***	0.067***	0.037***
	(0.005)	(0.015)	(0.008)
Income equality	0.003	0.010	0.005
	(0.003)	(0.010)	(0.006)
Married	0.166***	0.487***	0.287***
	(0.037)	(0.114)	(0.065)
Children * Married	−0.033***	−0.103***	−0.059***
	(0.011)	(0.033)	(0.019)
Constant	1.659***		
	(0.116)		
Observations	4109	4109	4109
R^2	0.193		

注:括号中为稳健标准差,***p<0.01,**p<0.05,*p<0.1。

回归结果显示，孩子与婚姻的交叉项系数为负，并且在1%的显著性水平上显著，说明随着小孩数量的增加，婚姻幸福感下降。一些妻子产后抑郁可能导致夫妻关系恶化；妻子把更多心思放在孩子身上，会减少夫妻的交流互动；孩子的到来可能增加家庭的经济压力，减少夫妻自由、娱乐的时间等。各控制变量的系数及其显著性与回归（6.1）基本一致，结果稳健，不再赘述。

经济是影响婚姻幸福感的一个重要因素，经济窘迫容易产生夫妻矛盾，然而，财富越多家庭越幸福也非定论，"男人有钱就变坏"似乎成了社会流行语。我们认为，高收入和低收入都可能对婚姻幸福感有不利的影响，为了检验之，我们依据绝对收入水平将样本分成高收入组、中等收入组和低收入组，并采用分位数来近似表示分组，绝对收入水平处于4—7等级的样本区间为中等收入组，且以此为基准组；绝对收入水平处于1—3等级的样本区间为低收入的对照组，用 Low_income 表示这一虚拟变量；绝对收入水平处于8—10等级的样本区间为高收入的对照组，用 $High\_income$ 表示这一虚拟变量。根据这两个虚拟变量，我们生成两个交叉项：低收入组虚拟变量与婚姻虚拟变量的交叉（$Low\_income * Married$）以及高收入组虚拟变量与婚姻虚拟变量的交叉（$High\_income * Married$）。

$$\text{分位数分组} \begin{cases} \text{基准组} & [4\text{—}7\text{ 等级}] \\ \text{低收入对照组 } Low\_income & [1\text{—}3\text{ 等级}] \\ \text{高收入对照组 } High\_income & [8\text{—}10\text{ 等级}] \end{cases}$$

计量模型设计为：

$$Happiness_i = \alpha + \beta Married_i + \varphi Low\_income_i * Married_i \\ + \lambda High\_income_i * Married_i + \sum_{j=1}^{n} \gamma_j X_{ij} + \varepsilon_i \quad (6.4)$$

我们在模型（6.1）的基础上加入低收入组虚拟变量与婚姻虚拟变量的交叉以及高收入组虚拟变量与婚姻虚拟变量的交叉，并在控制变量中去掉收入等级，我们重点考察两个交叉项的系数，预期交叉项 $Low\_income * Married$ 的系数 φ 为负，交叉项 $High\_income * Married$ 的系数 λ 为负，估计方法与模型（6.1）相同，回归结果如表6.7所示。

表 6.7 收入对婚姻幸福感的影响

因变量：幸福感			
变量	OLS	Ologit	Oprobit
$Trust$	0.049**	0.143**	0.085**
	(0.020)	(0.063)	(0.036)
$Financial\ satisfaction$	0.068***	0.215***	0.118***
	(0.005)	(0.016)	(0.009)
Age	−0.012**	−0.036**	−0.020**
	(0.005)	(0.016)	(0.009)
Age^2	0.000***	0.001***	0.000***
	(5.81e−05)	(0.000)	(0.000)
$Female$	0.050**	0.176***	0.092**
	(0.021)	(0.064)	(0.036)
$Children$	−0.032***	−0.099***	−0.056***
	(0.011)	(0.034)	(0.019)
$Health$	0.178***	0.563***	0.310***
	(0.012)	(0.039)	(0.021)
$Work$	0.0294	0.105	0.056
	(0.028)	(0.085)	(0.048)
$Freedom$	0.022***	0.068***	0.037***
	(0.005)	(0.015)	(0.008)
$Income\ equality$	0.003	0.009	0.005
	(0.003)	(0.010)	(0.006)
$Married$	0.152***	0.435***	0.256***
	(0.035)	(0.107)	(0.061)
$Low\_income*Married$	−0.064***	−0.174**	−0.010**
	(0.025)	(0.078)	(0.043)
$High\_income*Married$	0.001	0.018	0.007
	(0.035)	(0.110)	(0.065)
$Constant$	1.740***		
	(0.115)		
$Observations$	4109	4109	4109
R^2	0.191		

注：括号中为稳健标准差，***p<0.01，**p<0.05，*p<0.1。

回归结果显示,低收入组虚拟变量与婚姻虚拟变量交叉项的系数显著为负,而高收入组虚拟变量与婚姻虚拟变量交叉项的系数不显著,这说明低收入者相比中等收入者的婚姻幸福感下降,而高收入者与中等收入者的婚姻幸福感无显著差别。所谓"贫贱夫妻百事哀",家庭经济拮据容易产生婚姻危机(Di Tella et al.,2001)。然而,收入对婚姻幸福感的正向影响具有收益递减效应(Haring,1984;Hayo,2003),当收入达到一定水平时,绝对收入水平的提高不再对婚姻幸福感产生明显影响。各控制变量的系数及其显著性与回归(6.1)基本一致,结果稳健,不再赘述。

6.1.6 婚姻促进幸福感的机制

婚姻对幸福感有显著的正向影响,存在哪些促进机制?为探讨婚姻促进幸福感的原因,我们分析两个主要的机制:一是婚姻会促进健康对幸福感的影响;二是婚姻会促进工作对幸福感的影响。

健康是幸福感的重要影响因素,婚姻可能增进健康带来的幸福感,为了检验之,我们设计计量模型如下:

$$Happiness_i = \alpha + \beta Health_i + \eta Married_i * Health_i + \sum_{j=1}^{n} \gamma_j X_{ij} + \varepsilon_i \quad (6.5)$$

因变量是幸福感,自变量是健康,引入婚姻虚拟变量与健康变量的交叉项,我们预期交叉项系数 η 为正,估计方法与模型(6.1)相同,回归结果如表6.8所示。

表6.8 婚姻促进健康幸福感

	因变量:幸福感		
变量	OLS	Ologit	Oprobit
Trust	0.049**	0.145**	0.085**
	(0.020)	(0.063)	(0.036)
Financial satisfaction	0.066***	0.211***	0.115***
	(0.005)	(0.016)	(0.009)
Scale of incomes	0.019***	0.053***	0.031***
	(0.005)	(0.016)	(0.009)
Age	-0.010*	-0.031*	-0.017*
	(0.005)	(0.016)	(0.009)

(续上表)

变量	因变量：幸福感		
	OLS	Ologit	Oprobit
Age^2	0.000**	0.000***	0.000**
	(5.87e–05)	(0.000)	(0.000)
$Female$	0.050**	0.177***	0.092**
	(0.021)	(0.064)	(0.036)
$Children$	–0.030***	–0.092***	–0.052***
	(0.011)	(0.034)	(0.019)
$Work$	0.032	0.112	0.060
	(0.028)	(0.085)	(0.048)
$Freedom$	0.022***	0.067***	0.037***
	(0.005)	(0.015)	(0.008)
$Income\ equality$	0.003	0.009	0.005
	(0.003)	(0.010)	(0.006)
$Health$	0.155***	0.493***	0.269***
	(0.014)	(0.045)	(0.025)
$Married * Health$	0.026***	0.078***	0.045***
	(0.008)	(0.026)	(0.015)
$Constant$	1.729***		
	(0.127)		
$Observations$	4109	4109	4109
R^2	0.191		

注：括号中为稳健标准差，***p<0.01，**p<0.05，*p<0.1。

回归结果显示：婚姻虚拟变量与健康交叉项的系数显著为正，这说明婚姻能增进健康对幸福感的促进作用。这可能是因为婚姻能提高健康程度，进而增加主观幸福感，婚姻可能为健康问题带来更多的支持，如一方生病时得到来自配偶的悉心照料。这与 Lyubomirsky（2012）的观点一致。Goyne & Downey（1991）的研究也表明，婚姻带来的社会支持有利于身心健康，从而提高主观幸福感。各控制变量的系数及其显著性与回归（6.1）基本一致，不再赘述。

另外，我们认为婚姻可能增进工作对幸福感的促进作用。为了检验之，我们设计计量模型如下：

$$Happiness_i = \alpha + \beta Work_i + \pi Married_i * Work_i + \sum_{j=1}^{n} \gamma_j X_{ij} + \varepsilon_i \quad (6.6)$$

因变量是幸福感，自变量是工作，引入婚姻虚拟变量与工作的交叉项。我们预期交叉项系数 π 为正，估计方法与模型（6.1）相同，回归结果如表 6.9 所示。

表 6.9　婚姻促进工作幸福感

因变量：幸福感			
变量	OLS	Ologit	Oprobit
Trust	0.049** (0.020)	0.143** (0.063)	0.084** (0.036)
Financial satisfaction	0.066*** (0.005)	0.210*** (0.016)	0.115*** (0.009)
Scale of incomes	0.019*** (0.005)	0.053*** (0.016)	0.031*** (0.009)
Age	-0.007 (0.005)	-0.023 (0.016)	-0.013 (0.009)
Age^2	0.000** (5.59e-05)	0.000** (0.000)	0.000** (0.000)
Female	0.051** (0.021)	0.178*** (0.064)	0.093** (0.036)
Children	-0.029*** (0.011)	-0.089*** (0.033)	-0.050*** (0.019)
Health	0.177*** (0.012)	0.563*** (0.039)	0.309*** (0.021)
Freedom	0.022*** (0.005)	0.068*** (0.015)	0.037*** (0.008)

(续上表)

变量	因变量：幸福感		
	OLS	Ologit	Oprobit
Income equality	0.003 (0.003)	0.009 (0.010)	0.005 (0.006)
Work	−0.048 (0.041)	−0.135 (0.125)	−0.082 (0.071)
*Married * Work*	0.101*** (0.037)	0.308*** (0.112)	0.179*** (0.064)
Constant	1.658*** (0.121)		
Observations	4,109	4,109	4,109
R^2	0.191		

注：括号中为稳健标准差，***p<0.01，**p<0.05，*p<0.1。

回归结果显示：婚姻虚拟变量与工作交叉项的系数显著为正，表明婚姻能增进工作的幸福感。成家立业是中国人的传统思想，婚姻能促进工作的幸福感可能源自夫妻对配偶工作的相互支持，如下班时间相对较早的一方准备晚餐，另一方下班回家时就有归属感，温馨而幸福。"成功男人的背后，必然有一个智慧的妻子"，一主外一主内这种"牛郎织女"般的家庭结构，也是典型的幸福婚姻模式。

在回归（6.1）中，工作对幸福感的影响系数为正，但不显著，在回归（6.6）中，工作的系数为负，也不显著，但婚姻虚拟变量与工作交叉项的系数显著为正，这说明，对于其他婚姻状态者，工作带来的幸福感为负，对于已婚者，工作带来的幸福感取决于 $\beta+\pi$ 的值，见表6.10。

表6.10 $\beta+\pi$ 的值

Work 的系数 β	−0.0480	−0.0820	−0.135
Married * Work 的系数 π	0.101	0.179	0.308
$\beta+\pi$	0.053	0.097	0.173

$\beta+\pi$ 的值为正，这意味着，已婚状态的人工作会增进其幸福感。另

外，各控制变量的系数及其显著性与回归（6.1）基本一致，结果较为稳健。

6.1.7 稳健性检验

为了检验婚姻变量参数的稳健性，本章参照 Inglehart el al. (2008) 的研究，利用生活满意度来代替幸福感，并验证婚姻与生活满意度的关系，若婚姻对生活满意度的促进作用仍然显著，则认为婚姻对幸福感的正向影响是稳健的。因此，我们设计以下模型：

$$Satisfaction_i = \alpha + \beta Married_i + \sum_{j=1}^{n} \gamma_j X_{ij} + \varepsilon_i \qquad (6.7)$$

因变量为生活满意度，自变量及估计方法与模型（6.1）相同，回归结果如表6.11所示。

表6.11 婚姻与生活满意度

变量	因变量：生活满意度		
	OLS	Ologit	Oprobit
Married	0.336***	0.340***	0.201***
	(0.010)	(0.095)	(0.057)
Trust	0.187***	0.189***	0.103***
	(0.056)	(0.055)	(0.033)
Financial satisfaction	0.463***	0.529***	0.270***
	(0.016)	(0.021)	(0.011)
Scale of incomes	0.025*	0.005	0.008
	(0.014)	(0.014)	(0.009)
Age	-0.040***	-0.035**	-0.024***
	(0.015)	(0.015)	(0.009)
Age²	0.000***	0.000**	0.000***
	(0.000)	(0.000)	(0.000)
Female	0.070	0.060	0.041
	(0.057)	(0.055)	(0.033)

（续上表）

变量	因变量：生活满意度		
	OLS	Ologit	Oprobit
Children	0.0683**	0.067**	0.045***
	(0.029)	(0.029)	(0.017)
Health	0.297***	0.295***	0.176***
	(0.033)	(0.032)	(0.019)
Work	0.212***	0.177**	0.120**
	(0.080)	(0.079)	(0.047)
Freedom	0.176***	0.190***	0.103***
	(0.016)	(0.016)	(0.009)
Income equality	0.041***	0.044***	0.024***
	(0.009)	(0.009)	(0.006)
Constant	1.377***		
	(0.336)		
Observations	4129	4129	4129
R^2	0.433		

注：括号中为稳健标准差，***$p<0.01$，**$p<0.05$，*$p<0.1$。

回归结果显示，婚姻对生活满意度的正向影响统计显著，这充分验证了婚姻对幸福感的正向促进作用是稳健可靠的。

6.1.8 结论

追求幸福美满的婚姻生活是人们亘古不变的主题，本章专门讨论了婚姻与幸福感的关系。我们使用世界价值观调查（WVS）中国部分的数据，包括1990年、1995年、2001年和2007年四个年度，共5515个样本，构成混合截面数据。通过实证分析得出以下结论：在控制收入和人口学特征变量之后，婚姻对幸福感有显著的正向影响。通过引入性别与婚姻的交叉项，孩子与婚姻的交叉项以及收入与婚姻的交叉项，发现女性的婚姻幸福感要高于男性，孩子会降低婚姻的幸福感，收入对婚姻幸福感的促进作用存在收益递减效应，低收入者相比中等收入者的婚姻幸福感下降，而高收入者与中等收入者的婚姻幸福感无显著差别。为了探讨婚姻促进幸福感的机制，我们分析了婚姻对健康幸福感和工作幸福感的影响，回归结果显示，婚姻能增进健康对幸福感的促进作用，婚姻也能增进工作的幸福感。

我们也得到一些控制变量对幸福感的影响，与前人的研究结论基本一致，如绝对收入和相对收入都对我国居民的幸福感有显著正向作用。年龄与幸福感呈 U 形关系，随着年龄的增长，幸福感先降低，到达一定年龄之后，幸福感又上升。女性比男性更为幸福。孩子对幸福感的影响显著为负。健康会增进幸福。自由对幸福有正向影响。信任会增进幸福感。工作对幸福感的影响不显著。分配公平性对幸福感的影响不显著。

婚姻和幸福感具有内生性，一方面，婚姻和幸福感互为因果，婚姻促进幸福感，也可能是幸福的人更容易结婚；另一方面，存在第三方因素同时影响婚姻和幸福感，如收入高的人更容易结婚，收入高的人同时也更容易幸福。我们难以在 WVS 数据库中寻找到合适的工具变量来解决内生性，只能尽量多控制住一些因素。在控制变量的选择上，理应加入教育程度、结婚年龄、恋爱到结婚的时间、婚姻持续的年数、第几次婚姻等变量，但由于数据缺失，无法加入这些变量。

6.2 婚姻结构与幸福感

6.2.1 文献综述

（1）结婚年龄与婚姻幸福感

一方面，结婚时年龄较小，婚后用于提高教育程度以及收入水平的时间更多，因此，越早结婚的人婚后夫妻地位变化的可能性越大（Tzeng，1992），而这种变化所导致的异质性容易激发夫妻矛盾，降低婚姻幸福感，增加离婚可能性（Rogler & Procidano，1989）。另一方面，早婚者通常经济收入较低、教育程度不高、心理不够成熟，导致婚后生活压力较大、处事易冲动、夫妻矛盾难以调和等，这些因素都可能大大降低婚姻幸福感，影响家庭稳定（Vaillant，2007）。随着经济和社会的不断发展，结婚成本收益比以及当代经济发展水平决定了大部分人适合在法定结婚年龄之后步入婚姻（顾海兵、杨诶，2008）[①]。人们通常更愿意相信自己的逻辑：等待时间越长，结果越美好。然而，大量心理学研究发现，这种等待只对 22 岁以下

---

① 顾海兵、杨诶：《降低法定结婚年龄：我国社会转型的必然趋势》，载《学术研究》2008 年第 8 期，第 31 – 36 页。

者有意义，早于 21 岁或者 22 岁结婚，婚姻成功率急剧下降，结婚年龄处于 22～25 岁的婚姻最为美满，25 岁之后需要更多的时间及努力来获取婚姻成功，30 岁以后结婚，婚姻不幸福的风险上升。

（2）夫妻差异与婚姻幸福感

奥地利维也纳大学的人类学家马丁·费德尔认为，夫妻年龄差距是婚后生儿育女最重要的影响因素，从多生子女的角度来看，男性适合选择比自己年轻 6 岁左右的女性，而女性选择伴侣最好比自己年长大概 4 岁。在工业化前的芬兰萨米族，由于存在多子多福的思想，男性更愿意找比自己年轻 15 岁的伴侣。从性心理差异的角度来看，年龄越大，男女适婚年龄差距越大，这才有利于琴瑟和鸣。当然，民间也有"女大一，穿锦衣；女大二，生宝儿；女大三，抱金砖；女大四，有喜事……"等说法。在婚姻结合中，父母"门当户对"观念较为强烈。违背婚配同质性会降低当事人的婚姻幸福感，教育程度相当的夫妻相比学历差距较大的伴侣平均可以从婚姻中获得更高的幸福感（Stutzer & Frey，2005）。石林、张金峰（2002）认为婚姻幸福感随着夫妻收入差距的拉大而降低。① 从女性经济独立的角度来看，妻子的相对收入越高，离婚可能性越大。夫妻教育和收入水平上的差异对婚姻幸福感的影响可能并不是直接的，但它可以通过夫妻沟通方式、角色平等性等渠道间接对婚姻幸福感产生负面影响（Buss，1984）。然而，也有部分学者认为，随着婚龄的不断增长，夫妻之间会进行某种磨合，不管是教育还是收入等方面的差异对婚姻幸福感的负面影响会逐渐被弱化（Rogler & Procidano，1989）。张会平、曾洁雯（2010）以城市女性为调查样本，研究了夫妻差异对婚姻幸福感的影响，其研究结果显示，妻子在家庭中的经济优势会降低婚姻幸福感，但妻子的教育优势可以缓解这种消极影响。②

6.2.2 变量与数据

（1）变量

CGSS（2010）对居民婚姻状况的调查有未婚、同居、已婚、分居未离婚、离婚、丧偶六种选项。在本章后面的分析过程中，研究初婚年龄对婚

---

① 石林、张金峰：《夫妻收入差异与婚姻质量关系的调查研究》，载《中华女子学院学报》2002 年第 3 期，第 35 - 40 页。
② 张会平、曾洁雯：《城市女性的相对收入水平及受教育程度差异对婚姻质量的影响》，载《中国临床心理学杂志》2010 年第 5 期，第 632 - 634 页。

姻幸福感的影响时，我们剔除了从未结过婚的样本（包括未婚和同居），仅保留结过婚的样本（包括已婚、分居未离婚、离婚、丧偶），研究夫妻年龄差异、教育程度差异以及收入差异对婚姻幸福感的影响时，我们剔除没有配偶的样本（包括未婚、同居、离婚、丧偶），仅保留拥有配偶的样本（包括已婚、分居未离婚）。

幸福感（happiness）仍然是本章的被解释变量。CGSS（2010）衡量居民幸福感的问题为："总的来说，您认为您的生活是否幸福？"有"很不幸福""比较不幸福""居于幸福与不幸福之间""比较幸福""完全幸福"五个选项，每个选项赋予的数值不同，"很不幸福"赋值为1，"比较不幸福"赋值为2，"居于幸福与不幸福之间"赋值为3，"比较幸福"赋值为4，"完全幸福"赋值为5。

本章的核心自变量包括初婚年龄、夫妻年龄差异、夫妻教育程度差异以及夫妻收入差异。CGSS（2010）数据库中提供第一次结婚的时间以及出生年份，我们将被访者第一次结婚的时间减去其出生年，得到"初婚年龄"这一变量。关于夫妻年龄差异，CGSS（2010）中包含了自己和配偶的出生年份信息，从而可以得出丈夫以及妻子的年龄，我们把丈夫年龄减去妻子年龄得到"夫妻年龄差异"这一变量。CGSS（2010）中提供了夫妻最高教育程度的调查数据，回答有14个选项，包括：没有受过任何教育、私塾、小学、初中、职业高中、普通高中……大学本科（正规高等教育）、研究生及以上、其他，我们把回答"没有受过任何教育"的样本赋值为1，把回答"其他"的样本赋值为14，中间的样本从2到13依次赋值，由此我们可以计算出夫妻的教育程度差异。在数据分析过程中，我们发现夫妻教育程度相同的样本较多，本研究将这一部分样本设置为基准组，赋值为0，同时设置了妻子教育程度高于丈夫、丈夫教育程度高于妻子两个对照组，用 $Education\ D1$ 表示妻子教育程度高于丈夫这一虚拟变量，用 $Education\ D3$ 表示丈夫教育程度高于妻子这一虚拟变量。我们以丈夫及其妻子的绝对收入水平来考察夫妻收入差异，CGSS（2010）中有夫妻上年全年的个人总收入数据，我们取绝对收入的对数形式进行估计；为了避免有效数据的缺失，对数形式采用 $\ln(1+x)$，x 表示自己或者配偶的绝对收入。在数据处理过程中，我们设置 $Income\ D$ 这一虚拟变量，以丈夫绝对收入低于妻子为基准组，赋值为0[①]，以丈夫绝对收入不低于妻子为参照组，赋值为1。

[①] 考虑到绝对收入为连续变量，妻子与丈夫绝对收入相等的样本数据太少，本章未将丈夫绝对收入等于妻子的样本作为基准组。

由于居民的主观幸福感受到很多其他因素的影响，我们在考察核心自变量对主观幸福感的影响时需要加入控制变量。家庭收入（包括绝对收入和相对收入）很可能会对主观幸福感产生影响。CGSS（2010）调查了被访者上一年度全年的家庭总收入，同样，为了防止丢失有效数据，我们采用 $\ln(1+x)$ 考察家庭的绝对收入水平，其中 x 表示被访者去年全年的家庭总收入。家庭相对收入可采用家庭经济状况所属档次来衡量，回答包括"远低于平均水平""低于平均水平""平均水平""高于平均水平""远高于平均水平"五个选项，依次赋值为 1~5，数值越高表示相对收入越高。在 CGSS（2010）中，调查生育的问题是："请问您有几个子女？"我们把儿子的数量和女儿的数量相加得到小孩数量（Children）。CGSS（2010）提供了受访者身体健康状况调查，回答有五个选项："很不健康"赋值为 1，"比较不健康"赋值为 2，"一般"赋值为 3，"比较健康"赋值为 4，"很健康"赋值为 5。关于性别这一变量，本章把男性作为基准组，把女性作为对照组，分别赋值为 0 和 1。年龄我们继续采用真实年龄，同时引进年龄的平方项来探讨非线性关系。关于政治面貌，CGSS（2010）的调查有共产党员、民主党派、共青团员以及群众四种选项，我们将除共产党员之外的其他情况统一归类为"其他"，设置为基准组，赋值为 0，共产党员设置为对照组，赋值为 1。对于就业状况，CGSS（2010）的定义是"上周为了取得收入是否从事了一小时以上的劳动"，我们把回答"是"的样本作为参照组，赋值为 1，把其他三种回答作为基准组，赋值为 0。

变量名称及定义如表 6.12 所示。

表 6.12　变量定义

变量名称	变量定义
Happiness	=1，很不幸福；=2，比较不幸福；=3，居于幸福与不幸福之间；=4，比较幸福；=5，完全幸福
Married	=1，已婚；=2，同居；=3，已婚；=4，分居未离婚；=5，离婚；=6，丧偶
Marriage Age	初婚年龄
Age D	丈夫年龄减去妻子年龄，用于衡量夫妻年龄差异
Age D^2	夫妻年龄差异平方项
Education D1	=1，妻子教育程度高于丈夫；=0，其他

(续上表)

变量名称	变量定义
Education D3	=1,丈夫教育程度高于妻子；=0,其他
Income D	=1,丈夫绝对收入不低于妻子；=0,丈夫绝对收入低于妻子
Relative income	家庭经济状况所属档次,用来衡量家庭相对收入
ln income	家庭绝对收入
Children	小孩数量
Health	=1,很不健康；=2,比较不健康；=3,一般；=4,比较健康；=5,很健康
Female	=1,女；=0,男
Age	年龄
Age^2	年龄二次方
Party	=1,共产党员；=0,其他
Education	受教育程度
Work	=1,上周为获得收入从事一小时以上劳动；=0,其他

(2) 数据

本章采用的数据来自 CGSS (2010) 的数据,CGSS 由中国人民大学社会学系和香港科技大学社会科学部共同完成调查和发布,由于仅 2010 年此数据库包含了详细的与婚姻状况及婚姻结构相关的信息,因此,本章仅采用了 2010 年这一年的数据,CGSS (2010) 的样本观测值共为 11783 个,构成本章的横截面数据总体样本。在研究初婚年龄对婚姻幸福感的影响时,我们剔除掉从未结过婚的样本（包括未婚和同居）,仅保留结过婚的样本（包括已婚、分居未离婚、离婚、丧偶）,剩下的观测值为 10626 个,构成本节第一阶段实证分析的研究样本；在研究夫妻年龄差异、教育程度差异,以及收入差异对婚姻幸福感的影响时,我们剔除没有配偶的样本（包括未婚、同居、离婚、丧偶）,仅保留目前拥有配偶的样本（包括已婚、分居未离婚）,保留的观测值为 9461 个,构成本节第二阶段实证分析的研究样本。

本章第一阶段和第二阶段研究样本的描述性统计分别见表6.13和表6.14。[①]

表6.13 第一阶段描述性统计

变量	样本数	平均值	标准差	最小值	最大值
Happiness	10614	3.770	0.880	1	5
Marriage Age	10537	23.515	3.924	10	64
Relative income	10605	2.603	0.763	1	5
ln income	9490	9.991	1.295	0	15.607
Children	10523	1.954	1.280	0	11
Health	10615	3.556	1.114	1	5
Female	10626	0.529	0.499	0	1
Age	10624	49.529	14.457	18	96
Age^2	10624	2662.139	1513.833	324	9216
Party	10616	0.129	0.335	0	1
Education	10624	4.558	2.801	1	14
Work	10614	0.627	0.484	0	1

从表6.13中可以看出，结过婚的样本（包括已婚、分居未离婚、离婚、丧偶）年龄为18～96岁。幸福感的平均值为3.77，介于"居于幸福与不幸福之间"和"比较幸福"中间，说明结过婚的人平均来说接近于比较幸福。初婚年龄为10～64岁，而平均初婚年龄为23.51岁。

表6.14 第二阶段描述性统计

变量	样本数	平均值	标准差	最小值	最大值
Happiness	9450	3.800	0.856	1	5
Age D	9426	2.177	3.245	−13	26
$Age\ D^2$	9426	15.273	34.258	0	676

---

① 在CGSS2010总体样本中，没有结过婚的个体与初婚年龄有关的数据均为缺失值，没有配偶的个体与夫妻年龄差异、教育程度差异、收入差异相关的数据均为缺失值。为了更直观地体现出本章各实证阶段初婚年龄、夫妻差异方面的信息，本章对第一和第二阶段的实证分析分别采用了两次描述性统计。

(续上表)

变量	样本数	平均值	标准差	最小值	最大值
Education D1	9445	0.167	0.373	0	1
Education D3	9445	0.431	0.495	0	1
Income D	7587	0.849	0.358	0	1
Relativeincome	9442	2.629	0.749	1	5
ln income	8497	10.078	1.182	0	15.607
Children	9373	1.863	1.168	0	11
Health	9452	3.618	1.096	1	5
Female	9461	0.511	0.500	0	1
Age	9459	47.838	13.540	18	90
Age^2	9459	2471.783	1367.231	324	8100
Party	9451	0.132	0.339	0	1
Education	9460	4.705	2.796	1	14
Work	9451	0.657	0.475	0	1

从表6.14中我们可以发现，拥有配偶的样本（包括已婚、分居未离婚）年龄处于18～90岁，平均为47.84岁，主观幸福感的平均值为3.80，也介于"居于幸福与不幸福之间"和"比较幸福"中间，且略高于结过婚的样本幸福感平均值。夫妻年龄差异（丈夫年龄减去妻子年龄）最小为-13岁，最高为26岁，平均来说，丈夫比妻子年龄大2.18岁。妻子教育程度高于丈夫所占比例为16.70%，丈夫教育程度高于妻子的比例为43.09%。用于考察夫妻收入差异的虚拟变量Income D的均值为0.85，说明在绝大部分拥有配偶的样本中，丈夫的绝对收入不低于妻子。

6.2.3 初婚年龄对婚姻幸福感的影响

有研究者认为，结婚年龄较小会降低婚姻幸福感（Rogler & Procidano, 1989；Vaillant, 2007）；也有学者认为，结婚越早，婚姻越幸福。结婚年龄处于22～25岁的婚姻最为美满，在21岁或者22岁之前结婚，婚姻较难成功，但超过25岁结婚，婚姻幸福的可能性降低[1]。为了检验初婚年龄与婚

---

[1] [美]李·施内布利：《首先学会爱自己》，张燕玲译，中信出版社2002年版。

姻幸福感的关系，我们建立了如下计量模型：

$$Happiness_i = \alpha + \beta_1 marriage\ age1_i + \beta_2 marriage\ age2_i + \beta_3 marriage\ age3_i$$
$$+ \beta_4 marriage\ age4_i + \sum_{j=1}^{n}\gamma_j + X_{ij} + \varepsilon_i \qquad (6.8)$$

其中 $Happiness_i$ 为居民 i 的幸福感，我们把初婚年龄低于 21 岁的样本设置为基准组，虚拟变量 marriage age1 表示初婚年龄处于 21～25 岁；虚拟变量 marriage age2 表示初婚年龄处于 26～30 岁；虚拟变量 marriage age3 表示初婚年龄处于 31～35 岁；虚拟变量 marriage age4 表示初婚年龄高于 35 岁。X_{ij} 为各控制变量。我们仍然采用 OLS，Ologit 和 Oprobit 三种方法进行回归估计，比较结果的稳健性。同时使用异方差稳健标准误对横截面数据可能存在的异方差进行处理。在检验过程中，我们从总体①、男性、女性三个角度分别进行讨论，有利于全面探讨初婚年龄对婚姻幸福感的影响。

（1）总体样本回归结果

总体样本回归中控制变量包括家庭相对收入、家庭绝对收入、孩子数量、健康状况、性别、年龄、年龄平方、政治面貌、受教育程度以及工作。ε_i 是随机扰动项。表 6.15 给出了总体样本回归结果。

表 6.15 总体样本回归结果

变量	因变量：幸福感		
	OLS	Ologit	Oprobit
Marriage Age1	0.016* (0.007)	0.062* (0.034)	0.032* (0.017)
Marriage Age2	-0.042 (0.029)	-0.147** (0.072)	-0.078* (0.040)
Marriage Age3	-0.122** (0.055)	-0.314** (0.127)	-0.192*** (0.072)
Marriage Age4	-0.116 (0.086)	-0.263 (0.215)	-0.162 (0.115)

---

① 此处的总体样本指结过婚的总体样本。

(续上表)

变量	因变量：幸福感		
	OLS	Ologit	Oprobit
Relative income	0.281***	0.653***	0.365***
	(0.013)	(0.032)	(0.018)
ln income	0.056***	0.131***	0.075***
	(0.009)	(0.019)	(0.011)
Children	0.004	0.005	0.004
	(0.009)	(0.023)	(0.013)
Health	0.165***	0.402***	0.222***
	(0.009)	(0.023)	(0.012)
Female	0.059***	0.142***	0.084***
	(0.018)	(0.044)	(0.025)
Age	−0.019***	−0.047***	−0.027***
	(0.004)	(0.010)	(0.005)
Age^2	0.000***	0.001***	0.000***
	(3.79e−05)	(9.72e−05)	(5.40e−05)
Party	0.082***	0.215***	0.128***
	(0.024)	(0.064)	(0.036)
Education	0.010***	0.017*	0.011**
	(0.004)	(0.009)	(0.005)
Work	0.040*	0.079*	0.050*
	(0.021)	(0.050)	(0.028)
Constant	2.050***		
	(0.130)		
Observations	9317	9317	9317
R^2	0.165		

注：括号中为稳健标准差，***$p<0.01$，**$p<0.05$，*$p<0.1$。

回归结果显示，在结过婚的总体样本中，初婚年龄处于 21～25 岁的幸福感最高，这与 Schnebly（2002）的研究结果类似，初婚年龄过早，经济收入及处事能力通常不高，夫妻之间出现矛盾得不到及时调节，会严重降低婚姻幸福感。初婚年龄处于31～35岁幸福感最低,这可以从中年人面临的经济责任压力以及角色约束等方面来进行解释(Clausen,2002)。之所以出现这样的结果,关键的原因可能在于我们的调查样本来自CGSS(2010)的数据,结过婚的样本年龄最大的为96岁,最小为18岁,出生于20世纪80年代之前所占比重超过90%,在新中国成立之前出生的样本达到21.22%。而新中国成立以前,我国平均初婚年龄大概只有15岁,从20世纪90年代开始我国晚婚现象才成为总体趋势,适宜结婚的年龄大大推迟。初婚年龄在26～30岁以及36～64岁的,其回归系数为负,这可以从不同时代的经济发展水平以及结婚的成本收益比不同等方面来解释。我们的研究样本大部分出生在中国经济发展水平较低的年代,结婚成本远远低于现代社会,且婚姻是取得性生活的唯一合理途径(杜双燕,2008),存在一定数量的受访者适宜20岁之前结婚,但考虑到过早结婚在经济以及心理成熟度等方面的劣势,20岁之前结婚对婚姻幸福感的促进作用并不明显。在越来越现代化的今天,随着性观念的改变以及同居现象的出现,婚姻所带来的收益有所降低。另外,快餐外卖、家务劳动机器智能化的普及等因素也将降低婚姻的"魅力",推迟婚姻。

我们也可以从表6.15中观察到结过婚的总体样本中,各控制变量的系数及其统计显著性。类似于我们在表6.4中所得到的相应系数的结果,家庭绝对收入和家庭相对收入的系数均在1%的水平上显著为正,说明家庭绝对收入与相对收入都有利于促进居民的幸福感;健康和性别两个变量的系数也显著为正,说明越健康越幸福,女性的主观幸福感高于男性;年龄以及年龄平方的系数符号及显著性再次验证了年龄与幸福感之间的U形关系。我们可以看到,小孩的系数为正但不显著,我们的解释是,不同于表6.4中的总体样本(包括没有结过婚的个体),表6.15中的被调查者全部都结过婚,并且绝大部分现在拥有配偶,打算要孩子的比例较高,意愿较强。在条件合适(人们准备好了做父母且意愿强烈)的情况下,孩子的到来会带来幸福(Angeles,2010)。但考虑到孩子客观上对夫妻伴侣关系产生影响,弱化夫妻对性生活的要求,导致潜在的注意力、情感等方面的妒忌和竞争(Buss,2008),综合来看,孩子对婚姻幸福感的影响并不显著。政治面貌的系数显著为正,说明共产党员比非共产党员更幸福,这可能是因为党员身份给个人带来荣誉感,党员作为社会先进分子拥有更多政治和社会资本。教育程度的系数显著为正,一般来说,教育程度的提高有利于获得更好的工作机会,提升社会经济地位。额外的教育水平有助于提高婚姻幸福感(Blanchflower & Oswald,2004)。工作对幸福感的影响也是正向显著的,这可能是因为在结过婚的样本中,虽然工作也带来劳累和家庭与工作的冲突,但这一部分群体对社会经济地位的需求更高,更渴望事业有成,工作所带来的成就感能够促进其主观幸福感的提高。

(2) 男女分样本回归结果

男性和女性最适宜的初婚年龄可能存在差异,因此在结过婚的总样本中,我们进一步区分了男性样本和女性样本,分别进行回归考察。男性和女性样本中控制变量包括家庭相对收入、家庭绝对收入、孩子数量、健康状况、年龄、年龄平方、政治面貌、受教育程度和工作,表6.16给出了分样本的回归结果。

表6.16 男性和女性分样本回归结果

变量	男性	女性
Marriage Age1	-0.253 (0.368)	0.022* (0.013)
Marriage Age2	0.132* (0.077)	-0.159 (0.098)
Marriage Age3	-0.472*** (0.166)	-0.175 (0.244)
Marriage Age4	-0.293 (0.253)	-0.783* (0.458)
Relative income	0.673*** (0.048)	0.637*** (0.044)
ln income	0.091*** (0.027)	0.173*** (0.028)
Children	0.001 (0.035)	0.012 (0.032)
Health	0.410*** (0.034)	0.393*** (0.031)
Age	-0.043*** (0.015)	-0.050*** (0.013)
Age^2	0.001*** (0.000)	0.001*** (0.000)

（续上表）

变量	男性	女性
Party	0.280*** (0.079)	0.115 (0.113)
Education	0.009* (0.005)	0.025* (0.013)
Work	0.215** (0.086)	0.013 (0.062)
Observations	4434	4883

注：括号中为稳健标准差，***p<0.01，**p<0.05，*p<0.1。

我们可以看出，男性初婚年龄处于26～30岁的主观幸福感最高，31～35岁结婚主观幸福感最低；女性初婚年龄处于21～25岁主观幸福感最高，35岁之后结婚幸福感最低。我们的解释是：男性在26～30岁之间结婚已经有一定经济基础来应对婚姻成本，心智逐渐成熟，也能更好处理婚姻摩擦（曲文勇、王芳，2009），并且他们还未步入中年，父母尚健在，来自家庭和事业等方面的压力不算很严重。男性31～35岁结婚幸福感最低可以从经济责任以及角色要求冲突来解释，三十而立意味着理应坦然面对一切困难，依靠自己的能力独立承担各种责任并确定人生目标，孩子的抚养教育、父母的赡养以及自身职业发展瓶颈等都会降低男性的婚姻幸福感。21～25岁的女性风华正茂，在这个时间段结婚可能最具竞争力，比较容易获得美满的婚姻，女性的心态及外貌等相比男性对年龄更加敏感，26岁开始衰老，35岁之后魅力可能直线下降，需要更多的时间及努力来获取婚姻成功，婚姻不幸福的风险陡增，年龄也是决定女性婚姻幸福感的一个非常重要的影响因素（Heaton & Albrecht，1991）。

与总体回归结果不同，政治面貌只对男性的幸福感在1%的水平上显著，而对女性幸福感的影响并不显著，这可能是因为共产党员身份对男性职业发展等方面的影响要高于女性，男性更加注重自己在政治上的归宿以及所带来的收益。工作变量在男性样本中在5%的水平上显著，而对女性的影响不显著，我们的解释是男性通常所承担的经济责任、负担相比女性要重，更加重视自己的事业和社交活动（Taylor，1997），不工作的女性虽然收入低，但可能拥有充分的时间来照顾小孩和其他家庭成员，有更多时间娱乐，夫妻间产生家务分工不公平感的可能性降低（Yogev & Brett，1996）。

其他控制变量的回归结果与总体样本回归结果一致，结果较为稳健。

6.2.4 夫妻差异与婚姻幸福感

（1）夫妻年龄差异对婚姻幸福感的影响

大部分学者认为，丈夫年龄大于妻子对婚姻幸福感有正面影响，而我国"男大女小"的传统似乎也验证了这一思想，然而，民间也存在"女大三，抱金砖"等说法。我们通过设计以下模型来实证分析夫妻年龄差异对婚姻幸福感的影响。

$$Happiness_i = \alpha + \beta Age\ D_i + \delta(Age\ D_i)^2 + \sum_{j=1}^{n} \gamma_i X_{ij} + \varepsilon_i \quad (6.9)$$

其中 $Happiness_i$ 为居民 i 的幸福感，$Age\ D_i$ 表示夫妻年龄差异（丈夫年龄减去妻子年龄）；$(Age\ D_i)^2$ 表示夫妻年龄差异的平方项，X_{ij} 为各控制变量，包括家庭相对收入、家庭绝对收入、孩子数量、健康状况、性别、政治面貌、受教育程度以及工作。ε_i 是随机扰动项。在检验过程中，我们将拥有配偶的总体样本分为丈夫年龄不小于妻子与丈夫年龄小于妻子两个组，分别进行回归分析①。在丈夫年龄大于或等于妻子的样本中，$Age\ D$ 的符号为非负数，在丈夫年龄小于妻子的样本中，$Age\ D$ 的符号为负数，表 6.17 给出了分组回归结果。

表 6.17 夫妻年龄差异分组回归结果

变量	因变量：幸福感	
	Age D >= 0	Age D < 0
Age D	0.015**	0.200**
	(0.007)	(0.100)
Age D²	-0.001*	0.022**
	(0.001)	(0.011)
Relative income	0.628***	0.532***
	(0.037)	(0.088)

---

① 由于 AgeD 可能为负，模型中包含 AgeD 的二次项，我们按照 AgeD 的正负性将样本进行了分组，为保持简洁性，此处也只采用了 Ordered logit 一种估计方法。

（续上表）

变量	因变量：幸福感	
	Age D >= 0	Age D < 0
ln *income*	0.148***	0.109**
	(0.023)	(0.055)
Children	0.129***	0.112**
	(0.025)	(0.052)
Health	0.367***	0.471***
	(0.025)	(0.059)
Female	0.140***	0.065
	(0.049)	(0.119)
Party	0.271***	0.477***
	(0.071)	(0.169)
Education	0.013*	0.020*
	(0.008)	(0.012)
Work	0.086*	0.232*
	(0.049)	(0.132)
Observations	7159	1212

注：括号中为稳健标准差，***$p<0.01$，**$p<0.05$，*$p<0.1$。

在丈夫年龄不小于妻子的样本中，$Age\ D$ 的系数在 5% 的水平上显著为正，$Age\ D^2$ 的系数在 10% 的水平上显著为负，经过计算容易得出，丈夫年龄比妻子大 5.99 岁时婚姻幸福感最高。我们可以从生儿育女方面进行分析，丈夫比妻子年长 5~6 岁时生育的孩子平均数量最高，所生育的后代也较为健康，但如果丈夫比妻子年长 10 岁以上，子女可能患一些先天性疾病，父亲年龄越大，其精子基因突变的概率相比年轻男子越高。另外，男性比妻子大 5~6 岁通常经济收入也会高于妻子，心理年龄更加成熟，有利于夫妻和谐相处，丈夫年长妻子 4~6 岁是生命演化的一种适当性结果。在丈夫年龄小于妻子的样本中，$Age\ D$ 和 $Age\ D^2$ 的系数都在 5% 的水平上显著为正，我们可以计算出，妻子比丈夫年长 4.63 岁婚姻幸福感最低，我们的解释是，妻子比丈夫大 3 岁及以下，基本算是同龄，沟通更顺畅，存在更多共同语言，而妻子比丈夫大 10 岁左右，比如 20~30 岁的男性与 30~

40岁的女性结为夫妻,在性生活方面更加协调(Henry & Piotrow, 1982)。丈夫比妻子小4~5岁不符合"男大女小"的传统,由于女性心理成熟本来就早于男性,再加上年龄差异的异质性(差值大于4岁),夫妻之间可能存在"微代沟"(Atkinson & Glass, 1985),性生活匹配方面也不是最佳模式。

从各控制变量的系数符号及显著性我们可以看出,无论是对于丈夫年龄不小于妻子的样本还是丈夫年龄小于妻子的样本,家庭相对收入和家庭绝对收入的影响都是正向显著的,说明家庭收入越高,幸福感越高。在这两个样本中,小孩的系数都显著为正,我们的解释是,表6.17的样本都拥有配偶,相比其他被访问者(未婚、同居、离婚、丧偶),想要孩子的意愿最为强烈,孩子的到来会改进已婚夫妻的生活满意度,并且,孩子越多越幸福(Angeles, 2010)。一般认为,有孩子的家庭才算完整,孩子对婚姻幸福感的正面影响要大于对夫妻关系的负面影响。健康的系数显著为正,无疑,越健康越幸福。丈夫年龄大于或等于妻子的样本中,性别的系数在1%的水平上显著为正,而在丈夫年龄小于妻子的样本中,性别系数为正但不显著。这可能是因为,当丈夫年龄大于或等于妻子时,妻子一般能享受到更多来自丈夫的关怀照顾,经济责任相对较小。而当妻子年龄比丈夫大时,妻子所承担的照顾责任(包括照顾孩子、丈夫、老人)以及经济压力变大,"性别优势"不再明显(Dineertal, 1989)。政治面貌和教育的的系数显著为正,说明共产党员的幸福感较高,教育程度越高越幸福。鉴于工作所带来的安全和成就感,工作也会促进婚姻幸福感的提高。

(2)夫妻教育程度差异对婚姻幸福感的影响

受"男高女低"等传统思想的影响,丈夫的教育程度高于妻子似乎有利于婚姻幸福感的提高,妻子的学历高于丈夫会降低婚姻满意度(Hartman & Fithian, 1974),但也有学者认为,女性的教育程度高于丈夫有利于调节女性经济优势对婚姻幸福感的不利影响(张会平、曾洁雯,2010)。我们设计了以下模型来探讨夫妻教育程度差异对婚姻幸福感的影响。

$$Happiness_i = \alpha + \beta_1 Education\ D1_i + \beta_2 Education\ D3_i + \sum_{j=1}^{n} \gamma_i X_{ij} + \varepsilon_i$$

(6.10)

其中 $Happiness_i$ 为居民i的幸福感,虚拟变量 $Education\ D1$ 表示妻子教育程度高于丈夫;虚拟变量 $Education\ D3$ 表示丈夫教育程度高于妻子(将夫妻教育程度相等的样本作为基准组)。X_{ij}为各控制变量,包括家庭相对收入、家庭绝对收入、孩子数量、健康状况、性别、年龄、年龄平方、政治面貌以及工作。ε_i是随机扰动项。两个虚拟变量的系数是我们所重点考察的,仍然同时采用OLS,Ordered logit 和 Ordered probit 三种方法对参数进行估计,回归结果如表6.18所示:

表6.18 夫妻教育程度差异回归结果

因变量:幸福感			
变量	OLS	Ologit	Oprobit
Education D1	0.044 * (0.025)	0.133 ** (0.062)	0.072 ** (0.035)
Education D3	0.019 (0.019)	0.051 (0.049)	0.033 (0.027)
Relative income	0.254 *** (0.014)	0.599 *** (0.034)	0.337 *** (0.019)
ln income	0.063 *** (0.009)	0.149 *** (0.021)	0.086 *** (0.012)
Children	0.006 * (0.003)	0.006 * (0.003)	0.004 * (0.002)
Health	0.167 *** (0.010)	0.418 *** (0.024)	0.231 *** (0.013)
Female	0.086 *** (0.019)	0.216 *** (0.046)	0.126 *** (0.026)
Age	-0.027 *** (0.004)	-0.072 *** (0.011)	-0.041 *** (0.006)
Age^2	0.000 *** (4.21e-05)	0.001 *** (0.000)	0.001 *** (6.24e-05)
Party	0.092 *** (0.023)	0.215 *** (0.063)	0.134 *** (0.036)
Work	0.061 *** (0.022)	0.142 *** (0.054)	0.085 *** (0.030)

(续上表)

变量	因变量：幸福感		
	OLS	Ologit	Oprobit
Constant	2.216***		
	(0.139)		
Observations	8378	8378	8378
R^2	0.156		

注：括号中为稳健标准差，***p＜0.01，**p＜0.05，*p＜0.1。

可以看到，Education D1 的系数显著为正，而 Education D3 的系数为正但不显著，说明妻子教育程度高于丈夫能显著提高婚姻幸福感。我们的解释是，与夫妻教育程度相当的情况相比，当妻子教育程度高于丈夫时，丈夫更乐于帮妻子分担家务、照顾家人，从而提高婚姻关系的满意度，强化夫妻的内聚力（Patrick，1997）。丈夫更加用心照顾妻子和抚养子女，分担家庭事务更加主动积极，妻子对婚姻的满意度也会大幅上升（Morgan et al.，2002）。相比同等学力的夫妻，若丈夫教育程度高于妻子，妻子对家庭内部家务分工以及权力地位的平等性要求降低，夫妻之间出现冲突和权力争夺的可能性较小（Hartman，1974），从而有助于提高婚姻幸福感，但由于"男比女强"等传统观念的存在，这种影响在统计意义上并不显著。

我们同样可以从表 6.18 考察各控制变量的系数，年龄系数显著为负，年龄平方项系数显著为正，再次验证了年龄与幸福感之间的 U 型关系，其他控制变量的系数及显著性与模型（4.2）回归结果基本一致，结果稳健。

（3）夫妻收入差异对婚姻幸福感的影响

由于存在"男主外，女主内"以及"男高女低"等传统思想，丈夫的收入似乎"应该"高于妻子。大部分学者认为，妻子比丈夫赚钱多会降低婚姻幸福感，女性相对收入越高，婚姻冲突越多，婚姻满意度越低（Hatfield et al.，1979；石林、张金峰，2002；Rogers，2004）。但也有一些学者认为，夫妻间的这种差异对婚姻质量的负面影响会随着婚姻的持续逐渐趋于弱化甚至消失（Rogler & Procidano，1989）。接下来，我们建立以下模型来研究夫妻收入差异对婚姻幸福感的影响。

$$Happiness_i = \alpha + \beta Income\ D_i + \sum_{j=1}^{n} \gamma_j X_{ij} + \varepsilon_i \qquad (6.11)$$

其中 $Happiness_i$ 为居民 i 的幸福感，$Income\ D_i$ 为虚拟变量，当其为 1 时，表示丈夫绝对收入不低于妻子，为 0 时表示丈夫绝对收入低于妻子。X_{ij} 为各控制变量，包括家庭相对收入、家庭绝对收入、孩子数量、健康状况、性别、年龄、年龄平方、政治面貌、教育以及工作。ε_i 是随机扰动项。我们重点考察虚拟变量的系数，预期系数符号显著为正，同时采用 OLS，Ordered logit 和 Ordered probit 三种方法对参数进行估计，回归结果如表 6.19 所示。

表 6.19 夫妻收入差异回归结果

变量	OLS	Ologit	Oprobit
	因变量：幸福感		
$Income\ D$	0.064**	0.150**	0.082**
	(0.027)	(0.066)	(0.037)
$Relative income$	0.247***	0.587***	0.331***
	(0.015)	(0.037)	(0.021)
$\ln income$	0.055***	0.138***	0.078***
	(0.010)	(0.023)	(0.013)
$Children$	0.011*	0.014*	0.023*
	(0.006)	(0.008)	(0.013)
$Health$	0.165***	0.412***	0.229***
	(0.010)	(0.026)	(0.014)
$Female$	0.090***	0.218***	0.130***
	(0.020)	(0.049)	(0.028)
Age	-0.022***	-0.062***	-0.035***
	(0.004)	(0.012)	(0.007)
Age^2	0.000***	0.001***	0.000***
	(4.49e-05)	(0.000)	(6.69e-05)
$Party$	0.071***	0.182**	0.111***
	(0.026)	(0.071)	(0.040)
$Education$	0.007*	0.007*	0.006*
	(0.004)	(0.004)	(0.004)

（续上表）

变量	因变量：幸福感		
	OLS	Ologit	Oprobit
Work	0.064***	0.139**	0.086***
	(0.024)	(0.060)	(0.033)
Constant	2.121***		
	(0.152)		
Observations	7306	7306	7306
R^2	0.151		

注：括号中为稳健标准差，***$p<0.01$，**$p<0.05$，*$p<0.1$。

回归结果显示，虚拟变量 Income D 的系数在5%的水平上显著为正，这验证了妻子收入水平高于丈夫会降低婚姻幸福感这一观点，可能的原因包括：在我国，大部分夫妻中，丈夫的收入高于妻子。然而，收入高于丈夫的女性不仅要承担大部分家庭经济负担，并且由于攀比心理的存在，对丈夫收入的满意度会进一步下降，因而不利于婚姻幸福（Sabatelli，2003）。如果妻子相比丈夫对家庭的经济贡献更大，也会给丈夫带来精神压力，当丈夫收入远远不如妻子时，甚至可能使丈夫产生"吃软饭"的心理阴影，在妻子面前有自卑感，在朋友面前感觉没面子，这些都会对婚姻幸福产生负面影响（Hartman，1974；Rogers，2004）。对比模型（6.10）的回归结果，妻子教育程度高于丈夫能显著提高婚姻幸福感。我们"似乎"发现模型（6.11）的结果与之存在"矛盾"。对此，我们的解释是：丈夫对妻子的学历优势和经济优势的反应可能截然不同。男性通常会因为找到比自己长相好、个子高、学历高的女性而引以为傲，但如果妻子绝对收入水平比自己高，这种直接冲击可能会使丈夫在妻子和外人面前感到难堪，有损"大男子"形象。而对于女性来说，即使丈夫教育程度比自己低，但如果性格合适、丈夫积极承担家务劳动、丈夫赚钱能力较强，也有利于夫妻之间和睦相处。其他各控制变量的系数及其显著性与模型（6.10）回归结果基本一致，结果较为稳健。

6.3　结论

本章运用中国综合社会调查（CGSS）2010 年的横截面数据，分两个阶段对初婚年龄、夫妻差异对婚姻幸福感的影响进行了实证研究。在本章第一阶段的实证分析中，我们研究了初婚年龄对婚姻幸福感的影响，选取样本时，我们剔除了从未结过婚的样本（包括未婚和同居样本），仅保留结过婚（包括已婚、分居未离婚、离婚、丧偶）的样本，剩下 10626 个观测值作为本章第一阶段实证分析的研究样本。计量结果表明：从总体来看，初婚年龄处于 21～25 岁主观幸福感最高，处于 31～35 岁主观幸福感最低；男性初婚年龄处于 26～30 岁主观幸福感最高，处于 31～35 岁主观幸福感最低；女性初婚年龄处于 21～25 岁主观幸福感最高，高于 35 岁结婚幸福感最低。

在本章第二阶段实证分析过程中，我们研究了夫妻年龄差异、教育程度差异，以及收入差异对婚姻幸福感的影响，此时，我们剔除了没有配偶的样本（包括未婚、同居、离婚、丧偶），仅保留目前拥有配偶的样本（包括已婚、分居未离婚），剩下的 9461 个观测值构成本章第二阶段实证分析的研究样本。回归结果表明：在丈夫年龄不小于妻子的样本中，丈夫大妻子 5～6 岁的婚姻幸福感最高；在妻子年龄大于丈夫的样本中，妻子大丈夫 4～5 岁的婚姻幸福感最低。妻子教育程度优势对婚姻幸福感有显著的正向影响，而丈夫绝对收入不低于妻子有利于提高婚姻幸福感。这一阶段的研究样本（都拥有配偶）最希望有孩子，孩子对婚姻幸福感的正面影响要大于对夫妻关系的负面影响，因此小孩的系数显著为正。研究夫妻年龄差异对婚姻幸福感的影响时，在妻子年龄大于丈夫的样本中，性别系数不显著，"性别优势"不再明显。

第 7 章 生育与幸福感

7.1 引言

每个人都面临生儿育女的问题。从人类繁殖意义上说，生殖下一代，使物种能够繁衍，一对夫妻至少生育 2 个孩子，才能保持人口的持续和稳定。然而，随着经济水平不断提高，人们不愿生育的意愿却越来越强。中国放开单独两孩后，两孩生育意愿并未明显提高，很快就放开了全面两孩政策。在全面两孩政策下，很多人在生与不生的问题上纠结，生育孩子既有正当性，也有难处。生育两个孩子可以保持人口的正常更替，两个孩子可以彼此照顾，老人一般多希望子女生育两孩。但是，年轻人对生育两孩有很多顾虑。首先，是孩子没人照顾，带起来很累。其次，养育孩子的费用越来越高，对于经济能力一般的家庭来说，有点承担不起。高养育成本甚至催生了"丁克"一族（DINK，即 Double Income, No Kids，夫妻双方有收入而不要孩子）。因此，生与不生、生几个孩子确实是家庭的大事，关系到家庭的幸福。

这一章拟研究生育与幸福感的关系。孩子的数量是否与幸福感形成负向关系？为研究这一问题，我们首先做文献综述，然后对数据和变量做出说明，其后进行计量分析并给出结论。

7.2 文献综述

生育与幸福感的关系并没有一致的结论。Angeles（2010）认为，孩子会改进已婚夫妻的生活满意度，并且孩子越多，他们越幸福。当问及人们生活中最重要的事情是什么时，大部分人把孩子列在最前面。Praag et al. (2010) 发现，在以色列虔诚的犹太教信徒家庭中，养育子女会使得父母的主观幸福感大幅度增加。但孩子的出生也给家庭带来一些不利的变化，可能降低人们的幸福感。孩子可能会对夫妻关系产生负面影响。孩子的出现必定会减少夫妻原有的正常沟通时间，他们需要将一些精力和时间花费到孩子身上，孩子的出现也打破了原有的夫妻双方的责任平衡，劳动分工发生变动，他们需要对孩子担负更多的责任，孩子的出现会降低家庭的人均收入水平，降低夫妻的财务满意度。Feldman (1971) 发现，拥有孩子的夫妻双方平时交流沟通较少，他们比那些没有孩子的夫妻更为疏远，亲密感降低，也更容易产生矛盾。

前些年有研究表明，没有孩子的夫妇比有孩子的夫妻拥有更高的幸福感。孩子对夫妻的婚姻幸福感有负面影响（McLanahan & Adams, 1987）。Glenn & Mclanahan (2006) 研究发现，孩子的降生会对已婚男女的婚姻幸福感有明显的负面影响。Di Tella et al. (2003) 分析美国和英国的数据，发现家庭养育子女的数量与主观幸福感呈负相关关系。鲁强、徐翔（2018）基于 CGSS2013 的数据，发现生育女儿更有助于提高父亲的主观幸福感，而生育儿子更有助于提高母亲的主观幸福感。母亲与父亲相比、已婚人群与未婚人群相比，主观幸福感更易受到生育行为的影响。

孩子是否带来幸福，可能取决于合适的条件，若人们有做父母的意愿且做好了准备，孩子会带来幸福。Alesina et al. (2004) 发现家庭经济较差或贫穷的父母养育子女数量越多，幸福感越低。Nomaguchi & Milkie (2003) 认为为人父母的幸福效应与是否结婚密切相关，对于女性来说尤其如此。Schoon et al. (2005) 研究发现离异母亲养育子女不但没有增加个人的主观幸福感，还会降低其幸福水平。孩子还在影响夫妻离婚决策方面起到作用，由于考虑到孩子的感受，不少婚姻生活并不幸福的人选择了忍受痛苦，为了孩子而不离婚。Glenn & Mclanahan (1982) 认为孩子的出生会推迟那些原本不幸福夫妻的离婚计划。胡颖君（2010）认为，很多夫妻受到传统婚姻观念的影响，在婚姻出现问题以后，可能因为子女或者整个家庭的利益权衡而选择忍耐，将就凑合过日子，这样的婚姻生活只会给双方带来无尽的痛苦，夫妻之间很难有幸福可言。

7.3 数据与变量

7.3.1 数据

数据来源于世界价值观调查（World Value Survey，WVS）的中国数据部分。世界价值观调查是一项包括 200 多个调查问卷项目的全球性非营利性调查，每五年举行一次。截至目前，整个世界价值观调查已经覆盖到了多达 97 个国家或地区，涉及世界 88% 的人口，收集分析了全世界范围内数十万公众的价值观数据。该调查的内容比较全面综合，主要包括政治价值观、社会规范、社会问题、社会距离、工作时间、劳工组织、就业问题、政治态度、国家民主、性别问题、环境问题、婚姻状况、家庭和子女教育问题等。该调查为全世界的研究者们提供了丰富的数据，为社会文化与政治变迁研究等领域的研究学者提供了丰富的信息资料。中国于 1990 年参与了第二轮的调查，此后还收集了 1995 年、2001 年和 2007 年的调查数据，因此本章可以利用最近 20 多年的关于中国人的主观幸福感的数据。世界价值观调查采用的是随机抽样、入户访问的抽样调查方法，其中，1990 年参与调查的人数为 1000 人，1995 年为 1500 人，2001 年为 1000 人，2007 年为 2015 人。① 中国的四轮调查共有 5515 人次。1990 年和 2001 年两次调查的样本量年龄分布为 18 到 65 岁，而 1995 年和 2007 年的年龄分布为 18 岁到 65 岁以上。

关于幸福感的中国调查很多，但大多为研究者针对某些特定的地区或省份所进行的小范围的调查，且多为单个时点的横截面数据。本章选取的 WVS 调查具有较长的时间跨度（1990 年到 2007 年），同时调查样本覆盖全国大部分省、市和地区，具有很强的代表性。

7.3.2 变量

根据本章的研究目的，本章选取的因变量为主观幸福感（happiness）。具体而言，在 WVS 调查中，有关幸福的调查问题是："综合考虑所有因素，你觉得你：1. 非常幸福，2. 相当幸福，3. 不很幸福，4. 一点儿也不幸

---

① 该数据来源于世界价值观调查官方网站（www. worldvaules. org）。

福。"在 WVS 的原始数据中，非常幸福、相当幸福、不很幸福、一点儿也不幸福这四类答案的赋值分别为 1、2、3、4。为了便于分析理解并更加符合现实逻辑，参考袁正、夏波（2012）的研究中数据变量处理的方法，本章在数据处理的时候特意为其重新赋值，非常幸福、相当幸福、不很幸福、一点儿也不幸福的赋值重新变为 4、3、2、1。

本章的研究目的在于探讨婚姻状况和孩子数量与个人幸福感之间的关系，因此，本章首先采用了婚姻状况、孩子数量为主要解释变量。

在 WVS 数据中，关于婚姻状况的原始选项共有以下几种：①已婚；②同居；③离异；④分居；⑤丧偶；⑥单身或未婚；⑦离异、分居或丧偶；⑧同居。结合研究目的，同时为研究方便起见，此处特将原始数据中较为复杂的婚姻状态规整为两种：已婚和未婚，即将原始数据中的已婚状态仍看作已婚，其他婚姻状态看作未婚。其中，代表已婚的变量赋值为 1，未婚赋值为 0。

关于生育情况，即孩子数量的数据，WVS 数据中原始数据基本符合本章研究的需求，该变量的赋值分别为 0～8，分别表示拥有的孩子数量为 0 个到 8 个及以上。

关于其他控制变量，本章选择的人口统计学变量有：年龄、性别、身体健康状况、就业状况、受教育水平、收入水平、社会阶层等。

在 WVS 的原始数据中，男性和女性的变量赋值分别为 1 和 2。为了便于分析比较，本章在变量处理时将男性重新赋值为 0 作为参照组，而女性重新赋值为 1。关于年龄，WVS 数据中已经很真实直接，可以使用原始数据进行回归分析，无须进行处理。另外，考虑到年龄与幸福感之间可能存在 U 形非线性关系，本章新生成一个表征年龄的二次方变量。

WVS 中关于身体健康状况的调查共有非常好、好、一般、不好、非常不好五种答案，这五种答案的赋值分别为 1、2、3、4、5。与幸福感数据的处理逻辑和方式类似，本章同样采用更加符合逻辑和研究目的的方法进行处理，一般而言，被调查者选择的选项越健康，赋值应该越大。因此，本章将这五种答案分别重新赋值为 5、4、3、2、1。

WVS 中关于社会阶层的调查共有上层阶级、中上层阶级、中下层阶级、工薪阶级、下层阶级等五种答案选项，该五种答案分别赋值为 1 到 5。本章采取与处理幸福感和身体状况类似的方法，按照被调查者所处社会阶层越高其赋值越高的顺序，将其重新赋值为 5 到 1，分别代表从上层阶级到下层阶级五个社会阶层等级。

WVS 中关于就业状况的调查有全职、兼职、个体经营、退休、家庭主妇、学生、失业和其他八种选项，本章在处理该变量数据时根据"有工作并有货币收入"（袁正、夏波，2012）的标准分类方法，将前三种选项统一归类为一组并赋值为1，而除此之外的所有选项统一归类为参照组并赋值为0。

WVS 关于收入的调查并没有直接让被调查者回答具体的收入数据，而是给被调查者提供了赋值从1到8共8个等级，分别代表从最低到最高的8个收入等级。

在 WVS 中，关于信任的调查问题是："总体而言，你觉得大多数人是可信的还是与他人相处不论如何小心都不为过？"问卷为被调查者提供的答案选项有两个：①大多数人都是值得信任的；②与他人相处应该更加小心。WVS 的原始数据中，前一个选项的赋值为1，第二个选项的赋值为2。在处理数据时，为了简便起见，本章将后一个选项设置为参照组并赋值为0，前一个选项保持不变，赋值仍为1。在 WVS 调查数据中，关于受教育水平的变量分为高中低三个等级，分别赋值为3、2、1。

表 7.1　变量说明

变量	变量赋值及说明
幸福感（Happiness）	赋值从1到4，分别代表一点儿也不幸福、不很幸福、相当幸福、非常幸福四个幸福度
性别（Gender）	赋值为1或0，其中1代表女性，0代表男性
孩子数量（Child_number）	赋值从0到8，分别代表有0到8个及8个以上孩子
婚姻状态（Marital_status）	已婚赋值为1，未婚赋值为0
收入（Income_scale）	赋值从1到10共10个等级，分别代表从最低到最高的10个收入等级
受教育水平（Edu_level）	赋值从1到3，分别代表低、中和高受教育水平
年龄（Age）	年龄数值范围为18到87
年龄平方（Age^2）	年龄值的平方
就业状态（Employ_status）	就业赋值为1，失业赋值为0
社会阶层（Social_class）	赋值从1到5，分别代表下层阶级、工薪阶级、中下层阶级、中上层阶级和上层阶级
健康状况（Health）	赋值从5到1，分别代表非常健康、健康、比较健康、不健康、很不健康
信任度（Trust）	分为信任和不信任两类，信任为1，不信任为0

因为 WVS 调查不是每次调查都针对固定的人群,因此,我们无法使用面板数据来研究,只能当作混合横截面数据来分析。各变量的描述性统计结果详见表 7.2。

表 7.2 全变量描述性统计结果

变量	样本量	均值	标准差	最小值	最大值
幸福感	5461	2.958	0.721	1	4
婚姻状况	5495	0.825	0.380	0	1
孩子数量	5239	1.899	1.367	0	8
信任度	5266	0.542	0.498	0	1
收入等级	5034	4.438	2.077	1	10
社会阶层	4185	2.476	0.944	1	5
健康状况	5506	3.839	0.997	1	5
就业状况	5422	0.693	0.461	0	1
受教育水平	4486	1.578	0.611	1	3
年龄	5515	41.31	13.56	18	87
年龄平方	5515	1890	1188	324	7569
性别	5513	0.489	0.500	0	1

从描述性统计结果来看,调查样本的年龄分布基本上处在 18 岁到 87 岁之间。在调查样本的年龄比例上,我们可以看出,女性的比例是 0.489。从第六次全国人口普查数据中看,我国 31 个省、自治区、直辖市和现役军人的人口中,男性人口为 6.9 亿左右,占 51.27%;女性人口为 6.5 亿左右,占 48.73%。[①] 从该比例看,WVS 样本中与我国人口普查数据中的男女比例基本相符,这就在一定程度上保证了研究结果的可信性。

从数据描述性统计结果中可以看出来,样本平均拥有的孩子数量大约为 2 个。2013 年中国社科院综合《2011 年中国社会状况综合调查》和《2012 年中国家庭幸福感热点问题调查》两项调查得出的结果表明:全国每个家庭平均想要生 1.86 个孩子。虽然该调查调查的仅仅是一种意愿水平,但是相比较而言,还是有一定的代表性的。将两者进行比较,两种

---

① 该数据来源于国家统计局所发布的第六次全国人口普查数据。

数据基本相符。

7.4 实证分析

据现有文献研究和结合数据的可得性,我们提出以下理论假设:已婚人士比未婚人士拥有更高的幸福感(Glenn,1975),孩子数量的增加降低了父母的幸福感(Renne,1970;Feldman,1971;Ryder,1973;Houseknecht,1979;Glenn & Mclanahan,1982)。为了验证上述理论假设,参照现有文献研究选择变量,本章建立如下计量模型:

$$Happiness_i = \alpha + \beta_1 Marital\_status_i + \beta_2 Child\_number_i + \sum_{j=1}^{8} \gamma_i X_{ij} + \varepsilon_i$$

(7.1)

其中 $Happiness_i$ 为样本 i 的幸福感,$Marital\_status_i$ 为样本 i 的婚姻状况,$Child\_number_i$ 为样本 i 所拥有的孩子数量。X 为控制变量,包括性别、年龄、年龄平方、受教育水平、健康水平、收入水平、社会等级、信任度、就业状况等,ε_i 为随机扰动项。

本章采用广义有序 logit 模型进行估计,回归结果请见表 7.3。

表 7.3 广义有序 logit 回归结果

变量	(1) 1vs2, 3, 4	(2) 1, 2vs3, 4	(3) 1, 2, 3vs4
$Marital\_status$	0.461*** (0.113)	0.461*** (0.113)	0.461*** (0.113)
$Child\_number$	-0.277*** (0.067)	-0.119*** (0.041)	-0.124*** (0.044)
$Gender$	0.255*** (0.071)	0.255*** (0.071)	0.255*** (0.071)
Age	-0.054*** (0.018)	-0.054*** (0.018)	-0.054*** (0.018)

（续上表）

变量	(1) 1vs2, 3, 4	(2) 1, 2vs3, 4	(3) 1, 2, 3vs4
Age^2	0.001 *** (0.000)	0.001 *** (0.000)	0.001 *** (0.000)
$Income\_scale$	0.230 *** (0.064)	0.108 *** (0.026)	0.026 (0.025)
$Education$	0.246 (0.210)	0.368 *** (0.088)	0.050 (0.077)
$Employ\_dummy$	0.191 ** (0.078)	0.191 ** (0.078)	0.191 ** (0.078)
$Social\_class$	0.799 *** (0.140)	0.601 *** (0.056)	0.273 *** (0.055)
$Health$	0.747 *** (0.040)	0.747 *** (0.040)	0.747 *** (0.040)
$Trust$	0.415 * (0.214)	0.286 *** (0.094)	0.009 (0.089)
$Constant$	-1.538 *** (0.576)	-3.721 *** (0.443)	-5.225 *** (0.446)
$Observations$	3566	3566	3566

注：括号中为标准差，*** $p<0.01$，** $p<0.05$，* $p<0.1$。

从回归结果中可以看出，孩子数量的系数显著为负。但是这种负向影响在不同的幸福感水平下有所不同。孩子数量增加对于处于"一点儿也不幸福"状态居民的负向影响比较大，而处于"相当幸福"和"不很幸福"状态的居民受孩子数量的影响较小，即随着幸福感水平的不断提高，居民受孩子数量所产生的负向影响逐渐降低。

婚姻对个体报告的主观幸福感呈现显著的正向影响。对于大多数人而言，两个人组成婚姻家庭本身就是对幸福的一种追求。原本处于单身状态的两个人结为夫妻之后，彼此可以提供社会和经济等方面的支持，所以婚姻会有助于提高个体的主观幸福感水平。婚姻并不是人们所认为的那样是"爱情的坟墓"。

其他方面，女性比男性拥有更高的幸福感水平。年龄与幸福感的关系并不是简单的线性关系，而是呈现出一种 U 形关系，在某个年龄段之前，幸福感水平随着年龄的增长而降低，而一旦达到某个临界值之后，随着年龄的不断增加，幸福感水平也随之提高。总体说来，收入对居民幸福感有显著的正向影响，但不满足平行线假设；也就是说，在不同的幸福感水平上，收入变量的系数不尽相同，在感觉"一点儿也不幸福""不很幸福"的居民中，收入水平的提高导致更高的主观幸福感。而对于感觉"相当幸福"的居民而言，收入变量的系数变得不再显著。收入对幸福感善于雪中送炭，而不是锦上添花。受教育水平仅仅在"不很幸福"的幸福感水平上对居民的幸福感水平有显著影响，而在其他幸福感状态下都没有显著影响，其雪中送炭的效应更明显。健康状况对主观幸福感存在显著影响，对所有人都满足。就业对幸福感有显著正向影响，从失业状态转变到就业状态，居民报告更高幸福感的概率提高了 1.210 倍。社会等级变量的系数显著为正，但不满足平行线假设，在幸福感状态从"一点儿也不幸福"到"相当幸福"的过程中，社会等级每提高一个阶层，其对幸福感的影响逐渐降低。总体来说，对人和事充满信任的人比什么都不信任的人幸福感水平显著提高。但对"相当幸福"的人，这一指标的正向效应并不显著。

生育和养育孩子需要庞大的支出。零点研究咨询集团公司 2010 年发布的"中国城市和农村居民生育意愿调查"表明：面对庞大的生育和养育孩子的支出，中国的年轻群体不敢生育孩子。我们已经得出孩子数量越多父母幸福感水平越低的结论。如果考虑到不同收入水平的家庭，高收入家庭有更强的支出能力来负担子女养育，而低收入家庭对养育子女可能举步维艰，因此，收入水平可能影响生育带来的幸福感。为了验证这种可能性，我们在回归中加入了孩子数量和收入水平的交叉项 child_income，回归结果如表 7.4 所示。

表 7.4 收入生育交叉项广义 logit 回归结果

变量	（1）完全不幸福	（2）不很幸福	（3）相当幸福
Child number	-0.254*** (0.081)	-0.133*** (0.046)	-0.095* (0.051)

(续上表)

变量	（1） 完全不幸福	（2） 不很幸福	（3） 相当幸福
$Income\_scale$	0.258*** (0.080)	0.091*** (0.032)	0.0533* (0.032)
$Child\text{-}income$	0.769*** (0.143)	0.604*** (0.057)	0.274*** (0.055)
$Observations$	3566	3566	3566

注：括号中为标准差，***$p<0.01$，**$p<0.05$，*$p<0.1$。

回归结果显示，收入—孩子数量交叉项的系数显著为正，这说明，收入水平对生育的幸福感有正向促进作用。收入越高，孩子带来的经济负担越有限，可以减轻孩子对幸福感的负向影响。

生儿育女既需要大量的收入支出，也需要花费时间和精力，对于那些有工作的群体而言，孩子的出生意味着需要挤占他们本已较少的闲暇时间，从这个角度来看，工作可能降低生育的幸福感。为了验证这一可能，我们在模型中引入工作状态和孩子数量的交叉项 child_work，我们预期该交叉项的系数为负。具体的回归结果请见表 7.5。

表7.5 工作—孩子交叉项广义 logit 回归结果

变量	（1） 完全不幸福	（2） 不很幸福	（3） 相当幸福
$Child\_number$	-0.324* (0.194)	-0.220** (0.102)	-0.0705 (0.118)
$Child\_work$	-0.347** (0.140)	-0.064** (0.025)	-0.142** (0.071)
$Observations$	3566	3566	3566

注：括号中为标准差，***$p<0.01$，**$p<0.05$，*$p<0.1$。

回归结果显示，工作与孩子数量的交叉项系数显著为负，说明工作对生育带来的幸福感有显著的削弱作用。

7.5 稳健性检验

为了检验生育对幸福感影响结果的稳健性，本章采用生活满意度这样一个变量来替代幸福感作为因变量。很多文献认为幸福是一种主观幸福感或满足感（Denier，1984；Lu，1995）。主观幸福感包括对生活的多维度评价，其中包括对生活满意度的认知判断和对感情、情绪的情感评价等（McGillivray & Matthew，2004）。在众多的研究者看来，幸福感、生活满意度和主观幸福感这三者是可以相互替代的概念（Veenhoven，1997）。这就为我们采用生活满意度作为替代变量进行稳健性检验提供了依据。

WVS 中分别调查了被访问者的生活满意度（life satisfaction）、家庭财富满意度（house financial satisfaction）、工作满意度（job satisfaction）和家庭生活满意度（home life satisfaction）。这些满意度的赋值均为从 1 到 10，我们将这四个变量进行加总，获得了赋值从 1 到 40 的一个新的变量，即满意度（satisfaction）。该变量近乎连续性变量，可以采用普通最小二乘法回归，回归结果请见表 7.6。

表 7.6 稳健性回归结果

变量	(1) 满意度	(2) 满意度	(3) 满意度	(4) 满意度	(5) 满意度	(6) 满意度
$Child\_number$	-0.250*** (0.035)	-0.248*** (0.036)	-0.249*** (0.036)	-0.247*** (0.036)	-0.246*** (0.036)	-0.249*** (0.036)
$Gender\_child$		-0.466*** (0.156)				
$Child\_income$			0.107*** (0.060)			
$Child\_work$				-0.169*** (0.046)		
$Gender\_marital$					-0.732** (0.373)	

（续上表）

变量	（1）满意度	（2）满意度	（3）满意度	（4）满意度	（5）满意度	（6）满意度
$Income\_marital$						0.094*** (0.023)
$Marital\_status$	0.417* (0.220)	0.413* (0.221)	0.416* (0.220)	0.425* (0.220)	0.755*** (0.279)	0.385* (0.233)
$Income\_scale$	0.394*** (0.037)	0.394*** (0.037)	0.406*** (0.047)	0.392*** (0.037)	0.392*** (0.037)	0.378*** (0.052)
$Education$	0.250** (0.120)	0.248** (0.120)	0.248** (0.120)	0.248** (0.120)	0.236** (0.120)	0.252** (0.120)
Age	−0.158*** (0.035)	−0.157*** (0.036)	−0.156*** (0.036)	−0.156*** (0.035)	−0.154*** (0.035)	−0.159*** (0.036)
Age^2	0.002*** (0.000)	0.002*** (0.000)	0.002*** (0.000)	0.002*** (0.000)	0.002*** (0.000)	0.002*** (0.000)
$Gender$	0.516*** (0.138)	0.561** (0.230)	0.516*** (0.138)	0.516*** (0.138)	1.133*** (0.344)	0.516*** (0.138)
$Employ\_dummy$	0.301** (0.152)	0.301** (0.152)	0.299** (0.152)	0.492** (0.243)	0.299** (0.152)	0.302** (0.152)
$Social\_class$	1.103*** (0.080)	1.103*** (0.080)	1.103*** (0.080)	1.103*** (0.080)	1.107*** (0.080)	1.105*** (0.081)
$Health$	1.130*** (0.072)	1.130*** (0.072)	1.131*** (0.072)	1.130*** (0.072)	1.129*** (0.072)	1.130*** (0.072)
$Trust$	0.645*** (0.136)	0.646*** (0.136)	0.645*** (0.136)	0.641*** (0.136)	0.647*** (0.135)	0.645*** (0.136)
$Constant$	4.422*** (0.809)	4.392*** (0.819)	4.334*** (0.834)	4.282*** (0.821)	4.094*** (0.826)	4.505*** (0.833)
Observations	3579	3579	3579	3579	3579	3579
R^2	0.234	0.234	0.234	0.234	0.235	0.234

注：括号中为标准差，***p<0.01，**p<0.05，*p<0.1。

从回归结果可以看出，用满意度作为因变量，孩子数量的系数显著为负，收入和孩子数量的交叉项系数显著为正，工作和孩子数量的交叉项系数显著为负，与前面的广义有序 logit 模型的结果基本一致，说明回归结果具有一定的稳健性。

7.6　结论

基于世界价值观调查（WVS）1990 年到 2007 年的中国部分的数据，本研究得出以下结论：孩子数量对幸福感具有显著的负向影响。收入是影响生育幸福感的一个因素，收入对生育幸福感有显著的促进作用，原因是收入可以缓解孩子到来所产生的经济压力。工作对生育幸福感有显著的负向作用，原因是工作加剧了孩子到来所产生的时间压力和精力不足。用生活满意度作为替代变量，上述结果依然稳健。

人类需要生育后代以延续自身，人们也从生育孩子身上获得巨大的快乐。但是，随着经济发展水平的提高，生育和养育孩子的成本越来越高，生育还存在较大的机会成本，即女性要离开劳动力市场一段时间所损失的收入和经验，因此人们的生育意愿降低，特别是女性的生育意愿随着经济发展而降低。一些低生育率国家通过给孩子提供生活补贴，并且在税收方面也计入孩子的数量，从而减轻多孩子家庭的经济负担，这会提高夫妻的幸福感，这也会激励育龄夫妇多生育孩子。

孩子的到来，加重了夫妇的时间负担，孩子越多，给工作带来的压力越大，很多城市夫妇就是因为没人带孩子而选择少生。如果政府提供完善的托儿所服务，可以缓解这方面的压力，从而提高生孩子的幸福感。

第8章 子女数量、孝道与老年人幸福感

8.1 引言

改革开放伴随着工业化、城市化不断加强,人口流动不断加剧,人们远离出生地,走向祖国的四面八方,这对中国的家庭模式也造成深刻的影响。孩子长大成人之后,外出求学就业,子女不在身边,出现很多空巢老人。传统的"养儿防老""多子多福"的养老模式也在发生变化:儿女在外地,老人在老家;老人去城市跟着孩子生活,有的住不惯,有的多有不便;在外地的儿女对家乡的老父老母,也因为时空的限制,常照顾不周。

在现阶段,我国老年人的养老体系还不健全,现在很多独生子女的父母已步入老年,一对年轻夫妻面对四个老人,自然难以照顾老人的方方面面。而孝敬、赡养的传统伦理思想,使社会必然产生老人对孝敬的需求和年轻人对孝敬的供给的矛盾。当然,我们也时常看到子女几个谁也不赡养老人的情形,若子女没有孝道,多子也未必多福。

本章试图探讨子女的数量、孩子的孝敬对老年人幸福感的影响。这一主题对放开三孩、要不要多生育具有明显的现实意义。首先,我们做了一个理论综述,其次,给出数据和变量,然后是计量回归分析,最后是结论。

8.2 理论综述

"多子多福"是华人的传统观念。然而,中国曾实行了几十年的"一对夫妇只生一个孩子"的计划生育政策,这可能给养老和老年人幸福造成一

定的影响。有无儿女对老年人的幸福是十分重要的因素。郭志刚、刘鹏（2007）研究表明没有子女和有子女对老年人生活状态有着显著的影响。贺巧知（2003）认为老年人在应对独生子女的状况时会自觉地提高储蓄率，为自己储备更多的养老资本。宋健、黄菲（2009）利用2009年全国城市抽样调查数据，认为独生子女和非独生子女在对父母的代际支持上（包括经济支持和精神支持）并没有显著差异。慈勤英、宁雯雯（2013）认为子女数量的多少对老年人晚年生活并没有明显影响，老年人的经济状况、生活情况和精神状态与子女数量均无关。刘晶（2004）认为存活的女儿和儿子对老年人的健康自评也没有显著影响。耿德伟（2013）认为在排除内生性之后，子女数量对老年人健康水平并不存在正向影响，反而有显著的负向作用。Watson也指出老年人的社会地位和健康状态是影响老年人幸福感的重要指标，而子女数量与老年人的幸福感之间有显著的负向影响，更多的子女意味着更多的代际冲突、经济矛盾等问题。子女数量和老人得到的经济支持之间并没有显著关系，特别是在子女数量大于等于三个时，对老人经济支持的差异性并不显著，这意味着，减少子女出生数量并不会使老年人的养老压力过大（Chou，2009）。

目前普遍认同的养老模式分为三种，即自我养老模式、社会养老模式和家庭养老模式。我国以家庭养老模式为主，在家庭养老中，子女对老人的代际支持尤为重要。代际支持主要包括经济支持、生活照料支持和精神慰藉支持三个方面，这三个方面涉及老人的物质生活和精神生活，能够比较全面地决定老年人的生活状态和心理状态。张震（2002）认为经济支持在统计上对老年人的生活并没有显著影响，Chou（2009）认为子女在减少经济供给时，老人能更加积极地从其他方面获取经济来源。杜舒宁（2011）把子女对老年人的幸福感的影响分为三个维度：情感支持、经济支持和生活照料。良好的情感支持对老人的主观幸福感有很好的促进作用，而经济支持和生活照料则对老人的主观幸福感的影响不显著。

随着社会经济发展，子女和父母的距离逐步扩大，子女的经济支持是体现其孝道的一个重要指标。经济支持是子女对老年人代际支持中最基础也是最容易实现的一种模式。生活照料特别是精神慰藉也是子女对老人代际支持的重要方面。子女对高龄老人的生活照料和情感支持能显著提升其生存状态，经济支持却不能显著提升老年人的生存状态（张震，2002）。

一些研究体现了子女的性别差异会影响到对老年人的代际支持。儿子在对老年人的经济支持和生活支持上起到的作用明显大于女儿，特别是在农村地区，儿子在经济支持、情感和生活照料这三个方面都起到主导作用

（徐勤，1996）。儿子参与这三方面的代际支持有利于高龄老人在生活自理能力和心理状况上的优化（张文娟等，2005）。张航空（2012）指出，儿子和女儿在三种代际支持模式中有比较明确的分工，各司其职，女儿也会在儿子缺失时承担义务。郭志刚、刘鹏（2007）的研究显示，子女性别对老年人生活满意度的影响趋于模糊化。

大部分文献表明，社会支持对老年人幸福感具有重要影响。Rook（1984）、Landis（1988）、Goyne & Downey（1991）的研究表明，社会支持有利于身心健康，可提高主观幸福感。叶建国（2007）认为，老年人解决问题的能力对老年人的幸福感具有显著的正面影响。亓寿伟、周少甫（2010）认为，心理健康和老年人幸福感呈高度的正相关，记忆力、日常生活自理能力等身体健康因素也具有显著的正向影响。

8.3 理论假说与变量

8.3.1 理论假说

我们这里研究的主题是老年人的主观幸福感，讨论子女数量和子女对老年人的孝道对老人的幸福感有何影响。中国传统观念"多子多福"中的"福"可以理解为老年人晚年生活的幸福。"子"当然是子女，只是儿子更为重要。"多子"是否意味着"多福"？子女的数量和子女表现出的孝道对老人的幸福感有何影响？针对这些问题，我们提出下面的待证假说：

其一，子女数量越多，老年人的幸福感越高。"多子多福"的价值动机在于"养儿防老"，更多的子女能够更有效地保障老年人的晚年生活。

其二，子女对老人的孝敬程度越高，老年人的幸福感越高。这里将"孝顺"定义为子女对老人的代际支持，主要表现为三个方面：①子女给予老人的经济支持越多，老人的幸福感越强烈。经济条件是影响老年人幸福感的主要因素之一，子女对老人的经济支持能显著影响老年人的幸福感。②子女给老人的精神慰藉越多，老人的幸福感越强。子女带给老人的精神支持是其他东西难以取代的，老人能否经常同子女聊天、交流，子女是否能做到耐心倾听老人的心事，老人在遇到困难或问题时子女是否能为其分忧，这些对老年人的生活都至关重要。③子女对老人的照顾越多，老年人的主观幸福感越强。在日常生活中需要别人帮助的老人，有子女的照顾能带给老人强烈的"老有所依"的感受。

8.3.2 变量

选取老人的自评生活状态作为被解释变量。中国老年人健康长寿调查（CLHLS）的问卷中有关于老人生活状态的调查："您觉得您现在的生活怎么样？"回答选项有"很不好""不好""一般""好""很好"，并分别赋值 $1 \sim 5$。

本章考察的主要解释变量有两个，即受访老人的子女数量和子女对老年人的孝敬程度。CLHLS 提供了老人生育的子女总数和儿子的数量，也可以通过简单计算得出女儿数量。子女对老人的孝敬程度可以采用子女对老人的代际支持变量，分为三个方面。

一是经济支持。CLHLS 的问卷对受访者询问："近一年来，您的子女给您现金（或实物折合）多少？"用所得到的金额除以老人拥有的子女数量，得到平均值，并取对数。

二是精神赡养。CLHLS 的问卷对受访者询问："日常生活中你常常对谁谈话最多？""当你需要分享一些想法时，最先对谁说？""当你遇到困难或麻烦时，你最先向谁求助？"从配偶、儿子、女儿、儿媳妇、女婿、孙辈及其配偶、其他亲戚、朋友/邻居、社工、管家、无人中选出第一、第二、第三位排序。这三个问题是老人聊天、倾听心事、找人解决问题或困难的对象，若这个前三个顺位中出现儿子或女儿，则赋值为1，没有出现则赋值为0，若儿子和女儿均参与其中，则赋值为2。精神赡养由这三个指标加总，赋值为 $0 \sim 6$。

三是对老人的照顾，CLHLS 的问卷对受访者询问："当你需要帮助洗澡、穿衣、上厕所、室内转移、吃饭时，谁是你的首要照看人？""当你生病时，常常是谁照顾你？"只要有儿子或女儿及他们的配偶参与，则赋值为1，否则为0。把两项指标相加，对老人的照顾这一变量赋值为 $0 \sim 2$。

控制变量包括老人的人口学特征变量，包括老人的性别、年龄、健康状态、婚姻状态、居住状态等。CLHLS 的问卷对受访者询问自评的健康状态，选项包括从"很不好"到"很好"五个类别，我们将自评健康状态为"很好"和"好"的赋值为1，其他为0。婚姻状态建立了两个虚拟变量：一是是否丧偶，丧偶为1，其他为0；二是是否为在婚状态，在婚为1，其他为0。老人的居住状态，分为与家人居住、独居、居住养老院三类。我们认为与家人居住的老人更能感受到家庭的温暖，所以将与家人同住的老人赋值为1，其他为0。老人户籍所在地为二元变量，城镇赋值为1，农村赋值为0。由于解释变量中存在子女给予老人的经济支持这一变量，这里加入一个收入虚拟变量，即"收入来源是否够用"，够用为1，不够用为0。受过教育的老人赋值为1，受教育年限为零的老人赋值为0。老人能享受的医疗条件对老年人的生活保障至关重要，"生病时能否及时就医"，肯定回答为1，否定回答为0。离退休制度是国家政策层面给予老人的关怀，老人享受离退休制度为1，不能享受则为0。相关变量及说明见表8.1。

表 8.1　老人幸福感调查涉及的变量

变量名称		变量定义
正向幸福感（Happiness）		=1 很不好；=2 不好；=3 一般；=4 好；=5 很好
子女数量（Kid_number）		连续变量，为受访者实际生育子女数量
经济支持（Money_in）		平均数取对数后的数值
情感支持（Emotion）	聊天（Chatting）	=0 子女均未支持；=1 子女仅一方支持；=2 子女均支持
	倾诉（Telling）	=0 子女均未支持；=1 子女仅一方支持；=2 子女均支持
	解决（Solving）	=0 子女均未支持；=1 子女仅一方支持；=2 子女均支持
照料（Care）		=0 子女均未参与；=1 子女至少参与一项；=2 子女均参与
性别（Sex）		=1 男性；=0 女性
年龄（Age）		实际周岁
丧偶情况（Widowed）		=1 丧偶；=0 其他
婚姻状况（Married）		=1 在婚；=0 其他
健康状况（Healthy）		=1 好；=0 一般或不好
户籍（Huji）		=1 城镇；=0 农村
居住状态（Residence）		=1 与家人居住；=0 其他
收入水平（Income）		=1 经济来源够用；=0 不够用
受教育水平（Education）		=1 接受过教育；=0 没有接受过教育
医疗状态（Medical）		=1 能及时就医；=0 不能及时就医
是否享受离退休制度（Retire）		=1 离休或退休；=0 无

8.4 数据

本章所选取的数据为中国老年人健康长寿调查（Chinese Longitudinal Healthy Longevity Survey，CLHLS）2005年、2008年和2011年三年的微观数据。在剔除主要变量缺失的样本后，一共有样本35436个，其中2005年样本10390个，2008年样本15947个，2011年样本9099个。老人均为60周岁以上，其中80周岁以上老人占到70%左右。从描述性统计（见表8.2）可以看出，老人的自评主观幸福感平均值为3.68，介于"一般"和"好"之间。老人育有的子女数量从0到16个不等，平均生育子女个数为4.56个，老人育有的儿子数量平均为2.42个，育有女儿的数量平均为2.14个。平均每个子女给予老人557元经济支持。

表8.2 描述性统计

变量	样本数	平均值	标准差	最小值	最大值
Happiness	32750	3.689	0.813	1	5
Kid_number	34646	4.562	2.189	0	16
Money_in	33706	557.147	1187.260	0	40000
Money_in（Ln）	33706	4.865	2.391	0	10.597
Emotion	35436	3.005	1.841	0	6
Care	35436	0.774	0.691	0	2
Sex	35436	0.438	0.496	0	1
Age	35436	85.873	11.541	61	120
Married	35436	0.355	0.478	0	1
Widowed	35436	0.634	0.482	0	1
Healthy	25046	0.430	0.495	0	1
Huji	35436	0.131	0.337	0	1
Residence	35436	0.831	0.375	0	1
Income	35436	0.784	0.412	0	1
Education	35361	0.400	0.490	0	1
Medical	35436	0.921	0.269	0	1
Retire	35436	0.198	0.398	0	1

从统计数据看出，没有生育子女的老人幸福感在"很不好"的比例明显大于生育子女的老人，没有子女的老人幸福感在"很好"的比例明显低于有子女的老人，详见表8.3。

表8.3 幸福感分布情况　　　　　（单位:%）

变量	选项	很不好	不好	一般	好	很好
子女数量	没有	1.39	10.52	35.03	41.97	11.10
	独生子女	0.78	5.69	30.73	48.67	14.12
	2~3个	0.83	5.26	32.98	44.62	16.31
	3个以上	0.64	5.18	33.15	46.58	14.45
性别	男	4.06	4.85	34.03	44.50	15.97
	女	5.55	5.77	32.27	47.35	13.84
年龄分组	60~80	3.38	4.86	36.8	42	15.81
	80~100	6.10	6.03	31.85	47.39	13.88
	100以上	4.21	4.05	28.36	51.14	15.78
健康状况	良好	1.10	1.34	17.98	57.68	22.75
	其他	16.57	9.05	47.27	35.19	7.28
户籍	农村	5.30	5.64	33.32	46.22	14.08
	城镇	2.59	3.56	31.38	45.06	19.50
婚姻状况	在婚	3.90	4.91	35.34	42.83	16.29
	未在婚	5.48	5.63	31.69	48	13.91
丧偶情况	没有丧偶	0.66	5.06	35.43	42.63	16.22
	丧偶	0.75	5.54	31.58	48.20	13.92
居住状态	与家人同住	0.59	4.71	32.14	47.06	15.49
	其他	1.29	8.46	37.48	41.26	11.51
教育水平	没有接受过教育	0.90	6.19	33.06	47.10	12.76
	接受过教育	0.46	4.20	33.07	44.61	17.67

8.5 回归分析

为探讨子女数量、子女对老人的孝敬程度对老人主观幸福感的影响，设定计量模型，其中 $Happiness_i$ 是指老人的幸福感，Kid_number_i 是生育的子女数量；$Money\_in_i$，$Emotion_i$ 和 $Care_i$ 这三个变量分别为子女给予的经济支持、精神慰藉和日常照顾。X_i 是其他控制变量。

由于因变量"主观幸福感"为有序变量，所以本章利用 Ordered-logit 模型进行回归，将子女数量、经济支持、精神慰藉、照顾四个变量分别加入模型。具体模型设置如下：

$$Happiness_i = \alpha_1 + \beta_1 Kid\_number_i + \sum_{j=1}^{n} \gamma_j X_i + \varepsilon_i \tag{8.1}$$

$$Happiness_i = \alpha_1 + \beta_1 Money\_in_i + \beta_2 Kid\_number_i + \sum_{j=1}^{n} \gamma_j X_i + \varepsilon_i \tag{8.2}$$

$$Happiness_i = \alpha_1 + \beta_1 Emotion_i + \beta_2 Kid\_number_i + \sum_{j=1}^{n} \gamma_j X_i + \varepsilon_i \tag{8.3}$$

$$Happiness_i = \alpha_1 + \beta_1 Care_i + \beta_2 Kid\_number_i + \sum_{j=1}^{n} \gamma_j X_i + \varepsilon_i \tag{8.4}$$

对四个模型分别进行 Ordered logit 回归，回归结果如表 8.4。

表 8.4　总体样本回归结果

变量	模型（1）	模型（2）	模型（3）	模型（4）
Kid_number	0.004 (0.62)	0.006 (0.90)	-0.001 (-0.13)	0.001 (0.21)
$Money\_in$	—	0.027*** (4.98)	—	—
$Emotion$	—	—	0.032*** (4.35)	—
$Care$	—	—	—	0.103*** (4.33)
Sex	-0.101*** (-3.38)	-0.097** (-3.21)	-0.101*** (-3.39)	-0.097** (-3.26)

(续上表)

变量	模型（1）	模型（2）	模型（3）	模型（4）
Age	0.010*** (6.80)	0.009*** (6.47)	0.010*** (7.06)	0.009*** (6.15)
Widowed	0.170 (1.26)	0.128 (0.58)	0.027 (0.20)	0.075 (0.54)
Married	0.059 (0.43)	0.241 (1.09)	0.119 (0.88)	0.120 (0.88)
Healthy	1.481*** (51.65)	1.485*** (51.03)	1.479*** (51.55)	1.485*** (51.74)
Huji	−0.031 (−0.73)	−0.032 (−0.75)	−0.029 (−0.69)	−0.026 (−0.61)
Residence	0.424*** (11.60)	0.425*** (11.34)	0.415*** (11.35)	0.397*** (10.70)
Income	1.123*** (31.32)	1.110*** (30.33)	1.116*** (31.09)	1.124*** (31.35)
Education	0.030*** (6.440)	0.030*** (6.360)	0.030*** (6.450)	0.031*** (6.570)
Medical	0.855*** (15.05)	0.858*** (14.56)	0.841*** (14.77)	0.846*** (14.88)
Retire	0.297*** (7.69)	0.314*** (7.91)	0.289*** (7.45)	0.297*** (7.68)
Observations	21632	21017	22314	22314

注：括号中为 t 值，* $p < 0.05$，** $p < 0.01$，*** $p < 0.001$。

从回归结果可以看出，子女数量对老人幸福感的影响是正向的，但并不统计显著，这说明，子女数量的增加未必显著地改善老人的处境。子女给老人的经济支持、精神慰藉和日常照顾均对老人的幸福感有显著的正向影响。子女给予的经济支持为老人的晚年生活提供物质保障，是家庭养老的重要内容。子女给予老人的精神慰藉和日常照顾也是老人的重要需求，能使老年人产生"老有所依"的情感。

8.5.1 经济支持

经济支持是子女对老人孝顺程度的物质体现，也是子女参与代际支持的常见内容。为探讨子女的经济支持对老人幸福感的影响，设立回归模型如下：

$$Happiness_i = \alpha_1 + \beta_1 Money\_in\_s_i + \beta_2 Kid\_number_i + \sum_{j=1}^{n}\gamma_j X_i + \varepsilon_i \tag{8.5}$$

$$Happiness_i = \alpha_1 + \beta_1 Money\_in\_d_i + \beta_2 Kid\_number_i + \sum_{j=1}^{n}\gamma_j X_i + \varepsilon_i \tag{8.6}$$

其中，因变量 $Happiness_i$ 是指老人的幸福感，$Money\_in\_s_i$ 是老人的儿子给予的经济支持，$Money\_in\_d$ 是老人的女儿给予的经济支持，均做平均值及对数化处理。Kid_number_i 是子女数量，X_i 为其他控制变量。针对城镇和农村样本分别进行 Ordered logit 回归，回归结果如表 8.5 所示。

表 8.5 城乡老人经济支持的回归结果

变量	(1) 经济支持		(2) 儿子的经济支持		(3) 女儿的经济支持	
	农村	城镇	农村	城镇	农村	城镇
Kid_number	0.038*	0.001	0.068**	0.013	0.036	0.003
	(2.05)	(0.14)	(3.19)	(1.54)	(1.62)	(0.32)
$Money\_in$	0.027*	0.027***	—	—	—	—
	(2.12)	(4.46)				
$Money\_in\_s$	—	—	0.041*	0.036***	—	—
			(2.52)	(4.98)		
$Money\_in\_d$	—	—	—	—	0.006	0.026***
					(0.45)	(4.22)
Sex	-0.170*	-0.089**	-0.130	-0.067	-0.190*	-0.060
	(-2.01)	(-2.73)	(-1.44)	(-1.93)	(-2.00)	(-1.65)
Age	0.016***	0.008***	0.014**	0.008***	0.013**	0.008***
	(3.92)	(5.30)	(3.18)	(4.83)	(2.77)	(4.62)

（续上表）

变量	（1）经济支持		（2）儿子的经济支持		（3）女儿的经济支持	
	农村	城镇	农村	城镇	农村	城镇
Married	0.273 (0.49)	0.098 (0.40)	0.261 (0.47)	−0.042 (−0.15)	0.156 (0.25)	0.134 (0.45)
Widowed	0.191 (0.34)	0.240 (0.99)	0.199 (0.35)	0.115 (0.43)	0.085 (0.14)	0.288 (0.96)
Healthy	1.635*** (19.77)	1.464*** (47.05)	1.712*** (19.15)	1.467*** (44.62)	1.662*** (17.85)	1.447*** (42.08)
Residence	0.279** (2.66)	0.450*** (11.19)	0.281* (2.44)	0.436*** (10.13)	0.374** (3.13)	0.459*** (10.21)
Income	1.339*** (10.90)	1.089*** (28.38)	1.395*** (10.35)	1.080*** (26.45)	1.300*** (9.48)	1.127*** (26.55)
Education	0.032*** (3.37)	0.029*** (5.40)	0.033** (3.27)	0.029*** (5.03)	0.037*** (3.41)	0.026*** (4.32)
Medical	0.533* (2.50)	0.887*** (14.46)	0.381 (1.66)	0.898*** (13.64)	0.738** (3.08)	0.844*** (12.38)
Retire	0.324*** (3.59)	0.314*** (7.05)	0.324*** (3.34)	0.321*** (6.87)	0.287** (2.85)	0.324*** (6.62)
Observations	2279	16496	1922	15260	2070	15055

注：括号中为 t 值，* $p<0.05$，** $p<0.01$，*** $p<0.001$。

从回归结果看出，子女的经济支持对老年人的幸福感有显著正向影响，农村样本的显著性更强。农村地区的社会保障体系比城镇地区要落后，农村老人更依赖于子女的经济支持。儿子的经济支持对老年人幸福感有显著正向影响，同样，农村样本的显著性更强，农村老人更依赖儿子的经济支持。女儿的经济支持对城镇老人幸福感的影响不显著，对农村老人幸福感的影响特别显著。

8.5.2 情感支持

情感支持是子女对老人代际支持的重要组成部分，情感支持给予老人的精神慰藉有利于老人的幸福感。为了检验子女的情感支持对老人幸福感的影响，我们设立计量模型，并进行 Ordered logit 回归。

$$Happiness_i = \alpha_1 + \beta_1 Emotion_i + \beta_2 Kid\_number_i + \sum_{j=1}^{n} \gamma_j X_i + \varepsilon_i$$
(8.7)

其中，$Emotion_i$ 分别代入"子女的情感支持""女儿的情感支持""儿子的情感支持"三个变量，分别对城镇样本和农村样本进行回归，回归结果如表 8.6 所示。

表 8.6 回归结果

变量	（1）情感支持		（2）儿子的情感支持		（3）女儿的情感支持	
	农村	城镇	农村	城镇	农村	城镇
Kid_number	0.016 (0.88)	-0.004 (-0.54)	0.025 (1.36)	-0.002 (-0.31)	0.020 (1.09)	-0.001 (-0.20)
$Emotion$	0.057** (2.79)	0.029*** (3.61)	—	—	—	—
$Emotion\_s$	—	—	0.024 (0.81)	0.028* (2.40)	—	—
$Emotion\_d$	—	—	—	—	0.086** (3.01)	0.032** (2.82)
Sex	-0.179* (-2.17)	-0.094** (-2.90)	-0.185* (-2.24)	-0.097** (-3.00)	-0.164* (-1.97)	-0.089** (-2.75)
Age	0.019*** (4.58)	0.009*** (5.73)	0.018*** (4.40)	0.009*** (5.61)	0.018*** (4.48)	0.009*** (5.66)
$Married$	0.550 (1.19)	-0.024 (-0.17)	0.561 (1.21)	-0.012 (-0.08)	0.582 (1.25)	-0.006 (-0.04)
$Widowed$	0.414 (0.89)	0.102 (0.71)	0.457 (0.99)	0.118 (0.83)	0.462 (1.00)	0.132 (0.93)
$Healthy$	1.624*** (19.95)	1.458*** (47.54)	1.621*** (19.91)	1.458*** (47.53)	1.631*** (20.02)	1.460*** (47.63)

（续上表）

变量	（1）情感支持		（2）儿子的情感支持		（3）女儿的情感支持	
	农村	城镇	农村	城镇	农村	城镇
$Residence$	0.279** (2.70)	0.438*** (11.18)	0.294** (2.84)	0.436*** (11.09)	0.301** (2.92)	0.448*** (11.44)
$Income$	1.249*** (10.43)	1.105*** (29.34)	1.255*** (10.47)	1.107*** (29.37)	1.265*** (10.57)	1.110*** (29.50)
$Education$	0.029** (3.14)	0.030*** (5.58)	0.030** (3.23)	0.030*** (5.56)	0.029** (3.13)	0.030*** (5.58)
$Medical$	0.535** (2.58)	0.868*** (14.65)	0.556** (2.68)	0.874*** (14.76)	0.545** (2.62)	0.874*** (14.77)
$Retire$	0.317*** (3.61)	0.288*** (6.62)	0.329*** (3.74)	0.299*** (6.90)	0.303*** (3.43)	0.283*** (6.50)
$Observations$	2688	18944	2688	18944	2688	18944

注：括号中为 t 值，* $p<0.05$，** $p<0.01$，*** $p<0.001$。

从回归结果可以看出，不管是城镇还是农村，情感支持对老人的幸福感具有显著正向影响。儿子的情感支持对老人幸福感影响不太显著，女儿的情感支持对老人幸福感有显著的正向影响。

8.5.3 子女对老人的照顾

为了探讨子女对老人的照顾对老人幸福感的影响，我们建立如下计量模型，分别对城乡样本进行 Ordered-logit 回归。

$$Happiness_i = \alpha_1 + \beta_1 Care_i + \beta_2 Kid\_number_i + \sum_{j=1}^{n} \gamma_j X_i + \varepsilon_i \tag{8.8}$$

其中，$Care_i$ 为子女对老人的照顾参与程度，可分为儿子或女儿对老人的照顾变量，回归结果见表8.7。

表8.7 回归结果

变量	(3) 女儿的照顾		(1) 照顾		(2) 儿子的照顾	
	农村	城镇	农村	城镇	农村	城镇
Kid_number	0.018	-0.002	0.026	-0.001	0.025	0.001
	(1.01)	(-0.25)	(1.43)	(-0.09)	(1.41)	(0.09)
$Care$	0.198**	0.089***	—	—	—	—
	(3.03)	(3.49)				
$Care\_s$	—	—	0.044	0.039	—	—
			(0.67)	(1.59)		
$Care\_d$	—	—	—	—	0.226**	0.093**
					(2.86)	(2.59)
Sex	-0.176*	-0.090**	-0.184*	-0.094**	-0.159	-0.088**
	(-2.13)	(-2.78)	(-2.23)	(-2.90)	(-1.91)	(-2.71)
Age	0.017***	0.008***	0.018***	0.008***	0.017***	0.008***
	(4.24)	(4.93)	(4.34)	(5.32)	(4.25)	(5.37)
$Married$	0.700	0.015	0.584	0.011	0.660	0.006
	(1.51)	(0.11)	(1.26)	(0.08)	(1.42)	(0.04)
$Widowed$	0.471	0.102	0.468	0.132	0.528	0.141
	(1.02)	(0.71)	(1.01)	(0.93)	(1.14)	(0.99)
$Healthy$	1.623***	1.464***	1.623***	1.461***	1.625***	1.462***
	(19.93)	(47.71)	(19.93)	(47.65)	(19.96)	(47.68)
$Residence$	0.229*	0.423***	0.292**	0.436***	0.283**	0.444***
	(2.16)	(10.67)	(2.78)	(11.02)	(2.74)	(11.35)
$Income$	1.260***	1.112***	1.259***	1.111***	1.271***	1.115***
	(10.54)	(29.56)	(10.53)	(29.51)	(10.64)	(29.61)
$Education$	0.032***	0.030***	0.031**	0.030***	0.030**	0.030***
	(3.40)	(5.64)	(3.27)	(5.58)	(3.24)	(5.58)
$Medical$	0.567**	0.872***	0.564**	0.879***	0.558**	0.876***
	(2.74)	(14.72)	(2.72)	(14.85)	(2.69)	(14.80)
$Retire$	0.318***	0.297***	0.328***	0.301***	0.306***	0.287***
	(3.62)	(6.86)	(3.73)	(6.92)	(3.47)	(6.59)
N	2688	18944	2688	18944	2688	18944

注：括号中为t值，* $p<0.05$，** $p<0.01$，*** $p<0.001$。

从回归结果可以看出，不管是城镇还是农村，对老人的照顾对老人的幸福感具有显著的正向影响。儿子的照顾对老人幸福感的影响不太显著，无论城乡都是如此。女儿的照顾无论城乡都对老人幸福感具有显著的正向影响。

8.6 结论

利用中国老年人健康长寿调查 2005 年、2008 年和 2011 年三年的微观数据共 35436 个样本，通过回归分析得出，子女数量对老人幸福感的影响是正向的，但并不统计显著，这说明，子女数量的增加未必显著地改善老人的处境。子女给老人的经济支持、精神慰藉和日常照顾均对老人的幸福感有显著的正向影响。子女给予的经济支持为老人的晚年生活提供物质保障，是家庭养老的重要内容。子女给予老人的精神慰藉和日常照顾也是老人的重要需求，能使老年人产生"老有所依"的情感。子女的经济支持对老年人幸福感有显著正向影响，农村样本的显著性更强。儿子的经济支持对老年人幸福感有显著正向影响，同样，农村样本的显著性更强，农村老人更依赖儿子的经济支持。女儿的经济支持对城镇老人幸福感的影响不显著，对农村老人幸福感的影响特别显著。不管是城镇还是农村，情感支持对老人的幸福感具有显著正向影响。儿子的情感支持对老人幸福感影响不太显著，女儿的情感支持对老人幸福感有显著的正向影响。不管是城镇还是农村，对老人的照顾对老人的幸福感具有显著的正向影响。儿子的照顾对老人幸福感的影响不太显著，无论城乡都是如此。女儿的照顾无论城乡都对老人幸福感具有显著的正向影响。

第9章 子女外出务工对留守老人生活满意度的影响

9.1 引言

经济发展伴随着农村剩余劳动力转移,农民工走向城市,在各行各业就业,他们从事着艰苦、低端的劳务工作,支持着城市的繁荣和发展。另一方面,农村的青壮年劳动力离开农村,也给农村带来许多负面影响。媒体用"386199"部队来形容空心化的农村,青壮年离开农村后,农村只剩下留守妇女、留守儿童、留守老人。农村劳动力减少,使得土地耕种下降,一些土地被撂荒。儿童跟着老人长大,教育、习惯多少成为问题,留守妇女的生活也面临着挑战。

这里,我们关注的是子女外出务工对留守老人生活满意度的影响。子女外出务工自然是为了多挣得一些收入,在农村要盖房子、娶媳妇,没有经济收入是很困难的,但是,子女外出务工的收入又有多少能落到农村老人的身上?子女外出之后,累了一辈子的老人,仍得不到停歇,继续担当着家庭的劳动力,他们多多少少还要种点粮食、种点菜。子女外出务工之后,带孙子孙女的重任全落在了老人身上,责任重大,费时费力又担惊受怕。即使经济压力有所减轻,但劳务、照顾孙子孙女以及自己照顾自己,让老人承受着巨大的压力。"养儿防老"是中国的传统思想,现在子女长大了,儿子外出务工,女儿长大嫁人,仍然是老人带着孙子孙女留守着农村,艰难困苦又有谁知?本章我们首先做了一个文献综述,其次对变量和数据给出说明,然后是计量回归分析,最后是得出结论。

9.2 文献综述

发展中国家经济发展水平较低，社会保障体制并不健全，老年人的养老基本依靠家庭养老来维持。老人的养老需求主要归结于三个方面：一是子女提供的经济供养水平，二是子女提供的生活照料情况，三是老年人能够获得的精神慰藉。如果子女外出务工，那么老年人便可能由于子女赡养的缺失而产生风险。

部分研究指出，子女外出务工能够为留守老人带来更高的经济供养水平。Zuniga & Hernandez（1994）通过对墨西哥留守老人的研究指出，大多数老人都会支持子女去城市务工，这样可以从子女方面得到更高的经济供养水平，这些资金除了可以支付日常生活开支，还可支付农业生产的成本，另外对老人的医疗问题也有不小的帮助。Knodel & Saengtienchi（2007）通过对泰国农村留守老人的研究发现，农村的大多数劳动力在迁移后都为留守老人带来了更好的物质条件。白南生等（2007）通过安徽省的调查数据发现，劳动力迁移使留守老人的收入水平增加，降低了老年人的农业劳动负担，改善了留守老人的福利水平。当然，也有劳动力迁移对于留守老人的经济供养并无改善的情况，甚至有恶化的可能。Skeldon（2001）研究了蒙古、泰国、中国等地的人口迁移状况，子女的外出非但没有改善老年人的福利状况，反而使得留守老人的经济状况更加的恶化。

子女外出务工使得家庭的劳动力趋于紧张，影响了留守老人受到照料的数量与质量，有的甚至直接增加老人的农业劳动负担，从而降低老年人的生活满意度（戴卫东、孔庆洋，2005）。子女迁移使子女与老人的空间距离拉大，子女提供生活照料的能力降低，提供照料的人数减少，老人获得的照料资源减少。发展中国家的社会养老体系并不健全，无法得到足够的社会支持，因此，子女外出之后容易导致留守老人的福利水平下降。Vullnetari & King（2008）研究阿尔巴尼亚的跨国迁移问题，认为子女的照料供给与老人的照料需求之间的差异无法回避，跨国迁移的子女由于无法自由越境、难以承担路费等原因，使得子女提供的照料大大减少；该国的养老机构较为稀少，非政府组织和社会团体提供的服务大多位于城市，这导致阿尔巴尼亚留守老人生活质量降低。Zimmer et al.（2008）通过泰国与柬埔寨的案例指出，这些地方劳动力外迁的情况十分常见，但对老年人的照料并无显著的影响，依然有80%以上的留守老人至少与一个子女住在一起，同住的子女能够为老人提供较为稳定的生活照料。Giles et al. (2007) 指出，劳动力是否迁移的决策与其父母身体健康状况有关，子女可能会由于老年人的身体健康条件较差而放弃外出，选择在家照顾老人。

留守老人在经济供养方面主要依靠外出的子女，但子女外出导致给予老人的精神慰藉减少，距离阻碍了子女向父母尽孝的可能。许多老人虽然能得到孩子们丰富的物质供养，可内心依然感到非常孤独。① Goldstein & Beall (1981) 通过对尼泊尔一个偏僻村庄的研究发现，子女受大城市的工作机会和生活环境的吸引而长久地远离农村，尽管留守老人的经济水平较为宽裕，但他们依然感到孤独。Helen (2002) 通过对29位印度农村留守老人的访问指出，尽管这些老人能够得到子女迁移带来的较高的经济供养，但子女的外迁影响老人的精神状态，经济供养水平难以弥补内心的孤独感与压抑感。

劳动力外流对于农村老人的养老状况是何影响？在经济层面，劳动力流总体影响是积极的，劳动力迁移对于劳动力本身以及留守人员都有好处，劳动力在自身获得较高的工资收入外，也能为老年人提供更好的经济供养，经济供养水平上升，可以弥补日常照料与精神慰藉等供给的不足。② 在工业化和城市化过程中，以往农耕社会数代同居的家庭结构已经改变。但是，青壮年迁出加剧了农村的老龄化问题，削弱了家庭养老的作用，在发展中国家正式的养老制度并不健全的情况下，老年人的福利水平因为年轻人外流而降低。现代的交通与通信工具对克服空间上的障碍、及时传达情感等方面为留守老人及其子女带来帮助，尤其是电话对情感交流至关重要 (Baldassar, 2007)。

总之，农村劳动力迁移对留守老人生活满意度的影响机制可以概述如下：一方面，子女外出务工会通过改善老年人的经济供养水平而提高老年人的福利水平；另一方面，劳动力外流又会通过降低老年人的生活照料和精神慰藉水平，增加老年人的农业劳动负担，从而降低留守老人的生活满意度。换句话说，子女外出务工对于老年人的生活满意度既有正向影响，又有负向影响，最终的效应取决于两种影响的相对大小。

---

① 转引自杜娟、杜夏《乡城迁移对移出地家庭养老的探讨》，载《人口研究》2002年第2期，第49-53页。

② Mason, Karen Oppenheim. "Family Change & Support of Elderly in Asia: What Do We Know?", *Asia-Pacific Population Journal*, 1992, 7 (3): 13-32.

9.3 变量与数据

9.3.1 变量

本部分研究子女外出务工对老年人生活满意度的影响，因变量是老年人生活满意度。在中国健康与营养调查（CHNS）数据库中，关于生活满意度的提问是"你认为现在的生活怎么样？"答案有五个选项，分别是"很好""好""中等""差"和"很差"。我们将生活满意度从"很差"到"很好"由低到高赋值，"很差"赋值为1，"差"赋值为2，"中等"赋值为3，"好"赋值为4，"很好"赋值为5。

关键的解释变量是子女外出务工情况。CHNS问卷中询问了受访者的每一个家庭成员"是否仍然住在家中"，我们将回答"否，外出打工"的家庭成员视作外出务工成员，家庭的外出务工人员加总得到家庭劳动力流动的数量，再根据家庭的总人口规模，算出"家庭外出劳动力占家庭总人口的比重"，我们称之为劳动力流动的规模 L_i，是一个介于0和1之间的连续变量。

我们使用的控制变量包括个人人口学特征变量，如年龄、性别、婚姻、教育水平、医疗保险、健康水平等，这些都可能影响到老年人的生活满意度。家庭变量包括家庭人口规模、子女的经济供养水平和老人的农业劳动负担等。老人的生活满意度可能具有地区差异，不同地区的经济社会发展水平、福利水平、文化具有差异，在控制变量中加入了地区虚拟变量。

9.3.2 数据

本章使用的数据来源于中国家庭健康与营养调查数据库（China Health & Nutrition Survey，CHNS），该数据库数据目前涵盖1989年、1991年、1997年、2000年、2004年、2006年、2009年和2011年8个年份，区域上涵盖了北京、上海、重庆、贵州、湖南、广西、湖北、山东、江苏、河南、黑龙江、辽宁共12个省市。数据库采取了分层、多级、整群随机抽样的调查方法，调查的内容包括家庭层面的调查（包括健康服务调查）、个人层面的调查、健康与营养测试、社区调查等。本章采用的是CHNS 2011年的截面数据。

CHNS中，子女直接的经济支持是子女直接给予父母的钱和礼品的总价值，这一数据较为直观地反映父母享受子女的经济供养情况。CHNS数据库没有直接关于子女对老人照料的数据，但是，老人的农业劳动时间可以反向地反映出子女的照料情况。

本研究将老年人的年龄起点界定为60岁，样本的平均年龄为68.62周岁，最大值为99岁。性别采用虚拟变量，女性为参照组（性别＝0），男性为对照组（性别＝1）。根据受访者的教育程度，从"没上过小学"到"6年大学"，我们分别赋值为0到16。受访者的婚姻状况是"是否在婚"的虚拟变量，"在婚"取值为1，其他情况（"未婚""离异""丧偶"和"分居"等）取值为0。CHNS中问到"过去四周中，你是否生过病或受过伤，是否患有慢性病或急性病？"，根据该问题，我们采用虚拟变量"上月是否生病"来表示老人的身体健康状况。主要变量的描述统计见表9.1。

表9.1 主要变量的描述统计

变量	样本量	均值	标准差	最小值	最大值
生活满意度	2096	3.578	0.894	1	5
个体变量					
年龄	2096	68.618	7.000	60	99
性别	2096	0.476	0.500	0	1
受教育年限	2096	4.378	4.087	0	16
是否在婚	2096	0.747	0.435	0	1
上月是否生病	2096	0.234	0.423	0	1
是否购买医疗保险	2096	0.975	0.156	0	1
家庭变量					
劳动力流动规模	2096	0.349	0.289	0	0.9
子女的直接经济支持	2096	1 659.278	4484.769	0	100099
农业劳动时间	2096	60.963	130.814	0	1512
是否照顾小孩	2096	0.112	0.315	0	1
家庭总收入	2096	32997.210	38403.030	0	401412
家庭规模	2096	4.924	2.497	1	16
区域变量					
辽宁	2096	0.078	0.269	0	1
黑龙江	2096	0.059	0.236	0	1
江苏	2096	0.105	0.307	0	1

(续上表)

变量	样本量	均值	标准差	最小值	最大值
山东	2096	0.090	0.286	0	1
河南	2096	0.108	0.310	0	1
湖北	2096	0.081	0.272	0	1
湖南	2096	0.098	0.297	0	1
广西	2096	0.119	0.324	0	1
贵州	2096	0.125	0.330	0	1
北京	2096	0.020	0.140	0	1
上海	2096	0.053	0.224	0	1
重庆	2096	0.065	0.246	0	1

由表9.1可知，生活满意度的均值在3.5以上，处于"中等"和"好"之间，接近于"好"。主要的解释变量"劳动力流动规模"均值约为0.35，也就是家庭中十个人里面有3~4个人在外务工。为考察劳动力流动规模与留守老人生活满意度之间的关系，我们根据CHNS 2011的数据绘制出图9.1，从中可知，家庭劳动力流动规模越高，老年人的生活满意度也就越低。

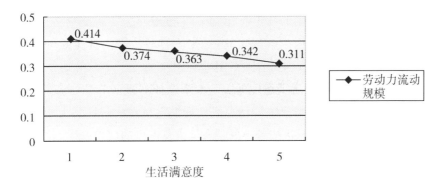

图9.1 不同生活满意度水平的老人家庭劳动力流动规模均值

9.4 实证分析

9.4.1 模型设定

为检验子女外出务工对老年人生活满意度的影响，我们建立二元因变量模型，使用 Probit 模型进行估计：

$$\Pr(Satisfaction_i = 1 \mid L_i, X_1, \cdots, X_k) = \phi(\alpha_0 + \beta_0 L_i + X_i^{'}\gamma) \quad (9.1)$$

等式右边的变量 L_i 表示劳动力流动规模，反映子女外出务工情况，X_i 为一组影响个人生活满意度的控制变量，包括年龄、性别、教育程度等。

回归方程（9.1）中主要解释变量劳动力流动规模存在内生性。子女外出务工会对老人生活满意度产生影响，反过来，老年人的生活满意度通常也会影响子女是否外出务工的决策。如果老年人生活满意度较差，需要家庭成员的照料，那么子女可能选择不外出。特别是，如果家庭中老年人由于生病等原因，子女可能选择不外出打工。

通常情况下，可使用工具变量消除内生性的影响。工具变量必须满足：相关性，即工具变量与内生解释变量相关；外生性，即工具变量与扰动项无关，即与被解释变量无关。因此，这里好的工具变量要与劳动力流动规模相关而与留守老人生活满意度无关。本章选择"社区劳动力流动规模"作为我们的工具变量。与家庭劳动力流动规模定义方法一致，社区劳动力流动规模是指家庭所在社区中外出务工人口占总人口的比重。首先，"社区的劳动力流动规模"与某个老人的生活满意度没有什么相关性，但"家庭劳动力流动规模"与"社区劳动力流动规模"具有高度的相关性。在使用工具变量法时，有必要对工具变量的有效性进行检验。如表 9.2 所示，我们检验了工具变量与解释变量的相关性。

表 9.2 检验工具变量与解释变量的相关性

被解释变量：家庭劳动力流动规模		
变量	系数	标准差
社区劳动力流动规模	1.2114***	0.0290
子女的直接经济供养（对数）	0.0021**	0.0008
农业劳动时间（对数）	0.0051***	0.0016
年龄	-0.0438***	0.0008
性别	-0.0122*	0.0064
是否在婚	0.0218***	0.0076
受教育年限	0.0049***	0.0008
上月是否生病	-0.0288***	0.0070
是否有医疗保险	0.0088	0.0189

注：* $p<0.1$，** $p<0.05$，*** $p<0.01$。

如表 9.2 所示，我们使用"家庭劳动力流动规模"为被解释变量，对"社区劳动力流动规模"和其他的控制变量进行回归，回归结果为"社区劳动力流动规模"的系数在 1% 水平下显著为正，这说明本章所选择的工具变量并不存在弱工具变量的问题。

9.4.2 子女外出务工对老人生活满意度的影响

我们采用回归方程（9.1）进行回归，估计劳动力流动规模对于留守老人生活满意度的影响。回归结果如表 9.3 所示。

表 9.3 农村劳动力流动规模对于家庭留守老人生活满意度的影响

变量	Probit		IV-Probit	
	系数	标准差	系数	标准差
家庭变量				
劳动力流动规模	-0.2024**	0.0964	-0.4837**	0.2336
子女的直接经济供养（对数）	0.0781**	0.0390	0.0827**	0.0340
农业劳动时间（对数）	-0.0012***	0.0003	-0.0015***	0.0004
个体变量				
年龄	-0.0433***	0.0084	-0.0126***	0.0048

（续上表）

变量	Probit		IV-Probit	
	系数	标准差	系数	标准差
性别	-0.0917	0.0609	0.0440	0.0721
是否在婚	0.3518***	0.0711	-0.2567***	0.0763
受教育年限	0.0350***	0.0077	0.0352***	0.0082
上月是否生病	-0.2596***	0.0662	-0.2704***	0.0664
是否有医疗保险	0.1328	0.0905	0.1049	0.0816
区域变量（参照组：贵州省）				
重庆	-0.1679	0.1269	-0.3567**	0.1549
上海	0.1970	0.1379	-0.1109	0.1714
北京	0.1804	0.2078	-0.2081	0.2329
广西	-0.9825***	0.1086	-1.0388***	0.1103
湖南	-0.2538**	0.1069	-0.2553**	0.1075
湖北	0.0602	0.1154	0.0473	0.1198
河南	-0.1419	0.1035	-0.1218	0.1046
山东	0.1541	0.1123	0.1573	0.1148
江苏	0.2518**	0.1068	0.1733	0.1115
黑龙江	0.1424	0.1301	-0.0030	0.1412

注：* $p<0.1$，** $p<0.05$，*** $p<0.01$。

从回归结果可以看出，Probit 模型和 IV-Probit 模型的回归结果都表明农村劳动力流动规模对于留守老人的生活满意度有着显著的负向影响。加入工具变量回归之后，劳动力流动规模对于农村留守老人的生活满意度的负向影响更大。这充分表明，子女外出务工对留守老人的生活满意度有显著的负向影响。

子女经济供养的系数显著为正，说明随着子女的经济供养增加，留守老人的生活满意度也在增加。老年人的农业劳动时间系数显著为负，家庭的主要农业劳动力本该是青壮年劳动力，但由于其外出务工，这些农业负担落到了老年人的身上，加重了老人的身体和心理负担，因此，留守老人的生活满意度因农业劳动时间的增加而降低。老年人的年龄越高，其个人生活满意度评价也越差。年龄越大，如健康问题、自我照料问题等老年问题会越突显。在婚的老年人的生活满意度比独居的老年人要高,少年夫妻老年伴,老年伴侣之间在生活上能够相互照应,在精神上能够相互支持,从而有利于老年人的生活满意度。受教育年限的系数显著为正,教育程度越高的人,拥有的知识相对越多,生活越丰富,在农村的相对地位也越高,因而生活满意度也越高。是否有医疗保险这一变量的系数并不显著,随着新农合的推广,医疗保险的覆盖率已经达到了97.5%,老人之间在是否有医疗保险这一项已经没有了显著的差别。虚拟变量"上月是否生病"代表了老年人的健康状况,其系数显著为负,健康问题导致生活满意度越低。性别对于老人的生活满意度没有显著的影响。区域虚拟变量除广西、湖南、重庆外,其余都不显著,这说明各省之间农村留守老人生活满意度的差异并不十分明显。

9.4.3 子女外出务工对留守老人经济供养影响

为检验劳动力流动规模是否带来子女经济供养的正向效应,我们设定计量模型如下:

$$\ln money_i = \alpha_0 + \beta_0 L_i + X_i^{'}\gamma + \varepsilon \tag{9.2}$$

我们沿用前面的工具变量——社区劳动力流动规模来进行回归。我们将样本分为两组——中高龄老年组(70周岁及以上)和低龄老年组(60周岁至70周岁),外出务工子女对不同组年龄的老年人的经济供养可能存在差异。因此,我们对这两个年龄组分别回归,回归结果如表9.4所示。

表9.4 劳动力流动规模对子女经济供养的影响

被解释变量: 子女经济供养	分组1:年龄≥70		分组2: 60 < 年龄 < 70	
	系数	标准差	系数	标准差
家庭变量				
劳动力流动规模	10.0849***	2.6684	4.3392***	1.2555
家庭人口规模	-0.7961***	0.1792	-0.3169***	0.0825
家庭人均收入(对数)	0.2585*	0.1355	0.3138***	0.1150
个体变量				
年龄	0.0396	0.0269	0.1220***	0.0358
性别	0.2491	0.2717	-0.1714	0.2153

(续上表)

被解释变量: 子女经济供养	分组1: 年龄≥70		分组2: 60＜年龄＜70	
	系数	标准差	系数	标准差
是否在婚	2.1986***	0.3759	1.2666***	0.3036
受教育年限	0.1039***	0.0345	0.0484*	0.0287
是否有医疗保险	0.1179	0.6013	0.1129	0.8949
上月是否生病	-0.4516	0.2774	-0.2844	0.2523
省份虚拟变量（参照组：贵州）				
重庆	-1.6191*	0.9711	-0.5039	0.5416
上海	0.6605	0.9710	-0.9734*	0.5787
北京	0.1708	1.7327	1.4159*	0.7562
广西	0.2417	0.6079	-0.1470	0.4154
湖南	0.1465	0.4543	-0.3081	0.3971
湖北	-0.3123	0.5528	0.0518	0.4138
河南	1.0364*	0.5420	-0.2526	0.4202
山东	-0.8502	0.5483	-1.2455***	0.4068
江苏	0.8698*	0.4794	-0.4065	0.3842
黑龙江	1.5710**	0.6516	-0.0400	0.4720
常数项	-1.5791	2.9502	-6.5549	2.8468

注：* $p<0.1$，** $p<0.05$，*** $p<0.01$。

回归结果显示，劳动力流动规模的系数显著为正，说明劳动力流动规模越高，子女对老人的经济供养水平也就越高，也就是说，子女外出务工确实为老年人带来了经济上的支持。分组来看，中高龄老年人组的劳动力流动规模的系数要高于低龄老年组，因为中高龄老年组由于劳动能力丧失以及健康等原因，子女给予了更多的经济供养。

9.4.4 子女外出务工对老人农业劳动时间的影响

为检验劳动力流动规模对留守老人照料效应的负向影响，我们检验老人的农业劳动时间是否与子女外出务工存在关联，回归模型如下：

$$\ln time_i = \alpha_0 + \beta_0 L_i + X_i^{'}\gamma + \varepsilon \tag{9.3}$$

我们沿用前面的工具变量——社区劳动力流动规模来进行回归。同样对老年人按年龄分组,并分组回归,回归结果如表9.5所示。

表9.5 劳动力流动规模对留守老人农业劳动时间的影响

被解释变量: 农业劳动时间	分组1: 年龄≥=70		分组2: 60<年龄<70	
	系数	标准差	系数	标准差
家庭变量				
劳动力流动规模	4.4224***	1.3759	4.7345***	0.7216
家庭人口规模	-0.3044***	0.0924	-0.1989***	0.0474
家庭人均收入(对数)	0.2413***	0.0699	0.3139***	0.0661
个体变量				
年龄	-0.0884***	0.0139	-0.0378*	0.0206
性别	0.0557	0.1401	0.0072	0.1237
是否在婚	0.8780***	0.1938	0.3844**	0.1745
受教育年限	-0.0943***	0.0178	-0.0809***	0.0165
是否有医疗保险	0.0297	0.3100	0.6701	0.5144
省份虚拟变量(参照组:贵州)				
重庆	2.1246***	0.5007	2.1233***	0.3113
上海	0.2276	0.5007	0.2399	0.3326
北京	0.5366	0.8934	0.3482	0.4346
广西	0.7744**	0.3134	0.5055**	0.2387
湖南	0.0096	0.2342	-0.2940	0.2283
湖北	0.4208	0.2850	0.5218**	0.2378
河南	0.2172	0.2795	0.3167	0.2415
山东	-0.2538	0.2827	-0.2942	0.2338
江苏	0.4768**	0.2472	0.6115***	0.2208
黑龙江	-0.2152	0.3360	0.4710*	0.2713
常数项	9.7690	1.5212	4.9614	1.6362

注: *$p<0.1$, **$p<0.05$, ***$p<0.01$。

回归结果显示,劳动力流动规模的系数显著为正,说明劳动力流动规模越高,老人承担的农业劳动的时间也就越高,子女外出务工增加了留守老人的农业劳动负担。分组来看，低龄老年组的系数更大，说明相比中高龄老年组，子女外出务工对低龄老年组增加了更多的农业劳动负担。

9.5 结论

我们采用中国家庭健康与营养调查数据库（CHNS）2011 年的截面数据研究子女外出务工对留守老人生活满意度的影响。回归结果表明，农村劳动力流动规模对于留守老人的生活满意度有着显著的负向影响，这充分说明，子女外出务工对留守老人的生活满意度有显著的负向作用。劳动力流动规模对老年人的经济供养有显著的正向影响，说明子女外出务工确实为老年人带来了经济上的支持。对于中高龄老年组，子女给予的经济供养比相对低龄老年组更多。劳动力流动规模对老年人的农业劳动时间有显著的正向影响，说明子女外出务工增加了留守老人的农业劳动负担；对低龄老年组的系数更大，说明子女外出务工使低龄老年组的农业劳动负担更重。

第10章　医疗保险与城镇老年人幸福感

10.1　引言

按照联合国的新标准，当一个地区65岁以上老人达到总人口的7%时，该地区被视为进入老龄化社会。随着生活水平和医疗条件改善，中国老年人平均寿命增加，老年人口不断增加，老年化问题越来越突出。据2010年第六次全国人口普查数据，我国60岁以上人口占13.26%，65岁以上人口占8.87%，已达到联合国规定的老龄化社会标准。据联合国人口司预测，我国65岁以上老人数将从2000年的0.94亿人（占总人口的7%）增加到2050年的3.34亿人（占总人口的22.6%）；我国80岁以上的高龄老人将从2000年的1150万人增加到2020年的2700万人，到2050年，80岁以上的高龄老人将超过1亿人。

健康和医疗问题是老年人关心的焦点问题，医疗保险是老年人应对健康风险的有效途径，然而，从中国老年人健康影响因素跟踪调查（CLHLS）数据库2005年的数据来看，所有老年人中，医疗费用支出通过医疗保险支付的老年人仅占12.31%，加上有公费医疗和合作医疗的老年人的比例也仅有23.38%，见表10.1，约70%的老年人的医疗支出由自己或子女承担，这无疑加剧了老年人的健康风险。

表 10.1　城镇老年人医疗支出的主要来源

医疗费用支付方式	2005 年男性老人 频数	2005 年男性老人 百分比	2005 年女性老人 频数	2005 年女性老人 百分比	全体样本 频数	全体样本 百分比
医疗保险	426	17.12%	278	8.60%	704	12.31%
公费医疗	427	17.16%	154	4.76%	581	10.16%
合作医疗	26	1.05%	26	0.80%	52	0.91%
国家或集体补助	66	2.65%	68	2.10%	134	2.34%
自己	713	28.66%	486	15.04%	1199	20.96%
配偶	16	0.64%	94	2.91%	110	1.92%
子女	791	31.79%	2088	64.60%	2879	50.33%
无钱支付	1	0.04%	7	0.22%	8	0.14%
其他	18	0.72%	26	0.80%	44	0.77%
信息丢失	4	0.16%	5	0.15%	9	0.16%
总体	2488	100.00%	3232	100.00%	5720	100.00%

在我国步入老年化社会的过程中，如何让老年人能够幸福安度晚年，是社会与政府需要思考的一个问题。本章把对老年人幸福感的关注投向医疗保险领域，试图分析医疗保险对老年人幸福感的影响。

10.2　文献综述

老年人的健康与幸福感是步入老年化社会比较关注的问题，影响老年人幸福感的因素众多，如经济来源、健康状况、婚姻状况、丧亲、退休状况、社会支持、社会互动等，但是，从医疗保险角度考察老年人幸福感的文献并不多。傅沂、程忠艳（2021）的研究表明，年龄、性别、城乡分布、健康状况、代际支持等因素虽然对老年人生活满意度有显著影响，但影响程度远小于相对收入、人际关系、心理因素、医疗卫生条件等。Hughes & Waite（2002）发现，在 51 岁到 61 岁的美国中老年人中，养老模式和自评健康、死亡率、忧郁症之间存在明显的依存关系。Pei-An Liao（2012）的研究表明，国民健康保险制度的实施可以显著改善老年人的主观幸福感，且对老年女性的幸福感影响程度更大。倪超军（2020）基于 CGSS2015 年的数据得出，居民基本医疗保险和养老保险的参与能够对老年人的幸福感产生正向影响，参加的社会保险数量越多，其幸福感就越强。刘瑜（2015）采用CGSS2010年的数据也得出，社会保障显著增加了居民的主观幸福感，且医疗保险对幸福感的影响程度高于养老保险。陈璐、熊毛毛（2020）得出，参保城镇居民基本医疗保险可以显著提升城镇老年人的主观幸福感，且提升作用在低龄段、低收入、健康状况较好的老年群体中更加明显。邓大松、杨晶（2019）基于中国家庭金融调查（CHFS）数据得出，养老保险对中国农村老年人主观幸福感具有显著的促进作用，而消费差异损害了农村老年人的幸福感。养老保险能够缓解消费差异对农村老年人主观幸福感的负面影响。亓寿伟、周少甫（2010）发现公费医疗显著提高农村老年人的幸福感，城镇职工医疗保险和农村合作医疗分别对城镇和农村老年人的幸福感具有积极的作用。马红鸽、席恒（2020）指出，社会保障既能通过提高居民消费水平与健康水平来提升幸福感和获得感，也能够通过提高公平感来缓解收入差距对幸福感和获得感带来的负面影响。Liubao Gu et al.（2017）指出，中国的基本医疗保险，特别是新型农村合作医疗制度，可以显著改善老年人的健康状况，并提高其生活满意度。Chen（2019）研究得出，商业医疗保险由于应用不广泛，影响效果不显著；但社会医疗保险对老年人的幸福感具有显著的正向影响，参加社会医疗保险对农村老年人更容易促进幸福，但对城市老年人的影响不明显。医疗保险主要通过提供直接的物质支持、增强安全感、提高社会公平以及重新分配社会财富等方式进而提高主观幸福感。

10.3　理论模型

在理论分析中，幸福感一般用效用函数表示。我们借鉴李涛等（2011）的理论模型，把医疗保险引入老年人的效用函数。假设老年人的效用函数取决于两个因素：医疗保险消费（I）和其他满足老年人生活需要的消费。考虑到保险的运作具有跨期平滑风险的功能，效用函数为存在两期的跨期效用函数：

$$U(C_1, C_2, I) = V(C_1) + \beta V(C_2) + W(I) \tag{10.1}$$

其中 C_1、C_2 分别为第一期和第二期的消费，I 为医疗保险消费，效用函数可分，β 为贴现因子。$W(I)$ 衡量了医疗保险对老年人效用的影响，其中包含了各种可能的作用机制，如健康、风险、情绪等。假设 $V(\cdot)$、$W(\cdot)$ 满足效用函数的标准条件，一阶导大于0，二阶导小于0，即 $V'(\cdot)>0$，$V''(\cdot)<0$，$W'(\cdot)>0$，$W''(\cdot)<0$，这一假设约定医疗保险消费和其他消费一样，都满足边际效用为正且边际效用递减。

医疗保险支出受保险合同约束，因此，医疗保险消费外生给定，老年人的跨期预算约束为：

$$P_1 * C_1 + P_2 * \frac{C_2}{1+r} \leq Y_1 + \frac{Y_2}{1+r} \tag{10.2}$$

其中 P_1 和 P_2 分别为外生给定的消费价格，Y_1 和 Y_2 分别为老年人第一期和第二期的收入水平（是扣除了医疗保险支出之外的预算收入），r 为外生给定的实际利率水平。此外，假设收入水平外生给定且不存在不确定性，而且不受到流动性约束，可通过自由借贷以平滑消费。这时，老年人的最优化问题为：

$$\max U(C_1, C_2, I) = V(C_1) + \beta V(C_2) + W(I) \tag{10.3}$$

$$s.t.\ P_1 \times C_1 + P_2 \times \frac{C_2}{1+r} \leq Y_1 + \frac{Y_2}{1+r} \tag{10.4}$$

其一阶条件为：

$$V'_{C_1} = \beta(1+r)\frac{P_1}{P_2} V'_{C_2} \tag{10.5}$$

进一步，我们假设 $\beta(1+r) = 1$，$P_1 = P_2 = 1$，此时 $V'_{C_1} = V'_{C_2}$，即

$$C_1 = C_2 = \left(Y_1 + \frac{Y_2}{1+r}\right)/2 \tag{10.6}$$

在此情形下，老人的总效用为：

$$U(C_1, C_2, I) = (1+\beta)V\left[\frac{1}{2}Y_1 + \frac{Y_2}{2(1+r)}\right] + W(I) \tag{10.7}$$

此时，医疗保险的边际效用为 $U_I' = W_I'$。假设医疗保险的边际效用 $W'(I)$ 为正，且边际效用递减，因此，在流动性不受约束的情况下，老年人可以平滑其消费，稳固的医疗保险消费给老年人带来正向的边际效用，由于医疗保险的边际效用递减，因此，最优的医疗保险购买应该满足购买医疗保险的边际效用等于其边际成本。在此理论分析的基础上，我们提出待验证的理论假说：医疗保险可增进老年人的幸福感。

10.4 实证检验

10.4.1 数据

本章数据来自中国老年人健康长寿影响因素调查数据库（CLHLS），该调查项目由北京大学中国经济研究中心曾毅教授主持，调查于 1998 年启动，随后的跟踪调查分别在 2000 年、2002 年、2005 年、2008 年以及 2011 年进行，调查涵盖了中国 31 个省、市、自治区中的 23 个，涵盖区域总人口约占全国总人口的 85%，调查时，随机选择大约一半的市/县作为调研点进行调查。

本章使用 2005 年和 2008 年的两期面板数据。2005 年共有 15638 位老年人接受问卷调查，其中 5209 人在 2008 年接受调查时已去世，另有 2957 人在 2008 年调查时失去联系。由于城乡之间在老年人收入结构、医疗保险等方面存在差异，本章只考察城镇人口，所以剔除了来自农村的老年人样本 7433 人。为了排除极端值的影响，我们剔除了百岁以上的老年人样本（713 人）。为了消除缺失值对回归结果的影响，在变量处理过程中我们剔除变量信息缺失的老年人样本，本章最终使用的样本包括 3662 位受访者。

10.4.2. 变量

本章的因变量是幸福感，我们参照现有文献对幸福感的测度方法，中国老年人健康长寿影响因素调查中有这么一个问题："您觉得您现在的生活怎么样？"有"很好""好""一般""不好""很不好"几个选项。考虑到老年人样本在两期间存在一定的死亡比例，我们把死亡看作是老年人健康和幸福状况的最差情况，因此，我们把老年人的幸福感分成 6 个等级，从 1 到 6 分别表示"死亡""很不好""不好""一般""好""很好"，分值越高意味着幸福度越高。

医疗保险是本章的核心解释变量,由于问卷中关于医疗保险的调查,形式繁杂,难以清晰定义老年人是否拥有医疗保险,因此,我们以医疗费用的支付方式来表示老年人医疗保险的差异。若医疗费用的支出主要由社会医疗保障支付,在我们定义的医疗保险虚拟变量中取值为1,若老人的医疗费用主要由自己、配偶和子女等家庭内部成员承担,则取值为0。考虑到老人的幸福感还受到其他因素的影响,我们控制了婚姻、健康、嗜好、年龄、性别等人口学变量。除此之外,物质生活水平会影响人们的幸福感,CLHLS通过询问以下问题来了解受访者的生活水平:"您的生活在当地比较起来,属于:_____。"有"很富裕""比较富裕""一般""比较困难""很困难"几个选项。CLHLS调查问卷中有洗澡、穿衣、室内活动、上厕所、吃饭、控制大小便等六个方面问题,可以衡量老年人的生活自理能力,我们设置一个反映自理能力的变量ADL,变量值最大为6,表示每一项都能自理,变量值最小为0,表示所有六个项目均需别人帮助。老年人的初始健康状况会影响其幸福感,我们采用调查员对受访老人的健康评价,1～4分别代表很不健康到健康。考虑到住房与居民幸福感之间的关系,住房变量取1代表老人对住房拥有产权,取0则意味着老人对住房没有产权。社区的条件会影响到老年人的幸福感,问卷中有问题询问:"您所在社区有哪些为老年人提供的社会服务?"我们选择"出诊"和"保健知识"作为虚拟变量,代表老年人所在社区的条件,取值1表示提供这种服务,取值0表示没有提供。婚姻状态会影响到老年人的幸福感,因为陪伴、互相照顾是老年人之生活所需,我们设置婚姻虚拟变量,老人结婚且与老伴同住取值为1,其他情况都取值为0。另外,老年人若有一定的生活爱好,也可提高其幸福感,因此,我们引入两个变量表示老年人的生活爱好,一是锻炼,二是看电视听广播,前者是二元虚拟变量,后者是频次选项变量,如几乎每天、每周至少一次、每月至少一次等。变量名称及定义如表10.2所示。

表10.2 变量定义

变量名称	变量定义
幸福感	衡量生活质量,=1,死亡;=2,很不好;=3,不好;=4,一般;=5,好;=6,很好
医疗保险	=1,医疗费用由医保支付;=0,医疗费用自费

（续上表）

变量名称	变量定义
经济生活条件	=1，很困难；=2，比较困难；=3，一般；=4，比较富裕；=5，很富裕
性别	=1，男性；=0，女性
年龄	受访者年龄
年龄二次方	受访者年龄的二次方
婚姻	=1，结婚且与老伴住一起；=0，其他
教育	受教育年限
生活自理能力	从低到高取值 1～6
健康	=1，很不健康；=2，不健康；=3，比较健康；=4，相当健康
有无房产	=1，有产权；=0，无产权
社区服务（医生出诊）	=1，有出诊医生上门看病、送药；=0，无
社区服务（保健知识）	=1，提供保健知识；=0，无
锻炼	=1，经常锻炼身体；=0，不是
电视广播	看电视听广播，1～5 表示频次从低到高

各变量的描述性统计见表 10.3。

表 10.3 描述性统计

变量	观测数	均值	标准差	最小值	最大值
幸福感	3662	3.38	1.91	1	6
医疗保险	3662	0.44	0.50	0	1
经济生活条件	3662	3.05	0.68	1	5
性别	3662	0.48	0.50	0	1
年龄	3662	83.07	10.44	64	100
年龄二次方	3662	7009.11	1724.04	4096	10000
婚姻	3662	3.36	4.36	0	25
教育	3662	5.36	1.44	0	6
生活自理能力	3662	3.12	0.72	1	4

(续上表)

变量	观测数	均值	标准差	最小值	最大值
健康	3662	0.88	0.32	0	1
有无房产	3662	0.10	0.30	0	1
社区服务（医生出诊）	3662	0.15	0.35	0	1
社区服务（保健知识）	3662	0.39	0.49	0	1
锻炼	3662	0.44	0.50	0	1
电视广播	3662	3.82	1.64	1	5

10.4.3 计量分析

估计医疗保险对老年人幸福感的影响，可能存在内生性问题：一是可能互为因果，二是可能遗漏掉一些重要变量，三是可能存在测量误差。内生性的解决是个普遍难题，因为从数据库中寻找工具变量比较困难，我们参考类似文献的处理方法，采用两期数据（2005，2008），为了更清晰地体现因果关系，因变量使用2008年的数据，自变量使用2005年的数据，这可以一定程度上减小内生性，但仍然没有完全解决这一问题。本章采用两期微观数据，检验第 t 期到第 $t+1$ 期间老年人的医疗保险对第 $t+1$ 期的生活幸福程度的影响。具体计量模型设计如下：

$$Happiness_{i,t+1} = \beta_1 Medinsurance_{i,t} + \sum_{j=2}^{n}\beta_j X_{i,t,j} + \varepsilon_{i,t+1} \qquad (10.8)$$

因变量是幸福感，自变量是医疗保险，控制变量包括生活水平、年龄、性别、婚姻、教育、健康、锻炼、住房、生活自理能力、社区条件、喜爱电视广播程度等等。关于估计方法，由于幸福感是有序离散变量，适合使用有序离散因变量概率模型（Ordered logit 或 Ordered probit）进行回归估计，其中，Ordered logit 假设随机变量服从逻辑概率分布，而 Ordered probit 假设随机变量服从正态分布。我们同时采用 OLS，Ordered logit 和 Ordered probit 模型对参数进行估计，这样做的好处是，既能获得计量结果，也能比较结果的稳健性。回归结果如表10.4所示。

表 10.4　回归结果

变量	OLS	Ologit	Oprobit
医疗保险	0.18*** (0.06)	0.24*** (0.07)	0.13*** (0.04)
经济生活条件	0.09** (0.04)	0.15*** (0.05)	0.09*** (0.03)
性别	-0.30*** (0.06)	-0.32*** (0.07)	-0.19*** (0.04)
年龄	0.08*** (0.01)	0.32*** (0.06)	0.16*** (0.03)
年龄二次方	-0.0008*** (0.00005)	-0.002*** (0.0003)	-0.001*** (0.0002)
婚姻	-0.001 (0.07)	0.003 (0.08)	-0.002 (0.05)
教育	0.02*** (0.007)	0.03*** (0.01)	0.02*** (0.005)
生活自理能力	0.17*** (0.02)	0.25*** (0.03)	0.13*** (0.02)
健康	0.32*** (0.04)	0.38*** (0.05)	0.23*** (0.03)
有无房产	0.25*** (0.09)	0.3*** (0.10)	0.18*** (0.06)
社区服务（医生出诊）	0.02 (0.09)	0.05 (0.11)	0.04 (0.07)
社区服务（保健知识）	-0.03 (0.08)	-0.06 (0.09)	-0.04 (0.06)
锻炼	0.12* (0.06)	0.12* (0.07)	0.07*** (0.04)
电视广播	0.09*** (0.02)	0.10*** (0.02)	0.06*** (0.01)
观测数	3662	3662	3662
R^2	0.8228		
Pseudo R^2		0.0969	0.0950

注：*$p<0.1$，**$p<0.05$，***$p<0.01$。

回归结果显示，医疗保险对老年人的幸福感有显著的正向影响，拥有医疗保险的老年人比没有医疗保险的老年人幸福感更高。生活水平对老年人的幸福感有显著的正向影响，说明经济层面对老年人的晚年幸福影响显著；受教育年限对老年人幸福感的影响显著为正，这可能与教育程度影响老年人的社会文化活动有关；良好的健康状况、良好的自理能力会显著提高老年人的幸福感，因为这与老年人的生存质量息息相关；拥有房屋产权的老年人的幸福感，显著高于没有房屋产权的老年人，老人的房产是其安身立命之所，至少能从房产的继承人那里得到较好的照顾。其他方面，男性老年人的幸福感要显著低于女性，这和性别与幸福感的普遍结论相同。年龄二次方的系数显著为负，说明在老年人群体中，年纪居中的老年人幸福感最强，而年纪过大的老年人和或许刚刚退休的老年人幸福感较差，年纪过大时，生存质量下降，刚刚退休的老年人可能有些失落感或不适应。已有研究发现嗜好有利于提高人们的幸福感，这里也一样，经常锻炼身体的老年人幸福感显著提高，喜欢看电视和听广播的老年人幸福感更高。从本章的回归结果来看，婚姻状况对老年人的幸福感影响不显著，反映社区条件的两个指标（医生出诊和提供保健知识）的系数也不显著。

10.5　稳健性检验

为了检验结论的稳健性，我们对样本进行划分，按年龄分离出80岁以上和80岁以下的两个子样本，同理，按性别分离出男性和女性两个子样本，如表10.5所示。

表 10.5　子样本分布

变量	年龄		性别	
	80岁及以上	80岁以下	男性	女性
观测数	2230	1432	1775	1887
医疗保险覆盖率	37.92%	53%	54.59%	33.97%

针对不同的子样本，我们以老年人幸福感为因变量，以医疗保险为自变量，再控制其他变量进行回归，模型设计和控制变量与第四部分相同，回归结果如表10.6所示。由于篇幅有限，本处只汇报医疗保险这一核心自

变量的系数和显著性，结果显示，对不同的子样本，医疗保险对老年人幸福感的影响都显著为正，说明这一结论稳健可靠。

表 10.6 稳健性检验

变量	Ologit				Oprobit			
	80岁及以上	80岁以下	男性	女性	80岁及以上	80岁以下	男性	女性
回归系数	0.18** (0.09)	0.32*** (0.11)	0.25** (0.1)	0.28*** (0.1)	0.10* (0.05)	0.19*** (0.06)	0.13** (0.06)	0.16*** (0.06)
Pseudo R^2	0.075	0.032	0.104	0.095	0.072	0.033	0.100	0.094
观测数	2230	1432	1775	1887	2230	1432	1775	1887

注：* $p<0.1$，** $p<0.05$，*** $p<0.01$。

10.6 结论

本章利用中国老年人健康长寿影响因素调查（CLHLS）2005年、2008年两期数据，分析医疗保险对老年人幸福感的影响。研究表明医疗保险对老年人幸福感的影响都显著为正。另外，本章也得出一些其他有意思的结论，经济生活水平对老年人的幸福感有显著的正向影响，受教育程度对老年人幸福感的影响显著为正，良好的健康状况、良好的自理能力会显著提高老年人的幸福感，拥有房屋产权的老年人的幸福感，显著高于没有房屋产权的老年人，男性老年人的幸福感要显著低于女性，经常锻炼身体的老年人幸福感显著提高，喜欢看电视和听广播的老年人幸福感更高。

我国长期实行计划生育政策，现在或将步入老年化社会，如何让庞大的老年人群体拥有一个幸福的晚年，是政府和社会必须关注研究的一个重要问题。老年人步入年老多病的阶段，老有所养、老有所医是文明社会的一个特征，因此，要建立和完善老年人的医疗保险制度，建设医疗保障体系，这是增进老年人幸福感的重要手段。另外，老年人也可从文化社会活动、身体锻炼以及个人嗜好等方面获得幸福和快乐。

第 11 章 区位与幸福感

11.1 引言

国内外关于居民的居住区位与幸福感的关系研究较少。Diener（2000）指出主观幸福感具有明显的地区差异，所居住的城市与幸福感息息相关。有研究表明，生活在大城市的居民幸福感往往低于生活在小城市的居民。Miler & Crader（1979）以美国犹他州居民为调查对象，比较了大城市居民、城镇居民、乡村居民的主观幸福感之间的差异，结果表明，乡村居民的幸福水平最高，城镇居民次之，大城市居民的主观幸福感最低。Perterson（2005）研究拉美的幸福指数，根据城市规模对被调查者进行分类，发现小城市的被调查者比大城市的更为幸福。袁正等（2012）利用中国家庭收入调查（CHIPS）的数据，得出城市规模与居民主观幸福感之间存在显著的倒 U 形关系。随着城市规模的增加，居民幸福感先增加后降低。存在一个居民最幸福的最优城市规模，经过演算，居民最幸福的城市规模约为 287.5 万人口（非农业人口）。对于规模偏小的城市，城市规模扩大可增加幸福感，而对于规模偏大的城市，城市规模扩大会降低幸福感。叶初升、冯贺霞（2014）指出，一些实证分析表明，中国农村居民的主观幸福感高于城镇居民，基于中国综合社会调查（CGSS）数据发现，控制绝对收入、相对收入及个体特征等相关变量之后，城市居民并不比农村居民更幸福。邢占军（2011）考察和比较了国内一些城市的居民幸福感，在现阶段的中国，收入与城市居民幸福感之间具有一定的正相关，且地区富裕程度不同会对二者之间的关系产生影响。王惠、江可申（2009）对江苏省各大城市的生活质量进行研究，排在前四位的是南京、无锡、常州、苏州；郑士长

(2008）对浙江省 11 个地级市的生活质量进行研究，发现这些地级市居民的生活质量具有地区差异。李正龙（2007）、查奇芬等（2010）得出地区差异会对居民的主观幸福感产生显著影响。整体上，生活在东部地区、中部地区、西部地区的居民幸福水平依次降低。东部地区居民的生活质量最好，这可能得益于东部地区更高的收入水平、更好的教育、更加先进的医疗设施、更完善的社会保障，中部地区与东部地区相比在医疗、收入、教育等方面都存在明显劣势，导致中部地区居民幸福感不如东部地区居民。而西部地区与东部和中部地区相比则更差，生活在西部地区的居民幸福感是最低的（刘子真、李晓松，2009）。我们拟对国内居民的主观幸福感进行考察，看是否存在区位效应，着重点放在城市和农村的差异，一线城市、二线城市和三线城市之间的差异，省会城市和非省会城市之间的差异，东部、中部、西部地区之间的差异。

11.2 变量与数据

11.2.1 变量

幸福感是本研究的因变量。幸福是一种主观满意感，实际上难以衡量。为了衡量居民主观幸福感，CGSS2005 和 CGSS2010 均设计这样一个问题来问受访者："总体而言，您对您的生活感觉是____。"回答有"非常幸福""幸福""一般""不幸福""非常不幸福"五个选项。每个选项赋予不同的数值，我们设定"非常不幸福" =1，"不幸福" =2，"一般" =3，"幸福" =4，"非常幸福" =5。

本章的核心自变量为四类区位变量，包括：居住在城市还是农村，处于一线、二线还是三线城市，省会城市还是非省会城市，东部地区、中部地区还是西部地区。关于居住于城市还是农村，中国综合社会调查将选项"城市"赋值为 1，将"农村"赋值为 2，在处理数据时，为了便于分析，我们以"农村"为基准组，赋值为 0，以"城市"为对照组，赋值为 1。同时，我们按照政治地位、经济实力、城市规模，并且参照 2013 年由《第一财经周刊》公布的一线、二线和三线城市分类标准，结合 CGSS2005 和 CGSS2010 数据库的样本采集地点，从中得出被访者居住在一线、二线还是三线城市。我们设置一线城市、三线城市两个对照组，用 First-tier_cities 来表示一线城市虚拟变量，用 Third-tier_cities 表示三线城市虚拟变量，二线城市设置为基准组，赋值为0。本章的一线城市包括北京、上海、天津、广州和深圳；二线城市是指西安、石家庄、唐山、沈阳、哈尔滨、南京、杭州、济南、青岛、武汉、长沙、南宁、昆明、成都、福州、厦门、兰州等35个城市；剩下的数据库样本里面的地区市和县级市的市区我们统一归为三线城市。根据受访户的居住地点，我们还可以得出被访者居住于省会城市或者非省会城市，处理数据时，我们以非省会城市为基准组，赋值为0，以省会城市作为对照组，赋值为1。同时，我们又根据1986年全国人大六届四次会议通过的"七五"计划正式公布的中西部地区划分标准，将采访地点按照东部地区、中部地区和西部地区进行区分，设置两个虚拟变量，分别用 Eastern_region 和 Western_region 来表示东部地区和西部地区，并将中部地区设置为基准组。

主观幸福感的影响因素有很多，Frey & Stutzer（2006）将幸福感的影响因素分为五类：一是个性因素，如自尊、乐观、精神健康等；二是个人自身因素，如性别、年龄大小、结婚与否、受教育程度等；三是经济因素，如收入水平、居民失业率、通货膨胀等；四是情形性因素，如具体的工作条件、与亲戚朋友间关系、生活条件、健康状况等；五是制度性因素，如政治权利的分散、制衡程度，公民参与政治的权利平等程度和大小等。但是由于数据的可获得性，实证研究中不可能包含所有这些影响因素。结合这两个中国综合社会调查数据所包含的数据，本章使用的控制变量包括收入、年龄、教育、性别、政治面貌、健康、婚姻状况，这些因素都可能影响居民幸福感。年龄采用真实年龄数据，为了探讨居民幸福感与年龄之间是否存在相关性，我们引进年龄的二次方。根据两个数据库对男性和女性进行赋值，以女性为基准组，赋值为0，男性为对照组，赋值为1。两个数据库提供了居民受教育程度的调查，包括：没有受过正式教育、小学一年级、小学二年级……研究生及以上（国内就读）、研究生及以上（国外就读）。我们按照受教育程度的高低从1开始按照自然数序列依次赋值，受教育程度越高赋值越高。在两个数据库中，调查政治面貌的问题是："请问，您是否是中共党员呢？"按照回答，我们将其归类为"是共产党员"和"不是共产党员"两个选项，将回答"不是共产党员"的样本设为基准组，赋值为0，将回答"是共产党员"的样本设为对照组，赋值为1。两个数据库均调查了居民健康状况，处理数据时，我们希望越健康，赋值越大，因此我们将"非常好"赋值为5，"很好"赋值为4，"好"赋值为3，"一般"赋值为2，"不好"赋值为1。两个数据库对婚姻状况的调查有未婚、已婚、离婚未再婚、离婚后再婚、丧偶未再婚、丧偶后再婚、拒答七种选项，我们将除已婚以外的其他情况统一归类为"其他",并以其为基准组,赋值为 0,已婚为对照组,赋值 1。各个变量的名称及定义如表 11.1 所示。

表 11.1 变量定义

变量名称	变量定义
Happiness	=1,非常不幸福;=2,不幸福;=3,一般;=4,幸福;=5,非常幸福
Urban	=1,城市;=0,农村
First_tier_cities	=1,一线城市;=0,其他
Third_tier_cities	=1,三线城市;=0,其他
City2	=1,省会城市;=0,非省会城市
Eastern_region	=1,东部地区;=0,其他
Western_region	=1,西部地区;=0,其他
ln income	全年收入的自然对数,全年收入包括工资、奖金及补贴等
Age	年龄
Age^2	年龄二次方
Gender	=1,男;=0,女
Education	根据问卷受教育年限的调查结果从低到高按 1、2、3……依次赋值
Party	=1,是共产党员;=0,不是共产党员
Health	=1,不好;=2,一般;=3,好;=4,很好;=5,非常好
Married	=1,已婚;=0,其他

11.2.2 数据

本章选取中国综合社会调查 2005 年和 2010 年两年的数据做基础,原因是按照我国目前的政府规划,基本上是 5 年一个节点。2005 年是"十五"规划的最后一年,2010 年是"十一五"规划的最后一年,对这两个年份数据的统计和回归结果进行比较,更有参考价值和意义。

合并数据中各变量的描述性统计见表 11.2。样本的年龄在 17 岁到 96 岁之间,幸福感的平均值为 3.58,数据库幸福感的平均值都大于 3,因此从总体上看,我国居民对自己的生活评价还是偏向于幸福的。

表 11.2 描述性统计

变量	观测数	均值	标准差	最小值	最大值
Happiness	19492	3.582	0.845	1	5
Urban	19492	0.536	0.499	0	1
First_tier_city	19492	0.121	0.327	0	1
Third_tier_city	19492	0.601	0.49	0	1
City2	19492	0.258	0.438	0	1
Eastern_region	19492	0.447	0.497	0	1
Western_region	19492	0.2	0.4	0	1
ln income	15994	9.419	1.367	2.079	16.12
Age	19492	46.16	15.16	17	96
Age^2	19492	2361	1488	289	9216
Gender	19492	0.479	0.5	0	1
Education	19491	7.66	4.974	1	23
Party	19492	0.118	0.323	0	1
Health	19492	3.855	1.301	1	6
Married	19492	0.825	0.38	0	1

四类区位与幸福感的分布状况如表 11.3 至表 11.6 所示。根据对 CGSS2005 和 CGSS2010 两个数据库的统计，农村居民和城市居民的主观幸福感分布情况见表 11.3。从中我们可以看出，2005 年城市居民中感觉幸福所占比重为 47.02%，比农村居民感觉幸福的比例高出 2.94 个百分点；2010 年城市居民中感觉幸福所占比重为 58.59%，比农村居民感觉幸福的比例高出 3.55 个百分点。根据这两个结果，得出城市居民的幸福比例总体上高于农村居民的幸福比例。此外，从 2005 年到 2010 年，不管是生活在农村的居民还是生活在城市的居民，总体的幸福感水平都在上升。

表 11.3　农村和城市居民幸福感分布情况

年份	幸福感	城市	农村
2005	幸福所占比重	47.02%	44.08%
	不幸福所占比重	52.98%	55.92%
2010	幸福所占比重	58.59%	55.04%
	不幸福所占比重	41.41%	44.96%

表 11.4 给出一线城市、二线城市和三线城市居民的主观幸福感分布情况。根据 2005 年数据，我们可以看出，二线城市居民幸福所占比重为 53.58%，明显高于一线城市的 44.30% 和三线城市的 45.31%。根据 2010 年数据，我们可以看出，二线城市居民幸福所占比重为 59.08%，高于一线城市的 58.01% 和三线城市的 57.08%。此外，我们还可以看出，2010 年，一线、二线和三线城市居民之间的总体幸福比例差异在收窄，并且各自的总体幸福比例较 2005 年均上升。

表 11.4　一线、二线和三线城市居民幸福感与分布情况

年份	幸福感	一线城市	二线城市	三线城市
2005	幸福所占比重	44.30%	53.58%	45.31%
	不幸福所占比重	55.70%	46.42%	54.69%
2010	幸福所占比重	58.01%	59.08%	57.08%
	不幸福所占比重	41.99%	40.92%	42.92%

省会城市和非省会城市居民的主观幸福感分布情况如表 11.5 所示。从 2005 年的数据中我们可以得出，省会城市居民和非省会城市居民幸福所占比重分别为 45.96% 和 45.31%，两者相差不大。从 2010 年的数据中我们可以得出，省会城市居民和非省会城市居民幸福所占比重分别为 57.30% 和 56.51%，两者相差也不大。

表 11.5　省会和非省会城市居民幸福感分布情况

年份	幸福感	省会城市	非省会城市
2005	幸福所占比重	45.96%	45.31%
	不幸福所占比重	54.04%	54.69%

(续上表)

年份	幸福感	省会城市	非省会城市
2010	幸福所占比重	57.30%	56.51%
	不幸福所占比重	42.70%	43.49%

中部地区、西部地区和东部地区居民的主观幸福感分布情况，见表11.6。根据2005年的数据，东部、中部和西部地区居民幸福所占比重分别为48.50%、44.65%和42.36%，东部地区居民反映幸福的比重在三个地区中是最高的，中部地区其次，西部地区居民幸福感最低；而2010年的数据，东中西部地区居民幸福所占比重分别是58.55%、54.32%和53.55%，东部地区居民幸福所占比重也一样在三个地区中排最高。

表11.6 东部、中部和西部地区居民幸福感与分布情况

年份	幸福感	东部地区	中部地区	西部地区
2005	幸福所占比重	48.50%	44.65%	42.36%
	不幸福所占比重	51.50%	55.35%	57.64%
2010	幸福所占比重	58.55%	54.32%	53.55%
	不幸福所占比重	41.45%	45.68%	46.45%

根据各类区位变量，我们可以分别计算出各组的平均幸福度，然后绘制统计图（图11.1至图11.4），图中纵坐标表示的是幸福感，横坐标表示的是不同的区位。

图11.1显示2005年和2010年城市和农村居民的平均幸福度，图中清晰可见，城市居民的平均幸福度高于农村居民。

图11.2表示一线城市、二线城市和三线城市居民的平均幸福度。无论是2005年还是2010年，我们可以看出，二线城市居民的平均幸福度高于一线城市和三线城市居民，而一线城市居民与三线城市居民的平均幸福度无明显差别。

图11.3比较了省会城市居民和非省会城市居民的幸福度。省会城市居民的平均幸福度要高于非省会城市居民，并且2010年省会城市居民的平均幸福度3.8366高于全国3.582的水平。

图11.4显示了东部地区、中部地区和西部地区居民主观幸福感。从图中我们可以看出，无论是2005年还是2010年，东部地区居民的平均幸福感

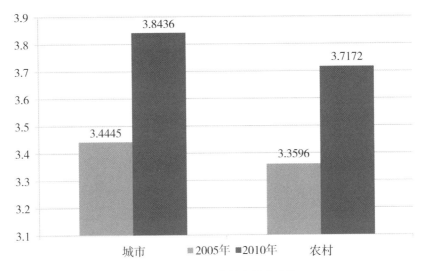

图 11.1　城市与农村幸福度比较

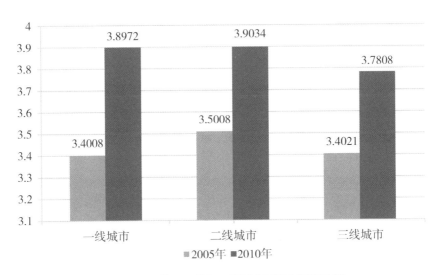

图 11.2　一线、二线和三线城市居民幸福度比较

最高,而中部地区居民的幸福感与西部地区居民的幸福感相当。

从以上的图表分析中,我们可以得出结论:城市居民的幸福感高于农村居民;二线城市居民的主观幸福感要高于一线及三线城市居民;省会城市居民的幸福感高于非省会城市居民;平均而言,东部地区居民要比中西部地区居民要幸福,中部地区居民的幸福感高于西部地区的居民。这与任海燕、傅红春(2012)综合考察我国居民幸福水平现状的文献后得出的结论类似:收入和物质生活水平仍然制约着居民幸福感水平的提高。从总体

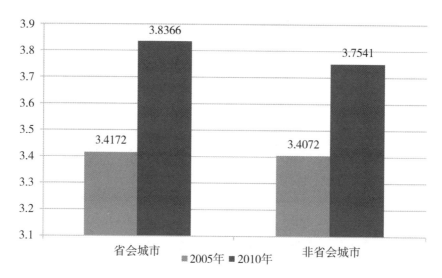

图11.3　省会城市和非省会城市居民幸福度比较

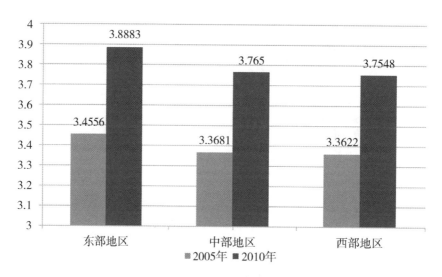

图11.4　东部、中部和西部地区居民幸福度比较

上说，经济发展水平高的城市，居民的幸福水平相对来说也会高一些，我国东部各省份居民的幸福水平要高于中部和西部地区居民的幸福水平，西部地区居民的幸福水平最低。所以从总体上来说，继续推动我国经济又快又好地发展仍是提高居民幸福感的有效措施。

然而，上面各个图表所得出的结果仅仅是一个直接的整体性概念，没有将区位因素对居民主观幸福感的影响较好分离出来，与本章所要研究的问题存在偏差。之所以得出这样的结果，很可能是因为：农村居民的主观幸福感仍然受到可支配收入偏低、文化娱乐资源不足、社会保障缺乏等方面的负面影响；大城市和东部地区相对来说拥有强大的经济实力，从而为城市基础设施的建设、社会保障的提供、生活环境的治理以及社会治安的投入提供强有力的支持。并且，占据优势地理位置的经济发达地区通常拥有更好的教育文化资源、更加先进的医疗设备等，这些都是提高居民主观幸福感的重要因素。因此，我们有必要引入控制变量，通过建立模型来实证考察各个区位居民的主观幸福感差异状况。

11.3 实证分析

11.3.1 城市与农村居民幸福感比较

城乡二元结构是当前我国经济社会面临的现状，城市经济以工商业为主，而农村则以典型的小农经济为主，这样的格局使得我国城乡居民收入差距将长期存在并出现持续扩大的趋势。曾慧超、袁岳（2005）认为农村居民幸福感强于城镇居民。这一结论在国内外一些研究中比较普遍。也有许多人认为这一结论不可靠，因为城镇居民的收入水平高于农村居民，同时城市的生活基础设施、医疗条件等都优于农村。为了比较我国城市居民与农村居民的主观幸福感，我们建立如下计量模型：

$$Happiness_i = \alpha + \beta Urban_i + \sum_{j=1}^{n} \gamma_j X_{ij} + \varepsilon_i \tag{11.1}$$

其中，$Happiness_i$ 为居民 i 的幸福感，$Urban_i$ 为表示居民 i 居住于城市还是农村的虚拟变量，若虚拟变量 $Urban_i$ 前面的系数显著为正，则表示城市居民主观幸福感高于农村居民，若为负，表示城市居民主观幸福感比农村居民低。X_{ij} 为控制变量，包括个人收入的自然对数、性别、教育、年龄、政治面貌、健康、婚姻状况等，ε_i 是随机扰动项。

根据变量特点，我们主要采用有序因变量回归模型进行回归分析。同时，我们采用最小二乘法（OLS）和有序因变量回归模型（Ologit 和 Oprobit）三种方法同时进行回归分析，这样做的好处是有利于比较结果的稳健性。我们分别用 2005 年和 2010 年 CGSS 合并的截面数据进行回归分析，回归结果如表 11.7 所示。

表 11.7　城市居民与农村居民幸福感

变量	因变量：幸福感		
	OLS	Ologit	Oprobit
Urban	-0.032** (0.015)	-0.104*** (0.037)	-0.045** (0.021)
ln income	0.104*** (0.005)	0.277*** (0.013)	0.145*** (0.007)
Age	-0.033*** (0.003)	-0.079*** (0.007)	-0.045*** (0.004)
Age^2	0.000*** (2.94e-05)	0.001*** (7.26e-05)	0.000*** (4.06e-05)
Gender	-0.035*** (0.013)	-0.079** (0.031)	-0.047*** (0.018)
Education	0.016*** (0.002)	0.048*** (0.004)	0.024*** (0.002)
Party	0.224** (0.021)	0.568** (0.050)	0.317** (0.029)
Health	0.137*** (0.005)	0.335*** (0.013)	0.186*** (0.007)
Married	0.328*** (0.019)	0.772*** (0.047)	0.431*** (0.026)
Constant	2.622*** (0.081)		
Observations	15993		
R^2	0.102		

注：括号中为稳健标准差，***$p<0.01$，**$p<0.05$，*$p<0.1$。

从上表所列的回归结果来看，是否居住在城市这一虚拟变量的回归系数均为负值,并且至少在5%的显著性水平上显著,这说明在控制了居民个人收入、年龄、性别、受教育程度、政治面貌、健康、婚姻状况等因素的条件下,农村居民比城市居民感觉更幸福。显然,模型(1)回归结果与不考虑控制变量情况下的表11.3和图11.1显示的统计结果恰恰相反。因此,虽然城市居民总体上幸福感更高,但并不是城市带给他们的,而是城市居民可能有更好的收入、教育、健康等,这些可以带给他们更高的幸福感。

11.3.2 一线城市、二线城市与三线城市居民幸福感比较

城市的规模效应使得市民可以享受更加完善的基础设施和市政服务,如医疗、教育、科技、文化、娱乐、社会保障等,拥有更多的就业机会、更高的收入水平,这些都从某种程度上增加了居民幸福感。然而,随着城市规模的不断扩大,也带来一系列负的效应,称之为"城市病"。例如,市民的工作生活因为交通拥堵造成出行不便,城市雾霾天气和各种污染对居民的居住环境和身体健康带来负面影响,这些负面影响可能降低居民的主观幸福感。为了对一线、二线与三线城市居民的主观幸福感进行比较,我们建立如下计量模型:

$$Happiness_i = \alpha + \varphi First\text{-}tier\_cities_i + \lambda Third\text{-}tier\_cities_i + \sum_{j=1}^{n} \gamma_j X_{ij} + \varepsilon_i \tag{11.2}$$

自变量是一线城市虚拟变量 $First\text{-}tier\_cities_i$ 和三线城市虚拟变量 $Third\text{-}tier\_cities_i$,把二线城市设为基准组,仍旧采用线性回归模型和有序因变量回归模型对居民幸福感和居住区位进行回归分析,重点考察一线城市和三线城市两个虚拟变量的系数。回归结果如表11.8所示。

表11.8 一线、二线和三线城市居民幸福感比较

变量	因变量:幸福感		
	OLS	Ologit	Oprobit
$First\_tier\_city$	-0.160*** (0.024)	-0.439*** (0.058)	-0.232*** (0.033)
$Third\_tier\_city$	-0.237*** (0.015)	-0.645*** (0.037)	-0.345*** (0.021)

(续上表)

变量	因变量：幸福感		
	OLS	Ologit	Oprobit
$\ln income$	0.096***	0.256***	0.135***
	(0.005)	(0.013)	(0.007)
Age	-0.034***	-0.084***	-0.047***
	(0.003)	(0.007)	(0.004)
Age^2	0.000***	0.001***	0.000***
	(2.92e-05)	(7.29e-05)	(4.07e-05)
$Gender$	-0.042***	-0.094***	-0.058***
	(0.013)	(0.031)	(0.018)
$Education$	0.012***	0.038***	0.018***
	(0.001)	(0.004)	(0.002)
$Party$	0.208***	0.526***	0.298***
	(0.021)	(0.050)	(0.029)
$Health$	0.141***	0.345***	0.193***
	(0.005)	(0.013)	(0.007)
$Married$	0.345***	0.831***	0.460***
	(0.019)	(0.047)	(0.026)
$Constant$	2.811***		
	(0.081)		
$Observations$	15993		
R^2	0.117		

注：括号中为稳健标准差，***p<0.01，**p<0.05，*p<0.1。

回归结果显示，虚拟变量 $First\text{-}tier\_cities_i$ 的系数显著为负，虚拟变量 $Third\text{-}tier\_cities_i$ 的系数显著为负，都在1%的显著性水平上显著。说明一线城市居民主观幸福感低于二线城市居民，而且三线城市居民的主观幸福感也不如二线城市。这一结论与袁正等（2012）的结论一致，他们认为城市规模与居民主观幸福感之间存在显著的倒U形关系，居民最幸福的城市规模约为287.5万人（非农业人口），属于二线城市。

11.3.3 省会城市与非省会城市居民幸福感比较

省会城市基本上是一个省或者自治区的经济、政治、文化中心。其基础设施、治安条件、医疗条件、教育条件和社会保障等方面比一般城市都要好。但省会城市一般都是大城市，大城市的种种弊病在省会城市也有。为了比较省会城市与非省会城市的幸福感。我们建立计量模型如下：

$$Happiness_i = \alpha + \theta City2_i + + \sum_{j=1}^{n} \gamma_j X_{ij} + \varepsilon_i \qquad (11.3)$$

虚拟变量 $City2_i$ 约定非省会城市赋值为 0，省会城市赋值为 1，重点考察 $City2_i$ 前面的系数。如果虚拟变量 $City2_i$ 的系数为正，那么说明居住在省会城市的居民相对于非省会城市的居民更幸福，如果虚拟变量 $City2_i$ 的系数为负，那么说明居住在非省会城市的居民相对于居住在省会城市的居民更幸福。回归结果如表 11.9 所示。

表 11.9 省会城市与非省会城市居民幸福感

因变量：幸福感			
变量	OLS	Ologit	Oprobit
City2	-0.011*** (0.015)	-0.013*** (0.037)	-0.015*** (0.021)
ln income	0.101*** (0.005)	0.266*** (0.013)	0.140*** (0.007)
Age	-0.033*** (0.003)	-0.080*** (0.007)	-0.045*** (0.004)
Age^2	0.000*** 0.000	0.001*** 0.000	0.000*** 0.000
Gender	-0.032** (0.013)	-0.070** (0.031)	-0.043** (0.018)
Education	0.018*** (0.001)	0.053*** (0.003)	0.027*** (0.002)
Party	0.222*** (0.021)	0.562*** (0.050)	0.315*** (0.029)

(续上表)

变量	因变量：幸福感		
	OLS	Ologit	Oprobit
Health	0.137***	0.336***	0.187***
	(0.005)	(0.013)	(0.007)
Married	0.333***	0.788***	0.438***
	(0.019)	(0.047)	(0.026)
Constant	2.652***		
	(0.081)		
Observations	15993		
R^2	0.102		

注：括号中为稳健标准差，***$p<0.01$，**$p<0.05$，*$p<0.1$。

回归结果表明，虚拟变量 $City2_i$ 的系数为负，并且在1%的显著性水平上显著，这说明在控制了收入、教育、健康等变量之后，非省会城市居民比省会城市居民更幸福。

11.3.4 东部地区、中部地区与西部地区居民幸福感比较

一般认为，整体来说，东部地区居民的生活质量较好，中部地区次之，西部地区生活质量最差。关于地区富裕程度与居民幸福感关系的研究有两种不同的观点：一种观点认为经济社会发达地区的居民幸福感会更高一些，另一种观点认为地区的经济社会富裕程度与居民幸福感之间没有必然的联系。为了研究东部地区、中部地区和西部地区居民主观幸福感的差异，我们建立如下计量模型：

$$Happiness_i = \alpha + \omega Eastern\_region_i + \psi Western\_region_i + \sum_{j=1}^{n} \gamma_j X_{ij} + \varepsilon_i \tag{11.4}$$

核心自变量是东部地区虚拟变量 $Eastern\_region_i$ 和西部地区虚拟变量 $Western\_region_i$，将中部地区设为基准组，同时控制一些其他变量，两个虚拟变量的系数符号及显著性是我们重点考察的对象。回归结果如表11.10所示。

表 11.10　东部、中部和西部地区居民幸福感比较

因变量：幸福感			
变量	OLS	Ologit	Oprobit
$Eastern\_region$	0.006***	0.017***	0.004***
	(0.015)	(0.035)	(0.020)
$Western\_region$	−0.017**	−0.061**	−0.030**
	(0.017)	(0.042)	(0.024)
$\ln income$	0.102***	0.271***	0.143***
	(0.005)	(0.013)	(0.007)
Age	−0.033***	−0.079***	−0.045***
	(0.003)	(0.007)	(0.004)
Age^2	0.000***	0.001***	0.001***
	0.000	0.000	0.000
$Gender$	−0.032**	−0.071**	−0.044**
	(0.013)	(0.031)	(0.018)
$Education$	0.017***	0.052***	0.026***
	(0.001)	(0.003)	(0.002)
$Party$	0.221***	0.557***	0.312***
	(0.021)	(0.050)	(0.029)
$Health$	0.138***	0.338***	0.187***
	(0.005)	(0.013)	(0.007)
$Married$	0.332***	0.785***	0.436***
	(0.019)	(0.047)	(0.026)
$Constant$	2.629***		
	(0.081)		
$Observations$	15993		
R^2	0.102		

注：括号中为稳健标准差，***$p<0.01$，**$p<0.05$，*$p<0.1$。

从回归结果可以看出，虚拟变量 $Eastern\_region_i$ 的系数显著为正，虚拟变量 $Western\_region_i$ 的系数显著为负，说明在控制住收入、健康、教育等因素后，东部地区居民的主观幸福感最强，其次是中部地区，西部地区的居

民主观幸福感最低。

11.4 结论

利用中国综合社会调查（CGSS）2005年、2010年的数据，共19492个样本，我们探讨了我国居民的幸福感是否与所处的区位有关。在控制了收入、健康、教育等基本的人口学变量之后，研究显示，生活在农村的居民比生活在城市的居民感觉更幸福，一线城市居民主观幸福感低于二线城市居民，而三线城市居民的主观幸福感不如二线城市。非省会城市居民比省会城市居民更幸福。东部地区居民的主观幸福感最强，其次是中部地区，西部地区的居民主观幸福感最低。

第 12 章　城市规模与幸福感

12.1　引言

对幸福的追求是人类永恒的主题，英国哲学家休谟（David Hume）说过："一切人类努力的伟大目标在于获得幸福。"法国、德国、英国、加拿大等国纷纷研究把幸福指数纳入经济社会统计。经济合作与发展组织（OECD）2011 年发布了 34 个成员国的"幸福指数"排行榜。"盖洛普世界民意调查"对 155 个国家及地区进行访问调查，发布了国家和地区的幸福排行榜。美国密歇根大学的英格哈特（Inglehart）教授主持的世界价值调查也含有幸福感与满意度这两项调查内容。

改革开放以来，随着我国民众的物质生活水平不断提高，人们对幸福的追求也越来越强烈。"幸福指数"成为近年全国各地两会的热词，提高人民的幸福感往往成为各地规划的重要内容。

国家统计局与中央电视台联合主办的"中国经济生活大调查"得出，"2021 中国最具幸福感城市"的十大省会及计划单列市是：成都、杭州、宁波、长沙、武汉、南京、青岛、贵阳、西宁、哈尔滨。从上述调查结果可以发现，我国幸福感位于前列的城市并不一定是北京、上海等特大城市，也不是规模偏小的城市，而是规模适中的二线城市。这一现象引出的问题是，城市规模和居民幸福感之间存在怎么样的关系？本章利用中国社会科学院经济研究所与国家统计局关于中国家庭收入调查（CHIPS）的微观数据，检验城市规模与居民幸福感之间的关系。

12.2　理论与文献

本章的研究视角是城市规模与幸福感，直接对这一主题的研究较少。但城市经济学的很多文献研究了最优城市规模。例如，Gupta & Hutton（1968）从如何最小化政府的平均服务成本来研究最优城市规模问题，Evan（1972）则从如何最小化城市内部生产成本来解释最优城市规模。

英国经济学家威廉·配第早在 17 世纪就发现城市可降低交易费用，从而提高分工水平。杨小凯（1991）建立了一个模型论证城市化和分工演进的关系，所有居民集中在一个地方形成城市，交易的旅行距离将缩短，交易效率将大大提高，从而分工水平和生产力水平也会大大提高。但城市人口的聚集将导致城市拥挤、地价上升，因此，城市不会无限地扩大。距中心城市的路程以及地价高涨会形成城市层次结构，少数大城市辐射众多中等城市，下面还有更多小城市。

马歇尔（1920）认为，城市能把产业聚集在一起从而产生外部规模经济，规模化的城市能聚集更多的同行企业，集聚效应使得信息的传播速度加快，企业生产因此变得更有效率。企业集聚能吸引更多的拥有相关技能的人员，这大大增加了企业与工人相互匹配的机会，提高劳动市场的效率。规模化的城市能以更低的成本为不同行业的企业提供中间投入品，包括提供更完善的基础设施、金融服务、技术支持等。Feldman（1994）发现城市规模化能促进技术进步，增加创新，因为创新往往产生于要素比较集中的地区，如硅谷集聚了大量的高校、研究机构和创新型企业，相应地，这里的创新活动比较多。城市的规模效应使得市民可以享受更加完善的基础设施和市政服务，如医疗、教育、科技、文化、娱乐、社会保障等，拥有更多的就业机会，更高的收入水平，这些都是增加居民幸福感的因素。

然而，城市在不断膨胀的过程中，也带来一系列问题，称为"城市病"。Mills（1967）认为，虽然企业和劳动者的空间集中可以带来聚集经济，但是，人口密度提高、城市扩大也引起房租和生活成本上升、环境污染、交通拥挤、人口高密度区的犯罪率上升等问题。Goldberg（1999）根据美国城市的交通费用数据，指出城市规模的扩大使得人们不得不花费大量的时间和金钱在交通上，并且在很大程度上造成了交通拥堵的现象。Carl（1999）认为城市规模扩张耗费了大量的自然资源，破坏了自然环境，对生态环境构成威胁，他还认为城市规模扩大会拉大人们之间的交往距离，造成人们认同感的缺失。Ridder et al.（2008）指出，城市规模过度扩大会带来环境恶化、能源供应紧张等问题。总之，城市规模过度扩大导致的交通拥挤、房价高涨、环境污染、城市犯罪等问题会减少城市居民的幸福感。

Diener（2000）指出主观幸福感具有地区差异，所居住的城市与幸福感息息相关，原因是不同地区的文化或社会特征是居民幸福水平的驱动因素。Morrison（2007）研究城市特征与主观幸福感之间的关系，在控制了影响幸福感的个人因素之后，存在显著的区域效应，城市特征对幸福感有着独立的影响，这个结果可解释人们为何会谨慎选择定居地。Wills & Hamilton（2007）比较三个典型城市多伦多、波哥大、贝洛奥里藏特（波哥大是哥伦比亚的首都，贝洛奥里藏特是巴西的港口城市）的主观幸福感。这三个城市的规模各异，文化各异。研究显示，哥伦比亚人尽管收入水平不高，但幸福指数较高。在过去十年间，波哥大显著地改进了它的环境，如公共交通系统、公园、图书馆等城市基础设施得到改善，且降低了犯罪率，这让波哥大市民觉得比十年前幸福得多。Di Tella & Macculloch（2005）认为来自闲暇的效用取决于闲暇的数量以及质量，而影响闲暇质量的一个因素是居住地区的特征，如城市的规模，大城市可享受更多的设施，如电影院、餐馆等，这些将增加闲暇的质量，大城市也可能拥挤，上下班时间长，风景和自然设施要少些，不过，在他们的计量回归中，不管因变量是幸福指数还是幸福指数的变化，反应城市规模的变量在统计上并不显著。

Graham & Felton（2005）研究拉美的幸福指数，他们根据城市规模对被调查者进行分类，发现小城市的被调查者比大城市的更为幸福，在控制了个人财富之后，更富有的邻居或城市伙伴会降低本身的幸福感。对澳大利亚（Dockery，2003）、美国（Peterson et al.，2005）、欧洲15国（Hudson，2006）的研究都发现生活在大城市会减少主观幸福感。Gerdtham & Johannesson（2001）研究瑞典的国民幸福感时发现，生活在瑞典三大城市的居民，其幸福感要比生活在县城或者3万居民以下规模的城镇居民低。Hayo（2004）利用东欧7国的数据分析表明，与少于5000人的城镇相比，居民的主观幸福感随着城市规模的扩大而单调递减。Jiang et al.（2010）的计量回归显示，大城市的人更为幸福，但他们也认为，如果城市扩张太快，人们会觉得不幸福，需要解决城市拥挤问题的政策来支撑城市扩张。

我们有理由相信，城市规模和居民幸福感存在倒U形关系，城市规模过小，不能发挥城市集聚效应，居民幸福感将随着城市规模的扩大而增加；城市规模过大，会产生负向外部性，减少居民的幸福感。因此，存在一个最优的城市规模。Krihs（1980）的实证研究得出最优城市规模为600万人左右，Carlino（1982）利用美国1957年到1977年的面板数据，得出美国最优城市人口规模大约为388万人。本章利用城市规模与居民幸福感的数据，实际上也能回答我国的最优城市规模问题。

12.3 变量与数据

12.3.1 对幸福感和城市规模的界定

幸福感是居民的主观满意感，实际上衡量的是居民的效用。序数效用论认为，个人的主观满足感是不可观测、不可计数的，也不能被证实，采用主观感受的方法被认为是不科学的。Frey & Stutzer（2002）却认为，利用主观满足感研究效用水平，至少存在两个方面的优势：首先，主观感受不仅包括了结果，而且包括了过程所带来的效用，主观的幸福感受是每个人终身追逐的目标；其次，这种方法可以直接而又简单地衡量个体获得福利的大小。基于此，本章采用被调查者的主观幸福感受作为幸福度的代理变量。城市经济学文献常用人口规模来衡量城市规模，《中国城市统计年鉴》给出了城市的人口规模数据，既包括城市非农业人口，也包括城市农业人口（郊、县的农村户籍人口）。我们认为，城市的非农业人口规模更能准确地衡量城市的拥挤特征，因此，本章用城市的非农业人口规模代表城市的规模。

12.3.2 数据说明

本章所采用的数据有两处来源。其一，中国社会科学院经济研究所与国家统计局于2003年2月进行了中国家庭收入调查（CHIPS），该数据库有城镇居民的相关信息。CHIPS采取两阶段分层随机抽样方法，先抽样城市县镇，再在其中抽样家庭，共获得6835个城镇家庭样本以及20632个个人样本，涵盖了12个省市（北京、山西、辽宁、江苏、安徽、河南、湖北、广东、重庆、四川、云南和甘肃）和70个城市。其二，城市规模的数据来自《中国城市统计年鉴》2002年分册。我们将这两个数据库的数据进行匹配，将CHIPS中个体样本按城市分类，然后根据《中国城市统计年鉴》确定个体对应的城市规模，汇总成本章所用的一个截面数据。

CHIPS主要调查居民收入，也包含了本章要研究的幸福度调查数据和影响幸福度的相关变量数据。在CHIPS的调查问卷中，有一个问题是："总的来说，您现在幸福吗？"有"非常幸福""比较幸福""不好也不坏""不太幸福""很不幸福""不知道"六个选项。每一个选项赋予不同的数值，代表被调查者的幸福感，"非常幸福"赋值为5，"很不幸福"为1，其他选项依次赋值为4、3、2，"不知道"赋值为0。在处理数据时，我们去掉了选择"不知道"的个体样本，也去掉了城市规模数据缺失的样本。我们用到的数据变量，其定义可见表12.1。

表 12.1 变量定义

变量名	变量定义
Happiness（幸福感）	非常幸福=5，比较幸福=4，不好也不坏=3，不太幸福=2，很不幸福=1
ln income（收入对数）	全年收入的自然对数，全年收入包括工资、奖金及补贴等
Gender（性别）	=1，男；=0，女，用于控制居民性别
Hukou（户口）	=1，非农业户口；=0，农业户口
Party（政治面貌）	=1，中共党员；=0，非中共党员
Age（年龄）	年龄
Age^2（年龄平方）	年龄二次方
Education（教育）	=1，未上过学；=2，扫盲班；=3，小学；=4，初中；=5，高中（职高、中技）；=6，中专；=7，大专；=8，大学；=9，研究生
Health（健康）	=1，很差；=2，较差；=3，一般；=4，较好；=5，很好
Married（婚姻）	=1，已婚；=0，其他
Divorced（离婚）	=1，离异；=0，其他
Widowed（丧偶）	=1，丧偶；=0，其他
Cityscale（城市规模）	所在城市的人口规模（非农业人口）
$Cityscale^2$（城市规模平方）	城市人口规模的二次方（非农业人口）

12.3.3 数据的描述性特征

我们利用样本计算出每个城市所对应的平均幸福感，并与城市规模进行匹配，然后绘制散点图，见图12.1。从总体上看，城市的居民幸福感随着城市规模的扩大先增加后减少,即呈现倒 U 形特征。从散点图的分布来看,中等规模城市的幸福度最高,城市规模过大或过小都不利于幸福度的提高。

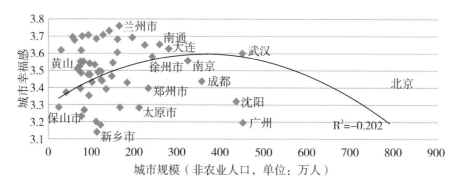

图 12.1　城市规模与幸福感

我们把样本城市按城市规模分为大城市群、中等城市群和小城市群三个组,其中规模最大的三分之一归为大城市群,规模最小的三分之一归为小城市群,其余的归为中等城市群。分别计算出各组的平均幸福指数,然后绘制统计图,见图 12.2。纵坐标表示的是幸福感,图中清晰可见,中等城市群的幸福感远远高于小城市群和大城市群。

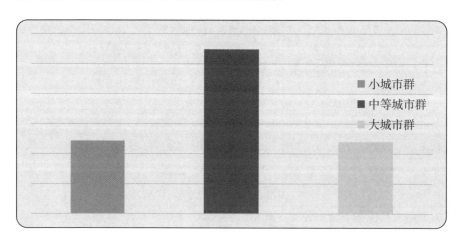

图 12.2　城市大小与幸福感

12.4　计量模型与回归结果

基于现有的理论和文献基础，我们提出本章的理论假设：居民幸福感与城市规模呈倒 U 形，即存在一个最优的城市规模，在这个最优规模之前，城市规模扩大可提高幸福感，超过该最优规模之后，继续扩大城市规模将降低幸福感。

为了检验上述理论假设，我们建立计量模型（12.1）：

$$Happiness_{ij} = \alpha + \beta City\_scale_i + \gamma City\_scale_i^2 + \lambda X_{ij} + \varepsilon_{ij} \quad (12.1)$$

其中 $Happiness_{ij}$ 为城市 i 中居民 j 的主观幸福度，$City\_scale_i$ 是城市 i 的非农业人口数（单位：百万人口），表示该城市的规模。$City\_scale_i^2$ 是该城市规模的平方，加入平方项是用于检验城市规模与居民幸福感之间的非线性关系，若其系数小于 0，则表示城市规模与幸福感之间呈倒 U 形。ε_{ij} 是随机扰动项。

X_{ij} 是控制变量向量，本研究用到的控制变量涉及收入、年龄、教育、性别、户籍、党员身份、健康状况、是否结婚、是否离婚、是否丧偶。把这些变量控制住之后，城市规模对幸福感的影响就可较好地分离出来。我们分别建立了 5 个模型，逐次加入控制变量，模型 1 是本研究的基本模型，解释变量只有城市规模与城市规模的二次方。模型 2 加入了收入因素，收入是影响幸福感的非常重要的因素，收入增加会增加人们的幸福感，但收入超过某个值之后，这种正向关系变得不明显。模型 3 加入了年龄和教育因素。模型 4 加入了性别、户籍、是不是中共党员这三个因素。模型 5 加入了健康、是否结婚、是否离婚、是否丧偶这几个因素。Argyle（1999）指出，年龄、性别、教育、婚姻状况等人口学变量会影响人的幸福感，这些人口学变量可以解释幸福感变异的 15%；黄有光（2000）也指出，性格、结婚、职业、健康、信仰、爱好等因素会显著影响人的幸福感。

我们对模型 1 至模型 5 做回归，回归结果如表 12.2 所示。

表 12.2 城市规模与幸福度，因变量为城市幸福度

变量	模型 1	模型 2	模型 3	模型 4	模型 5
$City\_scale$	0.050**	0.044**	0.046**	0.036*	0.046**
	(0.020)	(0.020)	(0.020)	(0.020)	(0.020)
$City\_scale^2$	−0.007***	−0.008***	−0.008***	−0.007***	−0.008***
	(0.002)	(0.002)	(0.002)	(0.002)	(0.002)
$\ln income$		0.238***	0.215***	0.227***	0.222***
		(0.019)	(0.020)	(0.021)	(0.020)
Age			−0.046***	−0.050***	−0.048***
			(0.006)	(0.006)	(0.007)
Age^2			0.001***	0.001***	0.001***
			(0.000)	(0.000)	(0.000)
Edu			0.030***	0.022***	0.018**
			(0.008)	(0.008)	(0.008)
$Gender$				−0.152***	−0.181***
				(0.023)	(0.023)
$Hukou$				0.025	0.037
				(0.102)	(0.097)
$Party$				0.101***	0.087***
				(0.024)	(0.024)
$Health$					0.168***
					(0.014)
$Married$					0.077
					(0.077)
$Divorced$					−0.281**
					(0.129)
$Widowed$					−0.210**
					(0.104)
$\_Cons$	3.446***	1.300***	2.319***	2.375***	1.611***
	(0.028)	(0.176)	(0.226)	(0.251)	(0.248)
$Observations$	5682	5682	5682	5682	5682
R^2	0.001	0.042	0.056	0.065	0.098

注：* $p<0.1$，** $p<0.05$，*** $p<0.01$。

本研究的关键变量是城市规模与幸福度,在控制了所有其他变量之后,见回归模型5,城市规模平方项系数为-0.008,在5%显著性水平下显著,一次项系数为0.046,也在5%显著性水平下显著,这就验证了幸福度与城市规模的倒U形关系,随着城市规模的扩大,幸福度先上升后下降。模型1至模型5的回归表明,其他控制变量的引入并没有改变城市规模与幸福度之间的倒U形的关系,说明结果较为稳健。

我们可求解最优的城市规模:

$$\frac{\partial \ Happiness}{\partial \ City\_scale} = 0 \qquad (12.2)$$

根据回归模型5的系数可得:$-0.008*2city\_scale+0.046=0$,可解得:$city\_scale=2.875$,即从居民幸福感来说,最优城市规模约为287.5万人(非农业人口),当城市规模达到这一水平,居民的幸福感最高,随后开始降低。

根据这个结论,我们可假设,对于规模偏小的城市,城市规模扩大可增加幸福感,而对于规模偏大的城市,城市规模扩大会降低幸福感。为检验这个假设,我们分别用大城市群和小城市群的样本做回归,被解释变量为幸福感,解释变量为城市规模和一系列控制变量。回归结果见表12.3。

表12.3 分组回归,因变量为幸福感

变量	小城市群	大城市群
$City\_scale$	0.098** (0.042)	-0.016** (0.008)
$\ln income$	0.229*** (0.033)	0.186*** (0.029)
Age	-0.042*** (0.012)	-0.048*** (0.010)
Age^2	0.001*** (0.000)	0.001*** (0.000)
Edu	0.016 (0.015)	0.025** (0.012)

(续上表)

变量	小城市群	大城市群
Gender	-0.218*** (0.044)	-0.158*** (0.032)
Hukou	0.163 (0.204)	-0.102 (0.120)
Party	0.062 (0.048)	0.070** (0.033)
Health	0.190*** (0.026)	0.146*** (0.019)
Married	0.080 (0.189)	0.070 (0.088)
Divorced	-0.311 (0.263)	-0.232 (0.170)
Widowed	-0.350 (0.235)	-0.187 (0.127)
_Cons	0.983** (0.495)	2.254*** (0.336)
Observations	1616	2908
R^2	0.114	0.080

注：* $p<0.1$，** $p<0.05$，*** $p<0.01$。

回归结果证实了我们的假设。对于小城市群样本，城市规模的回归系数为正，幸福感随城市规模的增加而提高；对于大城市群样本，城市规模的回归系数为负，幸福感随着城市规模的扩大而降低；二者都在5%的显著水平上统计显著。

12.5 结论

我们实证检验了城市规模与居民幸福度之间的关系。结论显示，城市规模与居民幸福度呈现倒U形关系，随着城市规模的增加，居民幸福度先增加后降低。存在一个居民最幸福的最优城市规模，经过演算，居民最幸福的城市规模约为287.5万人（非农业人口）。对于规模偏小的城市，城市规模扩大可增加幸福感，而对于规模偏大的城市，城市规模扩大会降低幸福感。

这样一来，我们就可以理解近年来"逃离北上广"的现象。根据第七次人口普查的数据，2020年11月1日零时，北京的常住人口是2189.3万人，上海的常住人口有2487.09万人，广州的常住人口是1867.66万人，显然，这三个城市超过"最优城市规模"很远了。

既然城市规模巨大的城市，居民的幸福感反而会下降，那么合理的城市规划和城市布局是必要的。

第13章 环境与幸福感

13.1 引言

改革开放以来，我国经济发展迅速。然而，经济增长的副作用也令人深思。改革开放后的 30 年里，我们尝到了经济高速发展带给我们的实惠，却也同时付出了昂贵的代价。资源的消耗飞速加剧，人口不断地膨胀，随之而来的环境问题也越发突出。

在 2014 年发布的《中国环境状况公报》中显示，环境污染已经被政府锁定为民生项目的重要环节。在空气质量新标准之下进行监测的 161 个城市之中，年均值达标的城市数仅有 16 个。并且，京津冀等地的年均 PM2.5 浓度超标近 1.6 倍。上面的数据已经可以充分地说明环境污染情况非常之严重。这一切不得不"归功"于我国先前粗放型增长模式。

雾霾频发，空气质量明显下降，居民肺癌、呼吸道疾病患病率在不断上升，雾蒙蒙的天气也给我们的日常生活造成了一定的不便。但国民经济的快速增长也确实改善了我国居民的物质生活条件。所以，在污染与经济的得失之间，空气质量对民生的影响有利也有弊。

目前，居民的主观幸福感已成为衡量民生质量的一大重点指标。本章旨在论证空气污染对我国居民幸福感所产生的具体影响。诚然，环境污染换来了一定的经济增长，这在客观上会对改善民生有一定的正面作用，但在另一方面，环境污染又降低了人们生存环境的舒适程度，降低了居民的幸福感。因此，有必要从居民主观感知的空气污染与客观空气污染这两个方面出发（郑君君等，2015），探究空气污染对居民幸福感的定性与定量影响。在定量分析中，本章使用了幸福模型的基本思想，将空气污染看作是一种非排他性和非竞争性的公共品,通过对空气污染这种公共物品进行定价,具体衡量空气污染究竟对幸福感有多大的影响。

绿水青山就是金山银山,把环境保护和经济社会发展统筹协调,是高质量发展的应有之意。

13.2 文献综述

关于幸福感这一主题,越来越多的学者开始关注健康状况以及生活环境等变量(Gerdtham & Johannesson, 2001)。总的来说,国外不同时期、不同国家的相关研究结果都表明,以空气污染为代价的经济增长会对人们的幸福感产生负向的影响。在主观测评方面,MacKerron(2013)发现优美的自然环境会带给被测试者更加强烈的幸福感。同样,黄永明等(2013)系统地研究了城市化所带来的环境污染对城市居民幸福感的影响。他发现居住、工作的环境不同,幸福感也有所差异。在客观的测评方面,西班牙、美国、德国等地的经济学家也都得出空气质量与居民幸福感负向相关的结论(Juncal & de Gracia, 2013; Ferreira, 2013)。

在如何治理空气污染这一问题的讨论过程中,第一步需要做的就是对治理的成本收益进行科学的评估,并在此基础上进行判断(陈永伟、史宇鹏,2013)。关于这一定价,已经有大量学者曾经进行过测算。根据 Luechinger(2009)的文章我们可以得出,德国居民在平均意义上认为空气中减少 $1\mu g/m^3$ 的二氧化硫给他们带来了等值于 183~313 欧元的收益,这一数值大约为他们收入的 1%。而对美国居民而言,Levinson(2012)发现,降低 $1\mu g/m^3$ 的二氧化硫、一氧化碳、PM10 和臭氧,居民的相对边际支付意愿约为 0.3%、11.8%、1.07% 和 0.3%。而在国内,学者陈永伟、史宇鹏(2013)认为,对于年均收入居于样本平均水平的居民而言,他们愿意为减少 $1\mu g/m^3$ 的二氧化硫、一氧化氮和 PM10 的所支付的货币分别为其年均收入的 0.4%、1.8% 和 2.7%。也有学者估算出居民为二氧化氮浓度下降 $1\mu g/m^3$ 支付意愿的具体数值是 1144 元(杨继东、章逸然,2014)。将这些研究结果进行对比不难发现,我国居民为改善空气质量所愿意支付的货币占收入的比重与外国相比并不算低。这也说明了环境对居民的幸福感有着较大影响,我国居民环保意识也在不断提高,解决环境问题刻不容缓。

本章也对以上学者的研究进行拓展延伸。本章研究的意义主要有以下四点:第一,幸福感对于每个人的生活而言是至关重要的。比起 GDP 在数值上的发展，越来越多的人关注到幸福感才是真正应该受到重视的问题。基于中国本土的调查数据，大多研究围绕相对收入、城乡、婚姻等问题对幸福感的影响进行讨论（官皓，2010；何立新、潘春阳，2011；林江等，2012），但研究空气质量的人并不多。本章的研究也丰富了现有关于幸福感的研究。第二，就目前而言，大多学者习惯于研究空气质量的具体指标，如 PM10、SO_2、CO 等，专门就大气污染的综合指标 API 进行研究的文献较少，本章的做法丰富了国内在相关领域的研究。第三，本章通过对地级市的划分，将 API 指标与微观个体数据进行匹配，使研究更具实际意义。第四，本章将主观与客观的空气污染情况结合起来，这样的分析使得结论更加丰富可信。

作为一个重要的民生问题，空气污染对社会经济发展的重大影响引起了广泛关注。本章将公众熟知的定性结论定量化，对空气污染的货币价值进行估计，从而得出居民对减少空气污染的支付意愿，这有助于政府部门使用经济手段衡量治理空气污染的成本收益。

13.3　模型设定

13.3.1　基础模型

首先，本章首先对自评空气污染状况和客观的综合空气质量指标 API 分别进行回归，探讨其对中国居民幸福感产生的影响。在模型上借鉴 Di Tella（2008）的设定方式，本章设立了如下基础模型：

$$Happiness_i = \beta_0 + \beta_1 * Pollution_i + X_i\lambda + \varepsilon_i \tag{13.1}$$

$$Happiness_i = \beta_0 + \beta_1 * Pollution_i + \beta_2 * Pollution_i * Rural_i + X_i\lambda + \varepsilon_i \tag{13.2}$$

其中，$Happiness_i$ 表示第 i 个居民的自评幸福感程度。在具体模型中，$Pollution_i$ 表示第 i 个居民对其所在地的主观空气质量评价等级或客观空气质量指标 API，$Rural_i$ 表示第 i 个居民是否属于农村，X_i 是一个包含其他控制变量的集合，包括第 i 个居民的年龄、性别、受教育程度等。

13.3.2 客观空气污染指标定价模型

基于居民的主观幸福感建立评估环境质量的分析框架，本章假设居民 i 的效用以如下形式给定：

$$Happiness_i = \alpha * Day_j + \beta * \log income_i + X_i\lambda + \varepsilon_i \qquad (13.3)$$

其中，Day_j 表示第 i 个居民其所在地 j 在 2012 年中的客观空气污染指标年均 API 超过 100（即轻度污染）的天数。$Rural_i$ 表示第 i 个居民的居住地是否属于农村，$\log income_i$ 表示第 i 个居民的家庭人均年收入的对数。X_i 是一个包含其他控制变量的集合，包括第 i 个居民的年龄、性别、受教育程度等。

空气污染可视为一种公共物品。在学术领域，对于公共物品的定价通常有条件估价法（CVM）、特征价格估价法（Hedonic method）以及基于主观幸福感的估价法（life satisfaction approach，LSA）。在本章中，我们将使用第三种，即 LSA 估值方法。使用环境污染指标的系数与收入的系数来估计居民对环境污染的支付意愿（willing to pay，WTP）（Frey, et al., 2009），以此表示环境污染的影响。

那么，参考 LSA 估价法，只要估计出方程（13.3）的系数，就可以对空气污染进行定价。在本章中将使用调查前一年 365 天中轻度污染及以上的天数作为衡量某地区客观空气污染程度的指标。由于居民的生活更容易受到极端空气污染的影响，所以这一指标更加容易对居民幸福感产生影响。

本章的定价原理即为在理性人追求效用最大化的假设下，使轻度空气污染天数减少对幸福感增加所带来的边际效用等于收入增加对幸福感的增加所带来的边际效用。可表示为：

$$|MH_d * \Delta Day| = |MH_i * \Delta Income| \qquad (13.4)$$

即在其他因素都不发生变化的前提下，轻度污染天数变化带来的效用变化在数量上等同于收入变化带来的效用变化，可以由原公式直接表示为：

$$\Delta Happiness_i = \alpha\Delta Day + \beta\Delta\log Income = 0 \qquad (13.5)$$

对两侧求极限，可以将其表示为污染天数和收入之间的边际转换率，由（13.5）可得：

$$\frac{dIncome_i}{dDay_j}\Big|_{dH_i=0} = -\frac{\alpha}{\beta}Income_i \tag{13.6}$$

这样，(13.6) 式所表示的就是污染与收入之间的边际替代率。因此，如果我们能够知道 (13.3) 的形式，就容易根据 (13.6) 式计算出居民 i 为维持同一级别的幸福感水平，愿意为减少轻度空气污染的天数所支付的价格，即边际意愿支付（WTP）。而 α/β 所刻画的就是一定数量的 WTP 在居民 i 的家庭人均年收入中所占的比例。

值得注意的是，通常而言，$\alpha<0$，$\beta>0$，即收入的增加会提高居民的自评幸福感程度，而轻度污染天数的增加则会对自评幸福感程度造成负面影响。

13.3.3 估计方法选取

在选取估计方法时，我们需要考虑以下三个方面的关键问题。

首先，需要考虑概率模型的设定。在实证研究中，概率模型常见设定有线性概率模型 LPM、Logit 模型和 Probit 模型三种。从本质上来看，Logit 模型和 Probit 模型都是为了解决 LPM 模型可能出现的预测概率落在 [0, 1] 以外情况以及 LPM 必然出现的异方差问题。自评幸福感这一变量是可以区分的有序离散变量，在经验研究中通常采用有序响应模型进行估计。但是，为了探求模型中的作用机制，采用 LPM 模型并报告异方差稳健统计量也是经验研究的常用方法。综合这两方面考虑，本章采取线性概率模型与 ordered probit 两种模型的设定。

其次，需要考虑的是遗漏变量偏误。从生活经验来看，幸福感程度的决定与个体异质关系十分紧密。如果个体异质和解释变量相关，那么为了排除遗漏个体异质导致的估计偏误，应当采用面板数据的固定效应模型（Fixed Effect，FE）排除个体异质的影响；如果个体异质和解释变量不相关，那么，可以直接采用线性概率模型。本章认为，在控制变量中加入其他主观选择的变量之后，个体异质已经很好地控制，因而可以直接采用线性概率模型。

最后，是互为因果导致的内生性问题，即幸福感更强烈的人可能会更加乐观地生活，在劳动力市场上更加具有竞争力。但大多研究收入与幸福感的学者并不会特别对此提出讨论。因此，本章认为，可以忽略反向因果的内生性问题。综上所述，本章将计量模型设定为截面数据的线性概率模型与有序响应模型。

13.4 数据

本章所采用的数据来自中国综合社会调查（Chinese General Survey，CGSS）2013年的调查数据。

根据研究的需要，本章使用的被解释变量是居民的自评幸福感程度。在CGSS的问卷中提供了居民对自己目前生活的幸福感水平的自评："总的来说，您觉得您的生活是否幸福？"受访者被要求从"非常不幸福""比较不幸福""说不上幸福不幸福""比较幸福""非常幸福"这5个选项中选择一个来对此问题进行作答。本章也将与已有文献一样，把这5个选项作为5个等级定序变量加以处理（Knight，2009；罗楚亮，2009），那么，这一问题的答案即为本章的被解释变量。在问卷中我们还提取出一个问题："在您所在的地区空气污染的严重程度如何？"通过整理，剔除对这一问题不关心的样本，本章使用1～5来表示居民认为居住所在地的空气质量越来越差，以这一变量作为自评空气污染程度的衡量指标。

有关环境质量的客观衡量数据来源于中华人民共和国环境保护部发布的《2012年重点城市空气质量日报（API）》（以下简称《日报》）。我们考虑在调查期前的完整年份的空气情况，所以选择了2012年的数据进行探讨。《日报》记录了2012年中全国120个城市日均空气质量指标API的详细状况。其中空气污染指数（air pollution index，简称API）就是根据环境空气质量标准和各项污染物对人体健康、生态、环境的影响，将常规监测的几种空气污染物浓度简化成为单一的概念性指数值形式，其取值范围定为0～500。API指数综合考虑了二氧化硫、二氧化氮以及可吸入颗粒物，而本章将使用年均API作为衡量空气质量的客观指标。以2012年全年365天中API超过100（即轻度污染）的天数作为分析的另一主要变量。除此之外，本章的城市变量数据来源于2012年《中国城市统计年鉴》，各省统计年鉴以及各地级市统计公报。

利用城市代码，我们将这些数据同CGSS的微观调查数据进行了匹配与合并。在清理了缺失数据后，我们最终得到了来自48个城市5320名居民的有效调查资料。

为了控制影响自评幸福感程度的其他因素，保证研究结果的准确性，我们根据郑君君等人（2015）的研究，用CGSS构造了居民的性别、年龄、婚姻状况等作为控制变量。对以上介绍的被解释变量、关键解释变量和其他控制变量的定义及取值状况详见表13.1。

表 13.1 变量说明

	定义	均值	标准差	最小值	最大值	赋值
被解释变量	自评幸福感程度	3.805	0.825	1	5	非常不幸福=1，比较不幸福=2，说不上幸福不幸福=3，比较幸福=4，非常幸福=5
关键解释变量	自评空气污染	2.985	1.522	1	5	由1～5代表居民自评空气质量由好变差
	API	69.042	8.496	51.441	93.751	年平均空气质量指数
	轻度污染的天数	36.444	24.305	0	95	去年一年中API超过100的天数
	家庭人均年收入	9.697	1.198	0	15.019	家庭人均年收入对数值
其他控制变量	性别	0.522	0.500	0	1	女=0，男=1
	年龄	48.428	16.069	18	98	调查年份－出生年份+1
	年龄平方	2603.500	1639.800	324	9604	
	城乡状况	0.389	0.488	0	1	城市=0，农村=1
	婚姻状况	0.791	0.407	0	1	未婚=0，已婚=1
	民族	0.943	0.231	0	1	其他民族=0，汉族=1
	政治面貌	0.166	0.372	0	1	其他身份=0，共产党员=1
	文化程度	2.319	1.234	0	4	以0～4分别代表了居民受教育水平等级由没上过学、小学、初中、高中到大学及大学水平以上
	住房面积	100.680	86.244	5	2000	平方米

（续上表）

	定义	均值	标准差	最小值	最大值	赋值
其他控制变量	社会信任感	3.261	1.038	1	5	由1～5代表对社会信任感由低到高
	自评健康	3.837	1.027	1	5	由1～5代表自评身体健康从差到好
	过去一月因为身体原因影响生活或工作的频率	4.130	0.980	1	5	由1～5代表总是、经常、有时、很少、从不
	过去一月居民心情沮丧频率	4.055	0.937	1	5	由1～5代表总是、经常、有时、很少、从不

表13.2给出了主要变量的描述性统计。由该表我们可以初步得出以下三个结论：第一，总体上而言，大多数居民认为自己的生活较为幸福。其中，汇报"非常不幸福"或"比较不幸福"的居民数量较少，汇报"说不上幸福不幸福""比较幸福"或"非常幸福"的居民较多，占据样本观测值的90%以上。第二，人均收入越高，其生活幸福感通常也越高，这符合我们的直观感受。第三，在平均意义下，空气质量指标API、自评污染程度还有轻度污染天数与自评健康水平都并没有呈现出一个非常直观共同变化的趋势。但我们可以看到对于非常幸福的人而言，这三项指标都偏向于空气质量较好。对于选择非常不幸福的人而言，这三项指标都较为严重。因而针对这几个变量之间的关系，我们在下面的实证分析中会做进一步说明。

表 13.2 主要变量的描述统计

自评幸福感	居民自评幸福感程度的分布					
	非常不幸福	比较不幸福	说不上幸福不幸福	比较幸福	非常幸福	观测值
	72	345	961	3111	831	5320
	1.36%	6.46%	18.08%	58.49%	15.61%	100%

	主要变量描述统计					
	非常不幸福	比较不幸福	说不上幸福不幸福	比较幸福	非常幸福	全体样本
人均收入	19235.09	20177.07	27059.36	26332.46	36718.44	27590.86
	(22080.21)	(29842.83)	(39494.21)	(30881.09)	(124502.2)	(57794.23)
API	68.302	68.375	68.813	69.451	68.119	69.042
	(9.305)	(8.120)	(8.379)	(8.472)	(8.713)	(8.496)
Day	35.208	32.722	38.716	37.319	32.194	36.444
	(24.599)	(21.457)	(26.055)	(24.334)	(22.503)	(24.305)
自评污染程度	2.945	2.957	3.288	2.909	2.922	2.985
	(1.652)	(1.570)	(1.493)	(1.514)	(1.514)	(1.522)

注：不带括号数值为样本均值，带括号数值为样本标准差。

13.5 实证结果

13.5.1 主、客观空气污染对幸福感的回归结果

（1）基本回归

表 13.3 使用 CGSS2013 年的数据进行回归分析，使用 OLS 进行估计。主要对比了主、客观的空气污染因素对我国居民幸福感产生的具体影响以及城乡之间的差异状况。

表13.3 回归结果分析

因变量：幸福感	(1) 主观：自评空气污染	(2) 主观：自评空气污染	(3) 客观：空气质量指标 API	(4) 客观：空气质量指标 API
$Pollution$	-0.022*** (0.008)	-0.035*** (0.010)	—	—
$Pollution * Rural$	—	0.031** (0.015)	—	—
API	—	—	-0.000 (0.001)	-0.003* (0.002)
$API * Rural$	—	—	—	0.006** (0.003)
$\ln income$	0.064*** (0.010)	0.063*** (0.010)	0.063*** (0.010)	0.060*** (0.010)
$Male$	-0.114*** (0.021)	-0.115*** (0.021)	-0.114*** (0.021)	-0.113*** (0.021)
Age	-0.033*** (0.004)	-0.033*** (0.004)	-0.033*** (0.004)	-0.033*** (0.004)
Age^2	0.000*** (0.000)	0.000*** (0.000)	0.000*** (0.000)	0.000*** (0.000)
$Nation$	-0.069 (0.046)	-0.076 (0.046)	-0.072 (0.046)	-0.085* (0.046)
$Status$	0.038 (0.030)	0.039 (0.031)	0.040 (0.030)	0.039 (0.031)
$Marry$	0.238*** (0.030)	0.237*** (0.030)	0.240*** (0.030)	0.242*** (0.030)
Edu	0.009 (0.012)	0.009 (0.012)	0.005 (0.012)	0.005 (0.012)
$Rural$	0.064** (0.027)	-0.022 (0.050)	0.083*** (0.027)	-0.310* (0.183)

(续上表)

因变量：幸福感	(1) 主观：自评空气污染	(2) 主观：自评空气污染	(3) 客观：空气质量指标 API	(4) 客观：空气质量指标 API
Health	0.075*** (0.014)	0.074*** (0.014)	0.075*** (0.014)	0.078*** (0.014)
Health State	0.041*** (0.016)	0.042*** (0.016)	0.042*** (0.016)	0.040** (0.016)
Trust	0.133*** (0.010)	0.133*** (0.010)	0.136 (0.010)	0.135 (0.010)
Mood	0.143*** (0.013)	0.143*** (0.013)	0.142*** (0.013)	0.143*** (0.014)
House	0.001*** (0.000)	0.001*** (0.000)	0.001*** (0.000)	0.001*** (0.000)
Cons	2.276*** (0.154)	2.331*** (0.156)	2.273*** (0.173)	2.047*** (0.194)
Observations	5320	5320	5320	5320
R^2	0.140	0.140	0.138	0.140

注：括号中为估计的标准差。* $p<0.1$, ** $p<0.05$, *** $p<0.01$。

首先，可以由这四个模型的回归结果得到一些共同的基础结论。幸福感会随着家庭人均工资的增加而增加，这也印证了经济因素对居民幸福感的重要性。性别对幸福感的影响都十分显著地为负，说明女性的幸福感一般比男性高，这可能是由于中国女性大多具有更加乐观的心态，而男性面对更多职场上的压力。年龄的系数显著为负，年龄的平方显著为正，这说明年龄与中国居民幸福感之间呈现一种 U 形曲线的相关性。一般而言，从现实生活不难看出中年群体是幸福感的低谷一族。因为在这一年龄阶段，他们需要面对一生中最大的压力与责任，赡养老人、抚养小孩以及社会责任等会使得他们的幸福感较低；婚姻的系数显著为正，可以说明婚姻在平均意义上会增加人的幸福感；在控制了收入、住房等变量后，教育水平的系数在统计意义上并不显著，这可以说明教育水平大多通过别的途径影响幸福感，其本身与幸福感并没有明显关系；两个与健康相关的变量的系数都显著为正,可以看出居民健康水平越高,其幸福感越强。以上结论与大多研究的结果相同(Glenn,1988;Graham & Pettinato,2001;Alesina et al,2004;Applton & Song,2008;郑君君,2015)。控制变量大多十分显著,这也可以说明达到了使回归分析稳健的效果,一定程度上说明模型设置较为合理。

对比表13.3结果中的(1)与(3),我们可以得到一个十分显然的答案。居民主观空气污染评价的系数为负,说明主观上认为污染越严重的人幸福感越弱,这与我们的预期相同。但客观空气污染指标API的系数虽然为负,却在统计意义上并不显著,也就是说在平均意义上,年平均API的改变不会改变居民的自评幸福感。对于这一结果,笔者猜测这是由于此时没有控制近年经济增长方面的变量,所以不能排除API增加因为促进了经济增长从而抵消了一部分负向的影响。并且,年平均API按照城市匹配的,难以控制城市内的差异。同时,年均API是一个很难感知的变量,所以在下面的定量分析中,我们将采用其他更加容易被居民感知的变量进行分析。

污染变量与城乡的交互项显著,说明空气污染给城乡居民幸福感带来的影响不同。交互项为正说明城市居民对空气污染带来的影响更为敏感。这也可以说明,城市人群普遍环境污染意识较强,这与城市居民环保知识普及度、受教育水平较高有关。并且农村在一般情况下受空气污染的直接影响较小,而城市居民的日常出行非常容易受到影响,所以农村的居民可能对空气污染的敏感度较小。

由于自评幸福感是可以区分的有序变量,所以本章也使用了Ordered Probit(Oprobit)模型对其进行估计。回归结果见表13.4。

表13.4 回归结果分析

因变量:幸福感	(5) 主观空气污染	(6) 主观空气污染	(7) 客观空气污染	(8) 客观空气污染
$Pollution$	-0.032^{***} (0.011)	-0.052^{***} (0.014)	—	—
$Pollution * Rural$	—	0.049^{**} (0.022)	—	—
API	—	—	-0.002 (0.002)	-0.006^{**} (0.002)

(续上表)

因变量：幸福感	(5) 主观空气污染	(6) 主观空气污染	(7) 客观空气污染	(8) 客观空气污染
$API * Rural$	—	—	—	0.010*** (0.004)
控制变量	已控制	已控制	已控制	已控制
$Observations$	5320	5320	5320	5320
$Pseudo\ R^2$	0.064	0.064	0.063	0.064

注：括号中为估计的标准差。* $p<0.1$，** $p<0.05$，*** $p<0.01$。

对于 Ordered Probit 的估计结果，我们关注其系数的方向。对比表 13.3 与表 13.4，我们可以发现两种估计方法下的系数方向完全相同，显著性也大致相同，所以可以说明 OLS 的回归结果也是可靠的。在下文的机制讨论中，为了系数讨论的便利，本章将使用 OLS 进行回归。

综合以上的两个模型我们也可以得到一个结论：客观上的空气污染的不断增加如果严重到影响了居民主观上对空气质量的评价，那么他们的幸福感必然会受到影响。

(2) 稳健性拓展探讨

为了验证上面的结论，在本节中会进行拓展探讨，分不同特质的人群对结论的可靠性进行验证。首先，根据 CGSS2013 年问卷中的"在过去一年中，您是否主动关注广播、电视和报刊中报道的环境问题和环保信息？"这一问题区分了原样本人群。将回答"偶尔"和"经常"的样本居民分为环保主义者，回答"从不"的分为非环保主义者，并对这两个人群分别进行 OLS 回归。回归结果见表 13.5。

表 13.5 异质性探讨回归结果分析

因变量：幸福感	(9) 环保主义者（主观空气污染）	(10) 非环保主义者（主观空气污染）	(11) 环保主义者（客观空气污染）	(12) 非环保主义者（客观空气污染）
$Pollution$	-0.042*** (0.012)	-0.019 (0.017)	-0.007*** (0.002)	0.006** (0.003)

(续上表)

因变量：幸福感	(9) 环保主义者（主观空气污染）	(10) 非环保主义者（主观空气污染）	(11) 环保主义者（客观空气污染）	(12) 非环保主义者（客观空气污染）
Pollution * Rural	0.067*** (0.021)	-0.017 (0.024)	0.005 (0.004)	-0.001 (0.004)
控制变量	已控制	已控制	已控制	已控制
Observations	3156	2164	3156	2164
R^2	0.140	0.145	0.140	0.146

注：括号中为估计的标准差。* $p<0.1$,** $p<0.05$,*** $p<0.01$。

表 13.5 汇报了回归的结果，由模型（9）与模型（10）我们可以看出自评空气质量对非环保主义者并没有很大的影响，其系数在统计意义上是不显著的。但对于环保主义者而言，自评空气质量存在较大影响，自评空气质量越高，显然他们的幸福感也会越强。而在模型（11）和（12）中再一次使用了客观空气质量指标 API。这一次的结论与我们预期推测更加相符。对于环保主义者而言，年均 API 的增加会使得他们的幸福感下降。但对于非环保主义者而言，年均 API 的增加会通过经济增长以及其他途径反而使得他们的幸福感增加。

（3）主观空气污染的微观机制

本节将探讨主观自评空气污染对居民幸福感影响的微观机制。居民的自评的空气污染情况是通过怎样的机制影响到居民自身幸福感的？通常而言，我们会将传导机制分为直接与间接两种情况。下文将对自评空气污染对幸福感的直接影响，以及由于空气污染危害到了人们的健康状况进而影响主观幸福感的间接影响这两种情况区分讨论。

这里采用的验证手段主要是：假设间接机制是空气污染将通过影响居民自评健康水平，从而降低人们的幸福感水平。如果上述间接机制是成立的，在模型（13）中加入自评健康状况的变量后，空气污染对幸福感的影响可能变得不显著或者下降（杨继东、章逸然，2014）。表 13.6 是回归的结果。

表 13.6 微观机制探讨

因变量：幸福感	(13) 全样本	(14) 全样本	(15) 全样本	(16) 全样本	(17) 环保主义者	(18) 环保主义者
Pollution	-0.023*** (0.008)	-0.023*** (0.008)	-0.021*** (0.008)	-0.022*** (0.008)	-0.020** (0.010)	-0.019** (0.010)
Health	—	0.094*** (0.012)	—	0.075*** (0.014)	—	0.060*** (0.018)
Health State	—	—	0.083*** (0.013)	0.041*** (0.016)	—	0.065*** (0.020)
控制变量	已控制	已控制	已控制	已控制	已控制	已控制
Observations	5320	5320	5320	5320	3156	3156
R^2	0.129	0.138	0.135	0.139	0.127	0.137

注：括号中为估计的标准差。* $p<0.1$，** $p<0.05$，*** $p<0.01$。

通过逐步加入体现健康水平的两个变量后，结果发现，自评空气质量的系数逐渐变小，且其显著性也有所降低。在全样本回归中，可以看到加入近期是否由于身体状况影响工作的变量之后，系数从原本的 -0.0229 变为 -0.0220，数值下降了约 4%。这个结果在环保主义者人群更加明显，系数下降了约 5%。所以可以得出结论，居民的健康水平是空气污染影响居民幸福感的一项传导机制。但上文中，我们的讨论都仅是最初步的探讨。关于空气污染影响幸福感的机制在今后的研究中仍然需要进一步的探索。

(4) 经济增长抵消效应的初探讨

前文，我们猜测 API 的系数不显著的一部分原因是 API 上升在很大程度上伴随着经济增长，而经济增长会给居民幸福感带来正向的影响，下文将会对此机制做一个初步探讨。我们在 CGSS2013 的问卷中提取出这样一个问题："与三年前相比，您的社会经济地位是上升、不变还是下降？"答案由 1～3 表示。在一定程度上，这个问题可以代表经济增长给该居民带来的影响，所以我们将其定义为 Change，以社会经济地位上升为基准组，社会经济地位不变为 Change1，社会经济地位降低为 Change2，并与 API 做交互项，逐步加入变量进行回归，得到表 13.7 的结果。

表13.7　经济增长机制探讨

因变量：幸福感	(19)	(20)	(21)	(22)
	全样本	全样本	环保主义者	环保主义者
API	-0.001 (0.001)	0.001 (0.001)	-0.006** (0.002)	-0.004** (0.002)
$API * Change1$	—	-0.003*** (0.000)	—	-0.003*** (0.000)
$API * Change2$	—	-0.006*** (0.001)	—	-0.006*** (0.001)
控制变量	已控制	已控制	已控制	已控制
Observations	5189	5179	3083	3083
R^2	0.138	0.160	0.140	0.163

注：括号中为估计的标准差。* $p<0.1$，** $p<0.05$，*** $p<0.01$。

由回归结果我们可以得到，加入 API 与 Change 的两个交互项之后，交互项系数显著为负，这说明对于认为自己经济地位降低或不变的人而言，空气污染对其影响要更大。下面将 Change 的值取定，我们可以得到净系数，见表13.8。

表13.8　空气质量影响净系数

社会经济地位变化	提高	不变	降低
全样本	0.001	-0.002	-0.004
环保主义者	-0.004	-0.007	-0.010

由表13.8可以发现，API 对于认为社会经济地位降低的人的影响最大，且为显著的负向影响。而对于认为自己经济地位提高的人而言，影响较小，甚至可能为正。由此可以认为，认为经济地位提高的人经济增长给其带来的幸福感增加较多，所以对空气质量负向影响的掩盖程度也就越高，其净系数就越小。

在下面我们将引入城市变量进行探讨，增加居民所在城市2012年的 GDP、产业结构、绿化率、失业率等作为城市控制变量。除此之外，我们将引入该城市居民在2011年到2012年的可支配收入增长率（城乡不同），与 API 做交互项进行讨论，回归结果见表 13.9。

表 13.9 经济增长机制探讨

因变量：幸福感	(23) 全样本	(24) 全样本	(25) 环保主义者	(26) 环保主义者
API	-0.001 (0.001)	-0.171** (0.067)	-0.005*** (0.002)	-0.149 (0.093)
$API*Increase$	—	0.002** (0.001)	—	0.001 (0.001)
个体控制变量	已控制	已控制	已控制	已控制
城市控制变量	已控制	已控制	已控制	已控制
$Observations$	5320	5320	3156	3156
R^2	0.144	0.145	0.145	0.149

注：括号中为估计的标准差。* $p<0.1$，** $p<0.05$，*** $p<0.01$。

此时交互项为正，说明对于可支配收入增长率越高的人，空气质量变差对其净影响就越小。由模型（24）我们可以得出，当可支配增长率达到 110.56% 时，净系数为 0，表示此时空气污染的影响完全被收入增长掩盖。而通过模型（26）我们可以得出结论，对于环保主义者而言，交互项的 p 值稍大于 10%，说明这一影响较弱，并且掩盖的临界值为 113.76%。这也验证了环保主义者对空气污染较为敏感，不易受经济增长的影响。

以上分析也是在一定程度上证实了上文所述结果的可靠性。对于这一机制的深入探究，在未来的研究中也会有所继续。

13.5.2 客观空气污染的治理定价

在上文中，我们可以得出无论是主观上还是客观上的空气污染都会对居民幸福感造成一定的负向影响的结论。那么要如何度量这一影响的大小？在下文中，我们将引入空气污染的定价模型对这一影响大小进行测算。

（1）基本回归模型

在上文的讨论中，我们可以看到年平均 API 上升一单位是一个较为抽象的概念，居民的直接感知度较小，所以在下面的定价模型中我们采用了另一个更加直观的指标，就是在 2012 年全年中日 API 超过 100 的天数，也就是轻度污染的天数。这是由于居民对极端空气的感知能力更强，所以更容易影响其幸福感。而轻度污染的程度已经开始对人们的出行造成影响，所以这一指标会更容易被居民感知。以下分别使用 OLS 与 Ordered Probit 对模型（13.3）进行了回归，回归结果见表 13.10。

表 13.10　定价模型回归结果分析

因变量：幸福感	(27) OLS	(28) OLS	(29) Ordered Probit	(30) Ordered Probit
Day	-0.001*** (0.000)	-0.002*** (0.001)	-0.002*** (0.001)	-0.003*** (0.001)
$Day*Rural$	—	0.002* (0.001)	—	0.003** (0.001)
$Lnincome$	0.065*** (0.010)	0.063*** (0.010)	0.091*** (0.014)	0.089*** (0.015)
控制变量	已控制	已控制	已控制	已控制
$Observations$	5320	5320	5320	5320
R^2	0.139	0.140	—	—
$Pseudo\ R^2$	—	—	0.064	0.065

注：括号中为估计的标准差。* $p<0.1$，** $p<0.05$，*** $p<0.01$。

由表 13.10 可以看出，变量 Day 的系数为负，说明一年中轻度污染的天数越多，居民的幸福感越弱。此时交互项为正，说明与上文结论相同，城市居民更容易受到空气污染影响。下面我们将根据回归所得结果计算全体样本和城市样本的空气污染支付意愿（Willing To Pay，WTP）。

表 13.11 汇报了两种方法下计算得出的支付意愿。Ordered Probit 下的支付意愿更大，但实际上两种方法的结果相差不大。以 Ordered Probit 估计的结果分析，由计算可以得出，平均意义上，居民愿意支付其年家庭人均收入的 2.495% 来减少一天轻度污染。一个平均意义上的居民愿意支付 688.39 元。由于城市居民更容易受到空气污染的影响，所以他们愿意支付更多的货币以维持自己的幸福感。一个平均意义上的城市居民愿意支付其家庭人均年收入的 3.783%，即 1344.47 元来减少一天的轻度污染。这个数字是相当可观的，在数值上与其他学者在空气污染定价上所得出的结论相差不大（陈永伟、史宇鹏，2013；杨继东、章逸然，2014）。

表 13.11　WTP 结果分析

		平均收入/元	百分比	WTP/元
OLS	全部样本	27590.86	1.854%	511.53
	城市样本	35539.66	2.944%	1046.29
	农村样本	15100.99	0.425%	64.18
Ordered Probit	全部样本	27590.86	2.495%	688.39
	城市样本	35539.66	3.783%	1344.47
	农村样本	15100.99	0.815%	123.07

（2）不同特质人群对空气质量改善的意愿支付

上文中对空气质量所带来的影响的考察是建立在人们幸福感的主观评价之上的。很显然，估价的结果会受到人口特质改变的影响（陈永伟、史宇鹏，2013）。Luechinger（2009）、Levinson（2012）等认为，对于不同特质的人群，他们对空气质量变化的敏感度有所不同，因此愿意对改善空气质量支付货币价值也有所不同。在本节中，我们将分别考察几类人群对空气质量的意愿支付状况。

根据马彩华（2007）、朱丹和高晶晶（2011）以及许多学者的调查研究，我们知道对于教育水平更高的人群，他们对空气污染的关注度越高，因此愿意对改善空气质量支付更高的货币价值。CGSS2013 年的问卷直接询问了被访者的受教育水平。根据回答，我们将人群分为低教育水平人群（初中教育以下）和中、高等教育水平人群（初中教育及以上）。这两类人群分别占了总样本的 25.7%、74.3%，样本量都较为充足，并且具有普遍的代表性。

同样与上一模型的异质性探讨相同，我们仍然将人群分为环保主义者与非环保主义者这两类。回归结果见表 13.12。

表 13.12　异质性人群回归结果分析

因变量：幸福感	(31) 中、高教育水平	(32) 低教育水平	(33) 环保主义者	(34) 非环保主义者
Day	-0.004***	-0.002	-0.006***	0.003**
	(0.001)	(0.002)	(0.001)	(0.002)

(续上表)

因变量:幸福感	(31)中、高教育水平	(32)低教育水平	(33)环保主义者	(34)非环保主义者
$Day*Rural$	0.001 (0.002)	0.004 (0.003)	0.003* (0.002)	-0.002 (0.002)
$Ln\ income$	0.104*** (0.018)	0.061** (0.025)	0.092*** (0.021)	0.080*** (0.020)
控制变量	已控制	已控制	已控制	已控制
观测数	3953	1367	3156	2164
$Pseudo\ R^2$	0.068	0.066	0.070	0.068

注: 括号中为估计的标准差。* p<0.1, ** p<0.05, *** p<0.01。

与上面的回归结果的分析相似。其他的个体特征变量系数的差别不大,说明回归模型具有一定稳健性。对比模型(31)与模型(32)我们可以得出结论:对于中、高教育水平的人群而言,Day 的系数是显著为负的。这也就是说居民的幸福感会因为轻度污染天数的增加而降低。交互项显著,说明在城乡上存在显著的差异。但其净系数仍然为负,教育的普及使得无论是农村还是城市的居民都开始意识到污染的危害。但是对于低学历人群而言,无论是城市还是农村,他们的幸福感都与污染天数在统计意义上无关,这也就说明教育会传播可持续发展、绿色 GDP 这些概念来增强污染对幸福感的影响。

同样,对比模型(33)与模型(34)我们也可以知道,对于非环保主义者而言,轻度污染的天数并不会过多地影响到他的幸福感。Day 的系数在 10% 的显著性下不显著,这一关系可以视作无。并且交互项的系数也不显著,说明城乡的非环保主义者都相同。但对于环保主义者而言,Day 的系数显著为负,在 1% 的显著性水平下显著,说明污染对其幸福感的影响是可观的。交互项在 5% 的显著性水平下显著,说明城乡之间存在差距,正的系数说明空气污染天数的增加对城市环保主义者的影响要大于对农村的环保主义者,所以他们的 WTP 也会有所不同,如表 13.13 所示。

表 13.13 异质性人群 WTP 分析

			平均收入/元	百分比	WTP/元
按照学历划分	中、高学历人群	全部样本	32053.14	3.134%	1004.55
		城市样本	37730.19	3.422%	1291.13
		农村样本	18113.58	2.577%	466.79
	低学历人群	全部样本	14687.15	—	—
		城市样本	21618.38	2.632%	569.04
		农村样本	11375.15	—	—
按照对环保关心程度划分	环保主义者	全部样本	32182.23	5.428%	1746.85
		城市样本	38408.20	6.771%	2600.62
		农村样本	17003.89	3.223%	548.87
	非环保主义者	全部样本	20894.76	—	—
		城市样本	29202.25	—	—
		农村样本	13583.3	—	—

表 13.13 的结果表明，不同的受教育水平确实会影响他们对治理空气污染的边际支付意愿。以减少一个轻度污染的单位日为例，中、高等教育水平人群对其的边际支付意愿为 3.134% 其年人均家庭收入，约为 1004.55 元。由于农村样本与城市样本的边际支付比例和平均工资都有所不同，所以他们的支付意愿相差较大，农村居民愿意支付 466.79 元，城市居民愿意支付 1291.13 元。对于环保主义者而言，平均意义上，居民愿意支付 1746.85 元来减少一个轻度污染的工作日，相当于其家庭人均年收入的 5.428%。同样，这一结果在城乡上也出现了较大的差距，城市居民的支付意愿无论是在绝对水平上还是相对水平上都远超过了农村居民。

同时，对于低学历人群与非环保主义者而言，他们都不愿意为减少空气污染支付货币，这是因为空气污染对其幸福感的影响本来就较小，并且存在经济增长更加掩盖了这一影响。

结论显然告诉我们，随着受教育水平的不断提高，人们有更多途径了解环境问题，对环境恶化的后果也更加了解，从而环保意识也越强，因此人们可能会为改善环境质量而支付更高的代价。

13.6 结论

经济的高速发展伴随着高昂的环境代价是改革开放以来我国一直面临的问题。如何在保持经济发展的同时治理污染问题是现今民生问题的又一重头戏。本章基于48个地级市2012年的空气质量API指数,匹配CGSS2013年微观调查数据,采用OLS与Ordered Probit模型,首先说明了空气污染确实会对居民的幸福感造成负向影响,并初步分解了一定的微观机制。其次,本章试图实证估算基于自评幸福感的空气质量改善对居民带来的等价收益。

通过模型建立以及实证分析,我们发现自评空气污染程度增加显著地降低居民的自评幸福感,但客观的年平均API指标的影响并不显著,这一影响在城乡也有较大差异。本章根据居民的环保意识分样本回归更加证实了以上猜测。环保主义者会对主观空气污染情况与客观空气污染情况都十分敏感,但非环保主义者并不会有这么大的影响。同时通过初步分析,本章发现主观上居民对空气质量的评级可以通过影响居民的健康水平间接影响其幸福感。而客观上的空气污染指标对居民幸福感的真实影响可能由于经济发展被掩盖。其次,通过分析,本章还估算得到对于一个年收入处于样本均值的居民而言,愿意为减少一个轻度污染的单位日花费688.39元。而这一收益对城市居民产生的影响较大,他们的WTP达到1344.47元之高。除此之外,我们又深入探讨了不同特质人群的支付意愿状况,发现中、高等教育水平的居民,他们认为减少一个轻度污染的单位日,给其带来的等价收入相当于1004.55元。同时,对于环保主义者而言,他们愿意支付1746.85元来减少一个轻度污染的工作日。并且这两个结论都在城乡上出现了较大差异,城市居民的支付意愿无论是在绝对水平上还是相对水平上都远超过了农村居民。这也可以看出,空气污染的负面影响大多是由中、高教育水平的居民与具有环保意识的城市居民所承担。这也印证了当前的现实背景,大城市频发的雾霾现象已经使得城市居民苦不堪言,而农村居民则认为经济增长对幸福感更重要。

以上结论给我们的启示是普及环保知识、树立环保意识是建立环境友好型社会的一大途径,同时也为我国制定有差别的环境污染税制提供了参考依据,也进一步证实将"绿色GDP"纳入官员绩效考核是极具现实意义的。

经济发展的最终目的是让公民拥有更美好的生活。如果为了追求经济增长而破坏了我们赖以生存的自然环境，那么到最后，连最基本的健康我们都不能得到保证，经济增长又还能剩下多少意义？环境友好型社会的建立是当务之急。我们拒绝"连呼吸都会痛"的体验，让我们同呼吸、共奋斗，共同实现"天更蓝，水更清"的目标。

第 14 章 制度与幸福感

14.1 引言

幸福与制度息息相关，经济和社会的构建形式会影响人们的幸福。诺贝尔经济学奖获得者 North（1990）认为，制度是博弈的规则，制度构成社会的激励结构，因此，政治和经济制度是经济绩效的根本因素。

所有经济活动都面临交易成本，获得长期的经济增长和繁荣需要依靠建立政治和经济制度以最小化交易成本。制度是经济绩效的基本决定因素。制度形成社会、经济和政治激励和人际互动，减少交易成本和不确定性，促进长期经济增长（Aidt et al., 2016）。North（1990）认为，制度形成主观心理观念，解释世界并做出选择，制度影响我们行动所付出的价格。对于转型国家，繁荣需要开放的市场，也需要法律规则、普遍信任以及一系列正式的和非正式的制度。

制度可以分为正式制度和非正式制度。正式制度总是与国家权力或某个组织相关联，是以某种形式确定下来的行为规范，由组织或强制力实施并监督，包括各种成文的法律、法规、规章、契约等。非正式制度指对人的行为不成文的限制，包括价值信念、伦理规范、道德观念、风俗习惯和意识形态等。

不论是正式制度还是非正式制度，都在社会构建中扮演关键角色，如促进经济开放和经济增长，稳定市场和民主。Bjørnskov et al.（2009）得出，当样本包含大量发展中国家时，经济正义有关的制度对幸福水平的影响占主导，而样本只包括中高收入国家时，政治制度的福祉效应特别显现。

本章综述了制度对幸福感的作用及影响机制，并获得了法治指数、民主指数、经济自由度指数、腐败感知指数等制度变量的数据，也获得了幸福感指数，匹配成跨国数据；为了控制住经济发展水平，我们获得人均GDP数据作为控制变量。

14.2 文献综述

14.2.1 自由与幸福感

经济自由制度与主观幸福感存在正向关联（Spruk & Keseljevic，2016），对139个国家和地区的经济自由度和平均幸福水平做散点图，见图14.1，两者呈现正向关系，具有更高经济自由度的国家和地区享有更高的幸福水平。每增加1%的经济自由度，会增进0.07点主观幸福水平。经济自由度可以解释38%的主观幸福感差异。Hall & Lawson（2014）的文献研究发现，超过三分之二的文献得出世界经济自由度指数与更快的经济增长、更好的生活水平、更低的失业率以及更高的主观幸福感正向相关。Berggren & Nilsson（2016）发现，与经济自由有关的制度可以增进宽容。这种制度可以减少紧张和冲突，营造一种没有歧视的包容性社会。Inglehart et al.（2008）认为宽容与主观幸福感正相关。Nikolaev & Bennett（2016）认为，保护经济自由的制度可以增进民众关于选择自由和控制他们生活的感受，经济自由也是解释机会公平和社会流动的机制，经济自由制度更强调自治的价值，对个人成就赋予更高的社会地位，从而激励人们最大限度地施展其才华。自我控制的人更可能处理不利局面，追求成功行为和道德行为，最终报告更高水平的幸福感。Ovaska & Takashima（2006）强调经济自由对主观幸福感存在正向作用。

Veenhoven（2000a）对1990年46个国家和地区的自由情况进行全面测量。自由包括政治自由、经济自由和个人自由，政治自由考量公民参与民主程序的可能性，经济自由考量人们进行商品、服务和劳动等方面交换的机会，个人自由考量个人生活中的自由程度，这三类自由都与幸福水平具有显著的相关性，见图14.2。Frey & Stutzer（2002）也给出了主观幸福水平和经济、政治、个人自由的正向关系，见图14.3。Veenhoven（1989）认为，斯堪的纳维亚国家、澳大利亚、英国和北美国家有更高的主观幸福感水平，见图14.4。Lane（2000）却发现，自由与幸福之间没有相关性。

第 14 章 制度与幸福感 309

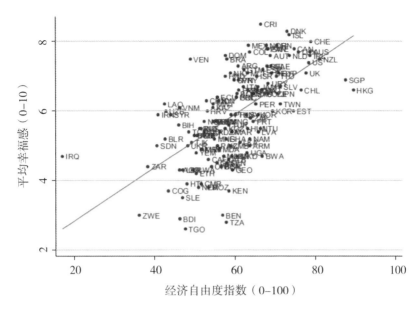

图 14.1 经济自由度指数与平均幸福感

资料来源：Spruk & Keseljevic（2016）。

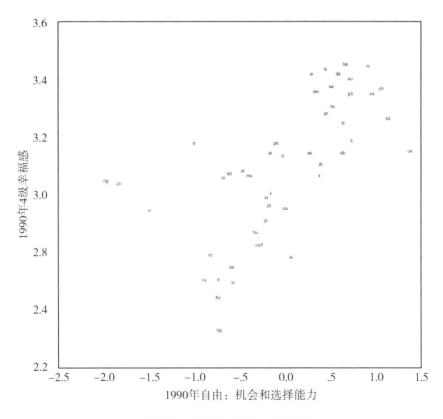

图 14.2 机会和选择自由与幸福感

资料来源：Veenhoven（2000a）。

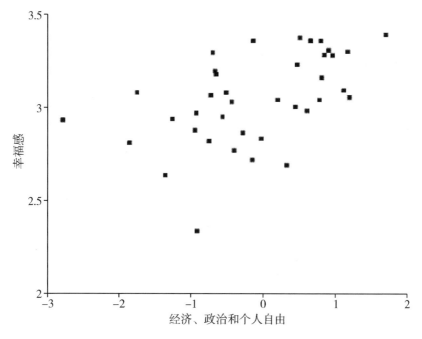

图 14.3　经济、政治和个人自由与幸福感

资料来源：Frey & Stutzer（2002）。

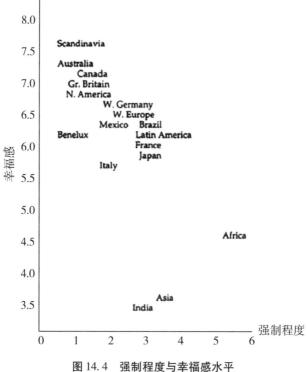

图 14.4　强制程度与幸福感水平

资料来源：Veenhoven（1989）。

14.2.2 民主与幸福感

人们不仅从实际结果中体验幸福,而且能够从过程本身体验幸福,这叫程序效用。实际参与有助于人们形成自我决定的感觉,从而体验程序效用。当人们认为他们被对待的方式公平合理时,无论物质结果是什么,他们都会体验到较高的主观幸福感。人们往往为自己行为正直或诚实而感到满意,与这一行为的结果没有太大关联(Rabin, 1993)。人们对程序正义的关注至少和对程序结果的关注一样多,程序的公正性、上司和官员的诚信度以及人们感觉被尊重对待的程度等都会影响程序效用。Oven(2008)认为,"可以自由地选举领导人"提升了美国民众的主观幸福感,程序民主对国民主观幸福感具有正效应。

直接民主制度能够扩大公民参与政治进程的可能性,使政府决策更可能反映居民偏好和公民意愿,从而提高个人幸福感(Frey & Stutzer, 2000)。生活在宪法民主制度中的人们更为幸福,因为从政者有动机按照公民的利益对国家进行治理,如果忽略公众的意愿,执政者将不会再被选举,从而会失去其权力。政治程序越考虑人们的偏好,公共政策与公民期望越接近,人们会越幸福;对公共决策制定的直接参与也有助于幸福感的提升。研究显示,公众的立法提案和投票等政治权利越广泛,其幸福感越高。联邦式的政治架构将决策权分置给更低一级的政府,也能提高人们的幸福感;直接民主的政治体制能提高幸福水平,直接政治参与可以产生程序效用从而提升幸福感(Frey & Stutzer, 2002)。

投票这样的政治参与可以获得程序效用,如体验公民义务感或表达思想观点的价值(Hardin, 1982; Schuessler, 2000)。一项对瑞士数据的研究结果表明,具有较强参与权的居民报告的幸福水平要高出0.22个百分点。较积极投票地区所报告的生活满意度比消极投票地区要高出0.14个百分点。在瑞士的外国人不能享有公民同等的参与权,只能享有政治程序的结果。瑞士那些参与权较弱的州,公民生活满意度与外国人存在0.55个百分点的差异,而参与权较强的州,这一差异达到0.8个百分点。参与权对公民的积极影响比对外国人的积极影响要大3倍(Leu et al., 1997; Frey & Stutzer, 2002)。

Frey & Stutzer(2000a)发现,瑞士具有广泛参与权的州有利于居民的个人幸福感。Bjørnskov et al.(2008a)基于66个国家样本,没有发现民主权利和个人生活满意度有稳健的联系。Dorn et al.(2007)对26个OECD国家的研究发现两者具有正向的关联。民主制度和政治分权可以影响政治过程，从而创造一种程序效用，甚至比纯粹的配置结果具有更大的幸福效应（Bjørnskov et al.，2009）。

对美国的经验研究得出，直接民主制度中的政府支出与政府收入相对较低（Matsusaka，1995），需要特定多数的全民公决的人均债务明显低很多（McEachern，1978），直接民主地区的土地价格较高，人们发现在此居住与工作非常有吸引力（Santerre，1986）；全民公决地方的教育公共支出较高（Santerre，1989，1993）。对瑞士的经验研究发现，直接参与权发达的州的人均收入比那些直接参与权不发达的州高出许多（Feld & Savioz，1997）。

Leu et al.（1997）对瑞士的数据研究发现，民主参与权对生活满意度有显著正向影响，反映地方分权的联邦制（以地方自治程度指数表示）对生活满意度有显著正向影响，在同一个州内，高度自治公社的受访者报告完全满意的人数比例比较低自治公社的受访者高出 3.2 个百分点（Ladner，1994）。通过对 62 个国家的数据分析发现，民主程度和国民幸福感之间的正相关系数高达 0.78。

陈前恒等（2014）研究中国中西部贫困地区村庄民主与农户幸福感之间的关系，发现村庄民主发育程度对农户幸福感存在显著的正向影响。村庄民主发育程度对非贫困户的幸福感有显著的正向影响，对贫困户的幸福感的影响不显著。IV 回归结果表明，村庄民主发育程度每增加 1 个百分点，带来的幸福感的增加相当于农民年人均纯收入增加 18.47 个百分点。村庄民主会改善村庄的治理结构，从而显著增加村庄的公共品支出（Zhang et al.，2004；Luo et al.，2007）。沈艳、姚洋（2006）发现，村庄选举制度降低了村庄的收入不平等程度。

有学者区分了实质民主和程序民主。亚洲国家的居民更倾向于从实质层面来理解民主，尤其关注社会平等的实现和良好的政府管理（Huang et al.，2013）。民主的实质主张人民统治、人民的权利与利益至上，凸显了人民在民主政治中的主体地位（陈炳辉，2014）。西方学者根据程序民主标准给中国计算出的民主程度得分较低，而中国居民对本国民主程度的评价很高。中国居民对民主的理解可能并非西方意义上的程序民主，而是符合孔孟之道的民本思想，中华传统文化对民主的理解就是政府以民为本，为人民服务（史天健、玛雅，2009）。Nathan（1990，1997）指出，中国的政治文化认为，政府的合法性来源于为民谋利的能力，而不是西方式的赋权。中国民众对民主的支持率很高，同时对政府具有极高的信任度与满意度，这与西方社会测评的中国民主程度相矛盾，这是由于中国民众对民主的认知偏向于促进自身经济利益和社会公平的实质民主，而非西方传统文化中的程序民主（李路路、王煜，2016）。石磊（2018）发现，中国民众对民主内涵的理解偏向于符合民本思想的实质民主，而非西方主流的程序民主，实质民主极大地提高了中国居民的民主满意度，从而促进主观幸福感提高。从这一角度来看，中国符合民主程度越高则国民主观幸福感越高的观点。

也有学者认为民主具有负效应。Lane（2000）认为，民主制度不一定带来幸福。就民主过程而言，它充满了痛苦，需要付出高昂成本；民主决策所能满足的是强势群体的要求，而不是社会的需求，西方民主并没有切实提高民众的生活质量。Owen et al.（2008）认为，民主匹配度即民主制度结构与其国民需要的匹配程度是决定该国国民主观幸福感高低的重要因素。国民主观幸福感的水平取决于该国的民主制度结构是否适应国民的需要。不能确定是民主有利于幸福还是幸福有助于民主。公众的生活满意度提高可能会加强执政政府的合法性，因而会培养民主（Inglehart，1990，1999）。Inglehart & Klingemann（2000）指出，民主不一定让人们更加幸福，尽管民主和幸福感之间存在正向联系；不是民主增加幸福，而是幸福赋予了民主的合法性。幸福的公民很可能在政治上更活跃，因而实现更大的自由。对于双向因果的问题，Frey & Stutzer（2000a）认为，从制度到幸福感的因果路径更令人信服，因为制度是在很长的历史过程中形成的，而且不轻易改变，接近于一种外生的状况。

14.2.3　腐败与幸福感

Mauro（1995）指出腐败加剧犯罪和社会不公正，从而使经济绩效恶化，会显著降低公众的幸福感。Montinola & Jackman（2002）认为，腐败通过低效的经济政策、上升的犯罪率和不平等等途径，使人们产生心理和经济上的不安全感，从而降低生活满意度。Welsch（2008）发现腐败对居民幸福感具有负向作用，一个腐败、低效率的政府机构会导致社会功能失调，从而产生高额的心理成本和社会福利损失。Seligson（2002）得出腐败会抑制人们对政治体系的信任，同时也会降低人际信任。Bjørnskov（2003）分析为什么北欧国家居民比其他地区的居民更幸福，将透明国际的腐败感知指数（corruption perception index，CPI）纳入控制变量，腐败水平可以解释国家间幸福感水平的差异。Bratton（2007）对非洲国家的研究发现，居民的腐败感知程度与其公共服务满意度呈负相关。Teorell（2009）基于Kaufmann（2008）构建的"世界治理指数"中的腐败控制指数，利用WVS的居民主观幸福感进行实证分析，得出对腐败的控制与居民主观幸福感有显著的正向关系。Tavits（2010）用腐败感知指数得出，清廉的政府比腐败的政府更能让国民感觉幸福。

Warren（2004）认为，腐败会破坏民主代表制所依赖的委托代理关系，这会降低人们对政府机构的信任。Mauro（1998）发现腐败导致公共资金对教育项目投入不足，更多地投向那些手续较多的项目。Chang & Chu（2006）发现腐败导致公共物品和服务的高成本和低质量。如果公共物品只提供给那些拥有个人关系或金钱的人，那么没有这些资源的人会处于不利地位，人们会被动地卷入这种腐败寻租当中，因而变得不幸福（Chrikov & Ryan，2001；Ryan & Deci，2001）。腐败显著破坏政府的责任、公平和开放度，不利于民意表达（Tavits，2010）。Rothstein & Eek（2006）进行场景实验研究，发现腐败对社会信任产生不利影响，而社会信任对居民的主观幸福感至关重要。社会信任是腐败影响居民主观幸福感的作用途径（Teorell，2009；Samani & Holmberg，2010）。林相森、周玉雯（2018）利用2015年中国综合社会调查数据研究了腐败感知对个人幸福感的影响及其作用机制，腐败感知对居民幸福感有负向影响，当腐败感知达到中等腐败程度时，将显著降低个人幸福感。腐败感知通过社会保障满意度、政府信任和收入分配不公平感这三种途径影响居民主观幸福感。何凌云、鲁元平（2011）基于CGSS（2005）的数据得出，腐败对居民主观幸福感有显著的负面影响，一部分是通过恶化社会信任水平来实现的。

14.2.4 法律与幸福感

沃尔夫（Wolff）的法律主张家长制国家，提倡通过国家全面促进福利；而康德的法律哲学认为每个人都有以自己的方式追求幸福的自由和权利，国家不应干预（Bayertz & Gutmann，2011）。

良好的法律系统可以界定和实施产权，保护公民免遭暴力、偷盗和经济剥夺。Cohen（2008）研究犯罪对生活满意度的影响，发现跨国数据中犯罪率和感知的邻居安全对生活满意度影响不明显，但入室盗窃对生活满意度的影响大，一次入室盗窃相当于消耗85000美元带来的生活满意度。Michalos & Zumbo（2000）发现，犯罪受害者报告了略低的生活满意度（7分量表中5.4到5.6）。Powdthavee（2005）得出，夜盗、抢劫、破门而入或谋杀等犯罪事件的受害者报告的生活满意度在5分量表中低0.265分，地区犯罪率会带来生活满意度的显著差异。但是实际犯罪受害人的生活满意度差异相当于地区犯罪率效果的35倍。Moore（2006）研究欧洲社会调查（ESS）的数据，发现从非常不安全的街坊搬到非常安全的街坊，相当于获得13538欧元的额外收入。Di Tella & Macculloch（2005）研究12个OECD

国家和美国的数据，发现暴力犯罪与生活满意度负相关，暴力犯罪从每10万人242件增加到388件，相当于人均GDP下降3.5%。使用Kaufman等人衡量的政府质量来研究好的政府是否对居民幸福感意义重大，将其中四项指标即政府效率、规制质量、法治、抑制腐败，反映政府的诚信和效率；将两项指标即话语权与负责、政治稳定性反映民主过程。前者对更贫穷的国家更有效，后者对更富裕的国家更有效（Helliwell，2006；Helliwell & Huang，2005b）。

Bjørnskov et al. （2008）使用Fraser学院的法制质量指数发现法制质量是主观幸福感的显著决定因素。投资公正而高效的法律系统对于贫穷和富裕国家都是促进经济机会的途径，也是实现更高经济增长的途径。Fischer（2008）得出，更强的法律规则可以防止市场竞争增加富人和穷人之间的幸福鸿沟。Nejad & Young（2016）认为，法律系统和产权保护的改进是吸引移民的最强的拉动力。

14.2.5 政府质量与幸福感

Helliwell（2006）、Helliwell & Huang（2008）和Ovaska & Takashima（2006）都发现制度质量与幸福水平之间存在正向关系。然而，Bjørnskov et al. （2008）发现，相对贫穷的国家（人均GDP低于800美元），政府质量对居民主观幸福感有显著的正向影响；而对富裕的国家这种影响不确定。

在发展中国家，政府提供公共服务，构建一个良好的制度框架（行政效率、管理质量、法治水平、对腐败的控制）对居民的主观幸福产生作用，而在富裕国家，这些已经运作良好，其意义不及民主进程如民意表达和政治稳定大（Helliwell & Huang，2008）。Helliwell & Huang（2008）用1981—1997年间世界价值观调查所获得的数据研究表明，政府质量对居民主观幸福感有显著正向影响。他们用政府官员对法律法规的遵从、对公民服务公正的提供、对腐败的控制和政府的有效性等因素衡量政府质量，政府质量越高，居民主观幸福感越高，政府的质量比人均实际收入更能解释国别居民主观幸福感的差异。政府诚信和有效的公共服务供给在相对较穷的国家更能增进幸福感。政治和选举制度在相对富裕国家与幸福水平正相关。Bjørnskov et al. （2008）发现，一个诚信有效的政府对居民主观幸福感的影响在1%的显著性水平上统计显著。Bjørnskov，Dreher & Fischer（2007）研究了74个主要发达国家的政府规模对生活满意度的影响，生活满意度与政府消费支出占GDP的比重存在反向关系，但政府福利支出对生活满意度的影响不显著。Ott（2010）发现政府质量与幸福感呈正相关，政府质量包括民主质量（公民话语权、问责权和政治稳定性）和技术质量（政府效率、监管质量、法治和对腐败的管控）。Helliwell（2006）强调政府效率对主观幸福感存在正向作用。一个公平公正的政府有利于经济发展，提高居民收入和生活水平，从而让居民感觉更幸福（Teorell，2009）；政府质量会影响政府的公共服务，一个清廉有效的政府会很好地平衡公共支出，对健康、教育等方面的支出有利于居民主观幸福感的提升（Helliwell & Huang，2008）。Samani & Holmberg（2010）运用世界价值观调查（WVS）的数据，用世界银行的政府有效性指数、透明国际的腐败主观感知指数、政府质量研究中心的政府公正性指数衡量政府质量，将90个样本国家分为经合组织国家和非经合组织国家两组，发现政府质量对发展中国家和发达国家的居民主观幸福感都有显著的正向影响。Kacapyr（2008）研究得出，政府在经济中的份额与生活满意度有轻微的正相关；Ram（2009）研究得出，政府消费与主观幸福感之间存在显著的正向关系。

Frey & Stutzer（2002）认为，幸福水平与政治稳定程度有关，瑞士、挪威、丹麦等政治上稳定的民主国家，人们报告了很高的生活满意度；重大的政治事件或国内政治形势动荡会降低人们的幸福感，多米尼加共和国在1962年发生了总统遇刺和政治形势动荡，该国的生活满意度达到有史以来最低的分值（0—10的量表中，仅为1.6）。对政府的信赖度下降与生活满意度下降在欧洲国家具有很强的相关性（Veenhoven，1993），欧洲公民大都生活在运作良好的民主制度中，期望政府为民众的利益服务，如果对政府的信赖下降，意味着人们对政治有无力、无助感，对政治决策没有影响力，政府为利益集团服务而不是为人民大众服务，因而民众产生疏离感。张克中、何凌云（2012）对有关政府质量与主观幸福感关系的文献进行了梳理，认为政府技术质量（行政效率、监管质量、法治水平和腐败控制水平）有助提高发展中国家居民的幸福感，而民主质量（民意表达程度和政治稳定程度）主要对发达国家居民的幸福起作用。政府质量通过影响非正式制度、经济发展水平、公共支出结构等方式影响居民幸福。陈刚、李树（2012）利用CGSS（2006）的数据，发现好的政府质量对居民幸福感有促进作用，对居民幸福感的促进效应远高于经济增长，且可以缩小高低收入人群之间的幸福差距。政府效率、公共物品供给和财产权利保护等政府质量指标都会显著影响居民幸福感。政府质量显著地影响低收入居民的幸福感，但对高收入居民幸福感的影响微弱。

14.2.6 非正式制度与幸福感

非正式制度例如社会信任、社会规范和行为准则，是幸福的关键来源，至少在富裕国家是这样（Diener et al., 1995; Uslaner, 2002）。Hudson（2006）利用欧盟晴雨表 2004 年的数据，以个体信任为中介分析制度与主观幸福感的关系，对欧洲中央银行、欧盟、国家政府、法律和联合国的信任都对幸福感产生了积极影响。Portela et al.（2012）认为社会资本在个体变量和总体水平上对幸福感都有正向影响，其中社会网络、社会信任和制度信任与主观幸福感的相关性更高。Helliwell et al.（2014）从欧洲的转型国家发现，社会信任的力量，作为衡量一个国家社会资本质量的指标，能够直接增加幸福感，面对外部经济冲击实现软着陆，表明了非正式制度对于经历制度变革的国家的重要性。陈振环等（2016）采用 CGSS（2013）数据研究得出，社会信任水平的提高有助于提升城镇居民的幸福感。

14.2.7 转型国家的幸福感

20 世纪 90 年代早期，中东欧和苏联发生了制度转型，从计划经济向市场经济转变，恢复私有产权、放松市场价格和外汇交易且建立了民主政治。短期内，快速转型（休克疗法）导致严重的收入不均、人际信任恶化、增加了腐败以及更低的社会资本。后共产主义国家和发达国家之间的幸福鸿沟在转型后 20 年仍然存在（Guriev & Zhuravskaya, 2009）。解体后的苏联与东欧国家在经历民主化改革后，民众的主观幸福感水平不但没有提升，反而急剧下降（Inglehart & Klingemann, 2000; Inglehart & Ponarlin, 2013; Dorn, 2008）。Nikolova（2016）匹配了世界价值观调查和世界银行发展指数和 PRS 国际风险指南（International Country Risk Guide）的数据得出，转型国家和发达国家之间的幸福鸿沟已经减小。宏观经济变量如人均 GDP、通货膨胀和失业能解释两者幸福鸿沟的大部分。法律规则在 20 世纪 90 年代对解释幸福鸿沟起着重要的作用，但到 21 世纪初（第 4 波、第 5 波 WVS 调查）其解释力完全消失了。事实上，当控制宏观经济变量和法律规则变量时，转型国家的幸福水平比非转型国家要高出 0.6。转型国家和发达国家之间的幸福鸿沟正在缩小，主要是因为制度的改进，如法律规则（Aidt et al., 2016）。相较于中国，苏联与东欧社会主义国家的制度转型更为彻底，基本上已完全建立起了西方式的民主政治制度，但这些国家的平均国民幸福感远低于中国（Inglehart & Klingemann, 2000）。

14.3 数据

为了验证制度与幸福感的关系，我们获得幸福感、法治指数、腐败感知指数、民主指数、经济自由度指数等指标的数据，为了控制经济发展水平，我们从世界银行数据库获得人均 GDP 数据（现价美元）。幸福指数来自 Helliwell, Layard & Sachs 发布的"世界幸福报告 2019"（World Happiness Report 2019），本书第二章已经介绍过这一组数据（参见表 2.1）。需要指出的是，这里引用的数据只做参考，因为其制作者的立场、观点貌似公正客观，实则充满偏见。

14.3.1 法治指数

世界正义工程（World Justice Project，简称 WJP）的法治指数（rule of law index）是系统地、综合地量化世界各国的法治状况的国际指数。据 WJP 的官方主页介绍，世界正义工程是一个独立的跨学科组织，旨在提高世界的法治水平。该项目由 William H. Neukom 于 2006 年建立，随着一些战略合作伙伴的支持，该项目于 2009 年成为一个"独立的"、非营利组织，办公室设在美国华盛顿。同很多西方世界的非政府组织一样，WJP 发布的数据中也不无偏见，这是我们引用其数据时应注意的。

2016 年的法治指数（见表 14.1）基于 8 类成分，涵盖 44 个指标进行衡量。调查涵盖 113 个国家（地区）的 110000 个居民和 2700 位法律专家。世界正义工程（WJP）评价法治指数采取两项调查的数据，一项是综合人口民意调查（general population polls，GPPs），另一项是法律专业人士的调查（qualified respondents' questionnaires，QRQs）。

WJP 法治指数涵盖 8 个方面的成分，即限制政府权力、避免腐败、政府开放、基本权利、秩序与安全、监管实施、民事司法、刑事司法，每个成分包括一些细分指标。每一项指标的评价从 0～1，0 表示法治最差情形，1 表示法治最好情形。每一个国家（地区）的法治指数根据该国（地区）的受访者计算平均数得到。

表 14.1 WJP 发布的 2016 年全球法治指数

国家或地区	法治指数 2016	排名	限制政府权力	避免腐败	政府开放	基本权利	秩序与安全	监管实施	民事司法	刑事司法
丹麦	0.89	1	0.93	0.96	0.86	0.92	0.92	0.85	0.84	0.82
挪威	0.88	2	0.91	0.92	0.87	0.89	0.90	0.86	0.85	0.83
芬兰	0.87	3	0.89	0.92	0.85	0.92	0.93	0.83	0.80	0.85
瑞典	0.86	4	0.88	0.91	0.84	0.88	0.92	0.85	0.81	0.79
荷兰	0.86	5	0.89	0.88	0.85	0.86	0.85	0.88	0.88	0.80
德国	0.83	6	0.85	0.84	0.79	0.85	0.87	0.85	0.86	0.77
奥地利	0.83	7	0.86	0.84	0.75	0.88	0.90	0.80	0.80	0.83
新西兰	0.83	8	0.86	0.90	0.84	0.82	0.86	0.82	0.78	0.75
新加坡	0.82	9	0.75	0.93	0.67	0.69	0.93	0.90	0.85	0.83
英国	0.81	10	0.85	0.82	0.84	0.81	0.85	0.79	0.75	0.76
澳大利亚	0.81	11	0.83	0.83	0.78	0.81	0.87	0.82	0.77	0.75
加拿大	0.81	12	0.84	0.83	0.80	0.82	0.91	0.79	0.72	0.74
比利时	0.79	13	0.83	0.78	0.73	0.84	0.84	0.77	0.76	0.76
爱沙尼亚	0.79	14	0.80	0.78	0.81	0.80	0.85	0.78	0.77	0.70
日本	0.78	15	0.74	0.83	0.68	0.75	0.90	0.82	0.82	0.68
中国香港	0.77	16	0.70	0.85	0.66	0.70	0.89	0.80	0.77	0.80
捷克共和国	0.75	17	0.76	0.68	0.69	0.81	0.89	0.68	0.73	0.73
美国	0.74	18	0.81	0.73	0.78	0.75	0.80	0.71	0.65	0.68
韩国	0.73	19	0.68	0.65	0.68	0.70	0.83	0.75	0.81	0.71
乌拉圭	0.72	20	0.79	0.77	0.70	0.80	0.73	0.69	0.73	0.58
法国	0.72	21	0.77	0.74	0.77	0.75	0.63	0.72	0.71	0.65
波兰	0.71	22	0.68	0.73	0.72	0.74	0.85	0.62	0.66	0.69
葡萄牙	0.71	23	0.80	0.72	0.67	0.79	0.77	0.60	0.66	0.67
西班牙	0.70	24	0.70	0.69	0.68	0.77	0.79	0.67	0.65	0.63
哥斯达黎加	0.68	25	0.78	0.69	0.69	0.79	0.68	0.67	0.66	0.55
智利	0.68	26	0.73	0.70	0.72	0.75	0.68	0.66	0.64	0.58
斯洛文尼亚	0.67	27	0.61	0.60	0.66	0.77	0.83	0.62	0.64	0.66

（续上表）

国家或地区	法治指数2016	排名	限制政府权力	避免腐败	政府开放	基本权利	秩序与安全	监管实施	民事司法	刑事司法
巴巴多斯	0.67	28	0.66	0.70	0.52	0.79	0.78	0.61	0.68	0.61
安提瓜和巴布达	0.67	29	0.64	0.66	0.51	0.74	0.82	0.54	0.72	0.70
圣基茨和尼维斯	0.66	30	0.67	0.68	0.46	0.74	0.82	0.66	0.71	0.58
格林纳达	0.66	31	0.63	0.69	0.56	0.68	0.79	0.58	0.72	0.65
罗马尼亚	0.66	32	0.69	0.55	0.67	0.73	0.84	0.57	0.65	0.58
阿拉伯联合酋长国	0.66	33	0.61	0.80	0.39	0.46	0.89	0.68	0.68	0.74
格鲁吉亚	0.65	34	0.62	0.73	0.63	0.68	0.78	0.62	0.61	0.56
意大利	0.64	35	0.70	0.60	0.63	0.72	0.72	0.57	0.57	0.64
圣卢西亚	0.64	36	0.64	0.68	0.52	0.73	0.72	0.56	0.63	0.64
圣文森特和格林纳丁斯	0.61	37	0.57	0.67	0.49	0.71	0.75	0.54	0.56	0.62
巴哈马群岛	0.61	38	0.60	0.64	0.45	0.67	0.72	0.47	0.62	0.68
克罗地亚	0.61	39	0.60	0.57	0.59	0.69	0.82	0.50	0.53	0.54
多米尼加	0.60	40	0.57	0.65	0.50	0.68	0.75	0.52	0.61	0.56
希腊	0.60	41	0.64	0.55	0.57	0.65	0.75	0.56	0.57	0.51
约旦	0.59	42	0.53	0.66	0.43	0.50	0.79	0.58	0.63	0.59
南非	0.59	43	0.61	0.55	0.61	0.63	0.63	0.54	0.61	0.52
加纳	0.58	44	0.67	0.41	0.55	0.65	0.70	0.56	0.61	0.47
博茨瓦纳	0.58	45	0.55	0.62	0.49	0.51	0.71	0.59	0.62	0.52
塞内加尔	0.57	46	0.67	0.55	0.52	0.62	0.67	0.56	0.57	0.43
牙买加	0.57	47	0.64	0.55	0.58	0.63	0.64	0.54	0.54	0.45
特立尼达和多巴哥	0.57	48	0.62	0.54	0.55	0.61	0.67	0.54	0.61	0.40
匈牙利	0.57	49	0.46	0.51	0.52	0.62	0.86	0.51	0.52	0.54

（续上表）

国家或地区	法治指数2016	排名	限制政府权力	避免腐败	政府开放	基本权利	秩序与安全	监管实施	民事司法	刑事司法
波斯尼亚和黑塞哥维那	0.56	50	0.57	0.43	0.54	0.65	0.70	0.50	0.50	0.56
阿根廷	0.55	51	0.59	0.51	0.57	0.69	0.62	0.47	0.57	0.43
巴西	0.55	52	0.61	0.45	0.62	0.61	0.67	0.54	0.53	0.39
保加利亚	0.54	53	0.49	0.41	0.58	0.64	0.74	0.51	0.57	0.41
马其顿	0.54	54	0.43	0.50	0.56	0.54	0.74	0.47	0.56	0.51
蒙古	0.54	55	0.53	0.41	0.48	0.60	0.79	0.47	0.54	0.48
马来西亚	0.54	56	0.50	0.61	0.35	0.44	0.82	0.47	0.56	0.56
白俄罗斯	0.54	57	0.36	0.52	0.43	0.48	0.81	0.53	0.65	0.51
突尼斯	0.53	58	0.64	0.47	0.51	0.57	0.63	0.49	0.49	0.46
苏里南	0.53	59	0.52	0.56	0.45	0.53	0.64	0.47	0.51	0.54
摩洛哥	0.53	60	0.57	0.54	0.47	0.45	0.73	0.54	0.53	0.37
印度尼西亚	0.52	61	0.64	0.38	0.58	0.52	0.73	0.51	0.43	0.38
巴拿马	0.52	62	0.56	0.45	0.58	0.63	0.67	0.52	0.48	0.29
尼泊尔	0.52	63	0.63	0.38	0.54	0.53	0.74	0.48	0.41	0.44
泰国	0.51	64	0.47	0.47	0.52	0.47	0.70	0.50	0.53	0.45
秘鲁	0.51	65	0.63	0.36	0.56	0.64	0.64	0.50	0.44	0.34
印度	0.51	66	0.64	0.44	0.66	0.50	0.56	0.46	0.43	0.41
越南	0.51	67	0.49	0.45	0.43	0.54	0.79	0.43	0.47	0.50
斯里兰卡	0.51	68	0.53	0.45	0.48	0.52	0.68	0.50	0.42	0.49
马拉维	0.51	69	0.57	0.36	0.50	0.58	0.62	0.45	0.54	0.44
菲律宾	0.51	70	0.59	0.48	0.51	0.50	0.67	0.51	0.45	0.36
哥伦比亚	0.51	71	0.53	0.41	0.64	0.55	0.55	0.52	0.50	0.34
阿尔巴尼亚	0.50	72	0.53	0.33	0.45	0.60	0.75	0.44	0.48	0.46
哈萨克斯坦	0.50	73	0.44	0.43	0.48	0.45	0.76	0.50	0.55	0.41
塞尔维亚	0.50	74	0.46	0.41	0.56	0.58	0.73	0.46	0.46	0.34
萨尔瓦多	0.49	75	0.51	0.42	0.51	0.57	0.63	0.50	0.48	0.34

(续上表)

国家或地区	法治指数2016	排名	限制政府权力	避免腐败	政府开放	基本权利	秩序与安全	监管实施	民事司法	刑事司法
圭亚那	0.49	76	0.53	0.46	0.47	0.54	0.64	0.48	0.48	0.35
摩尔多瓦	0.49	77	0.43	0.28	0.58	0.58	0.81	0.41	0.46	0.38
乌克兰	0.49	78	0.45	0.36	0.55	0.63	0.65	0.40	0.47	0.40
布基纳法索	0.48	79	0.46	0.38	0.45	0.56	0.67	0.45	0.47	0.43
中国	0.48	80	0.38	0.52	0.44	0.32	0.76	0.45	0.52	0.47
赞比亚	0.48	81	0.50	0.40	0.43	0.45	0.67	0.45	0.50	0.42
伯利兹	0.47	82	0.45	0.48	0.45	0.51	0.70	0.43	0.47	0.32
吉尔吉斯斯坦	0.47	83	0.50	0.28	0.55	0.54	0.75	0.38	0.43	0.33
坦桑尼亚	0.47	84	0.52	0.39	0.39	0.48	0.64	0.42	0.50	0.41
多米尼加共和国	0.47	85	0.44	0.34	0.54	0.60	0.61	0.41	0.46	0.34
伊朗	0.47	86	0.44	0.48	0.34	0.29	0.72	0.50	0.55	0.43
科特迪瓦	0.46	87	0.45	0.38	0.37	0.45	0.71	0.49	0.51	0.37
墨西哥	0.46	88	0.47	0.32	0.61	0.51	0.61	0.44	0.41	0.29
黎巴嫩	0.46	89	0.51	0.36	0.43	0.51	0.64	0.41	0.48	0.31
马达加斯加岛	0.45	90	0.46	0.30	0.46	0.49	0.73	0.38	0.41	0.40
厄瓜多尔	0.45	91	0.39	0.42	0.45	0.51	0.60	0.46	0.44	0.36
俄罗斯	0.45	92	0.40	0.41	0.49	0.44	0.56	0.47	0.52	0.33
乌兹别克斯坦	0.45	93	0.30	0.33	0.31	0.36	0.91	0.45	0.51	0.44
利比里亚	0.45	94	0.56	0.26	0.48	0.56	0.61	0.41	0.45	0.26
塞拉利昂	0.45	95	0.52	0.30	0.40	0.57	0.66	0.35	0.40	0.36
尼日利亚	0.44	96	0.54	0.30	0.43	0.46	0.48	0.43	0.48	0.42
危地马拉	0.44	97	0.53	0.34	0.49	0.55	0.59	0.39	0.33	0.29
缅甸	0.43	98	0.50	0.44	0.33	0.30	0.73	0.44	0.42	0.32
土耳其	0.43	99	0.32	0.48	0.42	0.34	0.59	0.44	0.46	0.40
肯尼亚	0.43	100	0.50	0.26	0.49	0.47	0.51	0.43	0.43	0.35
尼加拉瓜	0.42	101	0.32	0.37	0.41	0.45	0.66	0.46	0.37	0.32

(续上表)

国家或地区	法治指数2016	排名	限制政府权力	避免腐败	政府开放	基本权利	秩序与安全	监管实施	民事司法	刑事司法
洪都拉斯	0.42	102	0.44	0.36	0.46	0.44	0.56	0.41	0.43	0.25
孟加拉国	0.41	103	0.43	0.34	0.45	0.34	0.58	0.40	0.39	0.33
玻利维亚	0.40	104	0.39	0.29	0.44	0.50	0.58	0.43	0.35	0.24
乌干达	0.39	105	0.40	0.27	0.39	0.39	0.56	0.37	0.42	0.34
巴基斯坦	0.38	106	0.52	0.33	0.46	0.39	0.29	0.34	0.37	0.38
埃塞俄比亚	0.38	107	0.35	0.44	0.27	0.29	0.67	0.31	0.37	0.33
津巴布韦	0.37	108	0.26	0.29	0.30	0.28	0.67	0.35	0.46	0.36
喀麦隆	0.37	109	0.41	0.24	0.35	0.43	0.47	0.38	0.35	0.30
埃及	0.37	110	0.31	0.45	0.29	0.29	0.49	0.33	0.38	0.43
阿富汗	0.35	111	0.43	0.23	0.40	0.40	0.34	0.36	0.34	0.38
柬埔寨	0.33	112	0.31	0.24	0.24	0.39	0.65	0.28	0.19	0.30
委内瑞拉	0.28	113	0.18	0.25	0.32	0.33	0.48	0.21	0.29	0.13

14.3.2 腐败感知指数

腐败感知指数（Corruption Perception Index，CPI）是透明国际（Transparency International，简称 TI，全球著名非营利性反贪污组织）发布的反映各国公共部门清廉状况的指数。透明国际于 1993 年由德国人彼得·艾根（Peter Eigen）创办，是一个非政府、非营利、国际性民间组织，总部设在德国柏林，以推动全球反腐败运动为己任。从 1995 年起，透明国际每年制定和公布腐败感知指数。

腐败感知指数是一个衡量世界不同国家公共部门腐败感知的合成指数，腐败感知指数基于一些可获得的数据库，这些不同的数据库都有关于腐败感知的测度。选取数据库的准则包括：其一，具有公信力的研究机构提供可靠的数据收集和方法；其二，数据强调公共部门的腐败；其三，数据有足够的区分度；其四，衡量指标具有跨国可比性；其五，年度数据库具有可持续性。2015 年腐败感知指数收集了 12 个独立研究机构在过去两年发布的有关腐败观察的数据，这些机构包括透明国际、世界银行、世界经济论坛、世界正义工程、经济学人智库、非洲开发银行、贝塔斯曼基金会、政治和经济风险顾问公司、政治风险服务集团、环球透视、自由之家、IMD 世界竞争力中心。

腐败感知指数对不同数据库的数据进行标准化处理，使得不同数据源可加总、可比较。每项数据源标准化处理时，将样本值减均值除以标准差，得到一个均值为 0，标准差为 1 的 Z 值，再把这些 Z 值通过公式转化成 0～100 的值，均值约为 45，标准差约为 20。任何一个国家至少要有三个数据来源，在上述数据转化的基础上，再计算三个数据源的平均值，四舍五入成整数（0～100 分），0 分为高度腐败，100 分为没有腐败。

2015 年的腐败感知指数收录了 168 个国家和地区，有超过三分之二的国家和地区得分低于 50 分，丹麦名列榜首，朝鲜和索马里双双垫底，各得 8 分。透明国际指出，清廉程度高的国家/地区具有这些共同的特点：高度的新闻自由；公开的预算信息，以便公众了解资金的来源及其使用情况；当权者高度廉洁；法律面前人人平等，司法真正独立于政府其他部门。除了冲突和战争之外，治理不彰、警察和司法机关等公共机构薄弱、媒体缺乏独立性是排名垫底国家/地区的普遍特征。这个清廉指数的制定是基于专家对公共机构清廉程度的评价。每一个国家/地区要提高其得分，就应该提高其政府的公开程度，让其领导人对公众负责；而贿赂成风、对腐败官员不加惩戒、公共机构对公民的需求不闻不问就会导致低分。2015 年各国（地区）的腐败感知指数和排名如表 14.2 所示。

表 14.2　2015 年全球腐败感知指数

排名	CPI 得分	国家或地区	排名	CPI 得分	国家或地区
1	91	丹麦	13	79	澳大利亚
2	90	芬兰	13	79	冰岛
3	89	瑞典	15	77	比利时
4	88	新西兰	16	76	奥地利
5	87	荷兰	16	76	美国
5	87	挪威	18	75	中国香港
7	86	瑞士	18	75	爱尔兰
8	85	新加坡	18	75	日本
9	83	加拿大	21	74	乌拉圭
10	81	德国	22	71	卡塔尔
10	81	卢森堡	23	70	智利
10	81	英国	23	70	爱沙尼亚

（续上表）

排名	CPI 得分	国家或地区	排名	CPI 得分	国家或地区
23	70	法国	54	50	马来西亚
23	70	阿拉伯联合酋长国	55	49	科威特
27	65	不丹	56	47	古巴
28	63	博茨瓦纳	56	47	加纳
28	63	葡萄牙	58	46	希腊
30	62	波兰	58	46	罗马尼亚
30	62	中国台湾	60	45	阿曼
32	61	塞浦路斯	61	44	意大利
32	61	以色列	61	44	莱索托
32	61	立陶宛	61	44	黑山共和国
35	60	斯洛文尼亚	61	44	塞内加尔
36	58	西班牙	61	44	南非
37	56	捷克共和国	66	42	圣多美和普林西比
37	56	韩国	66	42	马其顿王国
37	56	马耳他	66	42	土耳其
40	55	佛得角	69	41	保加利亚
40	55	哥斯达黎加	69	41	牙买加
40	55	拉脱维亚	71	40	塞尔维亚
40	55	塞舌尔	72	39	萨尔瓦多
44	54	卢旺达	72	39	蒙古
45	53	约旦	72	39	巴拿马
45	53	毛里求斯	72	39	特立尼达和多巴哥
45	53	纳米比亚	76	38	波斯尼亚和黑塞哥维那
48	52	格鲁吉亚	76	38	巴西
48	52	沙特阿拉伯	76	38	布基纳法索
50	51	巴林	76	38	印度
50	51	克罗地亚	76	38	泰国
50	51	匈牙利	76	38	突尼斯
50	51	斯洛伐克			

（续上表）

排名	CPI 得分	国家或地区	排名	CPI 得分	国家或地区
76	38	赞比亚	107	32	多哥
83	37	贝宁	112	31	洪都拉斯
83	37	中国	112	31	马拉维
83	37	哥伦比亚	112	31	毛里塔尼亚
83	37	利比里亚	112	31	莫桑比克
83	37	斯里兰卡	112	31	越南
88	36	阿尔巴尼亚	117	30	巴基斯坦
88	36	阿尔及利亚	117	30	坦桑尼亚
88	36	埃及	119	29	阿塞拜疆
88	36	印度尼西亚	119	29	圭亚那
88	36	摩洛哥	119	29	俄罗斯
88	36	秘鲁	119	29	塞拉利昂
88	36	苏里南	123	28	冈比亚
95	35	亚美尼亚	123	28	危地马拉
95	35	马里	123	28	哈萨克斯坦
95	35	墨西哥	123	28	吉尔吉斯斯坦
95	35	菲律宾	123	28	黎巴嫩
99	34	玻利维亚	123	28	马达加斯加岛
99	34	吉布提	123	28	东帝汶
99	34	加蓬	130	27	喀麦隆
99	34	尼日尔	130	27	伊朗
103	33	多米尼加共和国	130	27	尼泊尔
103	33	埃塞俄比亚	130	27	尼加拉瓜
103	33	科索沃	130	27	巴拉圭
103	33	摩尔多瓦	130	27	乌克兰
107	32	阿根廷	136	26	科摩罗
107	32	白俄罗斯	136	26	尼日利亚
107	32	科特迪瓦	136	26	塔吉克斯坦
107	32	厄瓜多尔	139	25	孟加拉国

(续上表)

排名	CPI 得分	国家或地区	排名	CPI 得分	国家或地区
139	25	几内亚	154	18	叙利亚
139	25	肯尼亚	154	18	土库曼斯坦
139	25	老挝	154	18	也门
139	25	巴布亚新几内亚	158	17	海地
139	25	乌干达	158	17	几内亚比绍
145	24	中非共和国	158	17	委内瑞拉
146	23	刚果共和国	161	16	伊拉克
147	22	乍得	161	16	利比亚
147	22	刚果共和国	163	15	安哥拉
147	22	缅甸	163	15	南苏丹
150	21	布隆迪	165	12	苏丹
150	21	柬埔寨	166	11	阿富汗
150	21	津巴布韦	167	8	朝鲜
153	19	乌兹别克斯坦	167	8	索马里
154	18	厄立特里亚			

14.3.3 民主指数

民主指数（democracy index）是英国经济学家智库（The Economist Intelligence Unit）编制的反映世界上大多数国家和地区民主程度的指数。民主指数首次推出的是民主指数2006。

英国经济学家智库（2015）认为，怎样定义和衡量民主并没有一致的观点。Dahl（1970）把民主视为多数人的政治（Polyarchy）：几乎所有成年公民有投票权；几乎所有成年公民有资格参与公职；政治领袖有权竞争选票；选举自由、公正；所有公民有权加入政治党派和其他组织，所有公民有权表达对所有政治议题的意见；存在关于政治的不同信息来源且受法律保护；政府政策依靠投票和其他的偏好表达。虽然自由和民主常常交替使用，两者并不同义，民主可视为一套实施原则，制度化地保护自由。大部分人认可民主的一些基本特征：主权在民，政府经多数原则产生；存在自由公正的选举；保护少数人群的权利；尊重基本人权；法律面前人人平等、应循的程序以及政治多元化。

英国经济学家智库的民主指数评价基于五类指标:选举过程与多元化、公民自由、政府运作、政治参与、政治文化。英国经济学家智库认为,自由、公平、竞争性的选举,令人满意的政治自由是民主社会的基本前提。公民自由对民主社会至关重要,学术界称之为自由主义民主,保护基本人权的原则广为接受。所有的民主社会,公民自由地根据多数准则做出政治决定,但是,多数决定的统治不一定是民主,在民主社会,多数人决定的统治必须与保证个体的人权和少数人的权利结合在一起。民主也应该包括政府运行的质量,如果民主产生的决策不能很好地实施,民主的概念也就没什么意义。民主社会也离不开民主的政治文化,那种被动的、冷漠的、服从的、温顺的市民组成的政治文化与民主并不一致,民主的政治文化主张选举各方接受选举结果,确保权力平稳过渡。政治参与是民主的必要成分,冷漠和弃权是民主的敌人,健康的民主需要活跃的、自由的公民参与,当公民愿意参与到公共争论、选举代表、加入政党或其他政治组织或协会,民主就走向繁荣。经济和社会福利对民主过程也大有裨益,物质和精神条件也会影响到民主进程。

经济学家智库的民主指数评价从 0~10,对 5 个大类 60 个指标进行评分,每一类评分从 0~10,根据该类的各个指标评分计算而成;5 个大类得分的简单平均构成民主指数。经济学家智库的民主指数对指标进行评分时,采取二元模式和三元模式相结合,一些问题的回答是二元选项,1 表示同意,0 表示不同意。一些问题采用三元选项,除了 1 表示同意,0 表示不同意之外,还引入 0.5,表示同意和不同意都不太合适的灰色地带(grey areas)。评价主体除了专家评价外,也使用公共调查,主要是采用世界价值观调查(World Values Survey)中相同问题的数据。表 14.3 列出了按上述方式得出的 2015 年全球各国家和地区的民主指数;当然,该数据也充满了偏见。

表 14.3 英国经济学家智库得出的 2015 年全球民主指数

国家或地区	排名	总得分	选举过程与多元化	政府运行	政治参与	政治文化	公民自由
挪威	1	9.93	10.00	9.64	10.00	10.00	10.00
冰岛	2	9.58	10.00	9.29	8.89	10.00	9.71
瑞典	3	9.45	9.58	9.64	8.33	10.00	9.71
新西兰	4	9.26	10.00	9.29	8.89	8.13	10.00

（续上表）

国家或地区	排名	总得分	选举过程与多元化	政府运行	政治参与	政治文化	公民自由
丹麦	5	9.11	9.17	9.29	8.33	9.38	9.41
瑞士	6	9.09	9.58	9.29	7.78	9.38	9.41
加拿大	7	9.08	9.58	9.29	7.78	8.75	10.00
芬兰	8	9.03	10.00	8.93	7.78	8.75	9.71
澳大利亚	9	9.01	9.58	8.93	7.78	8.75	10.00
荷兰	10	8.92	9.58	8.57	8.89	8.13	9.41
卢森堡	11	8.88	10.00	9.29	6.67	8.75	9.71
爱尔兰	12	8.85	9.58	7.50	7.78	9.38	10.00
德国	13	8.64	9.58	8.57	7.78	8.13	9.12
奥地利	14	8.54	9.58	7.86	8.33	7.50	9.41
马耳他	15	8.39	9.17	8.21	6.11	8.75	9.71
英国	16	8.31	9.58	7.14	6.67	8.75	9.41
西班牙	17	8.30	9.58	7.14	7.22	8.13	9.41
毛里求斯	18	8.28	9.17	8.21	5.56	8.75	9.71
乌拉圭	19	8.17	10.00	8.93	4.44	7.50	10.00
美国	20	8.05	9.17	7.50	7.22	8.13	8.24
意大利	21	7.98	9.58	6.43	7.22	8.13	8.53
韩国	22	7.97	8.75	7.86	7.22	7.50	8.53
日本	23	7.96	9.17	8.21	6.11	7.50	8.82
哥斯达黎加	23	7.96	9.58	7.50	6.11	6.88	9.71
捷克共和国	25	7.94	9.58	7.14	6.67	6.88	9.41
比利时	26	7.93	9.58	8.21	5.56	6.88	9.41
法国	27	7.92	9.58	7.14	7.78	6.25	8.82
博茨瓦纳	28	7.87	9.17	7.14	6.11	7.50	9.41
爱沙尼亚	29	7.85	9.58	7.86	6.11	6.88	8.82
智利	30	7.84	9.58	8.57	4.44	6.88	9.71
中国台湾	31	7.83	9.58	7.86	6.67	5.63	9.41
佛得角	32	7.81	9.17	7.86	6.67	6.25	9.12

（续上表）

国家或地区	排名	总得分	选举过程与多元化	政府运行	政治参与	政治文化	公民自由
葡萄牙	33	7.79	9.58	6.43	6.67	6.88	9.41
以色列	34	7.77	9.17	7.14	8.89	7.50	6.18
印度	35	7.74	9.58	7.14	7.22	5.63	9.12
斯洛文尼亚	36	7.57	9.58	7.14	6.67	5.63	8.82
南非	37	7.56	8.33	8.21	8.33	5.00	7.94
立陶宛	38	7.54	9.58	6.07	6.11	6.25	9.71
塞浦路斯	39	7.53	9.17	6.43	6.67	6.25	9.12
希腊	40	7.45	9.58	5.36	6.67	6.25	9.41
牙买加	41	7.39	9.17	6.79	5.00	6.88	9.12
拉脱维亚	42	7.37	9.58	5.71	5.56	6.88	9.12
斯洛伐克	43	7.29	9.58	7.50	5.56	5.00	8.82
东帝汶	44	7.24	8.67	7.14	5.56	6.88	7.94
巴拿马	45	7.19	9.58	6.43	6.11	5.00	8.82
保加利亚	46	7.14	9.17	6.07	7.22	5.00	8.24
特立尼达和多巴哥	47	7.10	9.58	7.14	5.56	5.00	8.24
波兰	48	7.09	9.58	5.71	6.67	4.38	9.12
印度尼西亚	49	7.03	7.75	7.14	6.67	6.25	7.35
阿根廷	50	7.02	9.17	5.00	6.11	6.88	7.94
巴西	51	6.96	9.58	6.79	5.56	3.75	9.12
克罗地亚	52	6.93	9.17	6.07	5.56	5.63	8.24
加纳	53	6.86	8.33	5.71	6.67	6.25	7.35
菲律宾	54	6.84	8.33	5.71	6.67	4.38	9.12
匈牙利	54	6.84	9.17	6.07	4.44	6.88	7.65
苏里南	56	6.77	9.17	6.43	5.00	5.00	8.24
突尼斯	57	6.72	7.00	6.07	7.78	6.88	5.88
塞尔维亚	58	6.71	9.17	5.36	6.67	5.00	7.35
罗马尼亚	59	6.68	9.17	5.71	5.00	5.00	8.53
多米尼加共和国	60	6.67	8.75	5.71	5.00	6.25	7.65

(续上表)

国家或地区	排名	总得分	选举过程与多元化	政府运行	政治参与	政治文化	公民自由
萨尔瓦多	61	6.64	9.17	6.07	4.44	5.00	8.53
蒙古	62	6.62	9.17	5.71	5.00	5.00	8.24
哥伦比亚	62	6.62	9.17	7.14	3.89	4.38	8.53
莱索托	64	6.59	8.25	5.36	6.67	5.63	7.06
秘鲁	65	6.58	9.17	5.00	6.11	4.38	8.24
墨西哥	66	6.55	8.33	6.07	7.22	4.38	6.76
中国香港	67	6.50	4.33	5.71	5.56	7.50	9.41
马来西亚	68	6.43	6.92	7.86	5.56	6.25	5.59
斯里兰卡	69	6.42	7.83	6.79	5.00	6.88	5.59
摩尔多瓦	70	6.35	7.92	4.29	6.67	4.38	8.53
巴拉圭	71	6.33	8.33	5.71	5.00	4.38	8.24
纳米比亚	72	6.31	5.67	5.36	6.67	5.63	8.24
赞比亚	73	6.28	7.92	5.36	3.89	6.88	7.35
新加坡	74	6.14	4.33	7.50	5.56	6.25	7.06
塞内加尔	75	6.08	7.92	5.36	4.44	5.63	7.06
圭亚那	76	6.05	7.92	5.36	5.56	4.38	7.06
巴布亚新几内亚	77	6.03	6.92	6.07	3.89	5.63	7.65
马其顿	78	6.02	7.33	4.64	6.11	4.38	7.65
黑山共和国	79	6.01	7.92	5.71	5.00	4.38	7.06
危地马拉	80	5.92	7.92	6.07	3.89	4.38	7.35
阿尔巴尼亚	81	5.91	7.00	4.36	5.56	5.00	7.65
格鲁吉亚	82	5.88	8.67	4.29	5.56	5.00	5.88
厄瓜多尔	83	5.87	8.25	4.64	5.00	4.38	7.06
洪都拉斯	84	5.84	8.75	5.71	3.89	4.38	6.47
玻利维亚	85	5.75	7.00	5.36	5.00	3.75	7.65
孟加拉国	86	5.73	7.42	5.07	5.00	4.38	6.76
贝宁	87	5.72	6.92	5.71	4.44	5.63	5.88
乌克兰	88	5.70	5.83	3.93	6.67	5.00	7.06

（续上表）

国家或地区	排名	总得分	选举过程与多元化	政府运行	政治参与	政治文化	公民自由
马里	88	5.70	7.42	3.93	4.44	6.25	6.47
斐济	90	5.69	4.58	5.71	6.67	5.63	5.88
坦桑尼亚	91	5.58	7.00	5.00	5.00	5.63	5.29
马拉维	92	5.55	6.58	4.29	4.44	6.25	6.18
吉尔吉斯共和国	=93	5.33	7.83	3.29	5.56	5.00	5.00
肯尼亚	=93	5.33	4.33	5.00	6.67	5.63	5.00
尼加拉瓜	95	5.26	6.17	3.29	4.44	5.63	6.76
乌干达	96	5.22	5.67	3.57	4.44	6.25	6.18
土耳其	97	5.12	6.67	5.36	5.00	5.63	2.94
泰国	98	5.09	4.50	3.93	5.56	5.00	6.47
委内瑞拉	99	5.00	6.08	3.93	5.00	4.38	5.59
利比里亚	100	4.95	7.83	0.79	5.56	5.00	5.59
不丹	101	4.93	8.33	5.36	2.78	4.38	3.82
黎巴嫩	102	4.86	4.42	2.14	7.78	4.38	5.59
马达加斯加岛	103	4.85	5.50	2.86	5.56	5.63	4.71
波斯尼亚和黑塞哥维那	104	4.83	6.50	2.93	3.89	4.38	6.47
尼泊尔	105	4.77	3.92	4.29	4.44	5.63	5.59
布基纳法索	106	4.70	4.42	4.29	4.44	5.63	4.71
摩洛哥	107	4.66	4.75	4.64	3.89	5.63	4.41
尼日利亚	108	4.62	6.08	4.29	3.33	5.00	4.41
莫桑比克	109	4.60	4.42	3.57	5.56	5.63	3.82
巴勒斯坦	110	4.57	4.75	2.14	7.78	4.38	3.82
塞拉利昂	111	4.55	6.58	1.86	2.78	6.25	5.29
巴基斯坦	112	4.40	6.00	5.71	2.78	2.50	5.00
柬埔寨	113	4.27	3.17	5.71	3.33	5.00	4.12
缅甸	114	4.14	3.17	3.57	4.44	6.88	2.65
伊拉克	115	4.08	4.33	0.07	7.22	4.38	4.41
亚美尼亚	116	4.00	4.33	2.86	4.44	2.50	5.88

（续上表）

国家或地区	排名	总得分	选举过程与多元化	政府运行	政治参与	政治文化	公民自由
毛里塔尼亚	117	3.96	3.00	4.29	5.00	3.13	4.41
阿尔及利亚	118	3.95	3.00	2.21	3.89	6.25	4.41
海地	119	3.94	4.75	2.21	2.22	3.75	6.76
约旦	120	3.86	3.58	3.93	3.89	4.38	3.53
科威特	121	3.85	3.17	4.29	3.89	4.38	3.53
尼日尔	121	3.85	6.25	1.14	2.78	4.38	4.71
埃塞俄比亚	123	3.83	0.00	3.57	6.11	5.63	3.82
加蓬	124	3.76	3.00	2.21	4.44	5.00	4.12
科摩罗	125	3.71	4.33	2.21	4.44	3.75	3.82
喀麦隆	126	3.66	2.00	3.57	3.89	5.00	3.82
白俄罗斯	127	3.62	1.75	3.57	3.89	6.25	2.65
越南	128	3.53	0.00	3.93	3.89	6.88	2.94
古巴	129	3.52	1.75	4.64	3.89	4.38	2.94
多哥	130	3.41	4.00	1.14	2.78	5.00	4.12
安哥拉	131	3.35	0.92	3.21	5.00	4.38	3.24
科特迪瓦	132	3.31	0.00	3.21	3.89	5.63	3.82
俄罗斯	132	3.31	2.67	2.86	5.00	2.50	3.53
埃及	134	3.18	3.00	2.86	3.33	3.75	2.94
卡塔尔	134	3.18	0.00	3.93	2.22	5.63	4.12
几内亚	136	3.14	3.50	0.43	4.44	4.38	2.94
中国	136	3.14	0.00	4.64	3.33	6.25	1.47
斯威士兰	138	3.09	0.92	2.86	2.22	5.63	3.82
卢旺达	139	3.07	0.83	5.00	2.22	4.38	2.94
哈萨克斯坦	140	3.06	0.50	2.14	4.44	4.38	3.82
津巴布韦	141	3.05	0.50	2.00	3.89	5.63	3.24
阿曼	142	3.04	0.00	3.93	2.78	4.38	4.12
冈比亚	143	2.97	1.33	3.93	2.22	5.00	2.35
刚果共和国	144	2.91	1.67	2.86	3.33	3.75	2.94

（续上表）

国家或地区	排名	总得分	选举过程与多元化	政府运行	政治参与	政治文化	公民自由
吉布提	145	2.90	0.42	2.50	3.33	5.63	2.65
巴林	146	2.79	1.25	3.21	2.78	4.38	2.35
阿富汗	147	2.77	2.50	1.14	3.89	2.50	3.82
阿拉伯联合酋长国	148	2.75	0.00	3.57	2.22	5.00	2.94
阿塞拜疆	149	2.71	0.50	2.14	3.33	3.75	3.82
布隆迪	150	2.49	0.50	0.43	3.89	5.00	2.65
苏丹	151	2.37	0.00	1.79	3.89	5.00	1.18
厄立特里亚	151	2.37	0.00	2.14	1.67	6.88	1.18
利比亚	153	2.25	1.00	0.00	1.67	5.63	2.94
也门	154	2.24	0.50	0.36	4.44	5.00	0.88
老挝	155	2.21	0.00	3.21	1.67	5.00	1.18
伊朗	156	2.16	0.00	2.86	3.33	3.13	1.47
刚果	157	2.11	0.92	0.71	2.78	4.38	1.76
乌兹别克斯坦	158	1.95	0.08	1.86	2.22	5.00	0.59
塔吉克斯坦	158	1.95	0.58	0.07	1.67	6.25	1.18
几内亚比绍	160	1.93	1.67	0.00	2.78	3.13	2.06
沙特阿拉伯	160	1.93	0.00	2.86	2.22	3.13	1.47
土库曼斯坦	162	1.83	0.00	0.79	2.78	5.00	0.59
赤道几内亚	163	1.77	0.00	0.79	2.22	4.38	1.47
中非共和国	164	1.57	1.33	0.00	1.67	2.50	2.35
乍得	165	1.50	0.00	0.00	1.11	3.75	2.65
叙利亚	166	1.43	0.00	0.00	2.78	4.38	0.00
朝鲜	167	1.08	0.00	2.50	1.67	1.25	0.00

14.3.4　经济自由度指数

经济自由度指数（Index of Economic Freedom）是由《华尔街日报》和美国遗产基金会（The Heritage Foundation）发布的年度报告，涵盖全球绝大部分国家和地区，是衡量国家和地区的经济自由度指标——当然也是充满歧视和偏见的指标。经济自由是经济主体追求生计时的活动自主性。每个人有权力通过自由选择追求他们的梦想，且控制他的劳动和创造的成果。政府的决策开放透明。个体有平等或非歧视的机会，成功或失败取决于自身的能力和努力。人们的经济决策充分分散，在自由、开放市场中配置资源，公平竞争。

经济自由指数始于1995年，22年的跟踪数据显示，可持续的繁荣是坚持保证有限政府、强有力的私有产权、对全球贸易和金融流动的开放以及合理管制的结果。Hayek（1944）认为，为了个体自由的政策是唯一真正进步的政策。一个社会把平等置于自由前面，结果得到的既不是平等，也不是自由；使用力量去获得平等会破坏自由，为了好的目标去使用力量，结果是行使力量的人促进了他们自己的利益。

衡量经济自由度指数包括4大类10个方面的指标，分别是法治（产权保护、免于腐败）、政府规模（财务自由、政府支出）、管制效率（商业自由、劳动力自由、货币自由）、市场开放（贸易自由、投资自由、金融自由）。

产权保护：承认私有产权，有效的法治保护私有产权，独立、透明、负责任、高效的司法系统保护契约实施。根据以下准则评分：政府保证私有产权，法律系统实施契约有效而迅速，司法系统惩罚非法侵犯私有产权者，没有腐败或征用。

腐败：贿赂、勒索、贪污、裙带关系、任人唯亲等腐败行为导致不安全和不确定，加重商业负担，增加交易成本，资源和能源从生产性活动转移到寻租活动。政府管制的公开性、透明性可以减少腐败。这项评分来自透明国际的腐败感知指数。

财务自由：个人和企业自己支配收入和财富。政府征收高税收加重个人和企业负担，减少经济行为的激励。根据三项指标评价财务自由：个人收入的边际税率、公司收入的边际税率、总税收占GDP的比重。权重各占三分之一。

政府支出：高政府支出建立在高税收和债务的基础之上，动用了私人消费和投资的资源，过多的政府支出挤出了私人经济活动。根据总的政府支出（包括各级政府）进行评价。

商业自由：个体有建立、经营企业活动的权利，没有过多的政府干预。开创注册一家新公司的容易性，政府规制对公司决策的干预性，稳定、透明的规制政策。使用世界银行的商业环境指数（World Bank：Doing Business Report），包括下列指标：开创一个公司需要的程序数、时间、成本、最小资本。获得一个执照所需要的程序数、时间、成本。关闭一个公司需要的时间、成本，重新开张的成本。得到电力供应需要的程序数、时间和成本。

劳动力自由：个体自由寻找就业机会和工作，工商业自由地雇用或解雇劳动力。自由契约的劳动力市场，减少劳动力市场的刚性规制。根据七项指标进行评价：最低工资对单位工人增加值的比重、雇用一个员工的阻碍、工时刚性、解雇多余员工的困难、法律规定的告知期限、强制性的解雇费、劳动力参与率。数据主要来自世界银行的商业环境指数。

货币自由：货币稳定，利率市场化，货币政策抑制通货膨胀，独立的中央银行。根据两个子指标进行评价：最近三年的平均通货膨胀率；价格控制。

贸易自由：国际、国内开放、自由贸易。减少贸易限制，如关税、出口税、贸易配额、贸易禁令等。根据两个子指标进行评价：贸易加权的平均关税率（The trade-weighted average tariff rate）；非关税壁垒（Non-tariff barriers，NTBs），如数量限制、价格限制、管制限制、海关限制、直接政府干预。

投资自由：自由开放的投资环境，透明、平等的投资机会，鼓励创新和竞争，资本流向最需要和回报最高的环节。根据以下因素评分：对外国投资的国民待遇、外国投资的法律完善情况、对土地所有权的限制、对投资部门的限制、外汇控制、资本控制。

金融自由：可获得高效的正式金融体系，实现多样化的储蓄、信贷、支付、投资服务。市场透明、信息完整、诚实、明智、有效的监管系统。根据以下五个子指标进行评价：对金融服务的政府管制程度、国家通过直接和间接的所有权干预银行或其他金融公司的程度、政府影响信贷配置、金融和资本市场发展程度、对外国竞争者开放程度。

《华尔街日报》和美国遗产基金会发布了2016年的经济自由度指数，涵盖178个国家和地区。每个国家或地区的经济自由度总得分、排名，以及10项子指标的得分见表14.4。

表 14.4 《华尔街日报》和美国遗产基金会发布的 2016 年全球经济自由度指数

国家或地区	世界排名	2016年经济自由度	产权保护	免于腐败	财务自由	政府支出	商业自由	劳动力自由	货币自由	贸易自由	投资自由	金融自由
中国香港	1	88.6	90.0	74.0	92.6	90.7	97.4	89.0	81.8	90	90	90
新加坡	2	87.8	90.0	84.0	91.2	90.1	95	90.7	81.8	90	85	80
新西兰	3	81.6	95.0	91.0	71.0	46.0	91.4	85.9	88.1	87.2	80	80
瑞士	4	81.0	90.0	86.0	70.9	66.3	82.2	72.1	87.8	90	85	80
澳大利亚	5	80.3	90.0	80.0	63.2	62.0	89.4	77.2	85.2	86.4	80	90
加拿大	6	78.0	90.0	81.0	80.0	50.4	81.8	72.6	76.9	87	80	80
智利	7	77.7	85.0	73.0	74.8	83.1	72.1	64.3	82.9	86.4	85	70
爱尔兰	8	77.3	90.0	74.0	73.6	50.3	79.6	72.1	85.5	88	90	70
爱沙尼亚	9	77.2	90.0	69.0	81.9	54.9	79	57.2	82.2	88	90	80
英国	10	76.4	90.0	78.0	64.9	39.0	86	71.8	76.4	88	90	80
美国	11	75.4	80.0	74.0	65.6	54.7	84.7	91.4	77.0	87	70	70
丹麦	12	75.3	95.0	92.0	39.5	2.3	95.4	86.0	84.4	88	90	90
立陶宛	13	75.2	65.0	58.0	92.9	63.8	80	60.0	84.6	88	80	80
中国台湾	14	74.7	70.0	61.0	76.1	88.7	93.2	53.8	83.2	86.4	75	60
毛里求斯	15	74.7	60.0	54.0	92.0	81.5	77.5	65.0	78.7	88.6	80	70
荷兰	16	74.6	90.0	83.0	52.7	34.4	80	64.0	83.4	88	90	80
德国	17	74.4	90.0	79.0	61.5	41.3	90	50.6	83.3	88	90	70
巴林	18	74.3	60.0	49.0	99.9	75.4	71.9	79.1	74.6	82.6	70	80
卢森堡	19	73.9	90.0	82.0	61.1	43.0	73.7	42.6	83.2	88	95	80
冰岛	20	73.3	90.0	79.0	73.3	42.1	90.1	61.6	79.5	87.8	70	60
捷克共和国	21	73.2	75.0	51.0	82.5	47.3	66.6	77.7	84.1	88	80	80
日本	22	73.1	80.0	76.0	68.5	46.2	82.5	83.9	81.2	82.6	70	60
格鲁吉亚	23	72.6	40.0	52.0	87.6	75.3	86.5	75.7	80.5	88.6	80	60
芬兰	24	72.6	90.0	89.0	66.5	0.8	90.7	53.7	81.9	88	85	80
阿拉伯联合共和国	25	72.6	55.0	70.0	95.0	76.1	79.6	80.7	81.3	82.8	45	60

(续上表)

国家或地区	世界排名	2016年经济自由度	产权保护	免于腐败	财务自由	政府支出	商业自由	劳动力自由	货币自由	贸易自由	投资自由	金融自由
瑞典	26	72.0	90.0	87.0	44.4	14.9	89.7	53.5	87.1	88	85	80
韩国	27	71.7	70.0	55.0	73.8	69.7	91.1	50.6	82.6	74.6	70	80
奥地利	28	71.7	90.0	72.0	50.7	22.4	79.4	72.5	81.7	88	90	70
马来西亚	29	71.5	55.0	52.0	85.0	74.3	91.5	71.5	84.5	81.4	60	60
博茨瓦纳	30	71.1	70.0	63.0	79.1	68.4	66.4	68.5	76.3	84	65	70
巴哈马群岛	31	70.9	70.0	71.0	97.9	84.3	70.7	72.8	78.5	64	40	60
挪威	32	70.8	90.0	86.0	53.2	41.8	89.6	48.5	76.2	87.8	75	60
哥伦比亚	33	70.8	50.0	37.0	80.1	74.4	78.2	77.6	79.6	81	80	70
卡塔尔	34	70.7	65.0	69.0	99.7	70.4	71.4	70.7	74.1	81.8	45	60
以色列	35	70.7	75.0	60.0	60.6	48.8	70.6	64.6	84.2	88.2	85	70
拉脱维亚	36	70.4	50.0	55.0	84.8	58.4	78.6	59.5	84.8	88	85	60
中国澳门	37	70.1	60.0	49.7	73.1	93.9	60	50.0	69.6	90	85	70
圣露西亚	38	70.0	70.0	71.0	76.9	70.6	77.6	76.2	80.3	72	65	40
波兰	39	69.3	65.0	61.0	75.5	46.5	68.7	58.0	85.2	88	75	70
圣文森特和格林纳丁斯	40	68.8	70.0	67.0	73.8	69.7	77.6	74.5	85.3	65.4	65	40
乌拉圭	41	68.8	70.0	73.0	77.2	67.6	75.3	62.5	71.3	80.6	80	30
塞浦路斯	42	68.7	70.0	63.0	76.1	47.3	74.5	58.2	85.3	88	75	50
西班牙	43	68.5	70.0	60.0	58.3	41.1	76	51.7	84.7	88	85	70
比利时	44	68.4	80.0	76.0	44.2	11.0	85.4	60.5	84.0	88	85	70
巴巴多斯	45	68.3	80.0	74.0	75.8	37.6	70.2	67.3	80.8	62.2	75	60
约旦	46	68.3	60.0	49.0	91.7	62.0	64.9	68.4	83.1	73.4	70	60
马其顿	47	67.5	35.0	45.0	92.1	69.6	76.4	66.7	83.5	86.4	60	60
牙买加	48	67.5	40.0	38.0	81.7	78.0	81.3	72.7	77.5	75.4	80	50
秘鲁	49	67.4	40.0	38.0	78.5	86.1	67.8	62.9	83.7	87	70	60

（续上表）

国家或地区	世界排名	2016年经济自由度	产权保护	免于腐败	财务自由	政府支出	商业自由	劳动力自由	货币自由	贸易自由	投资自由	金融自由
哥斯达黎加	50	67.4	50.0	54.0	79.4	88.7	68.6	53.8	77.6	81.6	70	50
文莱	51	67.3	30.0	60.0	87.0	57.3	71.3	90.2	76.8	85.2	65	50
阿曼	52	67.1	55.0	45.0	98.5	36.8	70.1	72.5	77.9	85	70	60
多米尼加	53	67.0	60.0	58.0	74.0	68.5	73.3	68.7	90.1	72.6	75	30
亚美尼亚	54	67.0	20.0	37.0	83.8	80.7	77.5	62.2	72.8	85.6	80	70
马耳他	55	66.7	70.0	55.0	63.9	46.5	61.6	53.5	83.5	88	85	60
斯洛伐克共和国	56	66.6	50.0	50.0	80.1	49.5	68.4	55.0	79.5	88	75	70
佛得角	57	66.5	75.0	57.0	78.1	66.9	61.3	43.6	84.5	68.2	70	60
匈牙利	58	66.0	45.0	54.0	78.7	26.7	70.6	63.8	88.3	88	75	70
阿尔巴尼亚	59	65.9	35.0	33.0	87.8	75.0	67.6	51.5	81.7	87.6	70	70
保加利亚	60	65.9	30.0	43.0	91.1	60.4	66.9	71.6	82.6	88	65	60
罗马尼亚	61	65.6	35.0	43.0	87.5	65.6	66.1	65.1	81.1	88	75	50
墨西哥	62	65.2	50.0	35.0	74.9	76.4	70.7	58.2	77.4	79.2	70	60
萨尔瓦多	63	65.1	35.0	39.0	79.1	85.3	56	52.6	83.4	85.8	75	60
葡萄牙	64	65.1	70.0	63.0	60.5	24.8	85.3	43.5	85.7	88	70	60
黑山共和国	65	64.9	40.0	42.0	91.6	39.8	76.6	72.0	82.6	84.8	70	50
巴拿马	66	64.8	30.0	37.0	84.4	77.9	74.4	42.9	78.6	77.8	75	70
泰国	67	63.9	40.0	38.0	81.1	82.2	76.3	62.5	70.9	77.6	50	60
哈萨克斯坦	68	63.6	30.0	29.0	93.0	87.7	72.3	82.7	74.0	77.4	40	50
萨摩亚	69	63.5	60.0	52.0	78.9	57.5	77.1	71.8	82.5	70.6	55	30
菲律宾	70	63.1	30.0	38.0	79.0	89.6	63	57.1	77.7	76.4	60	60
卢旺达	71	63.1	30.0	49.0	80.1	77.1	60.5	82.0	79.4	67.6	65	40

(续上表)

国家或地区	世界排名	2016年经济自由度	产权保护	免于腐败	财务自由	政府支出	商业自由	劳动力自由	货币自由	贸易自由	投资自由	金融自由
加纳	72	63.0	50.0	48.0	84.9	77.6	61.5	56.5	66.5	65	60	60
特立尼达多巴哥	73	62.9	50.0	38.0	79.4	62.3	69.5	72.8	68.5	78.6	60	50
科威特	74	62.7	45.0	44.0	97.7	57.7	63.4	62.7	74.2	77.2	55	50
法国	75	62.3	80.0	69.0	47.7	2.5	78.4	43.5	79.1	83	70	70
塞舌尔	76	62.2	50.0	55.0	79.3	62.0	66	62.1	79.7	83.4	55	30
塞尔维亚	77	62.1	50.0	41.0	84.3	44.1	60.2	66.2	77.5	77.8	70	50
沙特阿拉伯	78	62.1	40.0	49.0	99.7	56.8	69.9	68.5	69.2	77.8	40	50
土耳其	79	62.1	40.0	45.0	75.2	55.6	65.4	48.6	71.5	84.4	75	60
南非	80	61.9	50.0	44.0	70.1	69.9	69.7	58.7	74.6	77	45	60
纳米比亚	81	61.9	30.0	49.0	64.4	63.9	68.2	84.5	75.1	83.4	60	40
危地马拉	82	61.8	20.0	32.0	79.1	94.3	62.5	50.9	77.9	86.4	65	50
巴拉圭	83	61.5	30.0	24.0	96.3	83.3	62.6	30.4	76.8	76.2	75	60
科索沃	84	61.4	30.0	33.0	93.6	76.8	69.3	66.3	78.9	70.8	65	30
摩洛哥	85	61.3	40.0	39.0	71.5	65.6	66.4	34.3	84.1	81.8	70	60
意大利	86	61.2	50.0	43.0	55.8	22.1	70.3	53.0	84.5	88	85	60
马达加斯加岛	87	61.1	45.0	28.0	91.1	93.4	52.9	48.5	74.5	77.2	50	50
多米尼加共和国	88	61.0	25.0	32.0	84.5	90.2	56.6	56.5	73.1	77.2	75	40
瓦努阿图	89	60.8	40.0	33.5	97.0	86.1	51.8	47.7	78.3	74	60	40
斯洛文尼亚	90	60.6	60.0	58.0	58.6	0.0	82	55.4	84.3	88	70	50
阿塞拜疆	91	60.2	20.0	29.0	88.0	56.7	70.3	75.2	77.0	75.8	60	50
科特迪瓦	92	60.0	30.0	32.0	78.3	85.4	62.2	46.9	73.5	71.8	70	50
斯里兰卡	93	59.9	40.0	38.0	85.1	90.0	70.3	56.5	71.5	72.4	35	40

(续上表)

国家或地区	世界排名	2016年经济自由度	产权保护	免于腐败	财务自由	政府支出	商业自由	劳动力自由	货币自由	贸易自由	投资自由	金融自由
斯威士兰	94	59.7	40.0	43.0	70.9	64.9	58.6	65.8	74.5	88.8	50	40
汤加	95	59.6	25.0	28.6	86.9	76.3	76.4	86.1	77.4	79.6	40	20
吉尔吉斯共和国	96	59.6	20.0	27.0	93.7	56.3	65.3	80.4	68.4	75	60	50
不丹	97	59.5	60.0	65.0	83.1	67.5	65.2	77.6	66.9	60	20	30
黎巴嫩	98	59.5	20.0	27.0	91.3	75.7	59.1	57.3	79.0	75.8	60	50
印度尼西亚	99	59.4	30.0	34.0	83.4	89.0	54	49.3	74.3	80.4	40	60
蒙古	100	59.4	30.0	39.0	84.4	51.5	67.7	77.9	68.0	70	45	60
贝宁	101	59.3	30.0	39.0	68.1	84.9	51.3	53.8	82.2	58.8	75	50
乌干达	102	59.3	25.0	26.0	73.2	91.5	40.3	83.7	80.1	72.8	60	40
克罗地亚	103	59.1	35.0	48.0	70.8	33.7	60.3	42.4	78.7	87.4	75	60
布基纳法索	104	59.1	30.0	38.0	82.8	76.8	46.3	58.9	84.9	68.2	65	40
加蓬	105	59.0	40.0	37.0	77.6	74.5	58.4	61.9	78.4	61.8	60	40
赞比亚	106	58.8	30.0	38.0	73.3	81.1	66.4	48.3	72.6	78.2	50	50
斐济	107	58.8	30.0	22.3	81.2	75.3	62	70.6	77.6	68.8	50	50
波斯尼亚和黑塞哥维那	108	58.6	20.0	39.0	83.9	33.1	54.6	59.4	84.3	87	65	60
尼加拉瓜	109	58.6	10.0	28.0	78.0	82.8	61.2	55.7	69.0	86.2	65	50
坦桑尼亚	110	58.5	25.0	31.0	79.2	88.4	47.5	62.6	67.7	73.2	60	50
塞内加尔	111	58.1	40.0	43.0	71.6	76.1	49.1	42.4	84.9	73.8	60	40
柬埔寨	112	57.9	25.0	21.0	90.5	87.4	32.2	62.5	78.1	72.2	60	50
洪都拉斯	113	57.7	30.0	29.0	84.2	72.0	58	31.0	74.8	78.4	60	60
突尼斯	114	57.6	40.0	40.0	74.0	73.4	81.3	64.0	75.6	62.2	35	30
肯尼亚	115	57.5	30.0	25.0	79.4	80.8	48.6	62.2	73.5	65.6	60	50
尼日利亚	116	57.5	30.0	27.0	85.1	94.6	48.7	72.9	71.5	64.8	40	40

（续上表）

国家或地区	世界排名	2016年经济自由度	产权保护	免于腐败	财务自由	政府支出	商业自由	劳动力自由	货币自由	贸易自由	投资自由	金融自由
摩尔多瓦	117	57.4	40.0	35.0	85.4	55.6	64.6	39.3	76.0	73.6	55	50
伯利兹	118	57.4	35.0	6.7	82.1	71.9	63.3	60.3	79.2	70	55	50
冈比亚	119	57.1	25.0	29.0	75.5	78.0	53.4	65.8	64.7	65	65	50
圣多美和普林西比	120	56.7	25.0	42.0	87.4	70.1	65.9	46.1	67.6	73	60	30
巴西	122	56.5	45.0	43.0	69.7	55.2	61.4	52.5	64.2	69.4	55	50
马里	121	56.5	25.0	32.0	70.3	82.8	46.3	50.8	83.0	70.2	65	40
印度	123	56.2	55.0	38.0	77.1	78.1	47.6	47.8	72.8	71	35	40
吉布提	124	56.0	25.0	34.0	80.6	57.4	50.8	62.9	74.3	54.6	70	50
埃及	125	56.0	20.0	37.0	85.6	65.9	68.3	51.4	65.8	70.6	55	40
巴基斯坦	126	55.9	30.0	29.0	79.0	86.2	61.2	42.1	71.5	65	55	40
圭亚那	127	55.4	30.0	30.0	68.7	73.1	63	70.7	77.4	70.8	40	30
毛里塔尼亚	128	54.8	25.0	30.0	81.6	75.3	48.7	50.7	77.7	69	50	40
尼日尔	129	54.3	30.0	35.0	76.3	76.8	39.6	42.3	83.0	64.6	55	40
喀麦隆	130	54.2	25.0	27.0	75.6	85.6	46.9	48.9	81.2	61.6	40	50
越南	131	54.0	15.0	31.0	79.3	75.1	58.3	62.6	70.6	83	25	40
马尔代夫	132	53.9	25.0	21.9	94.0	60.8	81.5	70.4	73.0	47.8	35	30
布隆迪	133	53.9	20.0	20.0	73.8	70.5	54.2	67.6	73.8	74.2	55	30
苏里南	134	53.8	30.0	36.0	69.4	70.3	48.8	76.3	78.7	68.4	30	30
多哥	135	53.6	30.0	29.0	68.7	80.4	51.4	46.2	79.5	71.2	50	30
几内亚	136	53.3	20.0	25.0	68.5	81.2	51.4	71.8	69.2	61.2	45	40
孟加拉国	137	53.3	20.0	25.0	72.7	93.6	52.6	62.5	68.2	63.6	45	30
希腊	138	53.2	40.0	43.0	64.4	0.0	73.8	50.2	77.7	83	60	40
莫桑比克	139	53.2	30.0	31.0	74.3	63.5	55.9	41.9	79.5	70.8	35	50
巴布亚新几内亚	140	53.2	20.0	25.0	67.3	76.2	59.9	71.9	70.6	85.6	25	30

（续上表）

国家或地区	世界排名	2016年经济自由度	产权保护	免于腐败	财务自由	政府支出	商业自由	劳动力自由	货币自由	贸易自由	投资自由	金融自由
科摩罗	141	52.4	30.0	26.0	64.5	81.0	49.6	51.0	79.4	72	40	30
塞拉利昂	142	52.3	10.0	31.0	81.2	92.6	49.9	43.2	70.8	69.4	55	20
利比里亚	143	52.2	25.0	37.0	83.8	67.7	55.1	44.5	71.0	72.8	45	20
中国	144	52.0	20.0	36.0	69.7	74.3	54.2	62.0	70.6	72.8	30	30
几内亚比绍	145	51.8	20.0	19.0	89.3	94.1	36.7	61.1	78.5	59.4	30	30
马拉维	146	51.8	40.0	33.0	79.0	27.1	44.5	63.4	53.6	72.4	55	50
密克罗尼西亚	147	51.8	30.0	30.0	93.2	0.0	57.5	79.1	82.1	85.6	30	30
埃塞俄比亚	148	51.5	30.0	33.0	77.2	90.5	55.8	57.7	66.0	65	20	20
塔吉克斯坦	149	51.3	20.0	23.0	91.6	76.9	61.1	47.3	69.8	68.6	25	30
海地	150	51.3	10.0	19.0	80.5	76.4	47.1	62.0	76.0	72	40	30
尼泊尔	151	50.9	30.0	29.0	85.1	91.1	64.9	47.3	70.8	55.6	5	30
莱索托	152	50.6	30.0	49.0	59.1	0.0	53.3	62.1	76.9	85.8	50	40
俄罗斯	153	50.6	20.0	27.0	82.2	56.2	72.2	57.6	62.9	72.4	25	30
阿尔及利亚	154	50.1	25.0	36.0	81.0	59.4	62.1	48.2	68.1	60.8	30	30
老挝	155	49.8	15.0	25.0	86.1	73.8	55.9	57.6	71.3	58.6	35	20
安哥拉	156	48.9	15.0	19.0	87.8	50.1	50.3	44.8	72.2	70.2	40	40
白俄罗斯	157	48.8	20.0	31.0	88.6	44.8	69	74.9	50.4	79	20	10
缅甸	158	48.7	10.0	21.0	86.6	75.3	32.6	76.8	70.0	74.2	20	20
厄瓜多尔	159	48.6	15.0	33.0	79.2	41.8	55.5	51.6	68.1	71.4	30	40
玻利维亚	160	47.4	10.0	35.0	86.4	55.5	58.8	31.7	65.0	76.6	15	40
所罗门群岛	161	47.0	30.0	25.0	61.4	25.2	68.5	66.2	75.5	73	15	30

（续上表）

国家或地区	世界排名	2016年经济自由度	产权保护	免于腐败	财务自由	政府支出	商业自由	劳动力自由	货币自由	贸易自由	投资自由	金融自由
乌克兰	162	46.8	25.0	26.0	78.6	30.6	56.8	47.9	66.9	85.8	20	30
刚果共和国	163	46.4	10.0	22.0	73.3	95.2	42.8	41.0	78.5	61	20	20
乍得	164	46.3	20.0	22.0	46.0	84.3	30.9	48.9	71.4	49.8	50	40
基里巴斯	165	46.2	30.0	29.2	73.3	0.0	51.6	83.9	81.0	58.2	25	30
乌兹别克斯坦	166	46.0	15.0	18.0	90.4	66.6	67.1	61.9	65.6	65.6	0	10
东帝汶	167	45.8	20.0	28.0	64.7	0.0	68	66.0	70.9	80	40	20
中非共和国	168	45.2	10.0	24.0	65.7	93.6	28	40.9	62.9	52.2	45	30
阿根廷	169	43.8	15.0	34.0	66.1	51.3	56	43.9	44.0	67.4	30	30
赤道几内亚	170	43.7	10.0	19.0	75.4	45.6	45.6	38.4	78.9	53.8	40	30
伊朗	171	43.5	10.0	27.0	81.2	93.2	59.3	49.0	50.6	54.6	0	10
刚果共和国	172	42.8	10.0	23.0	66.9	55.8	35.9	38.8	75.6	52	40	30
厄立特里亚	173	42.7	10.0	18.0	80.9	73.4	32.1	65.6	57.8	69.2	0	20
土库曼斯坦	174	41.9	5.0	17.0	95.3	92.2	30	20.0	69.4	80	0	10
津巴布韦	175	38.2	10.0	21.0	60.8	73.6	37.6	30.0	79.1	50.2	10	10
委内瑞拉	176	33.7	5.0	19.0	74.9	56.7	45.3	29.5	33.8	63.2	0	10
古巴	177	29.8	10.0	46.0	52.1	0.0	20	20.0	65.2	64.6	10	10
朝鲜	178	2.3	5.0	8.0	0.0	0.0	5	5.0	0.0	0	0	0

14.4 制度对幸福感的影响

我们对幸福感指数、法治指数、腐败感知指数、民主指数、经济自由度指数做描述性统计，结果见表 14.5。为了验证法治指数的稳健性，我们获得 Daniel Kaufmann 等人开发的全球治理指数（The Worldwide Governance Indicators, WGI），其中包含一项法治指标（Rule of Law），我们使用 2016 年的该指标，因此，描述性统计中也包括了法治。

表 14.5 描述性统计

变量	观测数	均值	标准差	最小值	最大值
幸福感指数	156	5.41	1.11	2.85	7.77
法治指数	102	0.57	0.15	0.28	0.89
腐败感知指数	153	43.70	20.19	8.00	91.00
民主指数	152	5.69	2.15	1.43	9.93
经济自由度指数	146	61.89	10.00	33.70	88.60
法治指数	154	-0.06	1.03	-2.35	2.04
人均 GDP	153	13587.98	18757.92	282.15	101305.50

对法治指数、腐败感知指数、民主指数、经济自由度、人均 GDP（自然对数）、法治分别做与幸福感的相关系数，结果表明，这些制度变量与幸福感的相关系数均为正，相关系数均超过 0.5，法治指数与幸福感的相关系数达到 0.7，人均 GDP 与幸福感的相关系数达到 0.79，见表 14.6。

表 14.6 制度变量与幸福水平相关系数

变量	与幸福感的相关系数
法治指数	0.7021
腐败感知指数	0.6806
民主指数	0.5734
经济自由度	0.5634
人均 GDP 自然对数	0.7976
法治	0.6464

我们用经济指标和制度指标分别对幸福感指数做散点图（图 14.5 至图 14.10），可以看出，法治指数、腐败感知指数、民主指数、经济自由度以及人均 GDP 都和幸福感指数呈正相关，拟合曲线均为向右上方倾斜。

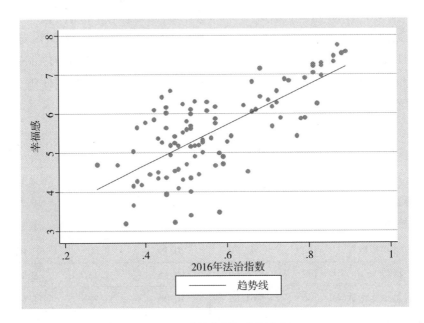

图 14.5　法治指数与幸福水平

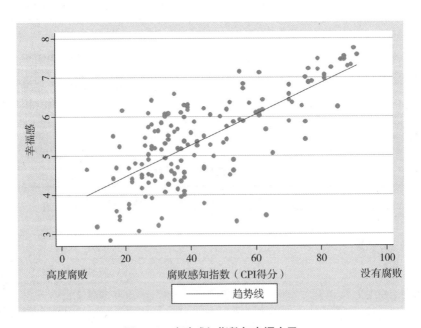

图 14.6　腐败感知指数与幸福水平

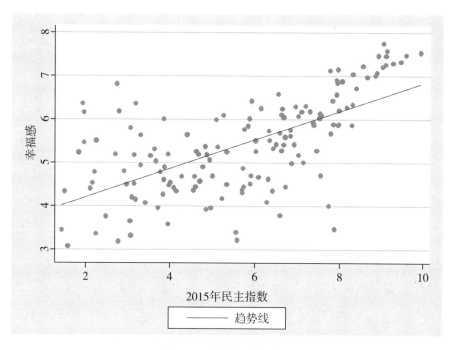

图 14.7　民主与幸福水平

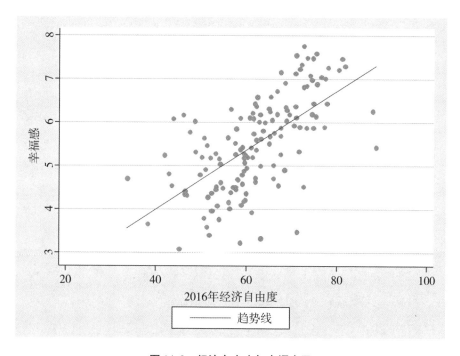

图 14.8　经济自由度与幸福水平

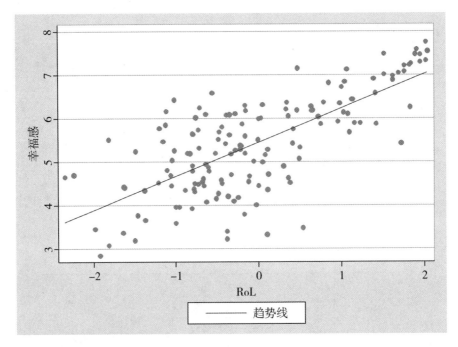

图 14.9　全球治理指数（The Worldwide Governance Indicators，WGI）的法治指标（Rule of Law）与幸福水平

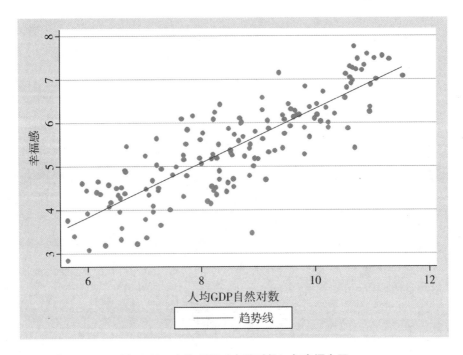

图 14.10　人均 GDP（自然对数）与幸福水平

以幸福感指数为因变量,自变量分别为法治指数、腐败感知指数、民主指数、经济自由度、法治,控制人均GDP,OLS回归的结果如表14.7所示。

表14.7 回归结果（因变量为幸福指数）

	因变量是幸福指数				
法治指数	2.224* (2.34)				
腐败感知指数		0.0195*** (3.63)			
民主指数			0.152*** (4.58)		
经济自由度				0.0275*** (3.53)	
法治					0.388*** (4.02)
人均GDP	0.0000296*** (3.56)	0.0000258*** (4.48)	0.0000329*** (8.77)	0.0000323*** (7.88)	0.0000263*** (5.01)
_cons	3.884*** (8.63)	4.224*** (22.84)	4.113*** (23.56)	3.327*** (7.40)	5.083*** (53.34)
N	102	152	150	146	153

注：括号内为t统计量, *$p < 0.05$, **$p < 0.01$, ***$p < 0.001$

可以看出,这些制度指标均与幸福感有显著的正向影响,除了法治指数是10%显著性水平,其他变量均在1%显著性水平上显著。人均GDP对幸福感也有显著的正向影响,在1%显著性水平上显著。

14.5 结论

已有大量文献研究制度对幸福感的作用。制度包括正式制度和非正式制度。本章着重于研究正式制度对幸福感的影响。

我们获取了法治指数、民主指数、经济自由度指数、腐败感知指数的数据，数据从不同方面反映了正式制度的效果。我们获取了幸福感指数。这些指数都是跨国数据，我们做了匹配。为了控制经济发展水平的影响，我们获得了人均 GDP 数据并做了匹配。

从相关分析、散点图都可以看出，法治指数、民主指数、经济自由度指数、腐败感知指数这四个制度变量均与幸福感指数呈正相关，相关系数均大于 0.5，拟合曲线都向右上方倾斜。以幸福感指数为因变量，分别以法治指数、民主指数、经济自由度指数、腐败感知指数为自变量，以人均 GDP 为控制变量，OLS 回归的结果表明，法治指数、民主指数、经济自由度指数、腐败感知指数对幸福感有显著的正向影响。法治指数的显著性水平是 10%，而且法治指数的缺失值较多，我们获得了 Kaufmann 等人开发的全球治理指数的 Rule of Law，替代法治指数，Rule of Law 的显著性水平达到 1%。

研究制度与幸福感常见的争议是互为因果问题：是制度促进幸福感还是幸福水平更高的社会有利于形成更好的制度？针对这一问题，我们有两个方面的理由做出说明。一是时间，幸福感指数用的是 2016—2018 年的数据，公布的时间是 2019 年。而制度变量用的是 2016 年或之前的数据，法治指数是 2016 年的数据，腐败感知指数是 2015 年的数据，民主指数是 2015 年的数据，经济自由度是 2016 年的数据。从时间维度考虑，是制度在先，幸福感在后，因而是单向的因果关系，即制度促进幸福感而不是相反。二是制度的特征，制度是长期历史文化形成的，变化很缓慢，相当于外生的效果，而幸福感数据来自居民的主观幸福感调查，是当时的结果，这一逻辑也可以认为，是制度对幸福感的单向影响。

第 15 章 信任与幸福感

15.1 引言

社会环境是影响居民幸福感的重要因素。"昔孟母，择邻处"，孟母三迁其居，虽说为的是孩子的教育，但居住的环境无疑会影响人们的幸福感。社会失范、犯罪率、环境污染、不安全感等社会环境因素对居民幸福感的影响研究较少。

中国社会曾面临严重的诚信危机和信任危机。人们很难信任陌生人，即使熟人也因杀熟现象而不轻易信任，"不要和陌生人说话"成为父母教育孩子的戒律。很多商业企业失信于民，毒奶粉、假药、地沟油、毒胶囊、染色馒头、瘦肉精、毒豆芽、毒血旺、假球、假曹操墓、假冒绿色猪肉、假老虎、假泰国香米、假达芬奇等不诚信事件频频出现。钓鱼执法、养鱼执法、城管野蛮执法、冤案错案、司法不公、贪污腐败、野蛮拆迁、违法跨省追捕网络发帖者、医院乱开大处方、滥用抗生素、郭美美事件、长治公务员违规考录事件、大月份引产事件、宜黄机场截访、率众抢尸事件、"躲猫猫"事件、天价烟报道记者停职事件、"我爸是李刚"、扶老人反被讹事件、佛山"小悦悦事件"等事件频频引发公共信任危机。事实上，很多事件中的当事方并没有什么过错，舆情反映出公众缺乏信任心理，媒体不负责任的报道也起到推波助澜的作用。生活在一个没有诚信的社会里，人们没有安全感，缺少幸福感。担心吃的是有毒食品，穿的是黑心棉，担心被钓鱼执法，担心被冤枉抓进监狱，担心被无理野蛮拆迁……这样怎么会有幸福？

本章将获得数据检验信任与居民幸福感的关系。下面第二部分是文献综述,第三部分是数据和变量描述,第四部分是计量模型与回归结果,第五部分是稳健性检验,第六部分是结论。

15.2 文献综述

越来越多的研究表明,社会环境对居民健康和幸福是极其重要的(Chappell & Funk, 2010; Farrell et al., 2004; Lofors & Sundquist, 2007; Mansyur et al., 2008; Poortinga, 2006; Rahn & Yoon, 2009)。其中,社会资本被认为与主观幸福感有很强的相关性(Helliwell, 2001, 2006; Helliwell et al, 2004; Bruni et al, 2008),因为社会资本对人们的身体和心理健康等各个方面都有积极效应,从而影响人们的幸福感(Helliwell et al, 2004; Yip, et al, 2007)。

社会信任是社会资本的核心内容,是社会最重要的综合力量之一,是减少社会交往复杂性的简化机制(Luhmann, 1979);没有人们相互间享有的普遍信任,社会本身将瓦解(齐美尔,1978),将陷入"所有人对所有人的战争",即霍布斯丛林。信任是经济交换的有效的润滑剂,世界上很多经济落后现象可以通过缺少相互信任来解释(Arrow, 1974)。Fukuyama(1995)指出,信任会直接影响甚至决定经济效率,社会信任的水平可以直接预测经济繁荣。几乎所有的经济学家都认为,较高的信任水平可以降低交易成本,提高社会组织的运行效率,从而促进经济增长(Knack & Keefer, 1997; Zak & Knack, 2001; 张维迎、柯荣住,2002)。

关于信任与幸福感之间的关系,国外大部分研究认为信任与幸福感显著地正相关,少数研究认为两者没有相关性。社会信任、社会规范、社会网络和互助活动等社会资本有助于提高社会的运行效率,提高个人的幸福感(Putnam, 1993)。Bjørnskov(2003, 2006)以及 Helliwell(2006)发现社会信任与主观幸福感有显著的正向联系;Tokuda et al.(2010)通过分析来自29个亚洲国家的39082名受访者的横截面数据发现,个体的社会信任和总体的社会信任都独立地与幸福感相关,生活在较高社会信任中的人们更加幸福。Rothstein & Eek(2006)进行了现场实验,发现社会信任对居民的主观幸福感至关重要。Kuroki(2011)利用日本的个人数据,发现信任对个人的幸福感有显著的正向影响。Helliwell(2003)运用跨国数据库研究发现,社会信任可增加生活满意度。Helliwell & Huang(2010)研究发现,工作中管理信任增加10%所带来生活满意度的提高等价于货币收入增加超过

30%带来的影响。Tokuda & Inoguchi（2008）利用日本的数据，得出人际不信任与不幸福显著相关，并提出通过公共政策来重建人际信任是提高日本人幸福感的一个手段。Ross（2003）指出不信任导致不幸福，进而可能发展成为具有更高自杀风险的偏执狂。Lou（2009）根据 ABS（Asian Barometer Survey）的数据，发现人际信任显著影响居民幸福，相信周边的人通常是可信任的受访者对生活有积极的观念。Helliwell & Putnam（2005）发现，在美国社会信任对微观层次的主观幸福感有显著的影响。Yip et al.（2007）研究中国农村的社会资本与主观幸福感之间的关系，他们发现社会信任与情感支持强烈相关，这种情感能促进社会网络和支持机制，进而正向影响主观幸福感，因此，有更高社会信任的国家，人们可能更幸福。Ram（2009）则发现社会信任对幸福感的影响微不足道。

国内尚没有文献专门研究信任与幸福感的关系，少数几个文献在研究一些影响幸福感的因素时，把信任作为一个控制变量。米健（2011）研究中国居民幸福感的影响因素，发现社会信任在1990—2010的20年间呈下降趋势，信任对中国居民的主观幸福感和生活满意度都有非常显著的影响。裴志军（2010）分析了农村居民的社会资本与主观幸福感的关系，他发现人际信任、制度信任对生活满意度有显著影响。曹大宇（2009）的研究发现，阶层分化和社会地位会影响主观幸福感；这两点正是影响社会信任的因素。

15.3 数据描述与变量说明

15.3.1 变量

我们以幸福感（Happiness）为因变量，幸福是一种主观感觉，难以衡量。WVS通过设计这样一个问题来衡量幸福感："总的来说，您觉得幸福吗？"有"非常幸福（very happy）""幸福（quite happy）""不是很幸福（not very happy）""一点也不幸福（not at all happy）"四个选项，每个选项赋予不同的数值，"非常幸福"赋值为1，"幸福"赋值为2，"不是很幸福"赋值为3，"一点也不幸福"赋值为4；在处理数据时，为了让数值随着幸福感增加而增大，我们重新赋值，"非常幸福"赋值为4，"幸福"赋值为3，"不是很幸福"赋值为2，"一点也不幸福"赋值为1。

Inglehart（2008）将生活满意度（satisfaction of life）也看作衡量幸福

感的一个指标。本章将生活满意度作为对幸福感进行稳健性检验时的因变量。WVS 调查生活满意度的问题是："总的来说，您对目前的生活满意度如何？"答案从 1 到 10，表示由不满意到满意的不同程度。

本章的核心自变量是信任（trust），在 WVS 中，调查信任的问题是："总的来说，您认为大多数人是可信的还是相处的时候要非常小心？"回答有"大多数人是可信的"和"不可信，需要小心"两种。在处理数据时，我们将回答"不可信，需要小心"的样本设为基准组，赋值为 0，而将回答"大多数人是可信的"的样本设置为比较组，赋值为 1。

为了考察信任对幸福感的影响，必须尽量控制住其他因素。我们认同众多研究的观点，认为绝对收入（Easterlin, 1995; Frey & Stutzer, 2002; Blanchflower & Oswald, 2004; 鲁元平、王韬，2010）和相对收入（Easterlin, 1995; Dynan & Ravina, 2007; Luttmer, 2004; Layard, 2005）是影响居民幸福感的十分重要的因素。绝对收入我们采用收入规模（scale of incomes）来衡量，WVS 中并没有受访者的真实收入数据，而是把受访者的收入分成 10 个等级让受访者填写，从低到高，表示不同的收入等级。相对收入我们采用家庭经济满意度（financial satisfaction）来衡量，因为经济满意度是与他人收入经过比较后对自己收入情况的评估，选项从 1 到 10 表示从不满意到满意的不同程度。WVS 还有关于收入分配公平性（income equality）的调查，赋值从 1 到 10，表示由收入分配从不平等到很平等。

除了关于收入的控制变量外，还需控制住一些人口学特征变量，如年龄、性别、婚姻、生育孩子、宗教信仰、健康、就业类型、自由等。年龄（age）我们采用真实年龄数据，为了研究年龄与幸福感的 U 形关系，我们生成年龄的二次方这样一个新变量。性别我们采用虚拟变量，男性（male）为基准组，赋值为 0；女性（female）为比较组，赋值为 1。WVS 对婚姻状况的调查有结婚、同居、离婚、分居、寡居、单身、分居但维持稳定的关系等八种选项。我们将除了已婚以外的其他情况统一归类为"其他"，并以其为基准组，赋值为 0；已婚为比较组，赋值为 1。WVS 调查了生育孩子的情况，回答的选项是从 0 到 8，表示生育孩子的数量，其中 8 代表 8 个或 8 个以上的孩子，0 代表没有孩子。关于宗教信仰，WVS 的问题中有"有宗教信仰""无宗教信仰"和"坚定的无神论者"三个选项。我们将后两种情况和未作答的样本归类为"其他"，并以其为基准组，赋值为 0；"有宗教信仰"的样本为比较组，赋值为 1。对于身体健康（health）调查，WVS 对回答"非常好"的样本健康赋值为 1，回答"好"的赋值为 2，回答"一般"的赋值为 3，回答"不好"的赋值为 4，回答"非常不好"的赋值为

5；我们在处理数据时，希望越健康，赋值越大，因此，我们重新赋值，将"非常好"赋值为5，"好"赋值为4，"一般"赋值为3，"差"赋值为2，"非常差"赋值为1。关于就业特征，WVS中有全职、兼职、个体经营、退休、家庭主妇、学生、失业和其他这8种状况，我们在处理时将前三种统一为"有工作并有货币收入"（work），将其他几种统一为"其他"，并以"其他"为基准组，赋值为0，"有工作并有货币收入"为比较组，赋值为1。对于自由（freedom），WVS的定义是生活选择和控制的自由程度，选项从1到10，表示从一点也不自由到非常自由的不同程度。对这些变量的说明，参见表15.1。

表 15.1　变量说明

变量名称	变量定义
Happiness	=1，一点也不幸福；=2，不是很幸福；=3，幸福；=4，非常幸福
Satisfaction of life	生活满意度
Trust	=0，不可信，需要小心；=1，大多数人是可信的
Financial satisfaction	经济满意度，用于衡量相对收入水平
Scale of incomes	收入水平，用于衡量绝对收入水平
Age	年龄
Age^2	年龄二次方
Female	=1，女；=0，男
Married	=1，结婚；=0，其他
Children	小孩的数量
Religion	=1，有宗教信仰；=0，其他
Health	=1，非常差；=2，差；=3，一般；=4，好；=5，非常好
Work	=1，有工作；=0，其他
Freedom	生活的自由度
Income equality	分配公平

15.3.2　数据

本章采用的数据来自WVS（世界价值观调查）的中国部分。世界价值观调查是由美国著名学者 Ronald Inglehart 主持的一项跨国调查，可反映各个国家价值观的差异。WVS 对中国做了四次抽样入户调查，具体年份为 1990 年、1995 年、2001 年、2007 年。1990 年的样本为 1000 人，1995 年的样本为 1500 人，2001 年的样本为 1000 人，2007 年的样本为 2015 人，四年的总样本一共为 5515 人，构成本章的混合截面数据[①]。

各变量的描述性统计见表 15.2。样本的年龄在 18 岁到 87 岁之间，幸福感的平均值为 2.96，处于不是很幸福和幸福之间，接近于幸福。生活满意度的均值为 6.84，处于中上水平。信任的平均值为 0.542，说明信任的人占总人数的比例为 0.542。

表 15.2 描述性统计

变量	观测数	平均值	标准差	最小值	最大值
Happiness	5461	2.958	0.721	1	4
Satisfaction of life	5441	6.837	2.378	1	10
Trust	5266	0.542	0.498	0	1
Financial satisfaction	5440	5.966	2.554	1	10
Scale of incomes	5034	4.438	2.077	1	10
Age	5515	41.312	13.556	18	87
Age^2	5515	1890.445	1188.031	324	7569
Female	5513	0.489	0.500	0	1
Married	5495	0.825	0.380	0	1
Children	5239	1.899	1.367	0	8
Religion	5515	0.111	0.314	0	1
Health	5506	3.839	0.997	1	5
Work	5422	0.795	0.403	0	1
Freedom	5228	7.064	2.425	1	10
Income equality	5050	6.062	3.140	1	10

本章关键的数据是信任和幸福感，主要的控制变量是收入等级和经济满意度。根据 WVS 的中国居民的数据，我们对这些变量在不同年份的平均

---

① 数次调查不是针对相同的人，因此不能使用面板数据。

值给出统计图(参见图15.1至图15.3),可以看出这些变量在调查年份的变化。信任的人占总人数的比例从1990到2007年有下降的趋势。幸福感的平均值在1990—2007年间呈波动下降之势。有一点是明显的,信任的人的幸福感比不信任的人的幸福感始终要高。收入等级的平均值在1990—2007年间总体上升,受访者的经济满意度整体较为稳定,略有下降。

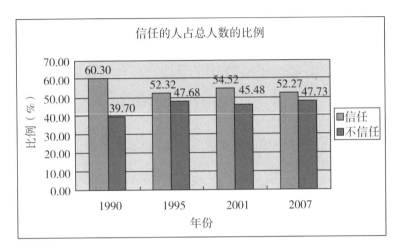

图15.1 信任的人数占比

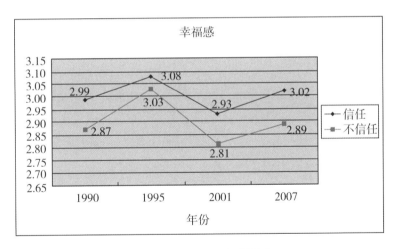

图15.2 是否信任与幸福感

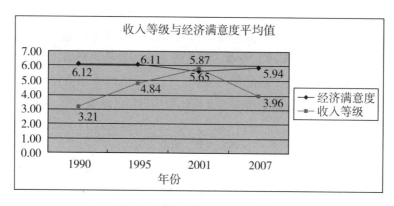

图 15.3 收入等级与经济满意度

我们给出信任与幸福感的分布情况，见表 15.3。为了统计出信任的人或不信任的人回答幸福的比重，我们将"幸福"和"非常幸福"一起视为幸福，而将"一点也不幸福"和"不是很幸福"一起视为不幸福，信任的人认为幸福的比重为 0.804，而不信任的人认为幸福的比重为 0.753。

表 15.3 幸福与信任分布情况

幸福	不信任	信任
一点也不幸福	86	53
不是很幸福	504	502
幸福	1333	1626
非常幸福	469	649
幸福所占比重	0.753	0.804

15.4　计量模型与回归结果

基于现有的文献基础和数据支持，我们提出本章的理论假设，即信任与幸福感有正相关关系，信任对幸福感有正向促进作用。为了检验上述理论假设，我们建立计量模型：

$$Happiness_i = \alpha + \beta Trust_i + \sum_{j=1}^{12} \gamma_j X_{ij} + \varepsilon_i \qquad (15.1)$$

其中 $Happiness_i$ 为居民 i 的幸福感，$Trust_i$ 为居民 i 的信任虚拟变量。X_{ij} 为控制变量，包括经济满意度、收入等级、年龄、年龄的平方、性别、婚姻、小孩数量、宗教信仰、健康水平、工作、生活自由度、收入平等性，ε_i 是随机扰动项。

关于估计方法，由于幸福感是有序离散变量，适合使用有序离散因变量概率模型（Ordered logit 或 Ordered probit）进行回归估计，其中，Ordered logit 假设随机变量服从逻辑概率分布，而 Ordered probit 假设随机变量服从正态分布。在本章中，我们同时采用 OLS, Ordered logit 和 Ordered probit 模型对参数进行估计，这样做的好处是，既能获得计量结果，也能比较结果的稳健性。本章使用的是横截面数据，因此在估计的时候采用异方差稳健标准误，以对可能存在的异方差进行处理。

我们首先做基本回归，自变量只包括信任，见表15.4，信任变量的系数为正，而且在 1% 显著性水平上显著。然而，这个结论是不可靠的，因为在基本回归中，存在内生性问题，原因可能来自三个方面：一是互为因果，信任促进幸福感，反过来，越幸福的人也可能越信任他人；二是遗漏变量，影响幸福感的因素有很多，基本回归中，遗漏了这些变量；三是测量误差，在调查数据中，误差难以避免。内生性指的是解释变量与误差项相关，从而违背了经典线性回归模型的一个假设 cov（εi, xi）= 0，造成的结果是 OLS 估计不仅是有偏的，而且是非一致的，即使样本容量无限增大，估计仍会有偏误。处理内生性常用的方面是寻找工具变量，遗憾的是，我们在 WVS 关于中国家庭调查的变量目录没有找到合适的工具变量。我们只好尽可能多地控制住其他因素，把信任对幸福感的影响分离出来；更多遗漏变量的加入，可以缓解内生性。

表 15.4 信任与幸福感的基本回归

因变量：幸福感			
变量	OLS	Ologit	Oprobit
信任	0.101*** (0.020)	0.256*** (0.054)	0.153*** (0.031)

（续上表）

因变量：幸福感			
常数	2.913*** (0.015)		
观察值	5222	5222	5222
R^2	0.005		

注：括号中为稳健标准差，***$p<0.01$，**$p<0.05$，*$p<0.1$。

于是，我们在基本回归的基础上，加进控制变量，回归结果如表15.5所示，先在回归（1）中加入主要控制变量，包括衡量绝对收入的家庭收入等级和衡量相对收入的家庭经济满意度，然后，回归（2）在回归（1）的基础上再加入了一些人口学特征变量和其他相关变量作为控制变量，包括年龄、性别、婚姻、生育孩子、宗教信仰、健康、就业类型、自由等。

表15.5　信任与幸福感

变量	因变量：幸福感					
	(1)	(2)	(1)	(2)	(1)	(2)
	Ols		Ologit		Oprobit	
Trust	0.064*** (0.020)	0.048** (0.020)	0.177*** (0.057)	0.140** (0.063)	0.105*** (0.033)	0.082** (0.036)
Financial satisfaction	0.087*** (0.004)	0.066*** (0.005)	0.263*** (0.014)	0.210*** (0.016)	0.143*** (0.008)	0.115*** (0.009)
Scale of incomes	0.029*** (0.005)	0.020*** (0.005)	0.076*** (0.014)	0.054*** (0.016)	0.045*** (0.008)	0.032*** (0.009)
Age	—	-0.011** (0.005)	—	-0.033** (0.016)	—	-0.018** (0.009)
Age^2	—	0.000*** 0.000	—	0.001*** (0.000)	—	0.000*** (0.000)
Female	—	0.051** (0.021)	—	0.178*** (0.064)	—	0.094** (0.036)
Married	—	0.127*** (0.034)	—	0.370*** (0.105)	—	0.217*** (0.060)

（续上表）

变量	因变量：幸福感					
	(1)	(2)	(1)	(2)	(1)	(2)
	Ols		Ologit		Oprobit	
Children	—	-0.031*** (0.011)	—	-0.096*** (0.034)	—	-0.054*** (0.019)
Religious	—	-0.071** (0.032)	—	-0.213** (0.096)	—	-0.119** (0.055)
Health	—	0.176*** (0.012)	—	0.559*** (0.039)	—	0.307*** (0.021)
Work	—	0.025 (0.028)	—	0.091 (0.085)	—	0.047 (0.048)
Freedom	—	0.022*** (0.005)	—	0.068*** (0.015)	—	0.037*** (0.008)
Income equality	—	0.003 (0.003)	—	0.009 (0.010)	—	0.005 (0.006)
Constant	2.283*** (0.035)	1.656*** (0.116)	—	—	—	—
Observations	4769	4109	4769	4109	4769	4109
R^2	0.121	0.193	—	—	—	—

注：括号中为稳健标准差，***$p<0.01$，**$p<0.05$，*$p<0.1$。

加入控制变量之后，信任这个关键自变量在三种回归方法（Ols、Ordered Logit、Ordered probit）中得到的系数均为正。随着控制变量的不断加入，信任变量都在1%或5%的显著性水平上显著，这说明信任对幸福感的正向影响是稳健的。信任虚拟变量系数为正，说明信任的个体比不信任的个体更加幸福。

对比基本回归，回归（1）在加入反映收入因素的控制变量后，信任的系数大大减小，回归（2）进一步控制了人口学特征变量后，信任的系数进一步减小，这说明，随着控制变量的加入，信任变量的参数估计更为精确。

表15.5也展示了各控制变量的系数及其统计显著性。回归结果表明，

work（是否有工作并有货币收入）和 income equality（分配公平）这两个变量在统计上不显著，其他变量都显著。衡量绝对收入的家庭收入等级对幸福感有显著的正向影响，衡量相对收入的家庭经济满意度对幸福感也有显著的正向影响。年龄变量统计显著，从年龄和年龄二次方的系统可以看出，年龄与幸福感呈 U 形关系，随着年龄的增长，幸福感先降低，到达一定年龄之后，幸福感又上升，这说明上有老下有小的中年人幸福感较低，年少和年老的人幸福感较高。女性比男性更为幸福；结婚的人比处于其他婚姻状态的人更为幸福；孩子这个变量的系统为负，而且在 1% 显著性水平上显著，这说明家庭小孩个数越多，感觉越不幸福；健康会促进幸福，越健康，越幸福；自由对幸福有正向影响，对于生活的选择和控制越是自由，幸福感越强。宗教信仰虚拟变量的系数为负，而且统计显著，这说明有宗教信仰的人相比没有宗教信仰的人幸福感较低。在本章的回归中，工作对幸福感的影响不显著，这可能符合实际情况，工作可带来幸福，也可带来痛苦，如工作劳累和压力等。收入平等性对幸福感的影响不显著，这也可能符合实际情况，因为收入高的人对收入不平等可能持积极态度，而收入低的人对收入不平等可能持消极态度，对全样本来说，影响不显著。

15.5 稳健性检验

为了检验信任变量参数的稳健性，我们参考 Inglehart et al.（2008）的研究，利用生活满意度（satisfaction of life）来替代幸福感，并验证信任对生活满意度的关系。若信任对生活满意度的正向促进作用仍然显著，我们就可以认为信任对幸福感的正向影响是稳健的。为此，我们建立以生活满意度为因变量的模型，自变量与前面的模型一样，具体如下：

$$Satisfaction_i = \alpha + \beta Trust_i + \sum_{j=1}^{12} \gamma_j X_{ij} + \varepsilon_i \qquad (15.2)$$

自变量只有信任的基本回归结果如表 15.6，信任的系数为正，统计显著。

表 15.6 信任与生活满意度的基本回归

变量	因变量：生活满意度		
	OLS	Ologit	Oprobit
信任	0.499***	0.350***	0.209***
	(0.066)	(0.049)	(0.029)
常数项	6.602***		
	(0.051)		
观测数	5214	5214	5214
R^2	0.011		

注：括号中为稳健标准差，***p<0.01，**p<0.05，*p<0.1。

再加入控制变量，回归（1）加入收入因素，回归（2）再加入人口学特征变量，回归结果如表 15.7 所示，信任对生活满意度的正向影响仍然统计显著，这充分验证了信任对幸福感的正向促进作用是稳健可靠的。

表 15.7 信任与生活满意度

变量	因变量：生活满意度					
	（1）	（2）	（1）	（2）	（1）	（2）
	Ols		Ologit		Oprobit	
Trust	0.262***	0.183***	0.231***	0.185***	0.134***	0.101***
	(0.055)	(0.056)	(0.050)	(0.055)	(0.030)	(0.033)
Financial satisfaction	0.547***	0.462***	0.588***	0.528***	0.298***	0.270***
	(0.013)	(0.016)	(0.018)	(0.021)	(0.009)	(0.011)
Scale of incomes	0.039***	0.026*	0.020	0.006	0.016**	0.008
	(0.014)	(0.014)	(0.013)	(0.014)	(0.008)	(0.009)
Age	—	-0.038**	—	-0.034**	—	-0.023**
		(0.015)		(0.015)		(0.009)
Age^2	—	0.000***	—	0.000**	—	0.000***
		(0.000)		(0.000)		(0.000)
Female	—	0.075	—	0.064	—	0.044
		(0.057)		(0.055)		(0.033)

（续上表）

变量	因变量：生活满意度					
	(1)	(2)	(1)	(2)	(1)	(2)
	Ols		Ologit		Oprobit	
Married	—	0.328*** (0.100)	—	0.332*** (0.095)	—	0.196*** (0.057)
Children	—	0.069** (0.029)	—	0.067** (0.029)	—	0.046*** (0.017)
Religious	—	-0.223** (0.093)	—	-0.174* (0.091)	—	-0.127** (0.054)
Health	—	0.296*** (0.033)	—	0.293*** (0.032)	—	0.175*** (0.019)
Work	—	0.195** (0.080)	—	0.165** (0.079)	—	0.111** (0.047)
Freedom	—	0.176*** (0.015)	—	0.190*** (0.016)	—	0.103*** (0.009)
Income equality	—	0.041*** (0.009)	—	0.044*** (0.009)	—	0.024*** (0.006)
Constant	3.274*** (0.108)	1.390*** (0.336)	—	—	—	—
Observations	4790	4129	4790	4129	4790	4129
R^2	0.366	0.434	—	—	—	—

注：括号中为稳健标准差，***$p<0.01$，**$p<0.05$，*$p<0.1$。

15.6 结论

基于世界价值观调查（WVS）中国部分的四次调查数据，本章检验了信任与幸福感之间的关系。结论显示，在我国，信任对幸福感有显著的正向影响，信任导致更幸福。

人们经常说，被别人信任是一种幸福，这句话的逻辑是人们渴望被别人信任，但很少有人想到，这种幸福的来源是别人在给予信任。如果社会的每一个人都在等待别人给予自己信任，而自己不愿意信任别人，这就成了一个不信任的社会，也损失了人们的幸福感。

有人经常这样说："这年头，我谁也不相信，只相信我自己。"这是一种常见的防卫欺骗风险的态度，事实上，表明这种态度本身并不是快乐和幸福，而是无奈和痛苦。

人是社会中的人，离不开互动，离不开交易，而信任是所有互动和交易的润滑剂。不信任，就会失去很多机会，失去很多朋友，失去爱情，等等，让自己在社会中不知所措。一个简单的例子，妻子信任老公更幸福，还是不信任老公更幸福呢？一对天天猜疑的夫妻能幸福吗？信任他人，也快乐自己。

当然，当前中国存在的不信任状况不是说人们不愿意信任，而是不敢信任，因为信任可能让自己陷入陷阱。社会上的欺骗行为、不诚信行为增多必然导致不信任。因此，只要政府把诚信危机治理好了，信任问题也会迎刃而解。政府应该制定有效的措施来治理诚信危机，重建社会信任，这是建设社会主义和谐社会，提高人们幸福感的有效手段。

第 16 章 关于主观幸福感的访谈研究

16.1 访谈一

访问对象：高先生

访问地点：甘肃省平凉市庄浪县阳川乡台咀村

访谈请求：尊敬的受访者，我们是西南财经大学经济学院的研究生，受国家社科基金课题"国民幸福感理论与政策研究"课题组的委托，邀请志愿者作为我们的受访者，了解影响个体幸福感的因素，您的回答，我们将严格保密，访谈内容将归纳进课题成果，并为国家提供相应政策建议。

问：您对您的生活满意吗？不满意是 0，非常满意是 10，您的生活满意度是多少？

回答：9。

问：请依次列出最让您感觉生活满意的五个因素。

回答：医疗状况、工作、农业生活、收入、养老情况。

问：请依次列出最让您感觉生活不满意的五个因素。

回答：家庭生活、农村垃圾、果业发展缺乏人手、农村道路、物价。

问：宏观经济形势不好时，如经济不景气，会影响您的幸福感吗？为什么？

回答：不会，因为身处农村，并不会感受到宏观经济的状况，所以好不好自己并不会有什么感觉。

问：宏观经济形势不好时，如物价上涨太快，会影响您的幸福感吗？为什么？

回答：会的，物价直接与自己的生活挂钩，收入低物价高，自己的幸福感会降低。

问：宏观经济形势不好时，如失业率增加，会影响您的幸福感吗？为什么？

回答：不会，自己一直在家务农，所以不存在失业问题。

问：您的收入增加时，您的生活满意度会提高吗？

回答：会的，收入高了自己能买的东西就多了，会更开心的。

问：您的收入增加了，但别人收入增加得更快，您的收入比别人低，您的生活满意度会提高吗？

回答：不会。

问：社会贫富差距大，会影响您的幸福感吗？为什么？

回答：不会，农村生活体现不出贫富差距的增加。

问：您的住房状况对您的生活满意度是加分还是减分，为什么？

回答：加分，三年前刚刚新建了房子，住在新房子里自己还是很满意的。

问：您的婚姻状况对您的生活满意度是加分还是减分，为什么？

回答：加分，妻子是家庭妇女，家里里里外外全靠妻子打理，对家庭的帮助非常大。

问：您的工作状况对您的生活满意度是加分还是减分，为什么？

回答：没有变化，因为一直在家务农，工作状况并没有发生什么改变。

问：您的生育状况对您的生活满意度是加分还是减分，为什么？

回答：加分，因为两个孩子很争气，在家也很体贴父母，有了俩孩子，自己的生活更开心了。

问：您的健康状况对您的生活满意度是加分还是减分，为什么？

回答：减分。感觉自己身体这两年越来越不好了。

问：若受访者是老年人，请问子女数量越多，是否越幸福？为什么？

回答：子女越多越幸福，因为子女争气，而且体贴父母，当然越多越幸福了！

问：请问子女外出务工，是否影响老人的生活满意度？为什么？

回答：子女都在家，无外出打工。

问：请问城镇医保是否提高您的生活满意度？若受访者是农村人口，请问新农合医保是否提高您的生活满意度？

回答：不满意，需要交的费用太高了。

问：您认为生活在大城市、中等城市、小城镇、乡村，哪一个让您生活最满意?

回答：农村。

问：您认为生态环境如空气质量是否会影响您的生活满意度？为什么？

回答：会的，环境不好了自己的身体也不会很好。

问：当前的法制环境（如司法公正、自由、腐败等）是否影响到您的生活满意度？为什么？

回答：不影响，因为这些问题距离自己太遥远了，自己并没有打过官司，所以并不会对自己产生什么影响。

问：您觉得您的或社会的人际关系、人际信任、社会道德等非正式制度方面是否影响到您的生活满意度？为什么？

回答：会的，因为人际关系、人际信任这些都与自己的生活密切相关，所以会影响到自己的生活满意度。

16.2　访谈二

访谈对象：马女士，现居成都

访谈地点：成都市温江区柳台大道555号

问：您对您的生活满意吗？不满意是0，非常满意是10，您的生活满意度是多少？

回答：8分。

问：请依次列出最让您感觉生活满意的五个因素。

回答：环境好、治安好、出行方便、购物方便、交通四通八达。

问：请依次列出最让您感觉生活不满意的五个因素。

回答：工资低、物价高、工作压力大。

问：宏观经济形势不好时，如经济不景气，会影响您的幸福感吗？为什么？

回答：会，经济不景气影响收入，会影响自己的幸福感。

问：宏观经济形势不好时，如物价上涨太快，会影响您的幸福感吗？为什么？

回答：会，物价上涨过快，工资不涨，幸福感会下降。

问：宏观经济形势不好时，如失业率增加，会影响您的幸福感吗？为什么？

回答：不会，自己快退休了。

问：您的收入增加时，您的生活满意度会提高吗？

回答：会。

问：您的收入增加了，但别人收入增加得更快，您的收入比别人低，您的生活满意度会提高吗？

回答：不会。

问：社会贫富差距大，会影响您的幸福感吗？为什么？

回答：不会，知足常乐。

问：您的住房状况对您的生活满意度是加分还是减分，为什么？

回答：不加不减，因为是普通住房。

问：您的婚姻状况对您的生活满意度是加分还是减分，为什么？

回答：加分，夫妻和睦，生活很幸福。

问：您的工作状况对您的生活满意度是加分还是减分，为什么？

回答：减分，工作时间太长。

问：您的生育状况对您的生活满意度是加分还是减分，为什么？

回答：加分，只有一个孩子，负担少。

问：您的健康状况对您的生活满意度是加分还是减分，为什么？

回答：加分，经常锻炼，身体很好。

问：若受访者是老年人，请问子女数量越多，是否越幸福？为什么？

回答：不一定吧，不太清楚这个问题。

问：请问子女外出务工，是否影响老人的生活满意度？为什么？

回答：会，老人没有天伦之乐可享，肯定会影响生活满意度。

问：请问城镇医保是否提高您的生活满意度？

回答：提高了。

问：您认为生活在大城市、中等城市、小城镇、乡村，哪一个让您生活最满意？

回答：中等城市。

问：您认为生态环境如空气质量是否会影响您的生活满意度？为什么？

回答：会，环境差，空气差会影响身体健康。

问：当前的法制环境（如司法公正、自由、腐败等）是否影响到您的生活满意度？为什么？

回答：一定程度上会吧，法制环境好的话，会有一个安定的生活环境。

问：您觉得您的或社会的人际关系、人际信任、社会道德等非正式制度方面是否影响到您的生活满意度？为什么？

回答：会，生活中会遇到有些不可理喻的人，让人非常生气。

16.3 访谈三

受访者：韦先生

访谈时间：2019年9月5日

访谈地点：广西壮族自治区柳州市弯塘路24号龙中大院

问：您对您的生活满意吗？不满意是0，非常满意是10，您的生活满意度是多少？

回答：7分。

问：请依次列出最让您感觉生活满意的五个因素。

回答：退休后生活有保障、朋友多、子女成家立业、社会安全安定、家庭和睦。

问：请依次列出最让您感觉生活不满意的五个因素。

回答：子女不在身边、亲戚之间关系不算很好、物价高、房价高、身体不是很好。

问：宏观经济形势不好时，如经济不景气，会影响您的幸福感吗？为什么？

回答：会，物价上涨，理财产品收益低。

问：宏观经济形势不好时，如物价上涨太快，会影响您的幸福感吗？为什么？

回答：会，买什么都贵，买菜都比以前少了。

问：宏观经济形势不好时，如失业率增加，会影响您的幸福感吗？为什么？

回答：不会，已经退休。

问：您的收入增加时，您的生活满意度会提高吗？

回答：会，收入多了当然高兴。

问：您的收入增加了，但别人收入增加得更快，您的收入比别人低，您的生活满意度会提高吗？

回答：会。

问：社会贫富差距大，会影响您的幸福感吗？为什么？

回答：会，富人消费奢侈，穷人吃穿成问题，社会没有节俭风气。

问：您的住房状况对您的生活满意度是加分还是减分，为什么？

回答：减分，房子小，老旧。

问：您的婚姻状况对您的生活满意度是加分还是减分，为什么？

回答：加分，夫妻感情好，偶尔吵架但不影响感情，生活上互相扶持。

问：您的工作状况对您的生活满意度是加分还是减分，为什么？

回答：加分，工作稳定，不算很辛苦，且已退休。

问：您的生育状况对您的生活满意度是加分还是减分，为什么？

回答：加分，一儿一女，很多人羡慕，儿女每月都给生活费。

问：您的健康状况对您的生活满意度是加分还是减分，为什么？

回答：减分，身体小毛病多，经常吃药。

问：若受访者是老年人，请问子女数量越多，是否越幸福？为什么？

回答：否，儿女在身边时觉得幸福，现在他们都在外地定居，不经常回来，有什么他们也帮不上。

问：请问子女外出务工，是否影响老人的生活满意度？为什么？

回答：是，需要帮忙找不上，不在身边觉得不踏实。

问：请问城镇医保是否提高您的生活满意度？若受访者是农村人口，请问新农合医保是否提高您的生活满意度？

回答：是。

问：您认为生活在大城市、中等城市、小城镇、乡村，哪一个让您生活最满意？

回答：中等城市。

问：您认为生态环境如空气质量是否会影响您的生活满意度？为什么？

回答：会，对身体不好。

问：当前的法制环境（如司法公正、自由、腐败等）是否影响到您的生活满意度？为什么？

回答：否，平时生活接触不到这些。

问：您觉得您的或社会的人际关系、人际信任、社会道德等非正式制度方面是否影响到您的生活满意度？为什么？

回答：是，邻居、朋友之间关系好心情也好，需要帮助时也方便。

16.4 访谈四

访问对象：李女士，53 岁
访问地：四川省成都市温江区柳浪湾街道

问：您对您的生活满意吗？不满意是 0，非常满意是 10，您的生活满意度是多少？

回答：还算比较满意，8 分。

问：请依次列出最让您感觉生活满意的五个因素。

回答：子女孝顺、个人身体状况、婚姻关系、店铺收入、邻里关系。

问：请依次列出最让您感觉生活不满意的五个因素。

回答：物价水平、孙辈教育、房价、子女婚姻、环境状况。

问：宏观经济形势不好时，如经济不景气，会影响您的幸福感吗？为什么？

回答：有一定影响，影响进货和销售情况。

问：宏观经济形势不好时，如物价上涨太快，会影响您的幸福感吗？为什么？

回答：影响比较明显，生活成本提高，幸福感下降。

问：宏观经济形势不好时，如失业率增加，会影响您的幸福感吗？为什么？

回答：这个影响不大，自己有店铺，子女工作稳定。

问：您的收入增加时，您的生活满意度会提高吗？

回答：会，但现在整体已经比较满意，没有很大追求。

问：您的收入增加了，但别人收入增加得更快，您的收入比别人低，您的生活满意度会提高吗？

回答：不会，这个没什么感觉。

问：社会贫富差距大，会影响您的幸福感吗？为什么？

回答：不会，感觉不到贫富差距很明显。

问：您的住房状况对您的生活满意度是加分还是减分，为什么？

回答：加分，能住更大的房子会让生活更舒适。

问：您的婚姻状况对您的生活满意度是加分还是减分，为什么？

回答：加分，和老伴现在生活比较和睦。

问：您的工作状况对您的生活满意度是加分还是减分，为什么？

回答：加分，但是影响不大，生意情况比较稳定。

问：您的生育状况对您的生活满意度是加分还是减分，为什么？

回答：加分，总体来说孩子很孝顺，但是个别婚配问题很困扰。

问：您的健康状况对您的生活满意度是加分还是减分，为什么？

回答：加分，身体情况比较好，还能打理店铺。

问：若受访者是老年人，请问子女数量越多，是否越幸福？为什么？

回答：不一定，子女也有很多麻烦，但是自己的孩子还算可以。

问：请问子女外出务工，是否影响老人的生活满意度？为什么？

回答：感觉不明显，子女都在温江定居。

问：请问城镇医保是否提高您的生活满意度？若受访者是农村人口，请问新农合医保是否提高您的生活满意度？

回答：还是有提高，看病方便一些了。

问：您认为生活在大城市、中等城市、小城镇、乡村，哪一个让您生活最满意？

回答：就现在的温江吧，算中等城市。

问：您认为生态环境如空气质量是否会影响您的生活满意度？为什么？

回答：有一定影响，对身体健康会有影响。

问：当前的法制环境（如司法公正、自由、腐败等）是否影响到您的生活满意度？为什么？

回答：社会在变好还是好的，但是对我个人没有很大影响，不会涉及这些方面。

问：您觉得您的或社会的人际关系、人际信任、社会道德等非正式制度方面是否影响到您的生活满意度？为什么？

回答：有的，和邻里相处更和睦会让我心情更愉快。

16.5 小结

访谈研究旨在通过特殊验证一般。访谈的问题围绕本研究的一些主题。总的说来，个体的访谈内容与我们得到的一些结论基本吻合。访问的四位受访者生活满意度在10分量表中分别是9、8、7、8，属于比较满意。宏观经济会影响居民的主观幸福感，特别是通货膨胀，一位受访者说，物价上涨，买菜都买得更少了，生活成本上升会降低幸福感；经济不景气时，店铺的生意会受到影响。失业率上升，对四位受访者似乎影响不大，原因是他们不属于失业者类型，有退休人员、农民、即将退休人员、自己开店的自我雇佣者。

当收入提高时，会提高生活满意度，这是一致的结论。当收入增加，但别人收入增加得更快，导致收入比别人低时，有受访者表示生活满意度会受到影响，也有人表示不会受影响。当社会贫富差距拉大时，有人表示受影响，有钱的人奢侈，把风气带坏了，有人表示不会受影响，理由是要知足常乐，或者贫富差距不明显。住房会影响幸福感，居住条件好会让幸福感加分，居住老旧房子会减分。婚姻状况会影响生活满意度，夫妻感情好，和老伴生活和睦会使幸福感加分。工作状况会影响生活满意度，工作稳定，不算很辛苦，且已退休，经营店铺生意稳定会提高生活满意度，工作压力大，工作时间太长会降低幸福感。一子一女、孩子孝顺、孩子很争气会增进幸福感，孩子个别婚配问题会造成困扰，子女数量越多不一定越幸福，子女多也有很多麻烦，儿女在身边时觉得幸福，子女在外地定居，不经常回来，有什么他们也帮不上忙。健康状况会影响生活满意度，身体好加分，身体不好减分。子女外出务工，会影响老人的生活满意度，因为需要帮忙找不上，不在身边觉得不踏实，老人享受不到天伦之乐。医保制度会提高生活满意度，看病方便一些了。受访者认为中等城市会让生活最满意。生态环境如空气质量会影响生活满意度，原因是空气不好对身体不好。法制环境对生活满意度的影响态度不一，有受访者认为一定程度上会造成影响，法制环境好的话，会有一个安定的生活环境，也有受访者认为平时生活接触不到这些，因此不受影响。但是，社会的人际关系、人际信任、社会道德等非正式制度会影响生活满意度，这是一致的观点，邻居、朋友之间关系好心情也好，需要帮助时也方便。

当然，也有一些比较有意思的观点。甘肃农村的大伯认为农村垃圾、果业发展缺乏人手、农村道路让他的生活满意度下降。宏观经济不景气时，失业率增加，不会影响他的生活满意度，理由是身处农村，对宏观经济的感受不明显，好不好自己并不会有什么感觉，自己一直在家务农，所以不存在失业问题。社会贫富差距增大，也不会影响其幸福感，原因是农村生活体现不出贫富差距的增加。对新农合医保表示没有提供他的生活满意度，理由是需要交的费用太高了。老伯认为，生活在农村比生活在大城市、中等城市、小城镇更让他觉得满意。成都一位女士受访者认为，宏观经济形势不好时，失业率增加，并不会影响她的幸福感，原因是她有工作，自己快退休了，她对社会贫富差距也表现出良好的心态，不会影响她的幸福感，因为知足常乐，她认为工作对她的生活满意度是减分，因为工作时间太长，她认为社会人际关系、人际信任、社会道德等非正式制度会影响其生活满意度，生活中会遇到有些不可理喻的人，让人非常生气。

第17章　增进居民幸福感的对策

17.1　关于政府政策的幸福哲学

关于促进幸福的政策，有两种截然不同的观点：一种观点认为幸福是个人的事情，政府不应该干涉；另一种观点认为，提升国民的幸福感，是政府义不容辞的责任。

康德的自由哲学把个人幸福和政府主张的幸福目标分离开来，康德认为，任何行动只要与自由一致就是正确的。若意志不受任何束缚而自己实现自我，就是意志自由。当个人的行动被看成普遍接受的准则时，其意志准则就成为一条普遍立法原则。这样的准则不是外在的力量强加的，而是出自人们内心的自律。康德将幸福与自由统一在一起，康德写道："没人能够强迫我按照他的方式，根据他对幸福的观念来追求幸福，每个人可以追求他自己的幸福，以似乎对他最好的方式，只要他不侵犯其他人的自由。政府如果对人民仁慈，像父亲对孩子一样，不能告诉他们什么是真正的好或坏。"政府对个人家长式的干预以实现集体所称的幸福，并不是合理的法律。马克思也认为，物质和精神都能够得到自由的满足，这才是人最根本的幸福。根据这种哲学，国家应该保障每个个体自由的权利，个体追求他自我选择的生活计划，国家对人民幸福的影响要尽可能少，既没有权力去实现国民的幸福，也没有义务，但是，每个人都有权利以他认为最好的方式去追求幸福（Bayertz & Gutmann, 2011）。

Bayertz & Gutmann（2011）基于自由主义哲学，提出下面两条论断：第一，人的幸福根本上是个体的，使某个人 X 幸福的东西并不必然使 Y 这个人幸福。第二，只有个人知道什么使他幸福。甚至于，人们是否准确地认识到他是否幸福，人们是否能够准确地认识到什么因素使他们幸福，都是一个问题。对幸福的评估涉及情感评价和认知评价，这两者并不总是一致，因此，人们经常对自己的状况有错误或过高的评估。从这种意义上说，幸福是主观的状态，政府旨在提高人们幸福感的政策并不符合个人的意志，因而使人们不幸福而不是促进他们的幸福。

个人对自己的幸福都不清楚，政府更不可能清楚。政府可能基于对幸福的经验研究来制定政策，但是，这些研究可能是不充分的、不科学的结论，因而误导政府的政策。针对反对政府干预国民幸福，Bayertz & Gutmann（2011）提出三条论断：第一，国家和法律的存在不是为了国民幸福，而是为了其他东西如安全，促进国民幸福不是国家或法律的任务。第二，国家开始关注公民的幸福迟早会落入家长式威权政策，甚至最终是幸福独裁主义。第三，政策和法律处理东西的分配，这些东西确实与幸福有关，但这些东西的分配不能根据幸福最大化准则。

美国《独立宣言》认为追求幸福是一种不可剥夺的权利。美国的治理哲学强调个人的权利去追求各自的幸福，但是不将公民幸福的责任落在政府肩上。在美国，没有明确的政策要求政府去发展公民物质上或心理上的福祉，也没有这样的部门负责任何意义上的民众幸福。直到1972年，世界上没有正式的政府政策把国民的幸福作为施政的主要准则。1972年，不丹提出总国民幸福（GNH, Gross National Happiness）的施政哲学。

另外一种观点认为，政府应该为民众的幸福努力。Layard（2005）提出，政府应该革新，国民幸福应该成为施政目标。在美国，虽然生活水平翻倍地提高了，但人们并没有变得更幸福。在英国，尽管实际收入取得了巨大的增加，但是幸福水平却保持静止不变。日本也在上演同样的故事。因此，依赖经济增长来获得幸福的幸福哲学是失败的，需要更精确的增进人们幸福的政策（Bayertz & Gutmann, 2011）。

政府对国民幸福的责任是一种古老的思想。亚里士多德提出，促进国民幸福是国家的首要任务。德国思想家 Christian Wolff 主张家长式国家，统治者对国民就像父亲对孩子，当局有责任照顾好公共福利和安全，并采取各种措施增进国民的福利或安排他们的行动以实现这一需要。这种思想使个人无法享有采取他们认为合适的行动且免遭国家干预的自由。人们给家长式威权授予合理性，国民把幸福寄托在政府的好政策身上，而不是通过他们自己的努力。

对于国家或法的作用，可以回到霍布斯的思想。在一个自然状态，是一个弱肉强食的世界，陷入每个人对每个人的战争状态。人与人之间永无休止地相互争斗，保全自己，伤害他人。实际上，每个人都没有安全感，更谈不上幸福感，人们对死于暴力和危险的恐惧使人们寻求和平、信守和平。为了走出人人为战的自然状态，获得永久的和平与安全，人们自愿放弃一些权利。霍布斯认为，必须建立起一个权威，即国家；国家要宣布什么是公道、正义、道德并使它们具有约束力，权威者颁布法令，并对违反者施加惩罚。国家的运作需要物质基础，人们应该依法纳税，这属于人们自愿放弃的部分权利。国家一旦成立，人们应该服从所在国家的法律义务，这是你为了获得和平和安全自愿授权的国家应有的权力。如果人们自觉地遵守国家规定的法律规则，加强对自己的行为约束，国家实际上实施的惩罚就会很少，对公民的纳税义务也会相应减少。人们自愿放弃的权利，既包括作为纳税的那部分私人财产权利，也包括自动放弃的实施恶行的权利。放弃这些权利换来的是国家对你的保护，这是人们和国家达成的社会契约。国家通过法律保护每一个人的正当权益，从而实现了安全、发展和幸福。亚当·斯密提出国家及作为代言人的政府有三项基本职能：第一，保护社会，使其不受其他国家（或社会）的侵犯，这需要建立有力的国防；第二，保护每个社会成员，使其不受其他社会成员的侵犯，这需要强力的、公正的法律秩序；第三，建设公共设施，对这些公共物品，市场机制是失灵的，需要政府建设和维护。因此，政府通过有关政策促进国民的幸福，是有思想基础和理论逻辑的。

17.2 提升居民幸福感的政策建议

17.2.1 提高居民收入水平

收入是影响居民幸福感的核心因素。不断增长的财富水平有助于人们提升幸福感。人类社会享受着经济发展带来的福利改进。微观经济学的消费者行为理论得出，马歇尔需求函数 $X_1(P_1, P_2, I)$ 与预算收入有关，间接效用函数也与预算收入有关。随着收入水平提高，人们吃得越来越好，穿得越来越好，住得越来越好，交通越来越便捷，信息获取越来越便捷，享受更好的教育和医疗健康，旅游娱乐休闲消费也越来越多，因此，要千方百计地提高人民群众的收入水平。党的十九大报告强调："中国特色社会主义进入新时代，我国社会主要矛盾已经转化为人民日益增长的美好生活需要和不平衡不充分的发展之间的矛盾。发展是解决我国一切问题的基础和关键,要坚持科学发展,坚定不移贯彻创新、协调、绿色、开放、共享的发展理念。发展是为了人民,增进民生福祉是发展的根本目的。必须多谋民生之利、多解民生之忧,在发展中补齐民生短板、促进社会公平正义,在幼有所育、学有所教、劳有所得、病有所医、老有所养、住有所居、弱有所扶上不断取得新进展,深入开展脱贫攻坚,保证全体人民在共建共享发展中有更多获得感,不断促进人的全面发展、全体人民共同富裕。"①

17.2.2 提升就业水平

劳动是劳动者的幸福源泉。马克思指出,劳动是人的第一需要。一方面,人们在劳动过程中创造了价值,也体现了自身的价值。另一方面,劳动者会获得收入,收入是影响人们幸福感的核心因素。Frey & Stutzer (2002) 指出,如果说低收入是失业造成的,那么为了改进幸福感,政府政策应该指向提供恰当的就业水平。经济学家 Arthur Okun 提出痛苦指数 (misery index) 的概念,将失业率和通货膨胀水平简单相加得到痛苦指数。较高的失业率和糟糕的通胀水平都将导致经济和社会损失,导致人们陷入痛苦。有研究表明,公众对于通货膨胀的忍受力是失业的 1.6 倍,因此,失业相比通胀更让人痛苦,有人认为痛苦指数应该是(通货膨胀百分比/1.6)+失业率百分比。党的十九大报告强调:"就业是最大的民生。要坚持就业优先战略和积极就业政策,实现更高质量和更充分就业。大规模开展职业技能培训,注重解决结构性就业矛盾,鼓励创业带动就业。提供全方位公共就业服务,促进高校毕业生等青年群体、农民工多渠道就业创业。破除妨碍劳动力、人才社会性流动的体制机制弊端,使人人都有通过辛勤劳动实现自身发展的机会。"②

17.2.3 稳定物价水平

通货膨胀使人们持有的财富贬值,特别是货币财富。微观经济学的消费者行为理论指出,物价上涨,会减小消费者的预算集,马歇尔需求函数 $X_1(P_1, P_2, I)$ 与物价水平有关,间接效用函数也取决于物价水平和预算收入。痛苦指数包含了通货膨胀指标。当物价不断上涨时,若收入水平没

---

① 习近平:《决胜全面建成小康社会 夺取新时代中国特色社会主义伟大胜利——在中国共产党第十九次全国代表大会上的报告》,载《人民日报》(海外版) 2017 年 10 月 18 日第 4 版。
② 同上。

有同步提高，人民群众会感到切切实实的痛苦。房价越来越高，教育、医疗价格让居民感到很大的压力。2019年，由于非洲猪瘟和环保政策叠加，猪肉价格暴涨，从年初12元一斤涨到年尾的40元一斤，城乡居民切实感受到生活的压力。在成都某菜市有大妈们抱怨："40块一斤，好吓人，我一辈子都没见过，今年不过年了。"

17.2.4　控制贫富差距

收入差距过大对居民幸福感有不利影响。社会贫富差距过大，会造成犯罪率过高、社会治安不好、阶层对立、不信任等社会不稳定因素，也会影响高收入阶层的幸福感。贫富差距过大，会造成社会普遍的焦虑，人们担心陷入贫困。政府要通过合理的政策控制贫富差距，促进共同富裕。再分配政策可以把高收入者的一部分财富转移给低收入者。通过转移支付扶持低收入者。党的十九大报告指出："要坚决打赢脱贫攻坚战，让贫困人口和贫困地区同全国一道进入全面小康。坚持精准扶贫、精准脱贫，重点攻克深度贫困地区脱贫任务，确保到二〇二〇年我国现行标准下农村贫困人口实现脱贫，贫困县全部摘帽，解决区域性整体贫困，做到脱真贫、真脱贫。"党的十九大报告强调，要统筹城乡社会救助体系，完善最低生活保障制度，完善社会救助、社会福利、慈善事业、优抚安置等制度，健全农村留守儿童和妇女、老年人关爱服务体系。发展残疾人事业，加强残疾康复服务。[①] 社会要加强扶贫救济的各种渠道，如民政部门社会救济、民间的慈善救助等。还要注重扶贫同扶志、扶智相结合，促进教育公平，强化义务教育，加强职业教育和培训，让所有人都有机会通过努力劳动和付出创造幸福的生活。

17.2.5　加强住房供给，改善住房条件

"家"字意指屋子里的猪，杜甫写下"安得广厦千万间，大庇天下寒士俱欢颜"的诗句。住房对人们的幸福感至关重要。中国人有购买住房的偏好。哪怕房价较高时，租房也越来越成为年轻人安居乐业的一种选择。政策应该加强住房供给，让人民住有所居。"坚持房子是用来住的、不是用来

---

① 习近平：《决胜全面建成小康社会 夺取新时代中国特色社会主义伟大胜利——在中国共产党第十九次全国代表大会上的报告》，载《人民日报》（海外版）2017年10月18日第4版。

炒的定位，加快建立多主体供给、多渠道保障、租购并举的住房制度。"①加大城市商品房土地供给，推进农村集体土地入市，控制商品房闲置，控制炒房行为。加强保障房建设，为中低收入住房困难家庭提供廉租住房、经济适用住房、政策性租赁住房、定向安置房等。

17.2.6 发展医疗保险和社会养老保险

医疗保险和社会养老保险都是为了应对不确定性。发展医疗保险和社会养老保险，居民购买或加入医疗保险和养老保险，有利于居民平抑不确定性风险，提升其幸福感。医疗保险让人们在面对伤病时能够病有所医，不至于因病致贫。养老保险应对老年人出人意料的寿命过长，年轻时的储蓄不足以支持年老时的支出。社会医疗保险和养老保险可以统筹个人的医疗支出和养老支出，平抑个人的风险。党的十九大报告强调："全面建成覆盖全民、城乡统筹、权责清晰、保障适度、可持续的多层次社会保障体系。全面实施全民参保计划。完善城镇职工基本养老保险和城乡居民基本养老保险制度，尽快实现养老保险全国统筹。完善统一的城乡居民基本医疗保险制度和大病保险制度。完善失业、工伤保险制度。"② 鼓励发展商业医疗保险和养老服务。

17.2.7 打造良好的法制环境

国家的一个职能是建立法律秩序，保护我们每一个个体免受他人的侵犯。在法律系统的保护下，每一个人有明确的预期，有安全感，使"有恒产者有恒心"，有助于人们集中精力创造生产力。良好的法制环境有利于塑造良好的社会秩序，减少犯罪率和侵犯他人权益的行为。党的十九大强调："坚持全面依法治国，建设社会主义法治国家，坚持依法治国、依法执政、依法行政共同推进，坚持法治国家、法治政府、法治社会一体建设，坚持依法治国和以德治国相结合。"③

17.2.8 建立良好的社会道德和社会信任

良好的社会道德和社会信任体系，就像润滑剂一样，规范着人们的行

---

① 习近平：《决胜全面建成小康社会 夺取新时代中国特色社会主义伟大胜利——在中国共产党第十九次全国代表大会上的报告》，载《人民日报》（海外版）2017年10月18日第4版。
② 同上。
③ 同上。

为,是降低社会交易成本的重要机制。法律只能约束懂法和守法的人。要坚持依法治国和以德治国相结合。习近平总书记指出:"法律是成文的道德,道德是内心的法律,法律和道德都具有规范社会行为、维护社会秩序的作用。治理国家、治理社会必须一手抓法治、一手抓德治,实现法律和道德相辅相成、法治和德治相得益彰。要发挥好法律的规范作用,以法治体现道德理念、强化法律对道德建设的促进作用。要发挥好道德的教化作用,以道德滋养法治精神、强化道德对法治文化的支撑作用。"① 党的十九大指出,"要提高人民思想觉悟、道德水准、文明素养,提高全社会文明程度。深入实施公民道德建设工程,推进社会公德、职业道德、家庭美德、个人品德建设"②。社会诚信是人民美好生活需要的一部分。社会主义核心价值观也包含了"诚信",党的十六大提出,"以诚实守信为重点,加强社会公德、职业道德和家庭美德教育"。十六届三中全会强调,"增强全社会的信用意识,政府、企事业单位和个人都要把诚实守信作为基本行为准则"。社会主义荣辱观中,把"以诚实守信为荣,以见利忘义为耻"作为其内容之一。党的十七届六中全会指出要"把诚信建设摆在突出位置,抓紧建立健全覆盖全社会的诚信体系"。党的十八大报告六次出现"诚信"二字,主张"加强政务诚信、商务诚信、社会诚信和司法公信建设"。十八届五中全会指出要"加强思想道德建设和社会诚信建设"。国家"十三五"规划纲要提出要"加强综合监督和诚信建设","加快推进政务诚信、商务诚信、社会诚信和司法公信等重点领域信用建设,推进信用信息共享,健全激励惩戒机制,提高全社会诚信水平"。

17.2.9 保护生态环境

随着经济不断发展,人们的生活水平不断提高,对生态环境也提出更高的要求。冬天城市的雾霾让人难以呼吸,人们渴望清洁的空气和碧水蓝天。减少空气污染、水污染、固体废弃物污染,甚至光污染、噪声污染等。坚持绿色发展,"建设生态文明,践行绿水青山就是金山银山的理念,坚持节约资源和保护环境的基本国策,像对待生命一样对待生态环境,统筹山水林田湖草系统治理,实行最严格的生态环境保护制度,形成绿色发展方

---

① 中共中央宣传部:《习近平总书记系列重要讲话读本(2016年版)》,学习出版社、人民出版社2016年版。

② 习近平:《决胜全面建成小康社会 夺取新时代中国特色社会主义伟大胜利——在中国共产党第十九次全国代表大会上的报告》,载《人民日报》(海外版)2017年10月18日第4版。

式和生活方式，坚定走生产发展、生活富裕、生态良好的文明发展道路，建设美丽中国"[①]。着力解决突出环境问题，加大生态系统保护力度，改革生态环境监管体制，坚决制止和惩处破坏生态环境行为。

17.2.10 保持合理的城市规模

随着城镇化不断推进，人口不断向城市和城镇集中，城市越来越大。大城市病在一些特大城市、大城市显现，如交通拥堵，通勤时间过长，城市空气污染，教育、医疗等公共服务压力倍增。因此，要保持合理的城市规模，城镇化不是说城市越大越好。北京已经开始疏解市区人口规模，推进副中心建设和雄安新区建设。类似的大城市也应该疏解市区人口，通过副中心建设或新区建设，把城市的部分职能向外围拓展，缓解中心城区的人口、交通、公共服务、生态环境等方面的压力。

17.3 对个体提升幸福感的建议

17.3.1 遗传基因决定了幸福水平的一半

定点理论认为，幸福是个人固有的特征，一些人天生就比其他人更幸福，幸福是由个人的遗传基因决定的，外部环境只能略微或暂时影响幸福水平。大约50%的幸福水平的差异由基因决定。这种意义上说，幸福感是一种主观心理评价，个人的基因由父母给定，是否幸福，部分也是天意。

17.3.2 提高收入

财富是幸福的决定因素。不管是绝对收入还是相对收入，都是提高幸福感的重要因素。收入带来购买力，人们从购买消费中获得效用。相对收入的比较还关系到尊严和社会地位。每个个体都应该努力学习、努力工作，努力创造，管理好自己的财富，挣得更高的收入，赢得更多的财富是提升个体和家庭幸福的最重要法宝。

[①] 习近平：《决胜全面建成小康社会 夺取新时代中国特色社会主义伟大胜利——在中国共产党第十九次全国代表大会上的报告》，载《人民日报》（海外版）2017年10月18日第4版。

17.3.3 努力工作

一般说来，工作会影响个体的幸福水平。有全职工作比兼职工作要好，有兼职的工作比没有工作要好。工作是否稳定、工作的种类、工作的时间、在工作中的地位等也会影响个体的幸福水平。工作状况还会影响家人的幸福水平。对于我们每个个体来说，应该努力学习，接受好的教育，寻找合适自己的工作，失业者应该努力寻找工作。即使没有稳定的工作，也要寻求兼职工作或志愿服务等工作内容。然而，有工作不一定与更高的幸福感相关联，工作也会带来不幸福因素，如工作内容、工作压力、通勤、工作环境等，也让人们烦恼不堪。

17.3.4 进入并维护婚姻

总体来说，结婚的人比没结婚的人幸福感更高。离异的人不见得能实现比婚姻状态更高的幸福感。笔者倡导个体努力进入婚姻，并努力维护好婚姻。尽管现实的压力如买房、买车、子女养育等确实造成了部分婚姻障碍，婚姻还是值得期待的。在婚姻问题上，不主张追求最优化，满意就好，过得去就好，有婚姻比没有婚姻要好。

17.3.5 要生育，但不要生育过多孩子

生育孩子的数量对幸福感是负向影响，因此，主张生育一个孩子或两个孩子。人都会老去，有孩子比没孩子要好，生育孩子是人类繁殖自身的客观需要。但不主张生育过多的孩子，主要的原因是养育孩子的成本太高。孩子的数量质量权衡理论（QQ 理论）认为，孩子数量过多，会降低孩子的生活质量，因为家庭的资源是稀缺的，过多孩子会稀释家庭的资源，不但降低家庭的幸福感，也影响孩子生活的质量。

17.3.6 年龄：中年人幸福感最低

主观幸福感与年龄呈现 U 形关系。儿童和少年有较高的幸福感，你若是中年，事业上的压力、家庭上的压力加重了你的负担，幸福感在中年阶段最低。好在进入年老阶段，你的幸福感又会提升。

17.3.7 性别：男性的幸福感比女性要低

女性比男性的幸福感更高，也许是因为女性更会享受生活，男性的社会压力更大。在父系社会，男性被赋予了更多的社会责任，养家糊口更多

是男性的责任，社会规范带给男性更多的压力。

17.3.8 保持健康

健康状况越好，个人的幸福感越高。重视你的身体健康，健康是1，后面全是0，没了健康，什么都是白搭。你是单位的草，但你是家里的天，不要太劳累，爱护好身体健康，有了好的身体，一切皆有可能。

17.3.9 接受更多的教育

教育对幸福感有两种相反的影响：一是教育水平越高，工作越能令人有成就感，收入就会越好，对幸福感是正向效应；二是教育水平越高，期望值越高，社会比较的压力也越大。从我国的数据来看，受教育程度越高的人幸福感也越高。要利用各种机会接受更多的教育，活到老学到老。

17.3.10 不盲目信仰宗教

虽然大多数的研究认为有宗教信仰的人相比没有宗教信仰的人幸福感更高，但基于中国的微观数据发现，信仰宗教会降低人们的幸福感。数据得出，中共党员相比其他人员幸福感更高。共产党员是彻底的无神论者。

17.3.11 信任他人

虽然我国社会流行着"不要和陌生人说话"，不信任他人，但数据显示，信任他人会让自己更幸福。信任是一种乐观的心态。虽然可能陷入被骗的风险，但总体上，社会还是好人多，信任的心态也会给自己带来更多机会。

17.3.12 选择理想居住地

户籍对居民幸福感的影响不具有统计显著性。居住在农村的居民幸福感更高，居住在中等规模城市的居民幸福感更高。不建议盲目涌进北上广深等特大城市。哪里宜居、宜业、宜人，就在哪里工作生活吧。例如成都就是一座宜居、宜业、宜人的城市，成都市民的幸福感数年连续排在全国第一位。

参考文献

ABOUNOORI E, ASGARIZADEH D. Macroeconomic factors affecting happiness [J]. International Journal of Business & Development Studies, 2013, 5 (1): 5 –22.

ACKERMAN N, PAOLUCCI B. Objective & subjective income adequacy: Their relationship to perceived life quality measures [J]. Social Indicators Research: An International & Interdisciplinary Journal for Quality-of-Life Measurement, 1983, 12 (1): 25 –48.

AKNIN L B, DUNN E W, SANDSTROM G M, et al. Does social connection turn good deeds into good feelings? On the value of putting the social in prosocial spending [J]. International Journal of Happiness & Development, 2013 (1): 155 –171.

ALESINA A, TELLA R D, MACCCULLOCH R. Inequality and happiness: Are Europeans and Americans different? [J]. Journal of Public Economics, 2004, 88: 9 –10.

ANDERSSON P. Happiness and health: Well-being among the self-employed [J]. Journal of Socio-Economics, 2008, 37 (1): 230 –236.

ANDREW J. Happiness and economic performance [J]. The Economic Journal, 1997, 107.

ANDREWS F M, WITHEY S B. Social Indicators of Well-Being [M]. Springer, 1976.

ANGELES L. Children and life satisfaction [J]. Journal of Happiness Studies, 2010, 11 (4): 523 –538.

ANGRAVE D, CHARLWOOD A. What is the relationship between long working hours, over-employment, under-employment and the subjective well-being of workers? Longitudinal evidence from the UK [J]. Human Relations, 2015, 68 (9): 1491 –1515.

ANIELSKI M. Genuine wealth: Building economies of well-being [J]. Environments, 2007, 35 (1): 97.

ANIELSL M. The Economics of Happiness: Building Genuine Wealth [M]. New Society Publishers, 2007.

ANIK L, AKNIN L B, NORTON M I, et al. Feeling good about giving: The benefits (and costs) of self-interested charitable behavior [J]. Harvard Business School Marketing

Unit Working Paper, 2009: 10 - 12.

APPLETON S, SONG L. Life satisfaction in urban China: Components and determinants [J]. World Development, 2008, 36 (11): 2325 - 2340.

ARGYLE M, LU L. Happiness and social skills [J]. Personality and Individual differences, 1990, 11 (12): 1255 - 1261.

ARGYLE M. Causes and Correlates of Happiness [M] //Kahneman D, Diener E, Schwarz N. (Eds.) Well-being: The Foundations of Hedonic Psychology. New York: Russell Sage Foundation, 1999.

ARKES H R, HERREN L T, ISEN A M. The role of potential loss in the influence of affect on risk-taking behavior [J]. Organizational Behavior and Human Decision Processes, 1988, 42 (2): 181 - 193.

BECCHETTI L, CASTRIOTA S, BEDOYA D A L. Climate, happiness and the Kyoto protocol: Someone does not like it hot [J]. Centre for Economic and International Studies (CEIS) Working Paper, 2007, 247.

BENNETT D L, NIKOLAEV B, AIDT T S. Institutions and well-being [J]. European Journal of Political Economy, 2016, 45: 1 - 10.

BERTRAM-HÜMMER V, BALIKI G. The role of visible wealth for deprivation [J]. Social Indicators Research, 2015, 124 (3): 765 - 783.

BINDER M, COAD A. Life satisfaction and self-employment: A matching approach [J]. Small Business Economics, 2013, 40 (4): 1009 - 33.

BJØRNSKOV C, DREHE A, FISCHER J A V. On decentralization and life satisfaction [J]. Economics Letters, 2008, 99 (1): 147 - 151.

BJØRNSKOV C, DREHER A, FISCHER J A V. Formal institutions and subjective well-being: Revisiting the cross-country evidence [J]. European Journal of Political Economy, 2010, 26 (4): 419 - 430.

BJØRNSKOV C, DREHER A, FISCHER J A V. The bigger the better? Evidence of the effect of government size on life satisfaction around the world [J]. Public Choice, 2007, 130 (3 - 4): 267 - 292.

BJØRNSKOV C. The happy few: Cross-country evidence on social capital and life satisfaction [J]. Kyklos, 2003, 56 (1): 3 - 16.

BJØRNSKOV C. The multiple facets of social capital [J]. European Journal of Political Economy, 2006, 22 (1): 22 - 40.

BLANCHFLOWER D G, BRYSON A. What effect do unions have on wages now and would Freeman and Medoff be surprised? [J]. Journal of Labor Research, 2004, 25 (3): 383 - 414.

BLANCHFLOWER D G, OSWALD A J. Is well-being U-shaped over the life cycle? [J]. Social Science and Medicine, 2008, 66 (8): 1733 - 1749.

BLANCHFLOWER D G, OSWALD A J. Well-being over time in Britain and the USA [J]. Journal of Public Economics, 2004, 88 (7-8): 1359-1386.

BLANEY P H. Affect and memory: A review [J]. Psychological Bulletin, 1986, 99 (2): 229.

BONSANG E, KLEIN T. Retirement and subjective well-being [J]. Journal of Economic Behavior and Organization. 2012, 83 (3): 311-29.

BOWER G H, COHEN P R. Emotional influences in memory and thinking: Data and theory [J]. Affect and Cognition, 1982, 1.

BRAJŠRAJŠA-ŽGANEC A, MERKAŠ M, ŠVERKO I. Quality of life and leisure activities: How do leisure activities contribute to subjective well-being? [J]. Social Indicators Research. 2011, 102 (1): 81-91.

BRICKMAN P, COATES D, JANOFF-BULMAN R. Lottery winners and accident victims: Is happiness relative? [J]. Journal of Personality and Social Psychology, 1978, 36 (8): 917-927.

BROCKMANN H, DELHEY J, WELZEL C, et al. The China puzzle: Falling happiness in a rising economy [J]. Journal of Happiness Studies, 2008, 10: 387-405.

BROWN P, NANCY T, TYPE A. Marital adjustment, and life stress [J]. Journal of Behavioral Medicine, 1986, 9: 491-502.

BRULÊ G, VEENHOVEN R. Freedom and happiness in nations: Why the Finns are happier than the French [J]. Psychology of Well-Being, 2014, 4 (1): 17.

BRUNI L S. Watching alone: Relational goods, television and happiness [J]. Journal of Economic Behavior and Organization, 2008 (65): 506-528.

BUCCHIANERI G W. The American dream or the American delusion? The private and external benefits of homeownership: working paper. the Wharton School of Business, 2009.

CALINO G A. Manufacturing agglomeration economies as return to scale: A production approach [J]. Papers of the Regional Science Association, 1982 (50): 95-108.

CAMPBEL A, CONVERSE P E, RODGERS W L. The Quality of American Life [M]. New York: Russell Sage Foundation, 1976.

CAMPBEL A. The sense of well-being in America: Recent patterns and trends [M]. New York: McGraw Hill, 1981.

CAMPBELL A. Subjective measures of well-being [J]. American Psychologist, 1976, 31 (2): 117-24.

CARR A. The inclusion of fathers in family therapy: A research based perspective [J]. Journal of Marriage and the Family, 1998, 20: 371-383.

CETRE S, CLARK A E, SENIK C. Happy people have children: Choice and self-selection into parenthood [J]. European Journal of Population, 2016, 32 (3): 445-473.

CHAPPELL NL, FUNK LM. Social capital: Does it add to the health inequalities debate? [J]. Social Indicators Research, 2010, 99 (3): 357 – 373.

CHARLES S T, REYNOLDSC A, GATZ M. Age-related differences and change in positive and negative affect over 23 years [J]. Journal of Personality and Social Psychology, 2001, 80 (1): 136.

CHEN X. Effect of medical insurance on subjective well-being of the elderly in China [C] //International Conference on Application of Intelligent Systems in Multi-modal Information Analytics. Springer, 2019: 777 – 784.

CLARK A E, OSWALD A. Unhappiness and Unemployment [J]. Economic Journal, Royal Economic Society, 1994, 104 (424): 648 – 659.

CLARK A E, FRIJTERS P, MICHAELA A. Relative income, happiness, and utility: An explanation for the Easterlin paradox and other puzzles [J]. Journal of Economic Literature, 2008, 46: 95 – 144.

CLARK A E, FRIJTERS P, SHIELDS M A. Income and happiness: Evidence, explanations and economic implications [J]. PSE Working Papers, 2006.

CLARK A E, GEORGELLIS Y. Back to baseline in Britain: Adaptation in the British Household Panel Survey [J]. Economica, 2013, 80 (319): 496 – 512.

CLARK A E, OSWALD A J. Satisfaction and comparison income [J]. Journal of Public Economics, 1996, 61 (3): 359 – 381.

CLARK A E. Are wages habit-forming? Evidence from micro data [J]. Journal of Economic Behavior and Organization, 1999, 39 (2): 179 – 200.

CLARK A E. Four decades of the economics of happiness: Where next? [J]. Review of Income and Wealth, 2018, 64 (2): 245 – 269.

CLARK A E. Unemployment as a social norm: Psychological evidence from panel data [J]. Journal of Labor Economics, 2003, 21 (2): 323 – 351.

CLARK A, FLECHE S, LAYARD R, et al. Origins of happiness: Evidence and policy implications, 2016. https://voxeu.org/article/origins-happiness.

CLARK A, GEORGELLIS Y, SANFEY P. Scarring: The psychological impact of past unemployment [J]. Economica, 2001, 68 (270): 221 – 241.

CLARK A, LELKES O. Deliver Us from Evil: Religion as Insurance, Paris-Jourdan Sciences Economiques [R]. Working Paper, 2005.

COHEN M A. The effect of crime on life satisfaction [J]. The Journal of Legal Studies, University of Chicago Press, 2008, 37 (S2): 325 – 353.

DANNER D D, SNOWDON D A, FRIESEN W V. Positive emotions in early life and longevity: Findings from the nun study [J]. Journal of Personality and Social Psychology, 2001, 80 (5): 804.

DE NEVE J E, DIENER E, TAY L, et al. The objective benefits of subjective well-being [J]. World Happiness Report, 2013.

DEATON A, ARORA R. Life at the top: The benefits of height [J]. Economics and Human Biology, 2009, 7 (2): 133 –136.

DEATON A, STONE A A. Understanding context effects for a measure of life evaluation: How responses matter [J]. Oxford Economic Papers, 2016, 68 (4): 861 –870.

DEATON A. High income improves evaluation of life but not emotional well-being [J]. Proceedings of the National Academy of Sciences of the United States of America, 2010, 107 (38): 16489 –16493.

DEATON A. Worldwide, Residents of Richer Nations More Satisfied. 2008, http://www.gallup.corn/poll/104608/worldwide – residents – richer – nations – more – satisfied, aspx.

DEHEJIA R H, DELEIRE T, LUTTMER E F P. Insuring consumption and happiness through religious organizations [J]. SSRN Electronic Journal, 2005.

DELHEY J. From materialist to post-materialist happiness? National affluence and determinants of life satisfaction in cross-national perspective [J]. Social Indicators Research, 2010, 97 (1): 65 –84.

DI TELLA R, HAISKEN-DE NEW J, MACCULLOCH R. Happiness adaptation to income and to status in an individual panel [J]. J ECON BEHAV ORGAN, 2010 (76): 834 – 852.

DI TELLA R, MACCULLOCH R J, OSWALD A J. Preferences over inflation and unemployment: Evidence from surveys of happiness [J]. American Economic Review, 2001, 91 (1): 335 –341.

DI TELLA R, MACCULLOCH R J, OSWALD A J. The macroeconomics of happiness [J]. The Review of Economics and Statistics, 2003, 85.

DI TELLA R. MACCULLOCH R. Some uses of happiness data in economics [J] Journal of Economic Perspectives, 2006, 20: 1, 25 –46.

DIAZ-SERRANO L. 2009. Disentangling the housing satisfaction puzzle: Does homeownership really matter? [J]. Journal of Economic Psychology, 30 (5): 745 –755.

DIENER E D, EUNKOOK M (eds). Culture and Subjective Well-being. [M]. Cambridge, M. A.: The Massachusetts Institute of Technology (MIT) Press, 2000.

DIENER E D, DIENER C. The wealth of nations revisited: Income and quality of life [J]. Social Indicators Research, 1995, 36.

DIENER E D, COLVIN C, RANDALL P, et al. The psychic costs of intense positive affect [J]. Journal of Personality and Social Psychology, 61 (3): 492 – 503.

DIENER E D. Subjective well-being [J]. Psychological Bulletin, 1984, 95 (3): 542 –575.

DIENER E, CHAN M Y. Happy people live longer: Subjective well-being contributes to health and longevity [J]. Applied Psychology: Health and Well-Being, 2011, 3 (1):

1-43.

DIENER E, LUCAS R E, OISHI S. Subjective well-being: The science of happiness and life satisfaction [J]. Handbook of positive psychology, 2002, 2: 63-73.

DIENER E, SANDVIK E, SEIDLITZ L, et al. The relationship between income and subjective well-being: Relative or absolute? [J]. Social Indicators Research, 1993, 28 (3): 195-223.

DIENER E, SELIGMAN M E P. Beyond money: Toward an economy of well-being [J]. Psychological Science in the Public Interest, 2004, 5 (1): 1-31.

DIENER E, SELIGMAN M E. Very happy people [J]. Psychological Science, 2002, 13 (1): 81-84.

DIENER E, SUH E M, LUCAS R E, et al. Subjective well-being: Three decades of progress [J]. Psychological Bulletin, 1999, 125 (2): 276.

DIENER E. Subjective well-being. The science of happiness and a proposal for a national index [J]. American Psychologist, 2000, 55 (1): 34.

DITTMAR H, KAPUR P. Consumerism and well-being in India and the UK: Identity projection and emotion regulation as underlying psychological processes [J]. Psychological Studies, 2011, 56 (1): 71-85.

DOLAN P, METCALFE R, POWDTHAVEE N. Electing happiness: Does happiness affect voting and do elections affect happiness [J]. Discussion Papers in Economics, 2008, 30.

DOLAN P, PEASGOOD T, WHITE M. Do we really know what makes us happy? A review of the economic literature on the factors associated with subjective well-being [J]. Journal of Economic Psychology, 2008, 29: 94-122.

DOLAN P, WHITE M P. How can measures of subjective well-being be used to inform public policy? [J]. Perspectives on Psychological Science, 2007, 2 (1): 71-85.

DOSS B D, RHOADES G K, MARKMAN H J. Marital therapy, retreat, and book: The who, what, when, and why of relationship help-seeking [J]. Marital and Family Therapy, 1979, 35: 18-29.

DOUTHITT R, MACDONALD M, MULLIS R. The relationship between measures of subjective and economic well-being: A new look [J]. Social Indicators Research, 1992, 26.

DUESENBERRY J S. Income-consumption relations and their implications [M] //L. Metzler. Income, Employment and Public Policy. New York: W. W. Norton and Company, Inc., 1948.

DUSTMANN C, FASANI F. The effect of local area crime on mental health [J]. The Economic Journal, 2015, 126 (593): 978-1017.

DYNAN K E, RAVINA E. Increasing income inequality, external habits, and self-reported happiness [J]. American Economic Review, 2007, 97 (2): 226-232.

Easterlin R A, Morgan R, Switek M, et al. China's life satisfaction, 1990 – 2010. PNAS June 19, 2012, 109 (25) 9775 – 9780. https://doi. org/10.1073/pnas. 1205672109.

EASTERLIN R A, SAWANGFA O. Happiness and domain satisfaction: Theory and evidence [M]. Social Science Electronic Publishing, 2007.

EASTERLIN R A. Will raising the incomes of all increase the happiness of all? [J]. Journal of Economic Behavior and Organization, 1995, 27.

EASTERLIN R A. Does economic growth improve the human lot? Some empirical evidence [M]. //David P A. and Reder M W, Eds., Nations and Households in Economic Growth. New York: Academic Press, 1974: 89 – 125.

EASTERLIN R A. Explaining happiness [J]. Proceedings of the National Academy of Sciences, 2003, 100: 11176 – 11183.

EASTERLIN R A, WANG F, WANG S. Growth and happiness in China, 1990 – 2015 [M]. //John F. Helliwell, Richard Layard, Jeffrey Sachs (eds.) World Happiness Report 2017, Chapter: 3. UN SDSN, 2017: 48 – 83.

EID M, DIENER E. Global judgments of subjective well-being: Situational variability and long-term stability [J]. Social Indicators Research: An International and Interdisciplinary Journal for Quality-of-Life Measurement, 2004, 65.

EVANS A W. A pure theory of city size in an industrial economy [J]. Urban Studies, 1972 (9): 49 – 77.

FAHEY T, SMYTH E. The link between subjective well-being and objective conditions in European societies [J]. European Values at the Turn of the Millennium, 2004, 7: 57 – 80.

FARRELL S, AUBRY, T, COULOMBE D. Neighborhoods and neighbors. Do they contribute to personal well-being? [J]. Journal of Community Psychology, 2004, 32 (1): 9 – 25.

FELDMAN B L, RUSSELL J A. Independence and bipolarity in the structure of current affect [J]. Journal of Personality and Social Psychology, 1998, 74 (4): 967 – 984.

FELDMAN F P, and FLORIDA R. The Geographic Sources of Innovation: Technological infrastructure and product Innovation in the United States [J]. Annals of the associations of American Geographers, 1994: 210 – 219.

FELDMAN H, FELDMAN M. The family life cycle: Some suggestions for recycling [J]. Journal of Marriage and the Family, 1975, 37: 277 – 284.

FELDMAN H. The effects of children on the family [J]. Family Issues of Employed Women in Europe and America, 1971: 107 – 125.

FERNANDEZ R M, KULIK J C. A multilevel model of life satisfaction: Effects of individual characteristics and Neighborhood Composition [J]. American Sociological Review, 1981, 46 (6): 840.

FERREIRA S, MORO M. On the use of subjective well-being data for environmental valuation [J]. Environmental and Resource Economics, 2010, 46 (3): 249-273.

FERRER-I-CARBONELL A, GOWDY J M. Environmental degradation and happiness [J]. Ecological Economics, 2007, 60 (3): 509-516.

FERRER-I-CARBONELL A, GËRXHANI K. Tax evasion and well-being: A study of the social and institutional context in Central and Eastern Europe [J]. European Journal of Political Economy, 2016, 45: 149-159.

FERRER-I-CARBONELL A. Income and well-being [J]. Journal of Public Economics, 2005, 89.

FIREBAUGH G, SCHROEDER M B. Does your neighbor's income affect your happiness? [J]. American Journal of Sociology. 2009, 115 (3): 805-831.

FLAVIN P, KEANE M J. Life satisfaction and political participation: Evidence from the United States [J]. Journal of Happiness Studies, 2012, 13 (1): 63-78.

FLAVIN P, PACEK A C, RADCLIFF B. Assessing the impact of the size and scope of government on human well-being [J]. Social Forces, 2014, 92 (4): 1241-1258.

FLAVIN P, PACEK A C, RADCLIFF B. Labor unions and life satisfaction: Evidence from new data [J]. Social indicators research, 2010, 98 (3): 435-449.

FOROOHAR R. Money v. Happiness: Nations Rethink Priorities [N]. Newsweek, April 5, 2007.

FREDRICKSON B L. The role of positive emotions in positive psychology: The broaden-and-build theory of positive emotions [J]. American Psychologist, 2001, 56 (3): 218.

FREEMAN R B. Should we organize? effects of faculty unionism on academic compensation [J]. NBER Working Papers 0301. National Bureau of Economic Research, Inc, 1978.

FREY B S, STUTZER A. Happiness and economics: How the economy and institutions affect well-being [J]. Journal of Institutional and Theoretical Economics, 2003, 159 (2): 435-436.

FREY B S, STUTZER A. Happiness research: State and prospects [J]. Review of Social Economy, 2005, 63: 207-228.

FREY B S, STUTZER A. Happiness, economy and institutions [J]. The Economic Journal, 2000, 110 (466): 918-938.

FREY B S, STUTZER A. What can economists learn from happiness research? [J]. Journal of Economic Literature, 2002 (6): 402-435.

FREY B S, STUTZET A. The economics of happiness [J]. World Economics, 2002, 34.

FRIJTERS P, VAN PRAAG B M S. The effects of climate on welfare and well-being in Russia [J]. Climatic Change, 1998, 39 (1): 61-81.

FUKUYAMA F. Trust: The Social Virtues and the Creation of Prosperity [M]. New

York: Free Press, 1995.

GÁNDELMAN N, NDEZMURILLO R H. The impact of inflation and unemployment on subjective personal and country evaluations [J]. Social Science Electronic Publishing, 2013, 91 (3): 107 – 126.

GERDTHAM U G, JOHANNESSON M. The relationship between happiness, health, and socio-economic factors: Results based on Swedish microdata [J]. The Journal of Socio-Economics, 2001, 30 (6): 553 – 557.

GILBERT D, ABDULLAH J. Holidaytaking and the sense of well-being [J]. Annals of Tourism Research, 2004, 31 (1): 103 – 121.

GLAESER E L, GOTTLIEB J D, Ziv O. Unhappy cities [J]. Journal of Labor Economics. 2016, 34 (S2): S129 – S182.

GLENN N D, MCLANAHAN S. Children and marital happiness: A further specification of the relationship [J]. Journal of Marriage and the Family, 1982: 63 – 72.

GLENN N D, WEAVER C N. A multivariate, multisurvey study of marital happiness [J]. Journal of Marriage and Family, 1978, 40: 269 – 282.

GOLDBERG D. Covering Urban Sprawl Rethinking the American Dream [M]. Publication of the Environmental Journalism Center, 1999: 1 – 25.

GOLDEN L, WIENS-TUERS B. To your happiness? Extra hours of labor supply and worker well-being [J]. The Journal of Socio-Economics, 2006, 35 (2): 382 – 397.

GOYNE J C, DOWNEY G. 1991. Stress, social support and the coping process [J]. Annual Review of Psychology, 42 (2), 401 – 426.

GRAHAM C N, PETTINATO S. Frustrated achievers: Winners, losers and subjective well-being in new market economies [J]. Journal of Development Studies, 2002, 38 (4): 100 – 140.

GRAHAM C, EGGERS A, SUKHTANKAR S. Does happiness pay? [M] //Challenges for Quality of Life in the Contemporary World. Dordrecht: Springer, 2004: 179 – 204.

GRAHAM C, PETTINATO S. Happiness, markets, and democracy: Latin America in comparative perspective [J]. Journal of Happiness Studies, 2001, 2 (3): 237 – 268.

GRAHAM C, POZUELO J R. Happiness, stress, and age: How the U curve varies across people and places [J]. Journal of Population Economics, 2017, 30 (1): 1 – 40.

GRAHAM C, PETTINATO S. Happiness and Hardship: Opportunity and Insecurity in New Market Economies [M]. Washington, DC: The Brookings Institution, 2002.

GRAHAM C, FELTON A. Does inequality matter to individual welfare. An initial exploration based on happiness surveys from Latin America [J]. CSED Working Paper, 2005: 38.

GREEN C P, HEYWOOD J S, KLER P, et al. Paradox lost: The disappearing female job satisfaction Premium [J]. British Journal of Industrial Relations, 2018, 56 (3):

484-502.

GROVER S, HELLIWELL J F. How's life at home? New evidence on marriage and the set point for happiness [J]. Journal of Happiness Studies, 2019, 20 (2): 373-390.

GRÜN C, HAUSER W, RHEIN T. Is any job better than no job? Life satisfaction and re-employment [J]. Journal of Labor Research, 2010, 31 (3): 285-306.

GU L, FENG H, JIN J. Effects of medical insurance on the health status and life satisfaction of the elderly [J]. Iran J Public Health. 2017, 46 (9): 1193-1203.

GUISO L, SAPIENZA P, ZINGALES L. People's opium? Religion and economic attitudes [J]. Journal of monetary economics, 2003, 50 (1): 225-282.

GUNDELACH P, KREINER S. Happiness and life satisfaction in advanced European countries [J]. Cross-Cultural Research, 2004, 38 (4): 359-386.

GUVEN C, SALOUMIDIS R. Why is the world getting older? The influence of happiness on mortality [J]. The Influence of Happiness on Mortality. SOEP paper, 2009 (198).

GUVEN C. Reversing the question: Does happiness affect consumption and savings behavior? [J]. Journal of Economic Psychology, 2012, 33 (4): 701-717.

HACKMAN J R. The design of work in the 1980s [J]. Organizational Dynamics, 1978, 7 (1): 3-17.

HAGLER M, HAMBY S, GRYCH J, et al. Working for well-being: Uncovering the protective benefits of work through mixed methods analysis [J]. Journal of Happiness Studies, 2016, 17 (4): 1493-510.

WANG H N, CHENG Z M, SMYTH R. Consumption and happiness [J]. Journal of Development Studies, 2019, 55 (1): 120-136.

HALLER M, HADLER M. How social relations and structures can produce happiness and unhappiness: An international comparative analysis [J]. Social Indicators Research, 2006, 75 (2): 169-216.

HAMERMESH D S, ABREVAYA J. Beauty is the promise of happiness? [J]. European Economic Review, 2013, 64: 351-368.

HARDING-HIDORE M, STOCK W A, OKUN M A, et al. Marital status and subjective well-being: A research synthesis [J]. Journal of Marriage and Family, 1985, 47 (4): 947-953.

HARKER L A, KELTNER D. Expressions of positive emotion in women's college yearbook pictures and their relationship to personality and life outcomes across adulthood [J]. Journal of Personality and Social Psychology, 2001, 80 (1): 112.

HAYO B, SEIFERT W. Subjective economic well-being in Eastern Europe [J]. Economics Psychology, 2003, 24: 329-348.

HAYO B. Happiness in transition: An empirical study on Eastern Europe [J]. Economic Systems, 2007, 31 (2): 204-221.

HELLIWELL J F, HUANG H F. Well-being and trust in the workplace [J]. Journal of Happiness Studies, 2011, 12 (5): 747-767.

HELLIWELL J F, HUANG H, WANG S. New evidence on trust and well-being [J]. The Oxford Handbook of Social and Political Trust, 2018: 409.

HELLIWELL J F, HUANG H. How's your government? International evidence linking good government and well-being [J]. British Journal of Political Science, 2008, 38 (4): 595-619.

HELLIWELL J F, PUTNAM R D. The social context of well-being [J]. Philosophical Transactions, 2004, 359 (1449): 1435-1446.

HELLIWELL J F. Social capital, the economy and wellbeing [M] //The Review of Economic Performance and Social Progress 2001: The longest Decade: Canada in the 1990s. Ottawa, Canada: Centre for the Study of Living Standards2001.

HELLIWELL J F. Well-being and social capital: Does suicide pose a puzzle? [J]. Social Indicator Research, 2006, 81: 455-496.

HELLIWELL J F. How's Life? Combining individual and national variables to explain subjective well-being [J]. Economic Modelling, 2003, 20 (2): 331-360.

HELLIWELL J F. Well-being, social capital, and public sector: What's new? [J]. The Economic Journal, 2006, 116 (510): C34-C45.

HELLIWELL J F, HUANG H. New Measures of the costs of unemployment: Evidence from the subjective well-being of 3.3 million Americans [J]. Economic Inquiry, 2014, 52 (4): 1485-502.

HELLIWELL J, LAYARD R, SACHS J. World Happiness Report 2019. New York: Sustainable Development Solutions Network, 2019.

HELLIWELL J, LAYARD R, SACHS J. World Happiness Report 2018 [R]. New York: Sustainable Development Solutions Network, 2018.

HESSAMI Z. The size and composition of government spending in Europe and its impact on well-being [J]. Kyklos, 2010, 63 (3): 346-382.

HINKS T, GRUEN C. What is the structure of South African happiness equations? Evidence from quality of life surveys [J]. Social Indicators Research, 2007, 82 (2): 311-336.

HIRSCHMAN A O, ROTHSCHILD M. The changing tolerance for income inequality in the course of economic development: With a mathematical appendix [J]. The Quarterly Journal of Economics, 1973, 87 (4): 544-566.

HOFFMAN L W, MCMANUS K A, BRACKBILL Y. The value of children to young and elderly parents [J]. The International Journal of Aging and Human Development, 1987, 25 (4): 309-322.

HU F. Homeownership and subjective wellbeing in urban China: Does owning a house make you happier? [J]. Social Indicators Research, 2013, 110 (3): 951-971.

HUANG J, WU S, DENG S. Relative income, relative assets, and happiness in urban China [J]. Social Indicators Research, 2016, 126 (3): 971-985.

HUGHES M E, WAITE L J. Health in household context: Living arrangements and health in late middle age [J]. Journal of Health and Social Behavior, 2002, (43): 1-21.

INGLEHART R, KLINGEMANN H D. Genes, culture, democracy, and happiness [J]. Culture and Subjective Well-being, 2000: 165-183.

INGLENART R, FOA R, PETERSON C, et al. Development, freedom, and rising happiness: A global perspective (1981-2007) [J]. Perspectives on Psychological Science, 2008, 3 (4): 264-285.

ISEN A M, SHALKER T E. The effect of feeling state on evaluation of positive, neutral, and negative stimuli: When you "accentuate the positive", do you "eliminate the negative"? [J]. Social Psychology Quarterly, 1982, 45 (1): 58-63.

JACOBS, JANE. The Death and Life of Great American Cities [M]. New York: Vintage Books, 1961.

JIANG S, LU M SATO H. Identity, inequality and happiness: Evidence from urban China [J], Working paper of Center for Industrial Development Studies, Fudan University, 2010.

JOHANSSON S I; VINBERG S, NORDENMARK M et al. Subjective well-being among the self-employed in Europe: Macroeconomy, gender and immigrant status [J]. Small Business Economics, 2016, 46 (2): 239-53.

KAHNEMAN D, DEATON A. High income improves evaluation of life but not emotional well-being [J]. Proceedings of the National Academy of Sciences, 2010, 107 (38): 16489-16493.

KAHNEMAN D, KRUEGER A B. Developments in the measurement of subjective well-being [J]. Journal of Economic perspectives, 2006, 20 (1): 3-24.

KAHNEMAN D, KRUEGER A B. Would You Be Happier if You Were Richer? A Focusing Illusion [Z]. CEPS Working Paper No. 125, 2006.

KAUN D E. Income and happiness: Earning and spending as sources of discontent [J]. The Journal of Socio-Economics, 2005, 34 (2): 161-177.

KAUS W. Conspicuous consumption and "race": Evidence from South Africa [J]. Journal of Development Economics, 2013, 100 (1): 22.

KENNEY C T, MCLANAHAN S S. Why are cohabiting relationships more violent than marriages? [J]. Demography, 2006, 43 (1): 127-140.

KESEBIR P, DIENER E. In pursuit of happiness: Empirical answers to philosophical questions [J]. Perspectives on Psychological Science, 2008, 3 (2): 117-125.

KETELAAR T, TODD P M. Framing our thoughts: Ecological rationality as evolutionary psychology's answer to the frame problem [M] //Conceptual challenges in evolutionary psychology. Dordrecht: Springer, 2001: 179 – 211.

KIM J, HEO J, LEE I H, et al. Predicting personal growth and happiness by using serious leisure model [J]. Social Indicators Research. 2015, 122 (1): 147 – 157.

KIM M, DO Y K. Effect of husbands' employment status on their wives' subjective well-being in Korea [J]. Journal of Marriage and Family, 2013, 75 (2): 288 – 299.

KNACK S. Does social capital have an economic payoff? A cross-cCountry investigation [J]. Quarterly Journal of Economics, 1997, 112 (4): 1251 – 1288.

KNIGHT J, GUNATILAKA R. Great expectations? The subjective well-being of rural-urban migrants in China [J]. World Development, 2010, 38 (1): 113 – 124.

KNIGHT J, SONG L, GUNATILAKA R. Subjective well-being and its determinants in rural China [J]. China Economic Review, 2009, 20 (4): 640 – 649.

KOHLER H P, BEHRMAN J R, SKYTTHE A. Partner + children = happiness? The effects of partnerships and fertility on well-being [J]. Population and Development Review, 2005, 31 (3): 407 – 445.

KREKEL C, KOLBE J, WÜSTEMANN H. The greener, the happier? The effect of urban land use on residential well-being [J]. Ecological Economics, 2016, 121: 117 – 127.

KRUEGER A B, KAHNEMAN D, FISCHLER C, et al. Time use and subjective well-being in France and the U. S. [J]. Social Indicators Research, 2009, 93 (1): 7 – 18.

KRUEGER A B, SCHKADE D A. The reliability of subjective well-being measures [J]. Journal of Public Economics, 2008, 92 (8 – 9): 1833 – 1845.

KURDEK LA. The nature and predictors of the trajectory of change in marital quality for husband and wives over the first 10 years of marriage [J]. Developmental Psychological, 1999, 35: 1283 – 1296.

KUROKI M. Does social trust increase individual happiness in Japan? [J]. Journal of the Japanese Economic Association, 2011, 62 (4).

KUYKENDALL L, TAY L, NG V. Leisure engagement and subjective well-being: A meta-analysis [J]. Psychological Bulletin, 2015, 141 (2): 364 – 403.

LAAMANEN J P, KOTAKORPI K. Welfare state and life satisfaction: Evidence from public health care [J]. Available at SSRN 1001163, 2007.

LAYARD R, CLARK A E, CORNAGLIA F, et al. What predicts a successful life? A life-course model of well-being [J]. The Economic Journal, 2014, 124 (580): F720 – F738.

LAYARD R. Happiness: Lessons from a new Science [J]. Foreign Affairs (Council on Foreign Relations), 2005, 84 (6).

LAYARD R. Happiness: Lessons from a New Science [M]. New York: Penguin Press, 2005.

LAYARD R. Measuring subjective well-being [J]. Science, 2010, 327 (5965): 534-535.

LAYARD R. Setting happiness as a national goal [J]. The Futurist. 2007, 41 (4): 37.

LEE H, SHIN S, BUNDS K S, et al. Rediscovering the positive psychology of sport participation: Happiness in a ski resort context [J]. Applied Research in Quality of Life. 2014, 9 (3): 575-590.

LELKES O. Knowing what is good for you: Empirical analysis of personal preferences and the "objective good" [J]. The Journal of Socio-Economics, 2006, 35 (2): 285-307.

LELKES O. Tasting freedom: Happiness, religion and economic transition [J]. Journal of Economic Behavior and Organization, 2006, 59 (2): 173-194.

LEVINSON A. Valuing public goods using happiness data: The case of air quality [J]. Journal of Public Economics, 2012, 96 (9-10): 869-880.

LEWIS A, MALTBY J, DAY L. Religious orientation, religious coping and happiness among UK adults [J]. Personality and Individual Differences, 2005, 38 (5): 1193-1202.

LEWIS R A, SPANIER G B. Theorizing about the quality and stability of marriage [J]. Contemporary Theories about the Family, 1979, 2: 268-294.

LIAO P A, CHANG H H, SUN L C. National Health Insurance program and life satisfaction of the elderly [J]. Aging and Mental Health, 2012, 16 (8).

LIBERINI F, REDOANO M, PROTO E. Happy voters [J]. Journal of Public Economics, 2017, 146: 41-57.

LIEBERMAN, LEWIS R. Life Satisfaction in the Young and the Old [J]. Psychological Reports, 1970, 27 (1): 75-79.

LOFORS J, SUNDQUIST K. Low-linking social capital as a predictor of mental disorders: A cohort study of 4.5 million Swedes [J]. Social Science and Medicine, 2007, 64 (1): 21-34.

LOU D-Q. Marching toward a harmonious society: Happiness, regime satisfaction, and government performance in contemporary urban China [J]. Asian Politics and Policy, 2009, 1 (3): 508-525.

LOUIS V V, ZHAO S. Effects of family structure, family SES, and adulthood experiences on life satisfaction [J]. Journal of Family Issues, 2002, 23 (8): 986-1005.

LOWENTHAL M F, CHIRIBOGA D. Transition to the empty nest crisis, challenge, or relief? [J]. Archives of General Psychiatry, 1997, 26 (1): 1972.

LU L. Understanding happiness: A look into the Chinese folk psychology [J]. Journal of Happiness Studies, 2001, 2 (4): 407-432.

LU L. The relationship between subjective well-being and psychosocial variables in Taiwan

[J]. The Journal of Social Psychology, 1995, 135 (3): 351-357.

LUECHINGER S. Valuing air quality using the life satisfaction approach [J]. The Economic Journal, 2009, 119 (536): 482-515.

LUEPTOW L B, GUSS MB, HYDEN C. Sex role ideology, marital status, and happiness [J]. Journal of Family Issues, 1989, 10: 383-400.

LUTTMER E F P. Neighbors as negatives: Relative earnings and well-being [J]. The Quarterly Journal of Economics, 2005, 20: 963-1002.

LYKKEN D, TELLEGEN A. Happiness is a stochastic phenomenon [J]. Psychological Science, 1996, 7 (3): 186-189.

LYUBOMIRSKY S, KING L, DIENER E. The Benefits of frequent positive affect: Does happiness lead to success? [J]. Psychological Bulletin, 2005, 131 (6): 803-855.

LYUBOMIRSKY S, SHELDON K M, SCHKADE D. Pursuing happiness: The architecture of sustainable change [J]. Review of General Psychology, 2005, 9 (2): 111-131.

LYUBOMIRSKY S. Why are some people happier than others? The role of cognitive and motivational processes in well-being [J]. American Psychologist, 2001, 56 (3): 239.

MADDISON D, REHDANZ K. The impact of climate on life satisfaction [J]. Ecological Economics, 2011, 70 (12): 2437-2445.

MANSYUR C, AMICK B, HARIST R B, et al. Social capital, income inequality, and self-rated health in 45 countries [J]. Social Science and Medicine, 2008, 66 (1), 43-56.

MARCIN P. Why do economists study happiness? [J]. The Economic and Labour Relation Review, 2017, 28 (3): 361-377.

MASTEKAASA A. Age variations in the suicide rates and self-reported subjective well-being of married and never married persons [J]. Journal of Community and Applied Social Psychology, 1995, 5: 21-39.

MASTEKAASA A. Marriage and psychological well-being: Some evidence on selection into marriage [J]. Journal of Marriage and the Family, 1992: 901-911.

MATHES E W, KAHN A. Physical attractiveness, happiness, neuroticism, and self-esteem [J]. The Journal of Psychology, 1975, 90 (1): 27-30.

MCLANAHAN S, ADAMS J. Parenthood and psychological well-being [J]. Annual review of sociology, 1987, 13 (1): 237-257.

MINGO I, MONTECOLLE S. Subjective and objective aspects of free time: The Italian case [J]. Journal of Happiness Studies, 2014, 15 (2): 425-41.

MIRET M, CABALLERO F F, CHATTERJI S, et al. Health and happiness: Cross-sectional household surveys in Finland, Poland and Spain [J]. Bulletin of the World Health Organization, 2014, 92 (10): 716-725.

MISHRA V, NIELSEN I, SMYTH R. How does relative income and variations in short-run wellbeing affect wellbeing in the long run? Empirical evidence from China's Korean minority [J]. Social Indicators Research, 2014, 115 (1): 67 – 91.

MOOKERJEE R, BERON K. Gender, religion and happiness [J]. The Journal of Socio-Economics, 2005, 34 (5): 674 – 685.

MOORE S C, CHATER N. The influence of affect on risky behavior: From the lab to real world financial behavior [C] //Proceedings of the Annual Meeting of the Cognitive Science Society, 2003, 25 (25).

MOORE S C, SHEPHERD J. Gender specific emotional responses to anticipated crime [J]. International Review of Victimology, 2007, 14 (3): 337 – 351.

MORRISON P S. Subjective wellbeing and the city, social policy [J]. Journal of New Zealand, 2007 (31).

MULLER C, TRANNOY A. A dominance approach to the appraisal of the distribution of well-being across countries [J]. Journal of Public Economics, 2011, 95 (3-4): 239 – 246.

MYERS A, LISA B. Psychotherapy for infertility: A cognitive-behavioral approach for couples [J]. The American Journal of Family Therapy, 1996, 24: 9 – 20.

NEWMAN D B, TAY L, DIENER E. Leisure and subjective well-being: A model of psychological mechanisms as mediating factors [J]. Journal of Happiness Studies, 2014, 15 (3): 555 – 78.

NG S T, TEY N P, ASADULLAH M N. What matters for life satisfaction among the oldest-old? Evidence from China [J]. Plos One, 2017, 12 (2): e0171799.

NIKOLAEV B, BENNETT D L. Give me liberty and give me control: Economic freedom, control perceptions and the paradox of choice [J]. European Journal of Political Economy, 2016, 45: 39 – 52.

NIKOLOVA M. Minding the happiness gap: Political institutions and perceived quality of life in transition [J]. European Journal of Political Economy, 2016, 45: 129 – 148.

NOLL H, WEICK S. Consumption expenditures and subjective well-being: Empirical evidence from Germany [J]. International Review of Economics, 2015, 62 (2): 101 – 119.

NOMAGUCHI K M, MILKIE M A. Costs and rewards of children: The effects of becoming a parent on adults' lives [J]. Journal of Marriage and Family, 2003, 65 (2): 356 – 374.

OISHI S, DIENER E. Can and should happiness be a policy goal? [J]. Policy insights from the behavioral and brain sciences, 2014, 1 (1): 195 – 203.

OISHI S, KESEBIR S, DIENER E. Income inequality and happiness [J]. Psychological Science, 2011, 22 (9).

OISHI S, SCHIMMACK U. Residential mobility, well-being, and mortality [J]. Journal of Personality and Social Psychology, 2010, 98 (6): 980 – 994.

OKULICZ-KLZARYN, ADAM. Does religious diversity make us unhappy? [J]. Mental

Health, Religion and Culture, 2011, 14 (10): 1063-76.

OREOPOULOS P, SALVANES K G. Priceless: The nonpecuniary benefits of schooling [J]. Journal of Economic Perspectives, 2011, 25 (1): 159-84.

OREOPOULOS P. Do dropouts drop out too soon? Wealth, health and happiness from compulsory schooling [J]. Journal of Public Economics, 2007, 91 (11-12): 2213-2229.

OSHIO T, KOBAYASHI M. Area-level income inequality and individual happiness: Evidence from Japan [J]. Journal of Happiness Studies, 2011, 12 (4): 633-649.

OSWALD A J. Happiness and economic performance [J]. Economic Journal, Royal Economic Society, 1997, 107 (445): 1815-1831.

OSWALD A J, PROTO E, SGROI D. Happiness and productivity [J]. Social Science Electronic Publishing, 2009 (4).

OSWALD A J, POWDTHAVEE N. Death, happiness, and the calculation of compensatory damages [J]. Social Science Electronic Publishing, 2007, 37 (2): 217-217.

OSWALD A J, PROTO E, S, D. Happiness and productivity [J]. Journal of Labor Economics, 2015, 33 (4): 789-822.

OUWENEEL P. Social security and well-being of the unemployed in 42 nations [J]. Journal of Happiness Studies, 2002, 3 (2): 167-192.

PACEK A, RADCLIFF B. Assessing the welfare state: The politics of happiness [J]. Perspectives on Politics, 2008, 6 (2): 267-277.

PEROVIC L M, GOLEM S. Investigating macroeconomic determinants of happiness in transition countries [J]. Eastern European Economics, 2010, 48 (4): 59-75.

PETRIDOU E, PAPADOPOULOS F C, FRANGAKIS C E, et al. A role of sunshine in the triggering of suicide [J]. Epidemiology, 2002, 13 (1): 106-109.

PHELPS E A, LABAR K S, ANDERSON A K, et al. Specifying the contributions of the human amygdala to emotional memory: A case study [J]. Neurocase, 1998, 4 (6): 527-540.

PLATT S, MICCIOLO R, TANSELLA M. Suicide and unemployment in Italy: Description, analysis and interpretation of recent trends [J]. Social Science and Medicine, 1992, 34 (11): 1191-1201.

PLAUT V C, ADAMS G, ANDERSON S L. Does attractiveness buy happiness? It depends on where you are from [J]. Personal Relationships, 2009, 16 (4): 619-630.

POORTINGA W. Social capital: An individual or collective resource for health? [J]. Social Science and Medicine, 2006, 62 (2): 292-302.

POUWELS B, SIEGERS J, VLASBLOM J D. Income, working hours, and happiness [J]. Economics letters, 2008, 99 (1): 72-74.

PRINZ A, BÜNGER B. The Usefulness of a Happy Income Index [R]. CAWM discussion paper/Centrum für Angewandte Wirtschaftsforschung Münster, 2011.

PRZEWORSKI A, ALVAREZ R M, ALVAREZ M E, et al. Democracy and Development: Political Institutions and Well-being in the World, 1950 – 1990 [M]. Cambridge University Press, 2000.

PUTNAM R D. Making democracy work: Civic traditions in modern Italy [M]. Princeton, NJ: Princeton University Press, 1993.

RADCLIFF B, WINGENBACH E. Preference aggregation, functional pathologies, and democracy: A social choice defense of participatory democracy [J]. The Journal of Politics, 2000, 62 (4).

RADCLIFF B. Politics, markets, and life satisfaction: The political economy of human happiness [J]. American Political Science Review, 2001, 95 (4): 939 – 952.

RAHN W, YOON K S. Geographies of trust [J]. American Behavioral Scientist, 2009, 52 (12): 1646 – 1663.

RAM R. Social capital and happiness: Additional cross-country evidence [J]. Journal of Happiness Studies, 2009, (4): 409 – 418.

REHDANZ K, MADDISON D. Climate and happiness [J]. Ecological Economics, 2005, 52 (1): 111 – 125.

RIDDER K D, LEFEBRE F, ADRIAENSEN S. Simulating the impact of urban sprawl on air quality and population exposure in the German rural area. Part II: Development and evaluation of an urban growth scenario [J]. Atmospheric Environment, 2008 (42): 7070 – 7077.

RIGGIO R E, WATRING K P, THROCKMORTON B. Social skills, social support, and psychosocial adjustment [J]. Personality and Individual Differences, 1993, 15 (3): 275 – 280.

ROHE W M, STEGMAN M A. The effects of homeownership on the self-esteem, perceived control and life satisfaction of low-income people [M]. Journal of the American Planning Association, 1964, 60 (2), 173 – 184.

ROSSI P H, and WEBER E. The social benefits of homeownership: Empirical evidence from national surveys [J]. Housing Policy Debate, 1996, 7 (1): 1 – 35.

RUNCIMAN W G. Relative deprivation and social justice: A study of attitudes to social inequality in twentieth-century England [M]. Berkeley: University of California Press, 1966.

RYFF C D, KEYES C L M. The structure of psychological well-being revisited [J]. Journal of Personality and Social Psychology, 1995, 69 (4): 719 – 727.

RYFF C D. Psychological well-being in adult life [J]. Current Directions in Psychological Science, 1995, 4 (4): 99 – 104.

SANFEY P, TEKSOZ U. Does transition make you happy? [J]. Economics of Transition, 2010, 15 (4): 707 – 731.

SCHMIEDEBERG C, SCHRÖDER J. Leisure activities and life satisfaction: An analysis with German panel data [J]. Applied Research in Quality of Life. 2016, 12: 137 – 151.

SCHWARTZ B. The paradox of choice: Why more is less [C]. New York: Ecco, 2004.

SELIGMAN M E P. Flourish: A Visionary New Understanding of Happiness and Well-being [M]. Free Press, 2011.

SELIGMAN M E P, MIHALY C. Positive psychology: An introduction [J]. American Psychologist. 2000, 55 (1): 5 –14.

SENIK C. When information dominates comparison: Learning from Russian subjective panel data [J]. Journal of Public Economics, 2004, 88 (9 –10): 2099 –2123.

SHARPE A, GHANGHRO A, JOHNSON E, et al. Does money matter? Determining the happiness of Canadians [J]. CSLS Research Report No, 2010 –09.

SHILLER R J. Why do people dislike inflation? [M] //Reducing Inflation: Motivation and Strategy. Chicago: University of Chicago Press, 1997: 13 –70.

SLIWKA D. Trust as a signal of a social norm and the hidden costs of incentive schemes [J]. American Economic Review, 2007, 97 (3): 999 –1012.

SMYTH R, QIAN X. Inequality and happiness in urban China [J]. Economics Bulletin, 2008, 4 (23): 1 –10.

SOUSA-POZA A, SOUSA-POZA A A. Gender differences in job satisfaction in Great Britain, 1991 –2000: Permanent or transitory? [J]. Applied Economics Letters, 2003, 10 (11): 691 –694.

SPRUK R, KESELJEVIC A. Institutional origins of subjective well-being: Estimating the effects of economic freedom on national happiness [J]. Journal of Happiness Studies, 2016, 17 (2): 659 –712.

STAM K, SIEBEN I, VERBAKEL E, et al. Employment status and subjective well-being: The role of the social norm to work [J]. Work, Employment and Society, 2016, 30 (2): 309 –333.

STEPTOE A, DEATON A, STONE A A. Subjective wellbeing, health, and ageing [J]. The Lancet. 2014, 385 (9968): 640 –648.

STEVENSON B, WOLFERS J. The paradox of declining female happiness [J]. American Economic Journal: Economic Policy, 2009, 1 (2): 190 –225.

STEVENSON B, WOLFERS J. Economic growth and happiness: Reassessing the Easterlin paradox [J]. Brookings Papers on Economic Activity, 2008: 1 –87.

STOCK W A, HARING M J. Age and subjective well-being: A meta-analysis [J]. Evaluation Studies: Review Annual, 1983, 8: 279 –302.

STUTZER A, FREY B S. Does marriage make people happy, or do happy people get married? [J]. The Journal of Socio-Economics, 2006, Vol 35, pp 326 –347.

STUTZER A, LALIVE R. The role of social work norms in job searching and subjective well-being [J]. Journal of the European Economic Association, 2004, 2 (4): 696-719.

TAMIR M, ROBINSON M D. Knowing good from bad: The paradox of neuroticism, negative affect, and evaluative processing [J]. Journal of Personality and Social Psychology, 2004, 87 (6): 913-925.

TAY L, KUYKENDALL L. Promoting happiness: The malleability of individual and societal subjective wellbeing [J]. International Journal of Psychology, 2013, 48 (3): 159-176.

TELLEGEN A, LYKKEN D T, BOUCHARD T J, et al. Personality similarity in twins reared apart and together [J]. Journal of Personality and Social Psychology, 1988, 54 (6): 1031-1039.

THOITS P A, HEWITT L N. Volunteer work and well-being [J]. Journal of Health and Social Behavior, 2001: 115-131.

TOKUDA Y, FUJII S, INOGUCHI T. Individual and country-level effects of social trust on happiness: the Asia barometer survey [J]. Journal of Applied Social Psychology, 2010, 40 (10): 2574-2593.

TOKUDA Y, INOGUCHI T. Interpersonal mistrust and unhappiness among Japanese people [J]. Social Indicators Research, 2008, 89 (2): 349-360.

TOMES N. Income distribution, happiness and satisfaction: A direct test of the interdependent preferences model [J]. Journal of Economic Psychology, 1986, 7 (4): 425-446.

TOV W, DIENER E. Subjective Wellbeing [M] // John Wiley and Sons, The Encyclopedia of Cross-Cultural Psychology. Inc. 2013.

TURNER R H, RUNCIMAN W G. Relative deprivation and social justice: A study of attitudes to social inequality in twentieth-century England [J]. American Sociological Review, 1967, 32 (1): 132.

TVERSKY A, KAHNEMAN D. Prospect theory: An analysis of decision under risk [J]. Econometrica, 1979, 47 (2): 263-291.

UMBERSON D, HUGHES M. The impact of physical attractiveness on achievement and psychological well-being [J]. Social Psychology Quarterly, 1987: 227-236.

VALOIS R F, ZULLIG K J, HUEBNER E S, et al. Association between life satisfaction and sexual risk-taking behaviors among adolescents [J]. Journal of child and family studies, 2002, 11 (4): 427-440.

VAN HOUWELINGEN C A J, BEERSMA D G M. Seasonal changes in 24-h patterns of suicide rates: A study on train suicides in the Netherlands [J]. Journal of Affective Disorders, 2001, 66 (2-3): 215-223.

VAN LANDEGHEM B, SWINNEN J, VRANKEN L. Land and happiness: Land distribution and subjective well-being in Moldova [J]. Eastern European Economics, 2013, 51 (1): 61-85.

VAN PRAAG B M S, BAARSMA B E. Using happiness surveys to value intangibles: The case of airport noise [J]. The Economic Journal, 2005, 115 (500): 224 – 246.

VAN PRAAG B M S, ROMANOV D, FERRER-I-CARBONELL A. Happiness and financial satisfaction in Israel: Effects of religiosity, ethnicity, and war [J]. Journal of Economic Psychology, 2010, 31 (6): 1008 – 1020.

VAN PRAAG B M S, VAN PRAAG B, FERRER-I-CARBONELL A. Happiness quantified: A satisfaction calculus approach [M]. Oxford: Oxford University Press, 2004.

VAN PRAAG B M S, FRIJTERS P, FERRER-I-CARBONELL A. The anatomy of subjective well-being [J]. Journal of Economic Behavior and Organization, 2003, 51: 29 – 49.

VAN PRAAG B, FRIJTERS P. The Measurement of Welfare and Well-Being: the Leyden Approach [Z]. School of Economics and Finance, Queensland University of Technology, Paul Frijters Discussion Papers, 1999.

VEENHOVEN R, EHRHARDT J. The cross-national pattern of happiness: Test of predictions implied in three theories of happiness [J]. Social Indicators Research, 1995, 34 (1): 33 – 68.

VEENHOVEN R. Advances in understanding happiness [J]. Revue Québécoise de Psychologie, 1997, 18 (2): 29 – 74.

VEENHOVEN R. Freedom and happiness: A comparative study in forty-four nations in the early 1990s [J]. Culture and Subjective Well-being, 2000: 257 – 288.

VEENHOVEN R. Happiness in Nations: Subjective Appreciation of Life in 56 Nations, 1946 – 1992 [M]. Rotterdam: Erasmus University Press, 1993.

VEENHOVEN R. Is happiness a trait? [J]. Social Indicators Research, 1994, 32 (2): 101 – 160.

VEENHOVEN R. Conditions of Happiness [M]. Dordrecht: D. Reidel Publishing, 1984.

VENDRIK M C M, WOLTJER G B. Happiness and loss aversion: Is utility concave or convex in relative income? [J]. Journal of Public Economics, 2007, 91 (7 – 8): 1423 – 1448.

VENDRIK M C M. Adaptation, anticipation and social interaction in happiness: An integrated error-correction approach [J]. Journal of Public Economics, 2013, 105: 131 – 149.

WANG M, WONG M C S. Happiness and leisure across countries: Evidence from international survey data [J]. Journal of Happiness Studies, 2014, 15 (1): 85 – 118.

WARING E M, HOLDEN R R. Development of the Marital Self-Disclosure Questionaire [J]. 1998, 54 (06)

WASSMER R W, LASCHER E L, KROLL S. Sub-national fiscal activity as a determinant of individual happiness: Ideology matters [J]. Journal of Happiness Studies, 2009, 10 (5): 563 – 582.

WATSON D, and CLARK L A. Self versus peer ratings of specific emotional traits: Evidence of convergent and discriminant validity [J]. Journal of Personality and Social Psychology, 1991, 60, 927-940.

WELSCH H. Preferences over prosperity and pollution: Environmental valuation based on happiness surveys [J]. Kyklos, 2002, 55 (4): 473-494.

WELSCH H. The welfare cost of corruption [J]. Comparative Political Studies, 2008, 41 (2): 1607-1630.

WESARAT P, SHARIF M Y, MAJID A H A. A review of organizational and individual career management: A dual perspective [J]. International Journal of Human Resource Studies, 2014, 4 (1): 101.

WHITE A. A global projection of subjective well-being: A challenge to positive psychology [J]. Psychtalk. 2007, 56: 17-20.

WHITE L K, BOOTH A, EDWARDS J N. Children and marital happiness why the negative correlation? [J]. Journal of Family Issues, 1986, 7: 131-147.

WIESE T. A literature review of Happiness and Economics and guide to needed research [J]. Competitio, 2014, 13. 117-131. 10.21845/comp/2014/1/8.

WINKELJMANN R. Subjective Well-being and the Family: Results from an Oordered Probit Model with Multiple Random Effects [M]. Bonn: Institute for the Study of Labor, 2004.

WOLFERS J. Is business cycle volatility costly? Evidence from survey of subjective well-being [J]. International Finance, 2003, 6 (1): 1-26.

WOODEN M, WARREN D, DRAGO R. Working time mismatch and subjective well-being [J]. British Journal of Industrial Relations, 2009, 47 (1): 147-179.

WUNDER C, HEINECK G. Working time preferences, hours mismatch and well-being of couples: Are there spillovers? [J]. Labour Economics, 2013, 24: 244-52.

YIP W, SUBRAMANIAN S V, MITCHELL A D, et al. "Does social capital enhance health and well-being? Evidence from rural China" [J]. Social Science and Medicine, 2007, 64 (1): 35-49.

ZAK P J, KNACK S. Trust and growth [J]. Economic Journal, 2001, 111: 295-321.

ZELENSKI J M, MURPHY S A, JENKINS D A. The happy-productive worker thesis Revisited [J]. Journal of Happiness Studies, 2008, 9 (4): 521-537.

曹大宇. 阶层分化、社会地位与主观幸福感的实证考量 [J]. 统计与决策, 2009 (10): 89-91.

陈刚, 李树. 政府如何能够让人幸福?: 政府质量影响居民幸福感的实证研究 [J]. 管理世界, 2012 (8): 63-75.

陈刚. 通货膨胀的社会福利成本: 以居民幸福感为度量衡的实证研究 [J]. 金融研究, 2013 (2): 60-73.

陈璐, 熊毛毛. 基本医疗保险制度的幸福效应 [J]. 社会保障研究, 2020 (5): 51 - 62.

陈前恒, 林海, 吕之望. 村庄民主能够增加幸福吗?: 基于中国中西部 120 个贫困村庄 1800 个农户的调查 [J]. 经济学（季刊）, 2014, 13 (2): 723 - 744.

陈前恒, 职嘉男. 村庄直接民主对农村居民幸福感的影响 [J]. 中国农村观察, 2014 (6): 61 - 72, 97 - 98.

陈永伟, 史宇鹏. 幸福经济学视角下的空气质量定价: 基于 CFPS2010 年数据的研究 [J]. 经济科学, 2013 (6): 79 - 90.

陈振环, 杨海平, 冯亚娟. 社会资本、家庭收入与城镇居民幸福感: 基于中国大样本微观数据的实证研究 [J]. 科学决策, 2016 (12): 24 - 44.

丛亚平, 李长久. 收入分配四大失衡带来经济社会风险 [N]. 经济参考报, 2010 - 05 - 21.

邓大松, 杨晶. 养老保险、消费差异与农村老年人主观幸福感: 基于中国家庭金融调查数据的实证分析 [J]. 中国人口科学, 2019 (4): 43 - 55, 127.

丁述磊. 非正规就业对居民主观幸福感的影响: 来自中国综合社会调查的经验分析 [J]. 经济与管理研究, 2017 (4): 57 - 67.

弗雷, 斯塔特勒. 幸福与经济学 [M]. 北京: 北京大学出版社, 2006.

傅红春. 满足与幸福的经济学 [M]. 上海: 格致出版社/上海人民出版社, 2008.

傅沂, 程忠艳. 我国老年人生活质量差异问题研究: 基于 CFPS 跨期数据的实证分析 [J]. 西北人口, 2021, 42 (1): 10 - 25.

官皓. 收入对幸福感的影响研究: 绝对水平和相对地位 [J]. 南开经济研究, 2010 (5): 58 - 72.

郭志刚, 刘鹏. 中国老年人生活满意度及其需求满足方式的因素分析: 来自核心家人构成的影响 [J]. 中国农业大学学报（社会科学版）, 2007, 24 (3): 71 - 80.

何立新, 潘春阳. 破解中国的"伊斯特林悖论": 收入差距、机会不均与居民幸福感 [J]. 管理世界, 2011 (8): 19 - 30, 195.

何凌云, 秦尊文. 主观幸福感、效用与社会福利 [J]. 学习与实践, 2019 (9): 33 - 47.

黄永明, 何凌云. 城市化、环境污染与居民主观幸福感: 来自中国的经验证据 [J]. 中国软科学, 2013 (12): 82 - 93.

黄有光. 经济与快乐 [M]. 大连: 东北财经大学出版社, 2000.

黄有光. 社会福祉与经济政策 [M]. 北京: 北京大学出版社, 2005.

井婷, 宋佳东, 刘佳. 幸福感对利他行为影响的实证分析 [J]. 学术交流, 2011 (8): 22 - 25.

孔塞桑, 班德罗. 主观幸福感研究文献综述 [J]. 国外理论动态, 2013 (7): 10 - 23.

雷德克利夫. 人类幸福的政治经济学 [M]. 北京: 北京大学出版社, 2018.

李实，罗楚亮. 中国收入差距究竟有多大？：对修正样本结构偏差的尝试［J］. 经济研究，2011（4）：69－80.

李涛，史宇鹏，陈斌开. 住房与幸福：幸福经济学视角下的中国城镇居民住房问题［J］. 经济研究，2011（9）：69－82.

林江，周少君，魏万青. 城市房价、住房产权与主观幸福感［J］. 财贸经济，2012（5）：114－120.

林相森，周玉雯. 腐败对我国居民幸福感的影响及作用机制研究［J］. 当代财经，2018，405（8）：5－14.

刘宏，高松，王俊. 养老模式对健康的影响［J］. 经济研究，2011（4）：80－93.

刘瑜. 社会保障制度的幸福效应实证研究：基于医疗保险、养老保险的视角［J］. 商业经济研究，2015（6）：92－94.

娄伶俐. 主观幸福感的经济学研究动态［J］. 经济学动态，2009（2）：101－106.

娄伶俐. 主观幸福感的经济学理论与实证研究［M］. 上海：上海人民出版社，2010.

鲁强，徐翔. 巾帼不让须眉？：生育行为影响主观幸福感的双重性别差异［J］. 南开经济研究，2018，202（4）：69－86.

鲁元平，王韬. 收入不平等、社会犯罪与国民幸福感：来自中国的经验证据［J］. 经济学（季刊），2011，10（3）：1437－1458.

鲁元平，王韬. 主观幸福感影响因素研究评述［J］. 经济学动态，2010（5）：125－130.

鲁元平. 安格斯·迪顿对幸福经济学的贡献［J］. 经济学动态，2015（11）：113－122.

陆铭，蒋仕卿，佐藤宏. 公平与幸福［J］. 劳动经济研究，2014（1）：27－49.

罗楚亮. 城乡分割、就业状况与主观幸福感差异［J］. 经济学，2006，5（3）：817－840.

罗楚亮. 绝对收入、相对收入与主观幸福感：来自中国城乡住户调查数据的经验分析［J］. 财经研究，2009（11）：80－92.

马红鸽，席恒. 收入差距、社会保障与提升居民幸福感和获得感［J］. 社会保障研究，2020（01）：86－98.

马晓君，王常欣，张紫嫣. 环境"二维化"视角下的居民幸福感量化研究：来自中国CGSS数据的新证据［J］. 统计研究，2019，36（9）：56－67.

马志远，刘珊珊. 中国国民幸福感的"镜像"与"原像"：基于国内外权威数据库的相互辅证与QCA适配路径分析［J］. 经济学家，2019（10）：46－57.

毛小平，罗建文. 影响居民幸福感的社会因素研究：基于CGSS2005数据的分析［J］. 湖南科技大学学报（社会科学版），2012（5）：42－45.

米健. 中国居民主观幸福感影响因素的经济学分析［D］. 北京：中国农业科学院，2011.

苗元江. 从幸福感到幸福指数: 发展中的幸福感研究 [J]. 南京社会科学, 2009 (11): 103 – 108.

倪超军. 参保对中国居民幸福感的影响研究: 基于健康的中介效应分析 [J]. 四川轻化工大学学报 (社会科学版), 2020, 35 (1): 1 – 16.

牛楠. 影响城市居民幸福感因素的实证分析: 价格波动对低收入群体幸福感的影响调查 [J]. 价格理论与实践, 2012 (2): 55 – 56.

欧阳一漪, 张骥. 房价对居民主观幸福感的影响 [J]. 消费经济, 2018, 34 (5): 86 – 92.

裴志军. 家庭社会资本、相对收入与主观幸福感: 一个浙西农村的实证研究 [J]. 农业经济问题, 2010 (7): 22 – 29, 11。

彭代彦, 吴宝新. 农村内部的收入差距与农民的生活满意度 [J]. 世界经济, 2008 (4): 81 – 87.

亓寿伟, 周少甫. 收入、健康与医疗保险对老年人幸福感的影响 [J]. 公共管理学报, 2010, (1): 100 – 107.

任海燕, 傅红春. 幸福经济学在中国: 研究现状和未来发展 [J]. 江海学刊, 2012 (1): 106 – 110, 240.

石磊. 民主与幸福感: 解析中国的民主幸福感现象 [J]. 青年研究, 2018, 420 (3): 59 – 71, 99 – 100.

谭琨, 谢舜龙. 家庭经济状况对主观幸福感影响的实证研究 [J]. 汕头大学学报 (人文社会科学版), 2012 (6): 67 – 72, 92 – 93.

唐东波, 李巧玲, 刘颖. 收入满足度与生活幸福度的相关性研究 [J]. 统计与决策, 2008 (21): 80 – 82.

王海成, 郭敏. 非正规就业对主观幸福感的影响: 劳动力市场正规化政策的合理性 [J]. 经济学动态, 2015 (5): 50 – 59.

王海成. 失业对主观幸福感影响研究进展 [J]. 经济学动态, 2013 (11): 135 – 142.

王鹏. 收入差距对中国居民主观幸福感的影响分析: 基于中国综合社会调查数据的实证研究 [J]. 中国人口科学, 2011 (3): 95 – 103, 114.

吴菲. 更富裕是否意味着更幸福?: 基于横截面时间序列数据的分析 (2003—2013) [J]. 社会, 2016, 36 (4): 157 – 185.

谢识予, 娄伶俐, 朱弘鑫. 显性因子的效用中介、社会攀比和幸福悖论 [J]. 世界经济文汇, 2010 (4): 19 – 32.

邢占军, 张干群. 社会凝聚与居民幸福感 [J]. 南京社会科学, 2019 (7): 52 – 60.

邢占军、金瑜. 城市居民婚姻状况与主观幸福感关系的初步研究 [J]. 心理科学, 2003 (26): 1056 – 1059.

邢占军, 刘相. 城市幸福感: 来自六个省会城市的幸福指数报告 [M]. 北京: 社会科学出版社, 2008.

邢占军. 我国居民收入与幸福感关系的研究 [J]. 社会学研究, 2011 (1): 196 – 219.

杨继东, 章逸然. 空气污染的定价: 基于幸福感数据的分析 [J]. 世界经济, 2014 (12): 162 – 188.

叶初升, 冯贺霞. 城市是幸福的"围城"吗?: 基于 CGSS 数据对中国城乡幸福悖论的一种解释 [J]. 中国人口资源与环境, 2014 (24): 16 – 21.

袁正, 夏波. 信任与幸福: 基于 WVS 的中国微观数据 [J]. 中国经济问题, 2012 (6): 65 – 74.

袁正, 郑欢, 韩骁. 收入水平、分配公平与幸福感 [J]. 当代财经, 2013 (11): 5 – 15.

袁正, 郑勇, 韩骁. 城市规模与居民幸福感的关系 [J]. 城市问题, 2012 (5): 29 – 33.

曾慧超, 袁岳. 中国农村居民幸福感强于城镇居民 [J]. 理论参考, 2005 (4): 42 – 43.

张克中, 何凌云. 政府质量与国民幸福: 文献回顾与评论 [J]. 国外社会科学, 2012 (4): 6 – 12.

张维迎, 柯容住. 信任及其解释: 来自中国的跨省调查分析 [J]. 经济研究, 2002 (10): 59 – 70, 96.

张文娟, 李树茁. 子女的代际支持行为对农村老年人生活满意度的影响研究 [J]. 人口研究, 2005, 29 (5): 73 – 80.

郑君君, 刘璨, 李诚志. 环境污染对中国居民幸福感的影响: 基于 CGSS 的实证分析 [J]. 武汉大学学报 (哲学社会科学版), 2015 (4): 67 – 74.

周雅玲, 肖忠意, 于文超. 通货膨胀、自有住房与城镇居民主观幸福感 [J]. 中国经济问题, 2017 (3): 52 – 65.

后　　记

人类的终极目的是获得幸福，增进民生福祉是发展的根本目的。中国共产党的初心和使命就是要为中国人民谋幸福，为中华民族谋复兴。在全面实现小康社会之后，人民的幸福是我们前进的方向。习近平总书记"7·26"重要讲话提到"八个更"，人民群众的需要呈现多样化、多层次、多方面的特点，人民期盼有更好的教育、更稳定的工作、更满意的收入、更可靠的社会保障、更高水平的医疗卫生服务、更舒适的居住条件、更优美的环境、更丰富的精神文化生活，总之是更幸福的生活。以人为中心的发展就是要在发展过程中使人民的获得感、幸福感、安全感更加充实、更有保障、更可持续。我们有幸在国家社科基金的资助下开展幸福经济学研究，表达对国民幸福的关切。

本书是我们长期研究的成果，得到合作者的鼎力支持。《城市规模与居民幸福感的关系》由袁正、郑勇、韩骁共同完成，发表在《城市问题》2012年第5期。《收入水平、分配公平与幸福感》由袁正、郑欢、韩骁共同完成，发表在《当代财经》2013年第11期。《信任与幸福：基于WVS的中国微观数据》由袁正、夏波共同完成，发表在《中国经济问题》2012年第6期。《医疗保险与城镇老年人幸福感》由冯诗杰、李宪、袁正共同完成，发表在《消费经济》2014年第2期。《婚姻与幸福感：基于WVS的中国微观数据》由袁正、李玲共同完成，发表在《中国经济问题》2017年第1期。在此，对这些合作者的贡献表示衷心感谢。

本书第5章"住房与幸福感"由夏波、袁正共同完成。第6章"婚姻与幸福感"由李玲、袁正共同完成。第7章"生育与幸福感"由刘鹏宇、袁正共同完成。第8章"子女数量、孝道与老年人幸福感"由林兆彬、袁正共同完成。第9章"子女外出务工对留守老人生活满意度的影响"由付宇、袁正共同完成。第11章"区位与幸福感"由于广文、袁正共同完成。

夏波、李玲、刘鹏宇、林兆彬、付宇、于广文分别以各自的主题完成了硕士学位论文的写作。第 13 章 "环境与幸福感"由叶沁韵、袁正共同完成，叶沁韵以此题完成了本科学位论文的写作。在此，对以上同学的贡献表示赞赏和感谢，他们对本书有实质性的贡献。王雷、吴冠阳、柳轩文、乔瑞敏、江沛遥同学参与了数据收集、整理、访谈和校对，也一并表示感谢。特别感谢国家社科基金委的资助，感谢中山大学出版社编辑同仁的辛苦工作，特别感谢熊锡源副编审。

幸福感研究因为其评价的主观性而广受质疑，因为定点理论，幸福感研究和提升幸福感政策的价值也受到怀疑。不管怎么样，我们在这个领域做了一些探索，有些经验完全符合人们的直觉。我们还会继续探索，衷心希望国民幸福、所有天下人幸福。

袁正

2021 年 7 月于成都